Constitución e integración europea:

Forma política,
gobernanza económica,
organización territorial

Directores:

Antonio Pérez Miras
Doctor en Derecho y profesor en la Universidad Pontificia Comillas-ICADE

Germán M. Teruel Lozano
Doctor en Derecho y profesor en la Universidad de Murcia

Edoardo C. Raffiotta
Doctor en Derecho y profesor en la Universidad de Bolonia

Constitución e integración europea:

Forma política, gobernanza económica, organización territorial

ISTITUTO italiano DI CULTURA MADRID

Dykinson, S.L.

Este libro ha sido sometido a evaluación por parte de nuestro Consejo Editorial
Para mayor información, véase *www.dykinson.com/quienes_somos*

Editorial DYKINSON, S.L.
Meléndez Valdés, 61 - 28015 Madrid
Teléfono (+34) 915442846 - (+34) 915442869
e-mail: info@dykinson.com
http://www.dykinson.es
http://www.dykinson.com

ISBN: 978-84-9148-143-0
Depósito Legal: M-6500-2017

Preimpresión:
Besing Servicios Gráficos, S.L.
besingsg@gmail.com

Impresión:
Safekat, S.L.
www.safekat.com

ÍNDICE

PRÓLOGO DEL MINISTRO ÍÑIGO MÉNDEZ DE VIGO Y MONTOJO

La obra Constitución e integración europea: Forma política, gobernanza económica, organización territorial tiene su origen en las jornadas organizadas en la Universidad Pontificia Comillas de Madrid por el grupo de investigación ítalo-español entre el 24 y el 26 de noviembre de 2014, con el título "Desafíos del constitucionalismo ante la integración europea", donde participó un plantel de académicos de primer nivel de Italia y España.

Invitado por los organizadores, tuve el placer de poder intervenir para explicar mi experiencia, primero en el Consejo de Europa y, después, durante casi veinte años, como miembro del Parlamento Europeo, donde participé en la redacción de la Carta de Derechos Fundamentales de la Unión y en el proyecto de Tratado por el que se establece una Constitución para Europa.

En aquel momento, además, era Secretario de Estado para la Unión Europea, por lo que explicar mi visión de Europa era hablar de una pasión a la que había dedicado buena parte de mi vida.

Comparto, en ese sentido, aquello que dijo D. Salvador de Madariaga, cuando afirmaba que "Europa ya es un cuerpo; es ya un alma también; no es todavía una conciencia". Un argumento que los autores de este libro ponen de manifiesto en múltiples páginas y desde muy variadas vertientes.

Europa, desde que Schuman y Monnet le otorgasen carta de naturaleza en 1951 con la firma del Tratado de París y la creación de la Comunidad Europea del Carbón y el Acero, ha incrementado su dimensión y competencias, profundizando en su integración.

Cierto es que Monnet y Schuman, a quienes Europa debe su alma como organización de carácter supranacional, nunca pudieron vislumbrar el alcance definitivo que tendría la Unión Europea, pero sí su fin: una Europa más fuerte, unida y solidaria.

La Unión Europea nació como nuevo actor político con el objetivo de convertirse en una organización de paz, progreso y prosperidad desde la unidad en la diversidad, gracias a la fortaleza de sus principios: democracia, libertad, justicia y pluralismo político, que contrastaban con los existentes al otro lado del Telón de Acero.

La construcción europea superó cualquier expectativa posible, haciendo de la Unión Europea un proyecto atractivo y estimulante, que fue ampliándose a lo largo de las décadas amparado por la fortaleza de sus principios y valores.

Hoy, cuando la Unión Europea ha cumplido sesenta y cinco años, se encuentra ante una de esas encrucijadas de la historia que Jaspers llamaba tiempos-eje, en las que es necesario un correcto análisis para encontrar respuestas adecuadas y tener, en último término, la determinación de ejecutarlas.

Coincidiendo en lo esencial con lo recogido en la "Agenda estratégica para la Unión en tiempos de cambio" aprobada por el Consejo Europeo en 2014, podemos señalar tres grandes retos en los que debe trabajar la Unión Europea en los próximos años.

En primer lugar, poner en marcha políticas económicas que fomenten el crecimiento y la competitividad, favorezcan la creación de empleo y acentúen la dimensión social de la Unión. Por ello, resulta fundamental el empuje de toda la Unión, combinando políticas de racionalidad en el gasto e incentivando inversión y crecimiento económico.

En segundo lugar, convertir a Europa en un espacio de oportunidades, centrándose en las personas, dotando a todos los ciudadanos de la formación adecuada y manteniendo unos sistemas de protección social justos y eficientes. Entre los retos específicos en este aspecto, está el desarrollo de una conciencia de ciudadanía europea en derechos, donde la solidaridad constituya un elemento determinante.

En tercer lugar, convendría incidir en las cuestiones relativas a las libertades, la seguridad y la justicia, especialmente en relación con los refugiados, la inmigración y la lucha contra el terrorismo yihadista. En definitiva, en el papel de la Unión Europea en el mundo y en su capacidad para ser garante de sus valores e intereses.

Sólo asumiendo la unidad real, seremos más fuertes frente a quienes atentan contra nuestras libertades y nuestro modelo de convivencia.

Por último, deberemos ocuparnos también de un acontecimiento reciente que va a tener consecuencias importantes para Europa, el *Brexit,* fruto del referéndum celebrado en Gran Bretaña el pasado 23 de junio, y cuyo resultado debe hacernos reflexionar sobre el rumbo de la propia Unión Europea.

Aquel resultado nos debe prevenir a todos para evitar caer en la autocomplacencia de pensar que todo en la Unión Europea está hecho, cuando en realidad queda aún mucho camino por recorrer.

En esta cuestión ahondan los autores en el libro, de modo particular en las tres esferas en las que se estructura esta obra: forma política, gobernanza económica y organización territorial.

Los autores dan respuesta a estas preguntas, claves para el futuro de la Unión Europea, ya que las intervenciones de estos prestigiosos académicos conectan personas e ideas, invitando a una reflexión profunda en torno a la idea de Europa y su devenir futuro.

Por lo que respecta a la forma política de la Unión, los autores muestran que Europa no puede comprenderse sin una mirada al pasado, sin transitar por su itinerario, tanto jurídico, como económico, social y político. De ahí que resulte tan importante el recorrido que hace Miguel Azpitarte en la primera mitad de sus "Viejos y nuevos desafíos constitucionales de la Unión Europea". "El proceso de integración europea", escribe, "estuvo marcado desde sus orígenes por una división funcional entre sus entes creadores, los Estados miembros, y el producto resultante, hoy la Unión Europea".

Y aunque se ha avanzado –y mucho– en la distribución de competencias, coincido con el autor en que la "la primera consecuencia institucional que propicia la división funcional" tiene que ver con "la legitimidad de la Unión": "La justificación de cualquier organización política debe siempre atender a tres preguntas esenciales: quién decide, cómo decide y para qué decide".

Buena parte del atractivo de esta obra está en su voluntad de facilitar respuestas a los viejos debates sobre la óptima distribución de estas atribuciones y competencias, con la mirada puesta en el año que vivimos, tan distinto y lejano ya de aquel embrión de comunidad económica europea sobre la que se edificó la actual Unión.

Buen ejemplo de ese veloz cambio de tornas es la política económica del continente, que se aborda con profusión en la segunda parte de esta obra, dedicada a la gobernanza económica. Entre los cambios, el más importante, el propio modelo. Lo explica Edoardo C. Raffiotta en "Por un gobierno de la economía en la Unión Europea": "A pesar de la voluntad de los Estados, la economía ha cambiado radicalmente su tamaño para volverse cada vez más un asunto transaccional y luego global, escapándose del control del Estado". Y, naturalmente, la crisis económica truncó muchos de los planes previstos y dejó al descubierto, como escribe Raffiotta, "la insuficiencia del Tratado de Lisboa", incapaz de "afrontar y superar la crisis económica y financiera". Por ello, a partir de la entrada en vigor del Tratado de Lisboa en diciembre de 2009, y coincidiendo con la elección de Herman Van Rompuy como Presidente del Consejo Europeo, la Unión, con el imprescindible papel del Banco Central Europeo, jugó un papel determinante para superar una crisis que puso en peligro la propia supervivencia de la moneda única.

En la tercera parte del libro, los autores examinan la organización territorial de Europa, y el verdadero cariz de las amenazas de ruptura que se producen en su seno haciendo especial hincapié en la importancia de lo identitario sobre lo puramente territorial. La Unión Europea "es más que un concepto geográfico", escribe Antonio Pérez Miras, "su delimitación territorial no es que venga marcada por los Estados miembros, con las particularidades establecidas por la distinta aplicación de los Tratados a según qué zonas, sino que en realidad el espacio físico europeo viene mediatizado por la comunidad de derechos, principios y valores". Así, al gran acuerdo europeo no le sostiene solo una proximidad física, sino –y sobre todo– un sistema de valores y leyes, sustentado a su vez en una historia común.

Y más allá de lo territorial, lo que indudablemente hace que la Unión Europa responda con precisión a la vocación de su propio nombre, no puede pasarse por alto la diversidad, que se manifiesta de un modo particular en la estructura administrativa de cada Estado miembro.

Diversidad que implica respeto a la integridad territorial de los Estados miembros. Un principio reconocido en el artículo 4.2 del Tratado de la Unión Europea cuando afirma que la Unión "Respetará las funciones esenciales del Estado, especialmente las que tienen por objeto garantizar su integridad territorial". Principio fundamental que volvió a reiterar en diciembre de 2014 el Consejo de Asuntos Generales de la Unión Europea, en cuya declaración final se señaló la importancia del respeto a la integridad territorial de los Estados miembros y a la competencia exclusiva que tienen para salvaguardarla.

En suma, la integridad territorial de un Estado miembro es competencia exclusiva de éste y, por lo tanto, la Unión Europea respetará esa voluntad expresada a través del legítimo representante de cada Estado miembro que es el Gobierno de ese Estado. No caben en el marco de la Unión las secesiones unilaterales. Un serio recordatorio para quienes postulan esas tesis.

Comencé citando a Madariaga y quiero, conscientemente, volver a citarlo, por su carácter precursor e ideólogo de la Unión Europea y de sus principios y valores "Europa sólo se hará cuando sea una realidad en la conciencia de sus ciudadanos". Así sea.

Íñigo Méndez de Vigo y Montojo

Ministro de Educación, Cultura y Deporte
y Portavoz del Gobierno

NOTA DE LOS DIRECTORES

El proceso de la integración política de Europa es quizá una de las grandes obras de ingeniería jurídica de la historia. Además del enfoque multidisciplinar que se realiza sobre la misma, dentro de la propia Ciencia del Derecho la construcción europea se irradia sobre todas sus ramas del saber. Por ello, el Seminario ítalo-español de estudios constitucionales quiso dedicar su II congreso internacional a los "Desafíos del constitucionalismo ante la integración europea".

La presente obra recoge la parte correspondiente al tema concreto de los trabajos que profesores y un seleccionado grupo de jóvenes investigadores han realizado como resultado de la invitación a la investigación que promovimos en el marco del Seminario que dirigimos. Durante el mencionado congreso, que tuvo lugar en Madrid en la excelente sede de la Universidad Pontificia Comillas – ICADE los días 25, 26 y 27 de noviembre de 2014, se produjo un encuentro intergeneracional con un profundo intercambio de ideas. Una segunda parte de esas contribuciones también se publica en esta misma Editorial. Ambas obras reúnen y presentan ahora los principales temas que allí se debatieron, esperando que estas aportaciones sirvan para seguir avanzando en un rico análisis que se enfrenta a indudables desafíos políticos y constitucionales y a la actualidad más necesitada de voces académicas.

* * *

El Seminario Ítalo-español nace en Bolonia por iniciativa de un grupo de doctorandos y profesores del Alma Mater y de colegiales del Real Colegio de España en el año 2011. Su función primordial es crear una red de investigadores en Derecho constitucional y otras disciplinas jurídicas para promover debates de actualidad y facilitar un diálogo intergeneracional entre académicos de España e Italia, aunque con la vocación de integrar también a estudiosos de otras nacionalidades.

A tales efectos, el Seminario ítalo-español viene organizando un congreso bienal con una metodología que fomente esos valores. El congreso se articula sobre las comunicaciones de jóvenes investigadores que, tras un proceso ciego de selección, se someten a las contraponencias por parte de nuestro prestigioso comité científico internacional, alentando la discusión y el debate sobre temas específicos.

La primera edición, celebrada en mayo de 2012 en el Real Colegio de España en Bolonia, afrontó las "Nuevas exigencias de tutela de los derechos de la persona", con tres obras publicadas en Aranzadi sobre la Ciencia y Vida; la Familia y Religión; e Internet y Nuevas Tecnologías. De la segunda edición de 2014 estamos ahora dando cuenta, a lo que debe sumarse la publicación del conjunto de las comunicaciones de los jóvenes investigadores en EDITUM. Para 2016 se está ya preparando la tercera edición en la Universidad de Catania sobre "Soberanía y representación: el constitucionalismo en la era de la globalización".

* * *

Por todo lo dicho, es menester dejar una sincera constancia de los numerosos agradecimientos que adeuda la presente obra. En primer lugar, al Istituto Italiano di Cultura di Madrid, por su inestimable apoyo financiero, extensible a la Embajada de Italia en España; y en concreto si se nos permite, tanto al entonces Embajador D. Pietro Sebastiani como al actual Embajador D. Stefanno Sannino, a la Primera Consejera de Prensa y Cultura Dª. Gaia Danese y al Agregado para Actividades Culturales D. Lillo Teodoro Guarneri. No podemos dejar de hacer una especial mención a las instituciones organizadoras en su día del II congreso: a la Facultad de Derecho (ICADE) de la Universidad Pontificia Comillas en la persona de su Decano el Prof. Íñigo Navarro Mendizábal y al Dipartimento di Scienze Giuridiche de la Università di Bologna, en la persona de su Director el Prof. Giovanni Luchetti, así como a todos los que colaboraron con el mismo. Especialmente sentido es el agradecimiento a las decenas de jóvenes investigadores que se han sumado a esta iniciativa y a los profesores del comité científico que han aportado su conocimiento pero también su manifiesta generosidad, acogiendo con entusiasmo el proyecto. Por último, hay que sumar un indudable agradecimiento al Ministro de Educación, Cultura y Deporte y Portavoz del Gobierno de España D. Íñigo Méndez de Vigo y Montojo por el prólogo a esta obra colectiva.

Los Directores

Parte I

Forma política

POLITICHE EUROPEE: STALLO O REGRESSO?

Giuseppe de Vergottini

Professore emerito

Alma Mater Studiorum - Università di Bologna

Sulla integrazione economica e politica europea e sulle soluzioni organizzative da attuarsi per conseguirla si è scritto molto, a volte in modo realistico, spesso in modo retorico condizionando la situazione oggettiva a una vulgata europeista che ha fatto spesso perdere di vista il profondo distacco fra un ideale federalista e la più concreta realtà degli interessi nazionali.

Le difficoltà economiche degli ultimi anni hanno fatto emergere in modo sempre più evidente sia crisi localizzabili in precise aree di responsabilità di alcuni stati membri della Unione, sia una più ampia e comprensiva crisi che investe l'intera costruzione della Unione. Siamo tutti consapevoli della necessità di una riflessione che investa il processo di integrazione europeo nel suo complesso, riflessione che tenga conto delle profonde criticità ormai manifeste senza indulgere ad affrettate conclusioni negative sul proposito stesso di integrazione.

Vediamo di impostare questa riflessione.

Perché si è giunti a questa situazione di grande difficoltà che rende difficile intravedere conclusioni positive della complessa crisi?

a) Crediamo che una delle ragioni di fondo vada ricercata negli errori politici di prospettiva della costruzione europea.

In primo luogo un eccesso di allargamento della primitiva unione. L'aumento accelerato di allargamenti ha reso problematico il passaggio alla integrazione fra comunità nazionali vicine sotto alcuni profili ma molto distanti sotto altri.

Quindi troppi partners. E fra questi progressivamente sempre più numerosi quelli che dopo aver fatto sforzi per essere ammessi alla Unione al fine di approfittare dei vantaggi del mercato unificato si sono poi rivelati ostili al processo integrativo in quanto gelosissimi della riconquistata piena sovranità dopo la fine del blocco sovietico.

b) In secondo luogo la inadeguatezza delle formule istituzionali sperimentate. Accantonato il modello istituzionale integrativo incentrato su Commissione, Parlamento e Corte, il centro decisionale del processo politico è costituito dalla compresenza necessaria di tutti i partecipanti e quindi dalla prevalenza della formula intergovernativa.

Punto critico del sistema di integrazione è un parlamento che non rappresenta i popoli europei. O meglio, che formalmente lo fa ma nella sostanza non è sentito come rappresentativo dai vari corpi elettorali nazionali. Risultato è un parlamento con scarsa o latitante legittimazione. Un parlamento di cui nessuno, a parte gli esperti, conosce bene quello che fa o dovrebbe fare. Un parlamento che non si vergogna di impegnare due sedi a distanza di poche centinaia di chilometri per svolgere il suo lavoro con una carico inutile e spaventoso di oneri per le finanze dell'Unione e di riflesso per gli stati.

Altro punto negativo. La Commissione, quale esecutivo espressione del momento integrativo, è afflitta da una complessa e spropositata macchina amministrativa. Dominata dagli eurocrati considerati come avulsi da ogni rapporto di contiguità con le politiche e gli interessi nazionali, invisi alle opinioni pubbliche. Assolutamente carenti di legittimazione.

A una carenza di legittimazione degli organi politico-amministrativi espressione dell'integrazione si sostituisce una forte legittimazione della giurisdizione comunitaria. Ma qui si manifesta una singolare cesura nel processo di legittimazione dell'insieme delle istituzioni. La legittimazione della Corte non proviene dai popoli degli stati membri che la ignorano. Il soggetto collettivo legittimante è il ceto dei giuristi che deve fare i conti col complicato intreccio di competenze fra giurisdizioni nazionali gelose della sovranità dei rispettivi stati e giurisdizione comunitaria posta a presidio dei vincoli imposti dai trattati.

E ciò che può apparire singolare è il fatto che la forte legittimazione della Corte permane nonostante la evidente crisi politica che affligge la Unione da almeno un decennio. Dunque la legittimazione che la corporazione dei giuristi e i giudici nazionali costantemente continuano a riservare alla Corte compensa la profonda incrinatura del prestigio istituzionale degli organi politico-amministrativo che sussiste soltanto per l'organo intergovernativo.

c) Ormai è pacifico che fra le istituzioni dotate di potere politico amministrativo l'unico centro istituzionale che conta è dato dal Consiglio.

L'organo intergovernativo costituisce il fulcro decisionale della Unione. Sono i rappresentanti dei 28 stati che sono in grado di dare l'impronta determinate alle politiche della Unione. Ma sarebbe ingenuo e contrario alla realtà pensare che vi sia una equivalenza di peso della volontà dei membri. Tutti hanno coscienza del ruolo di forza sempre assunto nel tempo da alcuni paesi, o come singoli o in combinazioni ristrette secondo la formula del direttorio. Negli anni recenti è la Germania che si è imposta come leader dell'organo decisionale politico.

Quindi consolarsi pensando che l'inefficienza degli organi di integrazione bene o male sia supplita dall'organo intergovernativo significa non voler vedere l'attuale situazione di sbilanciamento all'interno dei 28. Non si può dire che l'organo comune degli stati governi l'Unione quando sia evidente che le decisioni finali maturano e si concludono soltanto se lo stato leader è d'accordo.

Sostenere che per risolvere le crisi economico-monetaria gli stati bisognosi di aiuto dovrebbero dare più potere al centro trasferendo alla Unione altri pezzi di sovranità significa quindi dare la possibilità giuridica ai ministri dell'attuale paese guida di avere l'ultima parola, come avvenuto a proposito del ministro delle finanze tedesco per la soluzione della crisi greca. Spesso poi è prevalso per l'economia il metodo del direttorio, guidato di fatto dalla Germania e reso insuperabile con il potere di veto. Dunque è del tutto pacifico che ci si è affidati al solo metodo intergovernativo. Per la politica estera e per gli interventi esterni non si è neppure arrivati a questo: l'Unione ha proceduto in ordine sparso, anche se la posta in gioco era comune: così per l'Irak, così per il Medio Oriente, dalla Libia alla Siria.

d) Si fa presente da più parti che l'attuale situazione di inadeguatezzza della macchina europea deriverebbe dalla *carenza di un governo comune* dell'Unione europea per gestire le migrazioni, per combattere i terrorismo e per assicurare la sicurezza e la difesa. Ovviamente è evidente che occorrerebbe una gestione unitaria delle frontiere esterne dell'Europa e una gestione coordinata dell'immissione dei migranti sia quanto ai numeri globali da accettare sia quanto alle destinazioni specifiche entro l'Unione. Riguardo al terrorismo la presenza di una intelligence comune, con gestione trasparente e comune dei dati, avrebbe forse evitato le conseguenze tragiche degli attentati in Francia. Quanto a una difesa comune europea, in linea di principio avviabile già con il Trattato di Lisbona, costerebbe ai cittadini molto meno di quanto deriverebbe dalla sommatoria di interventi singoli e sarebbe in pari tempo molto più efficace. Ciò che servirebbe per affrontare le sfide sarebbe dunque un *governo comune* dell'Unione, che sinora è mancato. Per la sfida dell'economia è necessaria e giuridicamente possibile una cooperazione rafforzata entro l'Eurozona con un ancoraggio al Parlamento europeo; per la difesa è possibile una cooperazione strutturata anche circoscritta ad alcuni Paesi. Per le immigrazioni e per il terrorismo una configurazione ristretta che divida al suo interno l'Europa non sembra invece praticabile.

Si tratterebbe di capire cosa debba intendersi per governo comune. Soluzioni nuove da raggiungere con nuovi accordi fra stati o semplicemente utilizzo degli apparati attuali ma in modo da evitare le deficienze fino ad oggi riscontrate? Si può rispondere alla domanda dicendo che istituire un governo comune significa decidere insieme, naturalmente a maggioranza, ove non vi sia accordo tra tutti i governi; affidare ad un'autorità singola (la Commissione) il compito di svolgere e rendere operative le decisioni; ancorare le decisioni legislative e politiche al voto del Parlamento europeo. Se la risposta deve essere in questi termini occorre prendere atto che tutto questo in realtà dovrebbe già essere da tempo pratica comune ma così non è stato in concreto.

Qualcuno ha riproposto di insistere sulla necessità di una struttura federale europea. Proposta del tutto svincolata dalla realtà e sicuramente non percorribile. Evidentemente si finge di ignorare come il pretendere di imporre ulteriori cessioni di sovranità sarebbe un passo respinto coralmente degli stati. L'esperienza non esaltante del fallimento del trattato costituzionale non ha insegnato niente. Il trattato avrebbe dovuto consentire una vera e propria costituzione della Unione pur in assenza di una unica comunità politica europea. In altre parole, avrebbe dovuto instaurare qualcosa di sostanzialmente simile a uno stato federale europeo soddisfacendo le antiche aspettative del movimento federalista. Ma il risultato non è stato possibile. In realtà dal punto di vista fattuale la Unione aveva inteso bruciare i tempi tendendo tramite i suoi organi a individuare una costituzione nei principi fondamentali che reggono la costruzione comunitaria. Principi-valori caratterizzanti, dapprima elaborati in sede giurisprudenziale e poi inseriti nei trattati. Adozione della Carta dei diritti fondamentali, presenza di un complesso di organi e di fonti normative, presenza di soggetti destinatari delle normative, sistema di garanzie giurisdizionali, erano tutti elementi da cui veniva desunta la natura costituzionale della normativa di riferimento. Questo indirizzo, presente in modo forte nella giurisprudenza comunitaria, tendeva a valorizzare al massimo il principio del primato del diritto comunitario e della sua efficacia diretta nell'ordine giuridico statale e portato alle estreme conseguenze tendeva a far emergere la pretesa di una superiorità gerarchica delle fonti comunitarie rispetto a quelle statali fino ad individuare una costituzione europea condizionante quelle statali. Ma, si ripete, mai nella realtà gli stati hanno ammesso una forma di potere comunitario che mettesse in disparte le varie sovranità interessate al processo integrativo.

e) Per proceder in modo realistico è inevitabile essere consapevoli di un fenomeno che accompagna da sempre il ruolo degli stati, anche in seno alle unioni internazionali costituito dal diverso peso della sovranità. Esistono sovranità forti e deboli. Niente di nuovo, quindi, bastando prenderne atto in modo onesto senza continuare a confondere le regole giuridiche con quelle della prassi politica.

Questo spiega senza difficoltà il diverso svolgersi degli atteggiamenti degli stati per affrontare le più recenti crisi. La crisi dell'euro ha condotto alla contrapposizione fra stati debitori e stati creditori. La crisi dei rifugiati alla contrapposizione fra stati dell'Est contrari al transito e alla ospitalità e quelli dell'ovest più disponibili. La crisi del terrorismo ha visto l'isolamento della Francia disposta alla maniera forte rispetto alla generalità dei partners di fatto contrari al rischio di impegno militare. E si potrebbe continuare con gli esempi.

f) Il richiamo alla sovranità porta inevitabilmente a sottolineare come sia del tutto chiaro che gli stati non vi vogliono rinunciare. Quanto hanno deciso con i trattati è, oggi e in prospettiva, il massimo possibile. Quindi basta con le fughe in avanti verso un vagheggiato modello federale.

Il discorso è del tutto diverso. La spinta odierna che tende a espandersi è per un recupero di sovranità almeno in via di fatto. Aumenta il numero degli stati che vorrebbero recuperarla. Per questo è attuale il dibattito in Gran Bretagna sul Brexit.

Aumentano i movimenti e partiti euroscettici e dove vincono le elezioni sono le politiche ufficiali degli stati che mettono freni a una lettura integrazionista degli impegni.

Particolarmente indicativa la posizione britannica imperniata sul tema della sovranità nazionale. Cameron vuole che sia formalmente chiarito che il Regno Unito è escluso dall'obbiettivo di perseguire un'Unione sempre più stretta. Al contempo vorrebbe rafforzare la possibilità dei parlamenti nazionali (attualmente prevista in maniera blanda dai primi due protocolli allegati al Trattato di Lisbona) di bloccare la legislazione europea, rafforzando al contempo la regola della sussidiarietà. Si aggiunge la richiesta che riguarda la riduzione dell'immigrazione intracomunitaria e, più in generale, l'intento di neutralizzare le sentenze della Corte che hanno troppo allargato il campo di applicazione della libera circolazione delle persone. Inoltre i cittadini di altri Stati membri che si recano a lavorare in Inghilterra dovrebbero contribuire al sistema sociale per quattro anni prima di avere tiolo per usufruire dei benefici sociali. Pretese queste che sconfessano il principio di non discriminazione sulla base della nazionalità e quello della libera circolazione dei lavoratori, come codificati dai trattati, dalla giurisprudenza della Corte di Giustizia e dalla legislazione derivata. Tra l'altro alcune modifiche richiederebbero la revisione degli attuali trattati, soprattutto per quel che concerne la governance dell'area euro. Inoltre, nonostante la Corte di Giustizia abbia recentemente adottato un approccio più restrittivo che in passato sui diritti dei cittadini di altri Stati membri ad usufruire di benefici sociali nel paese ospitante, le limitazioni prospettate sembrano contrarie ai principi fondamentali del trattato.

g) Le richieste inglesi potrebbero fornire una occasione per una revisione dei trattati che comunque, almeno teoricamente, sarebbe prevista nel 2017 per incorporare il Fiscal Compact. Ma, più in generale non si può escludere che siano proponibili revisioni. Naturalmente non si trascuri che la revisione è di per sé un processo faticoso e rischioso, in quanto ciascun parlamento nazionale dovrebbe ratificarla. Sembra che il governo italiano qualcosa intenderebbe proporre in vista della ricorrenza nel prossimo 2017 dei sessant'anni del trattato di Roma sulla Comunità economica.

Il discorso è impegnativo. Non dimentichiamo che il trattato attuale prevede il recesso e quindi rende in teoria agevole una nuova discussione dei precedenti impegni, tenendo conto dell'affermazione dei movimenti contrari alla integrazione, potrebbe scatenare orientamenti disgreganti l'Unione e quindi di segno opposto a chi auspica un rafforzamento in senso federale della stessa. A questo punto bisognerà chiarire se sia perseguibile e credibile la strada di un rafforzamento della Unione in senso politico, individuando anche una responsabilità della stessa sul fronte della unione fiscale, oppure se si dovrà realisticamente prendere atto di una situazione di stallo o addirittura di regresso confermante il fallimento di più ampie illusioni di integrazione mantenendo quindi le attuali regole e prendendo atto della prevalenza del metodo intergovernativo.

TRES MIRADAS SOBRE LA CONSTITUCIÓN EUROPEA

Pablo Lucas Murillo de la Cueva

Magistrado del Tribunal Supremo
Catedrático de Derecho Constitucional

SUMARIO: 1. ¿Tiene la Unión Europea una Constitución? Una mirada al pasado y al presente.- 2. La Unión Europea y la crisis. Aspectos negativos y positivos de la experiencia en curso.- 3. La perspectiva futura y los nuevos problemas.- 4. La Constitución como solución.- 5. Conclusión.

1. ¿Tiene la Unión Europea una Constitución? Una mirada al pasado y al presente

El título de esta sesión, la primera del seminario, se ha formulado en forma de pregunta. ¿Una Constitución para Europa?

El interrogante elegido por los organizadores reclama de inmediato una aclaración y lleva a otra pregunta. La aclaración es que, naturalmente, esa Europa es la Unión Europea y la nueva pregunta es ésta: ¿tiene Europa, tiene la Unión Europea una Constitución? De ser afirmativa la respuesta, habrá que precisar cuál es esa Constitución. Y, si es negativa, además de explicar por qué no tiene la Unión Europea una Constitución habrá que decir si debería contar con una.

Si recordamos lo sucedido con el Tratado por el que se establece una Constitución para Europa, firmado en Roma el 29 de octubre de 2004, parecería que el interrogante planteado debería ser contestado negativamente. En efecto, aunque fue ratificado sucesivamente por prácticamente todos los países que integraban la Unión, en algunos de ellos, como en España, previa manifestación de los ciudadanos en referéndum –celebrado en nuestro caso el 20 de febrero de 2005– su fracaso en Francia y en Holanda, donde la mayoría de los ciudadanos consultados en referéndum –el 29 de mayo de 2005 en Francia y el 1 de junio en Holanda– lo rechazaron, fue suficiente para dar al traste con una iniciativa que suscitó gran ilusión y absorbió importantes energías.

No obstante, sabemos que esa Europa por la que nos preguntamos, es decir, la Unión Europea instituida por el Tratado de Maastricht en 1992 a partir de las iniciales Comunidades del Carbón y del Acero, de la Energía Atómica y Económica Europea, es una realidad política, jurídica y económica. Cuenta con un sistema institucional –la Comisión, el Consejo Europeo, su Presidente, el Consejo de Ministros, el Parlamento Europeo, el Tribunal de Justicia, el Tribunal de Cuentas, el Banco Central Europeo, son su principales componentes– y unas reglas que regulan su organización y funcionamiento y determinan los ámbitos de su competencia. Y también cuenta con una Carta de los Derechos Fundamentales que, alumbrada sin valor jurídico en la cumbre de Niza, en diciembre de 2000, forma parte, desde que se ratificó el Tratado de Lisboa en 2008, del ordenamiento europeo. Por otro lado, todos los Estados miembros forman parte de la Unión Económica y Monetaria y la mayor parte de ellos tiene al euro como moneda común. Las excepciones son el Reino Unido y Dinamarca que han decido no adoptarlo, mientras que no pertenecen a la zona euro Bulgaria, Croacia, Chequia, Hungría, Polonia, Rumanía y Suecia.

Asimismo, buena parte de sus miembros, junto a algunos otros que no forman parte de la Unión Europea –Alemania, Austria, Bélgica, Dinamarca, Eslovenia, España, Estonia, Finlandia, Francia, Grecia, Holanda, Hungría, Islandia, Italia, Letonia, Liechtenstein, Lituania, Luxemburgo, Malta, Noruega, Polonia, Portugal, República Checa, República Eslovaca, Suecia y Suiza– comparten, en virtud del Acuerdo de Schengen de 19 de junio de 1990, unas mismas fronteras exteriores y un espacio común de seguridad, inmigración y libre circulación de personas.

Ese conjunto normativo e institucional no vive en el aire. Por el contrario, reposa en unos fundamentos de Derecho que lo articulan y dan unidad. Hay, pues, lo ha habido desde las iniciales Comunidades Europeas, un soporte jurídico de creciente densidad que, si bien no consta en un documento formal que reciba el nombre de Constitución, materialmente cumple las mismas funciones ordenadoras que las constituciones desempeñan respecto de los Estados. A saber, conformar sus poderes, regular sus relaciones respectivas y limitarlos para preservar los derechos que tienen reconocidos los ciudadanos europeos y las competencias que los Estados no le han transferido. Precisamente, el Tratado de la Unión Europea y el Tratado de Funcionamiento de la Unión Europea, con el contenido del que les dotó el Tratado de Lisboa de 13 de diciembre de 2007, más la Carta de los Derechos Fundamentales, constituyen ahora ese fundamento.

Conviene precisar al respecto, que el de Lisboa, fruto de los trabajos de la Conferencia Intergubernamental convocada tras el fracaso de la ratificación del Tratado constitucional, recogió e incorporó al de la Unión Europea y al de su Funcionamiento, que es el de la primitiva Comunidad Económica Europea, aquellos contenidos del Tratado constitucional sobre los que había acuerdo entre los Estados.

Incluso, es posible decir que con anterioridad, o sea a partir de 1992 para la Unión y desde su fundación para las Comunidades Europeas, los correspondientes tratados constitutivos eran, además de su fuente de creación, también sus normas fundamentadoras.

Por tanto, desde esta segunda perspectiva, debemos decir que tenemos, que la Unión Europea tiene, una Constitución: la que aportan los tratados que forman el que se ha llamado el Derecho originario y, en particular, los dos últimos mencionados más la Carta.

2. La Unión Europea y la crisis. Aspectos negativos y positivos de la experiencia en curso

Es evidente, además, que el ordenamiento europeo, sus instituciones, los ciudadanos de la Unión Europea experimentan en estos momentos diversas tendencias e impulsos de signo contrario. Unos miran a fortalecer los vínculos ahora existentes y a lograr una unión más estrecha. Otros, menos numerosos pero en aumento, pugnan justamente por lo contrario, con lo que el futuro, siempre incierto, es en estos momentos particularmente problemático ya que, en el contexto de la profunda crisis económica, política y social que estamos atravesando no se puede descartar ninguna salida e, incluso, tras el referéndum del 23 de junio de 2016 la mayoría de ciudadanos de uno de sus principales miembros, el Reino Unido, ha decidido abandonar la Unión.

Así, las preguntas que debemos hacernos son las de si se recuperará la iniciativa constituyente de hace diez años o si se ha de tenerse por definitivamente frustrada o si es innecesaria.

Estas tres miradas, al pasado, al presente y al futuro nos permiten extraer alguna conclusión más allá de la mera constatación de los hechos.

La contemplación retrospectiva de la aventura del Tratado por el que se establece una Constitución para Europa muestra bien las dificultades a las que se enfrenta la construcción de la unión política europea. Ese Tratado nació en un clima de entusiasmo, rico debate y, finalmente, de consenso formal, una vez superados los muchos obstáculos surgidos en su camino, entre ellos los puestos por España y por Polonia sobre la doble mayoría necesaria –de Estados y de habitantes– para adoptar decisiones.

Fue sometido a ratificación sin particulares problemas hasta que los ciudadanos franceses y holandeses, por problemas políticos esencialmente internos, frustraron el proceso. Así, intereses particulares de dos Estados, mejor dicho, de parte de sus sociedades, impidieron que viera la luz un texto que racionalizaba y estructuraba mejor la Unión y la dotaba formalmente de unos fundamentos jurídicos que la llevaban más allá del estricto ámbito económico con que nacieron las Comunidades y la consolidaban con sujeto político en el ámbito internacional.

No obstante, el importante esfuerzo realizado, las reflexiones a que dio lugar el empeño y que permitieron definir mejor, con más precisión, principios e instituciones, procedimientos y derechos, no fueron infructuosos.

Tal como se ha indicado, el Tratado de Lisboa recogió los restos del Tratado constitucional y mantuvo sus aportaciones principales. Así, nos dotó de la arquitectura jurídica con que hoy cuenta la Unión Europea. La verdad es que se parece mucho a la prevista en la Constitución *non nata*. Y, además, también lo mencioné antes, ha dado fuerza jurídica a un texto que sistematiza y pone al día los derechos que reconoce la Unión a sus ciudadanos: la Carta de los Derechos Fundamentales de la Unión Europea.

Hoy el ordenamiento de la Unión Europea ha adquirido una notable densidad y ha producido, vía reglamentos, una importante homogeneización de la regulación de muchas materias, mientras que en otras, las directivas han llevado a aproximar las legislaciones de los Estados. Además, los pronunciamientos del Tribunal de Justicia han dado efectividad a la primacía del Derecho de la Unión. De este modo, se ha consumado sustancialmente la atribución del ejercicio de la soberanía a las instituciones europeas no sólo en el plano formal sino también en el material en los más variados aspectos políticos, económicos y sociales. No hay más que reparar en la relevancia de las decisiones del Banco Central Europeo o en el impacto que producen las sentencias del Tribunal de Luxemburgo para apreciarlo.

No obstante, pese a la elección directa de los diputados del Parlamento Europeo y pese al fortalecimiento de sus facultades de decisión y de control del ejecutivo, es decir, de la Comisión a cuyo presidente elige, nos encontramos con que, si ya los parlamentos de los Estados están en cuestión, pues suscitan intensos reproches por parte de muchos de sus ciudadanos por la manera en que ejercen sus potestades, el de Estrasburgo recibe las mismas críticas de falta de representatividad de sus electores, si acaso acrecentadas por la distancia con que se le percibe desde el interior de los Estados miembros.

Por otro lado, la Comisión Europea en los últimos años, justamente los de la profunda crisis económica desatada con toda su fuerza desde 2008 y que todavía pervive, ha dado la impresión de ser dependiente en exceso de algunos Estados. Esa imagen de subordinación es la otra cara de su falta de liderazgo –de la Comisión y de quienes la han presidido– y ha ayudado a que se difunda la impresión de que la orientación política seguida por la Unión Europea responde más a los intereses de esos Estados y, en especial a los de Alemania, que a los del conjunto. Seguramente, la timidez y retraso con que se adoptaron las primeras medidas para hacer frente a la situación de Grecia ayudaron a que prosperara esa imagen.

De igual modo, la integración de Estados con notables diferencias sociales y económicas con la media europea ha supuesto serios inconvenientes, entre ellos algunos movimientos importantes de población con las consiguientes dificultades de asimilación en los Estados receptores.

Así, la Unión se ha visto ineficaz e impotente y parcial. Y hay quienes piensan que su respuesta a la crisis económica se ha hecho a costa de los más débiles. La política que descansa en la reducción del déficit, la estabilidad presupuestaria y la austeridad ha significado importantes sacrificios para amplios sectores sociales de los Estados más afectados entre los que se deben incluir no sólo los que han sido objeto de una intervención formal por parte de la Unión Europea (Grecia, Portugal, Irlanda) sino también los que, como España, han visto sometido a control externo un sector tan importante como el bancario o, en general, han sufrido con intensidad los movimientos especulativos desencadenados en torno a la deuda pública, cual ha sucedido también con Italia.

No está siendo, por tanto, el viejo principio de la soberanía de los Estados el que está condicionando la posición y la actuación de las instituciones europeas, en particular de las estrictamente políticas, como la Comisión y el Parlamento. Ha sido, por el contrario, la primacía económica de algunos Estados la que ha prevalecido impidiendo u ocultando un discurso autónomo de la Unión Europea en circunstancias tan graves como las que existen desde 2008.

Ahora bien, a esta visión crítica o, si se prefiere, negativa del presente y del pasado inmediato, inevitable, hay que añadir necesariamente otra claramente favorable: la que ofrece la contemplación de la dinámica que ha generado y de las transformaciones que ha hecho posibles.

En efecto, la mera existencia de la Unión Europea ha producido, está produciendo, por sí misma efectos positivos para los Estados que la componen. La pertenencia a esa organización supraestatal con un creciente grado de integración en todos los planos relevantes compensa las insuficiencias fruto del condicionamiento apuntado. No se trata únicamente de los beneficios políticos de la pertenencia a la Unión, sino también de los económicos.

Aunque la respuesta a la crisis económica desde las instituciones europeas no haya sido la deseada por muchos, se inspire en las preferencias o, incluso, en los intereses de unos Estados determinados y haya traído consecuencias negativas para amplios sectores sociales, formar parte de la Unión ha permitido evitar escenarios todavía peores. Eso sin contar algo bien perceptible desde experiencias como la española: desde la integración de España en las Comunidades Europeas el 1 de enero de 1986, los fondos y ayudas europeas han sido decisivos para el manifiesto progreso económico que el país ha experimentado desde entonces. Gracias a esas aportaciones contamos con infraestructuras y servicios antes desconocidos y se puede decir también que el Estado social del que disponemos –que con todas sus limitaciones es visto de manera general como una conquista histórica a preservar– y los niveles de bienestar alcanzados son indisociables de esa pertenencia.

Además, la democracia representativa y el Estado de Derecho, requisitos *sine qua non* para entrar en la Unión Europea y permanecer en su seno, son condiciones esenciales para la convivencia en nuestras sociedades que se ven fortalecidas por el hecho mismo de la pertenencia a ella. Los vínculos que comporta ser miembro de la Unión hacen que desde dentro se preserven esos elementos constitutivos de la imprescindible homogeneidad política que exige el Tratado de la Unión Europea. Así cabe hablar del triple efecto de estímulo democrático que irradia el ordenamiento europeo: de un lado, el que se proyecta hacia el fomento de las formas de participación política; de otro, el que se manifiesta como vocación de sometimiento al Derecho y al control político y judicial de la acción de los gobernantes; y, en tercer lugar y como consecuencia de los dos anteriores, el que desincentiva o, simplemente, se opone a las tendencias contrarias a esos postulados que puedan surgir en algún Estado en particular.

En efecto, la propia identificación de la Unión con los principios de la democracia representativa, expresamente afirmada en el artículo 2 del Tratado de la Unión Europea, desarrollada en su Título II y plasmada en su funcionamiento y actuación cotidiana, ayuda a consolidarla en los Estados en los que tiene menor tradición y a frenar en los que gozan de ella los impulsos contrarios a tales principios, desafortunadamente no inhabituales en períodos de crisis como el que atravesamos.

La dimensión política democrática de la Unión Europea, se manifiesta principalmente a través del Parlamento Europeo, del proceso electoral que lleva a la elección de sus miembros y en su labor legislativa, en la elección del presidente de la Comisión y en el control de la actuación de ésta y de la Administración que dirige así como en la colaboración con los parlamentos de los Estados. También se expresa a través de las iniciativas que en el ejercicio de los derechos fundamentales reconocidos en la Carta de los Derechos Fundamentales de la Unión Europea y en las Constituciones de los Estados se dirigen hacia las instituciones europeas, esencialmente hacia la Comisión o hacia el Parlamento Europeo, para que adopten medidas o legislen en determinados ámbitos o materias.

De otro lado, al igual que desde su inicio las Comunidades Europeas se presentaron como una comunidad de Derecho, posteriormente, la Unión ha mantenido y reforzado esa cualidad de manera que, junto a las decisiones y el impulso políticos, han sido los instrumentos jurídicos los que han ido articulando todo el entramado sobre el que hoy se sustenta el edificio de la Unión. Tanto los normativos, empezando por los tratados o, si se prefiere, el Derecho originario, y continuando por los reglamentos y directivas, principalmente, y, desde luego, la jurisprudencia del Tribunal de Justicia, han configurado la Unión Europea que conocemos y proyectado hacia los Estados que la componen y sus respectivas sociedades regulaciones uniformes u homogéneas en cada vez más planos de las relaciones económicas y sociales.

La relevancia del Derecho en esa construcción, además de esa virtualidad unificadora del régimen jurídico de cada vez más ámbitos materiales, ha tenido consecuencias institucionales tanto para la misma Unión como para los Estados. No son otras que las relacionadas con la importancia no sólo del Derecho sino también de los derechos y con el consiguiente reforzamiento de quien dice en último término cuál es ese Derecho y hasta donde llegan tales derechos, es decir, del Poder Judicial. La importancia adquirida por el Tribunal de Justicia, que no es otra que la derivada de sus sentencias, manifiesta bien este fenómeno que, ciertamente, no es exclusivo de la Unión, sino que se produce igualmente en el seno de los Estados.

Los jueces estatales, en efecto, en cuanto jueces europeos, aplican el Derecho de la Unión. Hacen valer directamente sus normas, incluso inaplicando o anulando las de Derecho interno que las contradigan, interpretan el ordenamiento propio a la luz del de la Unión y colaboran con el Tribunal de Justicia mediante la cuestión prejudicial para establecer si una determina regulación interna es o no compatible con la europea.

Esta dimensión jurídica de la Unión Europea, lejos de quedarse en el plano meramente formal, se ha traducido en competencia real para las empresas, protección para los trabajadores, consumidores y usuarios, mayor igualdad y reducción de las formas de discriminación, mayor cuidado del medio ambiente y una tutela más intensa de los derechos fundamentales y las libertades públicas. Buena muestra de todo ello son las sentencias del Tribunal de Justicia sobre la legislación hipotecaria española o sobre el derecho al olvido frente al tratamiento de los datos personales, por poner un par de ejemplos significativos.

Con todas las limitaciones que se quieran y, aunque obedezcan en gran medida a la lógica del mercado y a la búsqueda de su eficiencia, la racionalización del modelo de libre iniciativa económica que subyace a la mayor parte de las regulaciones europeas ha traído consigo también esas y otras consecuencias beneficiosas.

Así, pues, déficit democrático, liderazgo insuficiente o inexistente, políticas controvertidas, integración imperfecta, son datos que aparecen ante el observador. Simultáneamente, sin embargo, se muestran hechos como el desarrollo político y económico, las importantes cotas de bienestar alcanzadas, los avances efectivos en amplios campos y un enorme espacio en el que las personas pueden moverse y desarrollar sus actividades sin los obstáculos que suponían las fronteras.

3. La perspectiva futura y los nuevos problemas

El futuro no está escrito nunca. Tampoco lo está el de la Unión Europea.

Tiene por delante retos muy importantes que resolver y para superarlos deberá afrontar dificultades de gran importancia. La decisión de los electores británicos de abandonar la Unión entre ellos. Desde dentro, porque se le reclama la corrección de las insuficiencias y de los desequilibrios denunciados y para lograrlo deberá robustecer la posición de sus instituciones, en especial, las del Parlamento y de la Comisión, y disponer de una gran fortaleza democrática, imposible sin el respaldo ciudadano.

Sucede, no obstante, que hoy en día las sociedades europeas están fragmentadas y no se puede hablar propiamente de un *demos* europeo ni, por tanto, de partidos o fuerzas políticas que lo representen. Las formaciones políticas presentes en Estrasburgo son las mismas que han accedido a los parlamentos estatales y su articulación en la cámara europea, aunque se ordena por afinidades ideológicas, no llega al grado de cohesión necesario para desarrollar una orientación política vigorosa vinculada a planteamientos propiamente europeos. En la práctica, los distintos intereses estatales condicionan los puntos de coincidencia posibles en el seno de los grupos parlamentarios con la consecuencia de que se resienta la capacidad del Parlamento para incidir en la dirección trazada por la Comisión. Esto supone que, de hecho, ésta dependa más de los gobiernos de los Estados que del Parlamento Europeo.

A esta dificultad se suma la derivada del peso que han adquirido en varios países de la Unión movimientos populistas y xenófobos. Por ejemplo, en el Reino Unido, sobre todo, y en Francia pero también en Alemania y en Holanda. No son una novedad, ni tampoco son exclusivos de la experiencia europea. Reacciones de este tipo han tenido lugar antes e, incluso, han llegado a tener cierta importancia en algún caso pues su aparición es una de las respuestas de la sociedad a la inquietud y a la inseguridad que provocan las crisis económicas graves. No obstante, lo significativo de este momento –y coherente con el carácter general de la crisis que padecemos– es que han aparecido en varios países a la vez.

A los problemas congénitos de la Unión Europea hay que añadir los que traen causa principal de hechos o circunstancias sucedidos fuera de sus fronteras, provenientes, pues, del exterior.

Aunque las nuevas formas de terrorismo impulsadas por el yihadismo golpean y conmueven al mundo y quienes las proyectan han situado entre sus principales objetivos a los países miembros de la Unión Europea, la utilización de la violencia como instrumento político era, por desgracia, un fenómeno ya conocido. Por eso, la defensa de la sociedad frente a esta nueva variante, no tiene por qué suponer efectos distintos de los vinculados a una más intensa cooperación entre las fuerzas y cuerpos de seguridad y una especial atención para que la persecución de los terroristas y la prevención de sus acciones no se traduzcan en un deterioro del Estado de Derecho ni en un retroceso de la integración ya conseguida.

De otra naturaleza son los problemas que derivados de la intensa presión migratoria.

La construcción europea se ha hecho, como es natural, mirando preferentemente hacia dentro y hacia el entorno inmediato. En momentos anteriores del proceso histórico el eco de los logros alcanzados por una experiencia de esta naturaleza habría sido limitado o, al menos, no habría generado más atracción que la que produjeron en el pasado, por ejemplo, los países de América a los que emigraron en diversos períodos ciudadanos de casi toda Europa. O la que pudieron ejercer los Estados fundadores de las Comunidades Europeas o Suiza a mediados del siglo pasado para muchos españoles.

Ahora, las circunstancias son bien diferentes y cobra todo su sentido recordar lo evidente. Es decir que, aun importante, la Europa unida es sólo una parte del mundo. En la era de la globalización, de la intercomunicación que han hecho posibles las nuevas tecnologías y de la facilidad para desplazarse de un lugar a otro, lo que en tiempos anteriores pudo reducirse a un eco lejano, ahora es perceptible al instante en cualquier lugar del planeta.

En este mundo global, en el que internet nos acerca por encima de las fronteras, también se difunden los modos de vida. Puede, incluso, decirse que se exhiben los nuestros y el nivel de bienestar de que gozamos, el cual, limitado y, en muchos aspectos, insuficiente, se halla, sin embargo, a extraordinaria distancia del que existe, si es que lo hay, en la mayor parte de los países del mundo. Y, ciertamente, su contemplación por quien carece de él hace que aspire a disfrutarlo. El desarrollo económico, la calidad de vida alcanzada, la convivencia pacífica, el amplio reconocimiento de los derechos que ha caracterizado a la Unión Europea, en definitiva, el éxito logrado hasta ahora, produce un imparable efecto llamada al que se une el aún más fuerte impulso de huir de las guerras y buscar o escapar de la miseria.

Las fronteras exteriores no podrán contener esa presión migratoria por mucho tiempo por muy bien que se protejan. Por eso, las instituciones europeas, en concierto con los demás países receptores de la marea migratoria y con los de procedencia y con la Organización de las Naciones Unidas, deben arbitrar medidas efectivas para hacer frente a esta realidad.

Aquí, la eficacia de las soluciones requerirá, además de una estrecha cooperación entre los Estados miembros y con los afectados por el tránsito de todas estas personas, una intervención en origen muy superior a la que hasta ahora se ha hecho. A la larga, solamente mediante el desarrollo de los países y la corrección de las desigualdades existentes en el orden internacional se lograrán resultados permanentes. Hace falta, pues, una presencia activa, potente, de la Unión Europea en política internacional. Empresa esta costosa y difícil de articular y de explicar pero imprescindible.

4. La Constitución como solución

De este modo, debemos volver al principio. Mejor dicho, hemos de dirigir nuestra observación al interior de la Unión pues únicamente una Unión Europea fuerte y cohesionada, cuyas instituciones sean capaces de trazar la línea de acción política necesaria y de aplicarla con decisión, estará en condiciones de afrontar con expectativas de éxito duradero este objetivo y, en general, todos los que se ha marcado en los artículos 1 y 3 del Tratado que la constituye.

El presupuesto para ello es, indudablemente, político. Requiere de una voluntad que podemos llamar europea, de actuar conjuntamente en respuesta a las demandas de un mundo global. Voluntad europea que se debe formar en el interior de las sociedades estatales para proyectarse sobre los órganos europeos y que debe ser promovida e impulsada por estos y, también, por las instancias internas de cada país. No creo que sea un secreto que generar esa voluntad y traducirla en actuaciones coherentes y eficaces en respuesta a los retos presentes resultará más fácil con una unión más estrecha, más perfecta, entre los Estados. Con instituciones más operativas, dotadas de mayor capacidad de decisión y de acción de la que disponen ahora pero también con mayor proximidad a los ciudadanos para los que, definitiva, gobiernan.

Así, las modificaciones organizativas y funcionales junto a la recuperación y el fortalecimiento de la adhesión social a la construcción europea, se convierten en requisitos para que la Unión se encuentre en condiciones idóneas para conservar y consolidar cuanto ya se ha alcanzado y para, a partir de esa base, afrontar el futuro.

Si se trata de mejorar la definición de la organización interna, de los principios por los que se rige, de los objetivos que se propone y de las relaciones que, a tal efecto, ha de mantener con los Estados miembros y con los ciudadanos europeos, entonces, seguramente, ayudará retomar la idea de constitucionalizarla. Es decir, de elaborar una Constitución formal en la que se plasmen las mejoras organizativas y funcionales precisas, se profundice en la democratización de la Unión Europea y se refuercen los vínculos que descansan en los intereses comunes.

Hacer una Constitución que simplifique aún más la maraña de disposiciones de los tratados y exprese de forma sencilla los fundamentos, los órganos, los aspectos principales de los procedimientos y, ciertamente, los ámbitos en que se ha de mover la Unión Europea, al tiempo que recoja y garantice los derechos fundamentales a cuya realización se ha de consagrar, además de la dimensión técnico-jurídica que supondrá tal empresa, permitirá legitimar nuevamente el proceso de integración en que estamos comprometidos.

La operación constituyente es un momento decisivo en la vida de las organizaciones políticas. Es el instante en que política y Derecho entran en un contacto singular como consecuencia del cual acceden al ordenamiento jurídico, al máximo nivel normativo, los fundamentos políticos y los presupuestos institucionales sobre los que ha de descansar la convivencia en adelante. Tal operación solamente tiene lugar en momentos señalados de la historia en los que han sobrevenido cambios decisivos en las sociedades a los que responde, precisamente, la Constitución que surge del proceso.

El concepto de Constitución, al igual que el de constitucionalismo, solamente tienen sentido asociados a las ideas de libertad e igualdad. Es decir a las que suministran las sustancias que, en distintas dosis, conforman los concretos derechos fundamentales para cuya satisfacción se organiza el poder político. Y, en consecuencia, son hoy en día inseparables del corolario político de esas ideas: la democracia representativa como forma de gobierno compatible con tales principios.

Pues bien, hacer una Constitución formal para Europa, los trabajos encaminados a elaborarla y aprobarla, se prestan a ser una ocasión única para recabar consensos, forjar acuerdos y renovar compromisos, gracias a los cuales, el proyecto europeo vuelva a ser asociado a la convivencia pacífica, a la libertad política y a la justicia social, al progreso espiritual y material y a la superación de las desigualdades entre los pueblos.

Creo que en los últimos tiempos han sobrevenido transformaciones esenciales en los Estados miembros, en la Unión y en el mundo y, por tanto, se dan las condiciones necesarias para emprender la tarea constituyente. Del mismo modo que en el seno de los países que la integran han cambiado las formas de vida y sus sociedades presentan hoy unas características nuevas a las que se deben adaptar las instituciones, principalmente, para asegurar una más fiel correspondencia entre las metas que persiguen y las que los ciudadanos desean, en el nivel de la Unión es preciso introducir las modificaciones idóneas para situarla en condiciones óptimas de responder a las demandas del mundo actual en coherencia con las expectativas de los europeos.

5. Conclusión

En definitiva, pese al fracaso del Tratado por el que se establece una Constitución para Europa, la Unión Europea ha contado en todo momento y cuenta actualmente, como no podía ser de otro modo, con un ordenamiento fundamental, con una Constitución material plasmada esencialmente en los Tratados de la Unión Europea, en el de funcionamiento de la Unión Europea y en la Carta de los Derechos Fundamentales. No obstante, existen razones sobradas para dar un paso más y establecer una Constitución formal que la ponga al día y la revitalice con el apoyo popular y, de este modo, ayude a la conformación del *demos* europeo que no acaba de hacer acto de presencia.

UNA COSTITUZIONE PER L'EUROPA? PER UNO STATO COSTITUZIONALE EUROPEO

Andrea Morrone[1]

Professore ordinario di Diritto costituzionale
Alma Mater Studiorum - Università di Bologna

1. Per rispondere alla domanda: "Una costituzione per l'Europa?", è necessario affrontare alcune questioni preliminari. Per primo, ripercorrere i problemi del processo d'integrazione europea; in secondo luogo, indagare chi governa l'Europa e come; poi, analizzare il rapporto tra crisi economico-finanziaria e processo d'integrazione europea e le conseguenze prodotte negli stati membri; infine, ipotizzare alcune vie d'uscita al sentimento diffuso che considera l'Europa "in trappola" (Offe, 2014), "in un cono di bottiglia" (Amato, 2014), "in mezzo al guado" (Viesti, 2013), "nella spirale tecnocratica" (Habermas, 2014).

2. Se guardiamo alla storia del processo d'integrazione europea possiamo cogliere i tratti di una *crisi istituzionale* che non è stata superata, nonostante le tappe compiute dagli anni 50 in poi e i successi comunque raggiunti. La questione del *deficit democratico* non è stata colmata: non solo non esiste un *demos* europeo, ma non si è realizzata neppure l'idea di Jean Monnet secondo cui: "Noi non coalizziamo degli Stati, uniamo degli esseri umani" (*Mémoires*, 1951). Gli Stati e i loro governi hanno mantenuto gelosamente spazi politici notevoli, accresciuti anche a seguito dell'allargamento. L'Europa è soprattutto una "comunità di diritto" che ha prodotto uno *ius commune europaeum* (Stolleis, 2012), ma non ancora una comunità politica unita, che vuole realizzare un processo *politico* di unificazione. Ci sono diritti e valori comuni, resi cogenti dalla "costituzionalizzazione", nel Trattato di Lisbona, della Carta di Nizza: ma chi sono i soggetti portatori di quei diritti e di quei valori, quelli che devono realizzarli in concreto? E come possono essere attuati in un contesto nel quale non

[1] Professore ordinario di Diritto costituzionale nell'*Alma Mater Studiorum*-Università di Bologna – email: *andrea.morrone@unibo.it*. Il testo riproduce, con qualche adattamento, la Relazione dal medesimo titolo, svolta in spagnolo, tenuta all'*Universidad Pontificia Comillas - ICADE* di Madrid il 25-27 novembre 2014, al Convegno internazionale "Desafíos del costitucionalismo ante la integración europea".

è stato risolto – anzi si è deliberatamente accantonato – il problema della sovranità, della *kompetenz kompetenz*?

3. Il fallimento della "costituzione europea" (2003) e il successivo Trattato di Lisbona (2007) hanno portato allo scoperto l'ambiguità del motto europeo "uniti nella diversità": nella migliore delle ipotesi quella formula pone solo le premesse per un *compromesso dilatorio*. Nell'incertezza delle istituzioni europee e nel dualismo irrisolto tra Unione e stati membri, l'attuazione di quel compromesso si è spostata *dal piano politico delle istituzioni politiche*, a quello dell'applicazione amministrativa e giudiziaria. La risoluzione dei conflitti, che inevitabilmente si producono, specie quando è codificato, nello stesso tempo, il primato del diritto europeo e il rispetto delle identità nazionali (art. 4.2. del Trattato sull'UE), se non avviene in sede politica, valorizza ed esalta la funzione di supplenza, talora, necessariamente creativa, degli organi tecnici e della giurisdizione. Proprio l'assenza d'*istituzioni di governo* e di *politiche europee di governo* sta all'origine dell'inarrestabile crescita del *potere burocratico europeo* e della forza maieutica dei *giudici europei*, tra cui, soprattutto, della Corte di Giustizia. La collegata teoria del *multilevel constitutionalism*, in quest' ambito, finisce solo per nobilitare quello che altri chiamerebbero col nome proprio di *juristocracy*.

4. L'allargamento dell'Unione agli Stati dell'Est non ha creato minori problemi: è avvenuto in maniera frettolosa e senza tenere conto delle conseguenze sugli equilibri politico-istituzionali. I nuovi stati membri, al pari degli altri, hanno preteso che la propria sovranità – appena riconquistata dopo la caduta del comunismo – non fosse messa in discussione dal processo d'integrazione. L'allargamento ha rafforzato gli elementi di diversità esistenti *tra* gli Stati e *dentro* l'Unione. L'aspetto più evidente è la diseguaglianza sociale che emerge nel contesto europeo, che si concretizza in diffusi fenomeni di *dumping* sociale che accentuano le differenze nei sistemi di protezione sociale delle democrazie più mature e delle democrazie appena nate.

Un diritto come quello europeo, che si regge soprattutto sulla giurisprudenza, non può, tuttavia, superare queste differenze; né, tantomeno, produrre una parvenza di coesione sociale, ma solo dare risposte casuali e prive di coerenza. La recente decisione della Corte di Giustizia che vieta il "turismo sociale" (sent. 11 novembre 2014, C-333/13) è perfettamente coerente con il principio di libertà di circolazione e di stabilimento, e con il connesso requisito di *capacità economica* che ciascun cittadino europeo deve esprimere quando si muove liberamente nell'Unione. Ciò si spiega perfettamente con il modello dominante dell'*homo oeconomicus europaeus* e, quindi, con l'idea di una cittadinanza europea meramente formale, solo derivata o secondaria. Una simile prospettiva, invece, è difficilmente compatibile con i fondamenti di uno stato costituzionale, in cui essenziali sono la *libertà politica* e le *politiche legislative per la cittadinanza sociale*. Questa situazione, ciò nonostante, è del tutto insopportabile anche dal punto di vista di un autentico processo d'integrazione politica che abbia come fine realizzare una "società di eguali" (Rosanvallon, 2012).

5. La crisi economico-finanziaria ha portato allo scoperto le incertezze e i limiti dell'Europa a più velocità. Chi governa in Europa? Come si governa in Europa? Sono queste le domande che contano in questi ultimi anni (Raffiotta, 2013).

Le tendenze centrifughe che erano in atto anche prima del 2007, per effetto della crisi economico-finanziaria, si sono aggravate e hanno ulteriormente modificato l'assetto istituzionale dell'Unione europea. Ne sono prova evidente la rottura del metodo comunitario, la conseguente marginalizzazione del Parlamento e della Commissione e, quindi, lo sviluppo conosciuto dal metodo intergovernativo o di soggetti estranei ai Trattati. Va ricordato che proprio il consiglio europeo ha prevalso sulla commissione, quando si decise che la Germania e la Francia avrebbero potuto non rispettare i vincoli di Maastricht nel 2003. In verità lo stesso metodo intergovernativo *si è trasformato* (cfr. i diversi interventi in *Pouvoirs* 149/2014): accanto al Consiglio sono venuti acquisendo poteri sempre maggiori altri organi istituiti *ad hoc* (l'Eurogruppo accanto alla BCE; il Presidente del consiglio europeo accanto al Presidente della Commissione); ovvero hanno assunto posizioni egemoni direttamente i governi dei Paesi politicamente ed economicamente più forti (come la Germania di Angela Merkel); o è diventato sempre più rilevante, specie dopo il 2007, l'attivismo di istituzioni finanziarie internazionali come il Fondo monetario internazionale (FMI) che, insieme alla Commissione e alla Banca centrale europea (BCE), hanno finito per dare vita a un inedito e opaco potere di governo delle emergenze economico-finanziarie, istituzionalizzato solo ricorrendo all'esotico concetto di "Troika". In questo contesto, inevitabilmente, ha assunto un ruolo sconosciuto rispetto al passato proprio la BCE, alla quale *de facto* è stato affidato o è stato lasciato svolgere l'arduo compito di fronteggiare la crisi dei debiti sovrani, tentare di controllare lo spread, individuare soluzioni anticicliche da suggerire ai governi degli Stati, proprio per l'assenza o per la debolezza di istituzioni *politiche* deputate a farlo.

6. In particolare, nella crisi dei debiti pubblici nazionali, l'Europa si è ritrovata *nuda*: essa dispone di poteri (limitati) in materia di politica monetaria ma non di strumenti di politica economica comune (le politiche di bilancio restano nelle mani degli Stati), necessari, per fronteggiare in maniera non contingente la crisi dei debiti sovrani e il rischio di *default* di molti Paesi (Grecia, Irlanda, Spagna, Portogallo, Italia). Quasi tutte le risposte assunte in sede europea sono state prese o ai margini o fuori del diritto europeo fino ad allora vigente; hanno avuto carattere prevalentemente eccezionale e, come tali, sono state giustificate (per esempio, basta leggere la giurisprudenza della Corte di Giustizia nel caso *Pringle* del 27 novembre 2012 o quella del *Bundesverfassungsgericht* sul *Fiscal compact* e sul Meccanismo europeo di stabilità del 12 settembre 2012).

Nonostante il carattere eccezionale, le principali misure adottate (patto *Europlus*, fondi salva stati, *fiscal compact*, operazioni monetarie non definitive – OMT, fino al recente annuncio da parte della BCE di ricorrere a misure "non convenzionali" come quella di acquistare direttamente sul mercato primario i titoli del debito sovrano) presentano comunque un'importante novità dal punto di vista costituzionale. Si tratta di soluzioni ispirate a un inedito principio di *solidarietà istituzionale* – la cui origine si trova formalmente nella modifica dell'art. 136 del Trattato sul funzionamento dell'Europa che attenua la regola *no bail out* – che impone, attraverso una *comune* politica economica, di affrontare e risolvere *insieme* i problemi posti dalla crisi economico-finanziaria. Una solidarietà parziale, che finora si è svolta in senso "orizzontale", tra Stati, mediante risorse rese disponibili dai governi nazionali, e non in modo "verticale", facendo del bilancio dell'Unione un autentico strumento di governo dell'economia e per lo sviluppo comuni, come sarebbe più coerente con un modello federale di integrazione politica e, certamente, necessario proprio come esigerebbe l'attuale gravissima stagnazione economica.

7. La Banca centrale europea ha finora esercitato un ruolo cruciale: dotata di limitate competenze in materia monetaria, ha progressivamente assunto i poteri propri di una banca centrale di uno stato nazionale (mediante misure dirette a: aumentare la liquidità monetaria, regolare i tassi di interesse, acquistare i titoli del debito pubblico). Ciò, ovviamente, ha posto in questione la sua stessa legittimazione e, nuovamente, la *legittimazione* dell'Unione europea tutta (e del diritto europeo stesso).

E' ancora sufficiente ricorrere al principio costituzionale *salus rei publicae suprema lex esto* per giustificare azioni ai confini o al di là del diritto dei Trattati? Sono sufficienti i Trattati vigenti per colmare gli "spazi di sovranità" che la crisi ha scoperto e che gli Stati non riescono oggettivamente più a colmare, e che, proprio per questo motivo, si sta tentando di occupare con soluzioni "non convenzionali" da parte di poteri privi di legittimazione, in assenza di "norme di riconoscimento" adeguate? Il Tribunale costituzionale tedesco, nel rinvio pregiudiziale alla Corte di giustizia (*BVerfG*, 2 BvR 2728/13 del 14 gennaio 2014, pubblicata il 7 febbraio 2014), ha contestato la legittimità del "potere" (auto-attribuitosi) della BCE di acquistare sul mercato secondario i titoli di stato in forma "illimitata" come espressione di politica economica riservata alla sovranità degli Stati, e non come semplice decisione di politica monetaria rientrante nella competenza della Banca centrale. Vedremo come deciderà la Corte di giustizia e quali saranno le reazioni dei giudici costituzionali tedeschi. Il governatore della BCE Mario Draghi, però, ha rilanciato: di fronte alla stagnazione economica ha annunciato di essere pronto addirittura ad acquistare direttamente i titoli emessi dagli Stati membri (cfr. Draghi, 2014), e ciò ha suscitato una dura reazione da parte della cancelliera Angela Merkel (tanto che il Ministro tedesco Schaeuble ha posto l'esigenza di istituire un ministero delle finanze europeo per i 18 Paese dell'Eurozona).

Sia come sia, più in generale, questo conflitto ha un *tono costituzionale a più dimensioni*: pone non solo una questione di confini, tra sovranità statale e sovranità dell'Unione, rimasto irrisolto e non più rinviabile, ma anche il tema, molto più concreto, della possibilità stessa di un processo d'integrazione limitato a una *moneta unica* e non esteso alla condivisione di una *politica economica unitaria*.

8. La crisi economico-finanziaria dimostra che la debolezza dell'Europa rende gracili anche le istituzioni degli stati membri. In Europa, più che altrove, la crisi presenta un volto più aggressivo, proprio perché il carattere *indeciso*, *senza sovrano*, del processo d'integrazione europea incide e condiziona le politiche nazionali. L'Unione europea, ben al di là della percezione collettiva, è diventata un limite non solo alla tanto anelata crescita economica, ma proprio allo sviluppo della forma di "stato costituzionale": nel senso che diventa oggi molto difficile credere alla possibilità che, nelle democrazie nazionali, possano ancora essere realizzati i fini delle rispettive costituzioni o che, a questo scopo, possano essere orientate le deboli istituzioni europee oggi esistenti.

Mi limito ad alcuni esempi. I vincoli derivanti dal patto di stabilità e il *Fiscal compact* hanno imposto agli stati membri l'adozione di norme e di decisioni politiche condizionate dalla regola del pareggio strutturale di bilancio (Morrone, 2013), che impone un rigido ma molto opaco controllo dei bilanci nazionali da parte degli organi europei (cfr. M. Ferrera, *I criteri inaccessibili del giudizio dell'UE*, in "*Corriere della sera*", 23 novembre 2014). L'esigenza di ridurre la spesa pubblica, di tenere sotto controllo il debito pubblico, anzi, il vincolo costituzionale (art. 109 *Grundgesetz*, art. 81 Cost. italiana, art. 135 Cost. spagnola) di limitare il ricorso all'indebitamento solo per spese d'investimento, con possibilità di deroga solo nelle fasi avverse del ciclo economico e di fronte a situazioni eccezionali (in Spagna la norma è ancora più severa perché impone come "priorità assoluta" "il pagamento d'interessi e capitali del debito pubblico delle amministrazioni"), ha obbligato i governi dei Paesi europei economicamente più esposti ad adottare riforme a singhiozzo, che hanno avuto come effetto: (1) una forte contrazione della spesa sociale, (2) il riordino delle amministrazioni pubbliche e il ripensamento del rapporto pubblico-privato, (3) il ridimensionamento dei processi di regionalizzazione e di federalismo fiscale sviluppati in senso centrifugo negli anni Novanta del 900. L'incertezza che ne è derivata nella vita quotidiana, anche per la mancanza di risultati in termini di maggiore sviluppo o di benessere individuale o collettivo, hanno mandato in frantumi la fiducia dei cittadini nei confronti dei propri Paesi, prima ancora che verso l'Europa come "casa comune".

9. Si tratta di vincoli stabiliti "sotto dettatura" della crisi dei debiti sovrani o "imposti dall'Europa"? La domanda corretta, invero, è un'altra. Occorre chiedersi se le trasformazioni costituzionali in atto nel vecchio continente non abbiano una causa differente. Ripensare il federalismo o il welfare state all'interno dei Paesi membri dipende da cause esogene (la crisi, l'Europa come l'abbiamo conosciuta o, addirittura, l' "europa tedesca" di cui parla Beck, 2013) o corrisponde a un'esigenza *intrinseca* allo stesso stato costituzionale? Anche in questo caso, proprio la crisi economico-finanziaria ha permesso di vedere ciò che non potevamo o non volevamo vedere (Morrone, 2014). Io credo che, a prescindere dalle situazioni di crisi che possono pur sempre accadere, uno stato costituzionale abbia tra i propri valori fondanti la *sostenibilità* delle proprie istituzioni e delle politiche, anche sociali, che deve realizzare.

I diritti fondamentali e i diritti di prestazione sociale richiedono istituzioni efficienti ed efficaci. Il fatto è che le riforme legislative in atto in tutti i Paesi dell'Unione europea – nella misura in cui perseguono l'obiettivo della *sostenibilità della democrazia politica* – sono necessarie perché siamo in Europa, e proprio perché quelle riforme devono essere intese come funzionali a realizzare un processo d'integrazione politica.

In quest'orizzonte va collocato il diritto costituzionale dei nostri tempi; in questa prospettiva va ripensato lo stato costituzionale. Il federalismo, la tutela dei diritti fondamentali, le politiche economiche e la coesione sociale sono da qualche tempo questioni europee e non più solo nazionali. Nessun discorso intorno a questi nodi essenziali del costituzionalismo contemporaneo, nello spazio pubblico europeo, può più essere trattato *etsi Europa non daretur*. Detto altrimenti: l'Europa è (e deve essere considerata) la nuova frontiera dello stato costituzionale. Il processo federale europeo la via per ripensare il diritto costituzionale che abbiamo conosciuto fino a questo momento.

10. Oggi l'Europa e gli stati costituzionali europei sono più che mai "in bilico" e, perciò, facile preda del populismo e dell'antipolitica. Il sentimento antieuropeo che circola nel vecchio continente, tuttavia, non deve essere portato alle estreme conseguenze. Anzi, è necessario mettere in atto una profonda azione politica, difficilissima nelle attuali condizioni, per ridare credibilità all'Europa e ricostruire la fiducia dei cittadini del vecchio continente nel progetto europeo. Almeno per non disperdere i molti risultati positivi che disegno integrativo ha prodotto in oltre cinquant'anni, durante i quali si è realizzata più Europa di quanto sia stato acquisito nella percezione collettiva (Caravita, 2014). Ciò nonostante, non basta solo una forte iniezione di fiducia: occorre anche ripensare l'*european federalizing process*. Sul tappeto vi sono diverse proposte per uscire dalla crisi istituzionale europea: (1) ritornare alla piena sovranità degli stati, (2) costituire gli Stati uniti d'Europa, (3) affidare a un direttorio, composto dai Paesi economicamente e politicamente più forti, la guida della politica europea.

Io credo che, di fronte alla crisi economico-finanziaria, si può e si deve uscire con più Europa e meno stato. O, meglio, con uno stato costituzionale europeo unitario. La crisi economico-finanziaria è un'occasione formidabile per ridiscutere i fondamenti del diritto costituzionale. La forma "stato" rappresenta ancora oggi una forma politica essenziale. Non lo stato nazione, né lo stato custode geloso di confini e di identità chiuse. Lo stato costituzionale è "una stupenda creatura del diritto" (Santi Romano 1909/10) nella misura in cui può ancora permettere ad una comunità di individui di integrarsi in una *polis*. Un processo d'integrazione implica non solo regole giuridiche e valori comuni, ma anche poteri e istituzioni in grado di realizzarli.

L'Europa prefigurata dalla Convenzione per la costituzione europea è fallita sostanzialmente perché postulava una "*Europa dei diritti ma senza sovrano*", ossia un'Europa senza politica europea, senza istituzioni di governo dei cittadini europei. Una moneta unica senza politica economica europea è un *monstrum* costituzionale.

Una competizione fiscale tra Stati membri – in sé pure ammissibile (come dimostra l'esperienza federale statunitense) – che tollera alcuni "paradisi fiscali" nel cuore dell'Europa (come oggi il Lussemburgo), senza una politica fiscale comune, non impedisce solo la costruzione di una *polis*, ma viola un elementare principio di giustizia sociale. Un'Europa fondata su un'eterea "sovranità dei diritti" è un castello di carte che si regge sulla sabbia.

Ciò di cui abbiamo bisogno in Europa è la costruzione di *un sistema politico unitario*, incentrato su poteri di governo degli interessi di tutti i cittadini europei, *senza che questo implichi regole e misure applicative uniformi*. In breve: non una mera "costituzione di diritti", ma un autentico "stato costituzionale europeo", con valori, istituzioni e politiche unitari.

Riferimenti bibliografici

AA.VV. (2014), *La gouvernance européenne*, in "*Pouvoirs. Revue française d'études constitutionnelles et politiques*", n. 149.

Amato, G., Galli della Loggia, E. (2014), *Europa perduta?*, Bologna, il Mulino.

Beck, U. (2013), *Europa tedesca. La nuova geografia del potere*, Bari-Roma, Laterza.

Caravita, B. (2014), *Il* federalizing process *europeo*, in "Federalismi", 17 settembre 2014, in www.federalismi.it.

Draghi, M. (20149, *Monetary policy in the euro area*, Opening keynote speech by Mario Draghi, President of the ECB at the Frankfurt European Banking Congress, Frankfurt am Main, 21 November 2014, in *www.ecb.europa.eu/press/key/date/2014/html/sp141121.it.html.*

Habermas, J. (2014), *Im Sog der Technokratie. Kleine Politische Schriften XII* (Berlin 2013), trad. it., *Nella spirale tecnocratica. Un'arringa per la solidarietà europea*, Bari, Laterza.

Morrone, A. (2013), *Pareggio di bilancio e Stato costituzionale*, in "*Lavoro e diritto*", n. 3, pp. 353 ss.

Morrone, A. (2014), *Crisi economica e diritti. Appunti per lo stato costituzionale in Europa*, in "*Quaderni costituzionali*", n. 1, pp. 79 ss.

Offe, C. (2014), *L'Europa in trappola*, Bologna, il Mulino.

Raffiotta, E. (2013), *Il governo multilivello dell'economia. Studio sulle trasformazioni dello stato costituzionale in Europa*, Bologna, Bononia University Press.

Romano, S. (1909/10), *Lo Stato moderno e la sua crisi*, Discorso inaugurale dell'anno accademico 1909/10 alla Regia Università di Pisa, in "Rivista di diritto pubblico", 1910, 87 ss., ripubblicato in Id., *Prolusioni e discorsi accademici*, Modena, 1931, 69 ss., nonché ora in Id., *Lo Stato moderno e la sua crisi*, Milano, 1969, 5 ss.

Rosanvallon, P. (2011), *La société des égaux*, Paris, Seuil.

Stolleis, M. (2012), *Europa, comunità di diritto*, in "*Materiali per una storia della cultura giuridica*", n. 2, 293 ss.

Visco, V. (2014), *L'uscita dalla crisi del debito sovrano: politiche nazionali, riforme europee, politica monetaria*, Lectio magistralis del Governatore della Banca d'Italia Vincenzo Visco, Pavia 25 marzo 2014, in *http://www.bancaditalia.it/interventi/integov/2014/visco-pavia-25-3.*

EL CONSTITUCIONALISMO EUROPEO Y LA TEORÍA CONSTITUCIONAL DE LA INTEGRACIÓN EUROPEA

Juan Fernando López Aguilar

Catedrático de Derecho Constitucional,
Catedrático Jean Monnet de Derecho europeo y eurodiputado

0. Premisas

A lo largo de estas líneas, me propongo delinear algunas reflexiones críticas acerca de las conexiones entre constitucionalismo e integración europea.

Procede repasar, primero, la aplicabilidad y relativa adecuación de las nociones y conceptos básicos del constitucionalismo –en cuanto movimiento histórico orientado a sujetar el poder político a Derecho– y la construcción europea.

A continuación, someteré a crítica el actual estado de la integración europea, desde la paradoja impuesta por la exacta coincidencia de la entrada en vigor del Tratado de Lisboa (en adelante TL), en vigor desde diciembre de 2009, con la inmersión de la Unión Europea (en adelante UE) en la que ha resultado ser la crisis más profunda de su historia.

I. El constitucionalismo europeo y la teoría constitucional de la integración europea

Es claro, para empezar, que transportar las categorías dogmáticas de la Constitución al Derecho europeo suscita perplejidades.

Pero también que el vocablo *constitucionalismo* no alude sólo a la teoría adecuada a la interpretación de cada Constitución nacional, sino a un proceso histórico orientado a fundar, estructurar y limitar el poder político en Derecho.

Esta segunda acepción resulta mucho más útil y productiva a la hora de explicar la construcción europea.

Es por ello que el proceso histórico de configuración de la UE ha venido acompañado de una doctrina extensa que proyecta sobre aquellas categorías constitucionales: en la literatura anglosajona, Th. Hartley; en la francesa, J.V. Louis o V. Constantinescu; en la alemana, J. Habermas, P. Häberle o I. Pernice; en la italiana, A. La Pergola o L. Pegoraro; en la española, F. Rubio, R. Alonso García, J.M. de Areilza, A. López Castillo, L.M. Díez-Picazo, F Balaguer Callejón, G. Cámara Villar, P. Pérez Tremps, entre otros…

Esta aproximación *constitucionalista* a la UE se ha intensificado, lógicamente, acompañando el ciclo constituyente europeo que consumió la primera década de este siglo.

Este ciclo arrancó de la insatisfacción respecto del Tratado de Niza (2001) y se prolongó a través de la "no-nata" Constitución Europea (la Convención constituyente, 2001-2003), el fallido Tratado Constitucional de 2004 (encallado en los sucesivos referéndums francés y holandés) y, finalmente, su desembocadura, tras dos años de bloqueo, en el TL.

No se pierda de vista que el TL no sólo refunde la maraña legislativa de los Tratados anteriores, sino también refuerza el estatuto de la ciudadanía europea, el Parlamento Europeo (en adelante PE) como legislador (única institución directamente electiva, legitimada en el sufragio universal de la ciudadanía europea) y, sobre todo, a proclamar la Carta de Derechos Fundamentales de la UE (¡por fin un *Bill of Rights* europeo!) con el mismo valor jurídico que el Tratado.

Ciertamente, desde entonces, la idea constitucional de la UE tiene más fuerza que nunca.

Desde el TL, la UE es, con más fuerza que nunca, algo más que una mera "organización internacional" sujeta a los patrones clásicos del Derecho internacional público que rige las relaciones interestatales y las organizaciones internacionales.

Para corroborarlo, baste pensar en que no existe ninguna genuina organización de Derecho Internacional que cuente con un Parlamento multinacional directamente electivo ni que proteja a sus ciudadanos con una Carta de Derechos supranacional y vinculante; ni que garantice a sus ciudadanos un acceso directo –a través de recurso de anulación u omisión– o un recurso indirecto –la cuestión prejudicial ante el Tribunal de Justicia (TJ) que actúa como garante de los principios constitutivos de primacía, eficacia directa y aplicación uniforme del Derecho de la Unión (sentencias del TJ desde *Van Gend & Loos* de 1963 y *Costa/Enel* de 1964)–.

Sí, efectivamente, desde el TL el Derecho Europeo es más *constitucional.*

Pero lo es, para serlo, de un nuevo constitucionalismo que debería cualificarse como "Derecho pos-nacional" (en la medida en que supera la tradicional identificación entre la Constitución y el Estado nación), "Derecho pos-estatal" (que expresa la superación de esa identificación del Derecho constitucional con respecto del Estado como forma política, puesto que el carácter supranacional consiste en la primacía del Derecho europeo, que desplaza al estatal por consentimiento expreso o implícito de los Estados miembros, en adelante EE.MM), y "Derecho pos-soberano" (dando asimismo por superada la tradicional acepción de la "soberanía" vinculada al poder "originario" e ilimitado del absolutismo).

A partir de esas coordenadas, varias escuelas de pensamiento compiten por dar cuenta de los rasgos definitorios del fenómeno del constitucionalismo europeo de la "integración", de los "Estados integrados" de la UE.

Repasando sus acepciones más significativas, podemos distinguir tres líneas:

a) La tesis de la "*soberanía compartida*" (Neil McCormick, entre otros), caracterizada por una comprensión pragmática de la "relativa incertidumbre" de la tradicional soberanía estatal en el contexto jurídico y político de la integración europea.
b) La tesis del "*contractualismo federativo*" (Joseph H. Weyler, entre otros), que propone la superación de la idea de Constitución como un documento escrito o formal (un enfoque éste también de matriz anglosajona), al servicio de una comprensión "federativa" a Europa. En ésta, funcionaría una jerarquía formal de la norma europea (unión "por arriba": el Derecho) junto a una jerarquía material en los Estados (principio de "tolerancia constitucional" en la cesión y/o atribución de "competencias de soberanía"; unión "desde abajo": el Estado).
c) Corolario del carácter complementario de las anteriores (y otras) construcciones técnicas en presencia, destaca la fuerza emergente de la llamada teoría del "*pluralismo jurídico*" que subyace a la doctrina (cada vez más frecuentada) del "*constitucionalismo multinivel*". Ingolf Pernice, Albrecht Weber o Yves Mény serían, entre otros muchos autores, exponentes de esta aproximación al carácter dialogal, abierto y complementario de un constitucionalismo europeo que conjuga el Derecho constitucional europeo y el Derecho constitucional de los EE.MM.

Ello comporta el diálogo del TJUE con los Tratados Constitucionales de los EE.MM. Este diálogo puede conocer momentos de tensión: así, en Italia (caso *Granital* de 1984), en Alemania (casos *Solange I* de 1974, *Solange II* de 1986, *Maastricht* de 1993, *TL* de 2009...), en Francia (Decisión del Consejo Constitucional francés sobre el TL en 2004) y últimamente en España (Decisión constitucional sobre el TL en 2004). Y, en la jurisprudencia del TJ sobre casos de especial relieve y conflictividad: Eurorden, juicios en contumacia (rebeldía) en 2013; desahucios en 2014, asunto éste que el TJUE ha enfocado con un ángulo europeo que ha marcado la diferencia respecto de la respuesta que habían recibido antes en los tribunales internos, TC español incluido.

De este diálogo interordinamental y jurisprudencial resultan dos consecuencias relevantes para una "teoría constitucionalmente adecuada" (K. Stern, K. Hesse, P. Häberle...) del Derecho constitucional europeo: a) de un lado, la superación de los últimos vestigios del viejo monismo jurídico (el ordenamiento interno acoge por una "compuerta" o "escotilla de respiración" las normas internacionales y decide incorporar, a partir de ese momento, su también "Derecho interno") a favor del pluralismo jurídico (que reconoce la existencia de ordenamientos autónomos con principios relacionados basados en los criterios de eficacia y aplicabilidad, y no en las categorías dogmáticas de la jerarquía normativa); b) de otro, la conceptualización de la idea de la "primacía" del Derecho europeo (Dec. 17 anexa al TL, sentencias del TJ desde *Van Gend & Loos* de 1963 y *Costa/Enel* de 1964) como una noción diferenciada de la "supremacía" de la Constitución nacional (y en este sentido se explica la Declaración del TC de 2004 sobre el TL).

Visto todo lo anterior, habría que recordar ahora que un análisis acerca del constitucionalismo europeo requiere prestar atención no sólo a sus principios formales sino también a sus potenciales contenidos *materiales*.

Desde este punto de vista, habría que reconocer de entrada que no parece verosímil una reforma próxima del TL, dado que todavía requiere la regla de la unanimidad de los 28 EE.MM y un laberíntico *iter* de ratificaciones nacionales sujetas al Derecho interno de los 28 EE.MM (Art. 48 TL: ¡reformar este artículo debería ser en sí la primera prioridad de reforma de los Tratados!).

Pero aun así, en caso de abrirse paso, una eventual reforma de los Tratados orientada a reforzar sus componentes constitucionales debería asimismo contemplar contenidos materiales. Una aproximación somera, no exhaustiva, a esos aspectos materiales debería, a mi juicio, reformular los siguientes elementos:

a) Reforma del Ejecutivo comunitario. Se trataría de instituir una Presidencia unitaria del Consejo y de la Comisión, actuales expresiones de un Ejecutivo bicéfalo en la UE, para unir así en una única figura la Presidencia del Ejecutivo europeo.

b) Reforma y refuerzo del PE, entre otros objetivos, para entender de una vez el reconocimiento de una genuina iniciativa legislativa parlamentaria. Actualmente, esta iniciativa se contrae al "informe de propia iniciativa" para el que el PE insta a la Comisión que adopte iniciativas legislativas. El "déficit" a este respecto es más bien simbólico: no se olvide que también en los EE.MM la iniciativa legislativa la monopolizan los gobiernos. Así sucede en España, donde transcurren legislaturas enteras sin que se produzca ninguna iniciativa legislativa parlamentaria por la vía de la Proposición de Ley. Hace mucho que, en España, toda la legislación adoptada por las Cortes Generales procede en efecto de la iniciativa del Gobierno (por vía del Proyecto de Ley), y, de un tiempo a esta parte, casi exclusivamente por la vía del Decreto Ley. En la actual legislatura, la mayoría absoluta del PP sólo ha interpuesto en cuatro años una iniciativa legislativa. Y ha sido –la verdad sea dicha– una falsa iniciativa, obedeciendo en realidad las instrucciones del Gobierno: se concentró, recuérdese, en la restricción de la jurisdicción universal en la Audiencia Nacional por el delito de genocidio y de lesa humanidad.

c) Además, se precisa acompasar el ciclo del Marco Financiero Plurianual (MFP) a la legislatura europea (5 años). Así, los electores podrían decidir con su voto la orientación de las prioridades del Gobierno y la equidad de los ingresos tributarios (lo que exige una reforma fiscal, recursos propios, combate al *dumping fiscal*, al fraude, a la evasión, a la elusión y a los paraísos fiscales).
d) En cuanto a otros objetivos, debería acabarse de una vez con la doble sede en los Tratados: Bruselas y Estrasburgo.
e) Banco Central Europeo: reformando su configuración (sujetando a este órgano tecnocrático a controles democráticos) y su mandato (vinculándolo al crecimiento y al empleo), autorizándolo a defender el euro, corrigiendo así los "defectos congénitos" con que nació la moneda única.
f) Institucionalización y refuerzo de los partidos políticos y del espacio público europeo.

En conclusión, parece preciso acometer un nuevo ciclo constitucional que generaría con el tiempo una teoría constitucional adecuada a esa nueva arquitectura de la complejidad.

Y es imperativo, a mi juicio, cometerlo orientado a un impulso federal. Federalismo y constitucionalismo van unidos en la historia. Federar es pactar, unir –no desunir– y *federar* es pactar haciéndolo en la Constitución: esa maduración y profundización del constitucionalismo europeo contribuiría sin duda a reforzar la seguridad jurídica y el imperio de la Ley en la UE, superando así el actualmente llamado "*Dilema de Copenhague*" por el que la UE verifica los "requisitos de acceso" antes de la adhesión, pero no tras la adhesión) y clarificando las reglas para una eventual "secesión" (UK, puerta de salida; *brexi*t: reglas de juego para la "salida del club", sabiendo todos los actores –EE.MM y UE– a qué atenerse y cómo hacerlo: art. 50 TUE).

II. Europa: crisis constitucional, en la primera crisis de la globalización

Desarrollaremos ahora algunas otras ideas, clarificando y concretando las anteriores premisas.

La UE es una genuina experiencia de integración supranacional regida por el Derecho. De hecho, es el más exitoso experimento hasta la fecha de democracia supranacional, que, no por casualidad, ha tenido lugar a escala continental europea.

La UE es un producto del Derecho, del artefacto jurídico como técnica de pacificación de conflictos, lo que es decir lo mismo que la UE no es una unidad identitaria o nacional, ni étnica, ni lingüística, ni tampoco religiosa.

No, la UE no responde al patrón de identidades nacionales; su unidad sólo tiene sentido si es Unión en el Derecho. Del Derecho como técnica de pacificación de conflictos europeos, entre europeos e intraeuropeos, históricamente arrastrados, y en los que el continente se enfangó en guerras más devastadoras.

Y la UE es fruto del Derecho, también, en cuanto herramienta de civilización, garantía de libertades y limitación del poder. Porque el Derecho en la UE sólo resulta concebible en el marco del modelo social europeo, capaz de conjugar con éxito derechos y libertades, imperio de la ley democráticamente legitimada y democracia representativa (art. 2 TUE).

Sobre las bases de esta cultura jurídica –las "tradiciones constitucionales comunes", que actúan como principios generales del Derecho de la UE– se ha construido el proceso de integración supranacional de escala continental, con específicas técnicas de relación con los ordenamientos de los EE.MM (los "Estados integrados").

La Unión no ha disuelto los Estados: no ha extinguido sus ordenamientos internos, ni ha disuelto en la ciudadanía europea la ciudadanía de que disfrutan los ciudadanos de los EE.MM. La ciudadanía nacional de los EE.MM es el título desde el que acceden a esa ciudadanía europea en una progresiva experiencia de *multilayered governance*.

Desde un punto de vista político, la UE puede ser descrita como una genuina construcción de *gobierno multinivel* sobre una comunidad política todavía en construcción. Esta estructura incluye los escalones local, subestatal, estatal y supranacional, todos y cada uno dotados de sus procesos políticos e instituciones propias de representación (Título I TUE).

Desde el punto de vista jurídico, ya para asegurar el objeto de su interrelación con los ordenamientos de los EE.MM, la UE ha configurado los principios vertebrales de su ordenamiento jurídico: principios de primacía, eficacia directa, aplicación uniforme y atribución de competencias en el marco del cumplimiento de los objetivos y fines asignados a la Unión.

La configuración de esos principios vertebrales lo debe todo a la obra jurisprudencial del TJ. Es este el genuino embrión de un poder judicial distintivo de la UE, en diálogo permanente con los poderes judiciales de los EE.MM (coronados, en su caso, por las diferentes Cortes Constitucionales y Tribunales Supremos, llámense como se llamen).

Por eso la historia de la UE está jalonada con referencias señeras a la doctrina del TJ, correspondiendo cada una a la afirmación de principio vertebral en su sistema o en su interrelación con los ordenamientos de los EE.MM (casos *Van Geen & Loos* 1963, *Costa* 1964, *Simmenthal* 1969, *Internationale Handelsgesellschaft* 1970, *Nold* 1974, *Les Verts* 1986, *Factortame* 1990, *Marleasing* 1990, *Zückerfabrik* 1991, *Francovic y Bonifaci* 1991, *Alemania v. PE y Consejo* 1997, *Puppino* 2003... y así hasta hoy).

Sin embargo, la naturaleza del ordenamiento propio de la UE es *autónoma* respecto de los de los EE.MM (procede de fuentes propias). Además, es intensamente *pretoriana* –de factura judicial–, a la luz de su configuración jurisprudencial por el TJUE.

Así se ve en su sistema de recursos ante el TJ –cuestiones prejudiciales de interpretación y validez, recursos de anulación y por omisión, incumplimiento o responsabilidad extracontractual, además del control previo de los acuerdos internacionales y la adopción de medidas cautelares, como es su propia estructura–.

Esta configuración jurisprudencial, a golpe de decisiones históricas del TJ, es una encrucijada de referencias comparadas. Con notables influencias del modelo francés, y un prototipo federal: exhibe concomitancias claras con la conformación evolutiva del Tribunal Supremo de EEUU.

III. ¿Quo vadis Europa? El constitucionalismo secuestrado, el debate presupuestario y las reformas económicas en la UE

Desde el año 2008, la UE se muestra sumida en una espiral recesiva y destructora de empleo, alternada con periodos de crecimiento raquítico y paro masivo. Su impacto social percute en una profundización de brechas de desigualdades sin precedentes. Y su efecto político redunda en un deterioro del proyecto de integración continental, en su disgregación en una diáspora de intereses nacionales confrontados entre sí, y en una desafección proporcionada al "desgobierno" en que se visualiza el manejo de la crisis.

La *Gran Recesión europea* –suma de las embestidas recesivas desatadas en la UE a partir de la caída de *Lehman Brothers*, en septiembre de 2008, hasta este nuevo bache de la *Double Dip Recession*, de 2011– ha dado lugar a una ingente bibliografía crítica. Una primera observación es que tan desastroso manejo no obedece a la ausencia de hipótesis alternativas de trabajo o de respuesta; ni menos aún a la ausencia de elementos suficientes de juicio que hicieran posible predecir las negativas consecuencias de las decisiones que –siempre insuficientes, tardías y mal explicadas (*too little, too late*)– acabaron imponiéndose desde el Consejo Europeo, ante la inacción, la omisión o la complicidad de la Comisión.

La trágica cadena de errores que nos ha traído hasta este punto no es consecuencia de falta de lucidez analítica ni de opciones disponibles. No. Obedecen, en su versión más corta, a dos tipos de factores que han sido mil veces expuestos tanto a la crítica razonada como a su contraste empírico.

De un lado, es el resultado de los defectos congénitos de una Unión Monetaria "no óptima"; carente de un BCE a la altura del envite, de un Tesoro Europeo que avale deuda europea y de una Unión Presupuestaria, Fiscal y Bancaria que incluya criterios comunes de supervisión, garantía de depósitos y resolución de crisis sin riesgos de "choques asimétricos".

De otro lado, tan catastrófico antimodelo de gestión de crisis no ha sido en ningún caso el efecto no previsto de un error bien intencionado de cálculo, sino un daño infligido y asumido como consecuencia de la correlación de fuerzas actualmente dominantes contra el denominado *modelo social europeo*. Es la consecuencia de una hegemonía conservadora en la UE, desvinculada de aquellos pactos sociales, económicos (de rentas) e intergeneracionales que se construyeron sobre los escombros y cenizas de la II Guerra Mundial. Desoyendo las lecciones que entonces fueron esculpidas como "imperecederas" con la participación decisiva de los cristianodemócratas (después familia *popular*) y socialistas europeos (después, familia socialdemócrata).

La política del euro se edificó en los años 90 y primeros años de este siglo. Y se hizo desde la preponderancia de una Unión Económica y Monetaria (EUM) carente de una verdadera *política* de liquidez y de cambios. Se abandonó la EUM a un organismo independiente desvinculado de cualquier legitimación democrática, y por lo tanto ajeno al control y a la responsabilidad que deriva de las urnas: el BCE. Se hacía así del *mix Bruselas/Frankfurt* una nueva "constitución material" enajenada en su diseño a las demandas democráticas, y encastillada extramuros frente a los estados de ánimo de la ciudadanía.

Estos años de manejo de la crisis no han sido, sin embargo, estériles. Se han producido avances en los denominados "Paquetes de Supervisión" y de "Gobernanza económica": el *Six Pack*, y su corolario o complemento, el *Two Pack*. Se abrieron paso también el *Pacto del Euro Plus*, el llamado *Fiscal Compact* (tratado internacional ajeno al Derecho europeo) y la incipiente Unión Presupuestaria (escorada sobre el control externo de la elaboración de los presupuestos nacionales, en el llamado "Semestre Europeo"). En su conjunto, se trata de una secuencia sesgada por su enfoque correctivo y punitivo, y siempre de espaldas a los postergados estímulos al crecimiento y a la generación de empleo. En los últimos episodios de la crisis, la alegada "Unión Bancaria" ha sido epitomizada incluso como tránsito crucial a la "federalización" de las economías de los EE.MM.

En todos estos capítulos, ha venido acentuándose el carácter insuficiente, reduccionista y sesgado de la respuesta hasta ahora articulada. Se la ha condenado, por lo mismo, a la anticipación de su fracaso. En realidad, testifican la *regubernamentalización* de Europa (alejándose cada vez más del método comunitario) y la *renacionalización* de la política europea. Acentúan el deterioro del *modelo social* europeo, por consunción, por incomparecencia, o por la inexistencia de una *Agenda Social* paralela a la del euro.

En consecuencia, todos estos eslabones han espoleado el debate sobre el *déficit democrático* de la UE. Se ha apostado por decisiones no sólo carentes de expreso apoyo ciudadano sino cada vez más confrontadas con las corrientes de opinión y las percepciones mayoritarias de la ciudadanía. La desafección, la exasperación antipolítica y el populismo extremista han sacudido a toda Europa. Esta imagen de la UE se ha transmutado, a la postre, en una locomotora de eurofobia, abocada a la reacción cada vez más antieuropea de las opiniones públicas de los EE.MM.

En el punto de partida, constatamos en origen un fallo general de diagnóstico. Se pretendió que la deuda soberana nació en el "derroche fiscal". No era verdad: el problema lo originó el sobreendeudamiento privado de las instituciones financieras. Pero ese error determinó una disparatada estrategia y tratamiento terapéutico: la receta de la "austeridad recesiva". Se condujo a "recortes"/ "ajustes" de los servicios públicos que realizan los derechos prestacionales que la ciudadanía daba por adquiridos. De ahí se sigue un irracional doctrinarismo fiscal (con presupuestos contractivos y procíclicos) que ha renunciado por completo a contemplar la variable de la suficiencia y la equidad de los ingresos tributarios (los impuestos y su progresividad), en lugar de bascular solamente sobre el gasto. Así se resume el desolador panorama que ahora campa sobre Europa. Es el paisaje de una batalla en apariencia incruenta, pero extremadamente sañuda con el empobrecimiento de las clases medias y la creciente exclusión de capas trabajadoras, desempleados, "clases pasivas" y jóvenes instigados a la desesperanza, la emigración, el paro cronificado o el infraempleo, *semiesclavo*, de muy baja calidad (trabajo extenuante y sin derechos).

¿Qué hacer? ¿Cómo rectificar esta hoja de ruta suicida en el debate económico y presupuestario de la UE? Tal y como hemos sostenido, es urgente acordar cambios de profundo calado, por ello mismo improbables sin modificar primero la correlación de fuerzas que nos han hundido en la miseria:

1) Un nuevo calendario para el manejo de los tiempos y la reconducción de las magnitudes maltrechas.
2) Un nuevo papel para el BCE, garante de liquidez y prestamista de último recurso, completado por un embrión de Tesoro Europeo (el MEDE) hacia una mutualización racionalizada de deuda (eurobonos).
3) Recuperación del método comunitario –*reeuropeizar* Europa–, con una nueva Comisión al frente del impulso político a una nueva agenda europea.
4) Un nuevo Presupuesto Europeo, expansivo; y un MFP proactivo, anticíclico, inversor y promotor de un genuino *valor añadido* europeo; esto resulta estratégico para la recuperación del crecimiento, dotando estímulos selectivos al cambio de orientación de la economía europea (innovación/ educación/ reindustrialización) y la generación de empleo (garantía juvenil y oportunidades para los buscadores de empleo).
5) Agenda de inclusión social (Diálogo Social/Acuerdo Social, y de nuevo, reconocimiento de los agentes sociales, especialmente, sindicatos).
6) Más y mejor democracia, refuerzo del PE, participación; transparencia, medios de comunicación europeos y sistema electoral europeo; partidos europeos y candidaturas diferenciadas a las elecciones europeas; con un candidato a Presidente de la Comisión surgido de listas europeas al PE. Y todo ello contando con un discurso consensuado entre los progresistas, socialdemócratas, socialistas y gente de izquierda en toda Europa.

Además, hay que sincronizar de una vez el tiempo político del PE (cinco años) con el de la Comisión Europea y con el de la adopción del MFP. Ello no sólo comportaría un incentivo a la participación electoral de los 500 millones de ciudadanos europeos. Con esa medida, los ciudadanos podrán saber que, al votar, deciden la correlación de fuerzas que determinarán la asignación de recursos y la equidad de la carga, lo que es el primer eslabón parlamentarismo y del constitucionalismo democrático europeo. Además redundaría en una mejor decisión de cuenta y responsabilidad de la arquitectura institucional y de la gobernanza económica europea.

Todo esto sería, finalmente, un eficaz acicate para movilizar a la ciudadanía. El espacio público europeo y la construcción de un genuino proyecto federal europeo es una de las claves del cambio en la correlación de fuerzas que nos ha sumergido en el desastre, en buena medida responsable del hundimiento del *Titanic europeo* frente al iceberg de *la crisis* de la *Gran recesión*; derrotar la tentación de la autodestrucción, y a los conductores suicidas; plantar cara a los nacionalismos, a la pulsión *populista* (el nuevo revestimiento de la derecha extrema y de la demagogia de la simplificación y la *crispación antipolítica* de la exasperación de la *política del odio*); y sortear el pesimismo y la desesperanza con que el relato ideológico ha acompañado a la crisis con su semántica conservadora, haciéndola pasar por carente de "opciones" y alternativas factibles.

IV. En el manejo de la crisis, los estados no sufren por las imposiciones de Europa: es al reves

Nunca como en esta crisis se había visto un contraste tan perdurable y profundo entre la abundante lucidez de los análisis que nos dicen lo que hay que hacer para salir de este bache y la falta de voluntad y liderazgo para hacerlo. La contundencia y consistencia de los comentaristas que afirman que no saldremos de esta con una estrategia equivocada (la anorexia fiscal) sólo resulta emparejada por la impotencia de los gobiernos a la hora de intentar ninguna otra cosa.

Buena parte del meollo de esta discusión orbita en torno a las dificultades impuestas por Alemania –es decir, por los sucesivos gobiernos liderados por la canciller federal Angela Merkel, a su vez acuciada por las inestabilidades de su propia coalición y por la creciente hostilidad antieuropea de buena parte de los medios y la opinión pública alemana– a la hora de cambiar la marcha y la dirección, no ya digamos a la hora de abrir paso a un tesoro europeo y una eventual agencia europea de deuda capaz de emitir eurobonos.

Y, sí, resulta imposible negar que el papel (y la responsabilidad) de Alemania es ciertamente determinante en la explicación de este *impasse*. No sólo porque no resulta pensable que una decisión europea de cierto alcance sea decidida sin Alemania, no ya digamos contra Alemania. No sólo porque Alemania ha conseguido situarse con ventaja, prácticamente desde el primer estadio, ante esta larga *crisis*, manteniendo sus exportaciones y manteniendo alentadores diferenciales de crecimiento y empleo, en un contexto en que casi todos los demás socios de la zona euro se despeñaban pasando las de Caín.

Por su peso específico, y por su gobierno. Merkel es presentada a menudo en las prensas nacionales (sobre todo en los países periféricos) como una gobernanta fuerte, a la que los demás seguirían dócilmente: emperrada en imponer penitencias de austeridad a los países pecadores de despilfarros, y beneficiaria del galope a lomos de un gigante industrial cuyas exportaciones impulsan su crecimiento, sin apenas despeinarse por la sobrevaluación del euro.

Las dificultades de conjugación de la posición alemana con la del resto de la UE crecen cuando incorporamos la decisiva participación de su Tribunal Constitucional (TCF) en cada paso en que Alemania se compromete en la dirección europea (complicación que crece a la luz de las especificidades del amplio acceso a la jurisdicción constitucional alemana). Hace tiempo –prácticamente desde la histórica sentencia del TCF sobre Maastricht en 1992– que el Derecho constitucional comparado ha aprendido que la Constitución alemana –aun cuando varias veces reformada, en oleadas sucesivas, formateada por ello para acompasar los avances de la construcción europea– reserva para el *Bundestag* como representación de la soberanía alemana una última palabra respecto de cada cesión de esa soberanía a la Unión supranacional.

Más desmoralizadoras resultan las controversias cruzadas acerca de quién ha ganado y perdido más con esa moneda única, el euro, de la que el gran exportador europeo (la industrial Alemania) se ha beneficiado tanto. A la vista está que el euro no ha resultado una mala inversión para una Alemania en que se invoca a cada tanto la nostalgia de su viejo *Deutsche Mark*.

Pero a la vista está también que los análisis cruzados en torno a los réditos del euro en términos de coste y beneficio desde las contrapuestas ópticas nacionales (trufadas de cortoplacismo, miopía, regresiones y otra formas de distorsiones cognitivas) no sólo resultan estériles (*no exit, no turning back* después de la entrada del euro) sino contraproducentes (estimulan los resentimientos de unos contra otros, en lugar de ayudarnos a comprender que estamos juntos en esto, y sólo juntos saldremos de ésta, y sólo a condición de que lo hagamos conjuntamente, de manera sostenida y coherente, y de que hagamos lo correcto, y no los errores ya ensayados).

Pero, a lo que vamos, el enfoque que describe nuestra pauta de respuesta ante la crisis desde Europa (ya que no, en puridad, de nuestra respuesta europea) sigue siendo un enfoque equivocado: hasta ahora, *grosso modo*, los EE.MM han competido entre sí en la imputación de las causas (las culpas) de la marejada de fondo –una crisis no prevista ni prevenida, a pesar del desarrollo de instrumentos analíticos y de prognosis experta, acompañada de un inmenso malestar social–; se cruzan reproches (insensibilidad, despilfarro, indulgencia manirrota; haber consentido *free riders* de un endeudamiento tendencialmente insostenible). En efecto, los EE.MM estimulan desde sus gobiernos a sus opiniones públicas en un cóctel explosivo de ansiedad y de miedo al populismo (pero sin renunciar a capturar sus banderas), cuando no a la tentación de buena parte de los medios a la incitación a una estampida de pánico en desbandada. El resultado es un mapa de opiniones o segmentos de opinión que se duelen como cuerpos estirados desde caballos que empujan en direcciones distintas.

De modo que la Europa resultante se encuentra expuesta a un tenso juego suma cero, en oposición a toda hipótesis de *win-win situation*. Contrariamente, Europa debería ser leída desde el entendimiento de cuánta unión nos queda todavía por delante, de cuánta más nos hace falta, más exigente, más sólida, "más perfecta" (*A more perfect Union*) si es que queremos adquirir de una vez la óptica y enfoque adecuado para acometer los retos con posibilidades de sobrevivirlos con éxito.

De hecho, en este contexto teñido de confusión e inevitables dosis de sufrimiento, es cada día más frecuente una cierta perplejidad: parece impactante, en efecto, que, a pesar de que la alternativa progresista a la hegemonía conservadora viene preconizando insistentemente, desde hace ya tres años, una panoplia de medidas frente a la estrategia equivocada que no nos está sacando de la crisis (la de la denominada *austeridad a todo coste*), esas propuestas y mensajes (crecimiento, empleo, eurobonos, agencias europeas de deuda y calificación, nuevo pacto fiscal y nuevo pacto social...) sólo resulten *audibles* cuando vienen verbalizados por las antiguas figuras de esa ahora *idealizada etapa anterior* de la construcción europea (Delors, Kohl, González, Blair, Schröder…).

Es difícil imaginar un ejemplo más gráfico del déficit de visibilidad de la actual política europea –y muy específicamente del PE, donde venimos resaltando esos mismos postulados día sí y día también–, precisamente en el momento de mayor potencia, relieve y alcance de la dimensión política de la UE: la que señala la entrada en vigor del Tratado de Lisboa, que hace del PE no sólo el más poderoso de toda la historia de la UE sino también, en realidad, el Parlamento más poderoso de toda la UE.

Afirmada esta contradicción, el examen conducente a la descomposición factorial de los actuales retos para proveer a Europa de una capacidad política de obrar pareja a sus exigencias sistémicas, nos señala claramente dos prioridades vinculadas.

Por un primer lado, se trata de embridar a los mercados para relanzar el empleo. Ello quiere decir, para empezar, que no vamos a ninguna parte primando a todo coste los intereses de la deuda artificialmente inflados por esos "mercados" sin freno, aunque ello implique posponer las inversiones productivas que puedan invertir la tendencia y promover el empleo. Y debemos hacerlo además pensando sobre todo en los jóvenes (la desesperación de la *generación Erasmus*, jóvenes con alta cualificación pero sin perspectivas profesionales, es simplemente inasumible).

En segundo lugar, debemos recuperar la política, superando un *déficit de crédito* que no es sólo financiero puesto que afecta directamente a la razón de ser de los gobiernos, de la democracia y del voto. Y no hay nada más urgente para ello que relanzar al Parlamento. En el escalón europeo, ello quiere decir reclamar para el PE el peso que le da el Tratado de Lisboa, como único órgano directamente representativo y legitimado por su elección por la ciudadanía.

Desde la entrada en vigor del TL, que tanto apostó por reforzar al PE en la UE, es más insoportable que nunca la visión de un directorio asimétrico (Alemania es visualizado como el motor y el freno) del que todos los demás gobiernos serían subalternos, vicarios, correa de arrastre o puro lastre. La imagen que se infiere de esa secuencia de arreglos sincopados es la de un directorio que impone sus propias tácticas al conjunto de la zona euro (tácticas una y otra vez tardías en su *tempo* y fallidas en sus resultados, por lo que se ha visto hasta ahora). El resto de la eurozona aparecería siguiendo al tándem, acompañada luego por un heteróclito conjunto de terceros miembros que no forman parte del euro, entre los que sobresale por su lógica específica el Reino Unido.

Porque lo que subyace a esta imagen es un corolario de primacía de los Estados (y, en estos, de los gobiernos), sin atenimiento al vínculo de legitimación democrática que confiere la elección, a escala europea. Y por ello, de algún modo, de sesgo contraeuropeo. Consiguientemente, esto conduce a la *desparlamentarización* de la política en Europa, esto es, la disolución del vínculo democrático y representativo entre quienes deciden –los menos– y quienes soportan los efectos de la decisión –los más–.

Añadiré ahora mi conclusión. No es verdad que la política en los EE.MM sufra "por causa de Europa". La proposición correcta es más bien la contraria: la política europea (la que aun brilla por su escasez o por su ausencia, la que nos hace falta y empero echamos de menos) sufre más bien por causa de los EE.MM. No es que los Estados no ganen para los disgustos que les repercute Europa, sino que Europa no gana para los disgustos que le causan los Estados.

Por increíble que parezca, teniendo en cuenta las enseñanzas de la globalización, esta es la hora en que pareciera que no haya todavía *intereses europeos*, sino intereses *nacionales*, domésticos, locales.

No hay una "conciencia" de ser "en sí y para sí" de la europeidad del sujeto y del objeto en cada uno de los retos y escalas de definición de los problemas que enfrentamos. En su gestión, más que las instituciones comunes (notablemente, la Comisión, cada vez más subordinada y carente de bitácora propia), los actores decisivos son, siguen siendo, los Estados. Buena parte de sus gobiernos sigue sin asumir de manera coherente que no hay nada que hacer si continúan braceando con manotazos de ahogado los unos contra los otros, en lugar de reforzar la senda común de la integración económica, fiscal, presupuestaria, jurídica, civil, ciudadana y democrática que deberá hacer de la UE un actor globalmente relevante.

Y ello resulta incomprensible no solo en la contradicción de nuestras necesidades sistémicas en la gobernanza económica de la globalización y, particularmente, en la defensa del euro, la moneda común que nos hemos dado. No. Resulta aún más chocante en la contemplación de nuestra actitud ante la inmigración e incluso ante el papel de las migraciones en la globalización, lastrados por visiones negativas, cuando no por los prejuicios y la estigmatización, en contradicción con las perspectivas demográficas que amenazan con el confinamiento de Europa en un declive inexorable.

Y resulta también enormemente inquietante ante el frustrante balance que hasta la fecha arroja una dimensión exterior que haga honor a su tamaño en la mancomunidad de sus esfuerzos y recursos diplomáticos, de seguridad y de cooperación.

A estas alturas, es abrumadora la evidencia empírica acerca de cuánto podríamos ganar todos si acertáramos a poner en común nuestros activos diplomáticos (embajadas y consulados de los 27 EE.MM a lo largo y ancho del mundo, y personal desplegado), seguritarios (fuerzas armadas en el territorio nacional respectivo, y efectivos militares y tropas desplegadas en operaciones exteriores y participación en acciones decididas por organismos internacionales) y de cooperación (ayuda humanitaria y cooperación internacional al desarrollo).

Ganaríamos en economía de escala, en réditos de situación, en optimización de recursos, y sobre todo ganaríamos en efectividad, en eficacia en la defensa y promoción de nuestros propios intereses. Combatiríamos despilfarro y conseguiríamos más y mejores resultados. Tan sólo si fuésemos capaces de actuar racionalmente ajustando nuestros actos a nuestra conveniencia, a nuestros intereses… Y, sobre todo, si fuéramos y nos mostráramos capaces de quererlo lo bastante y de ajustar y adecuar las decisiones al discurso proclamado.

V. Reflexiones conclusivas

El dilema crucial al que se enfrenta el avance y profundización del constitucionalismo en Europa reside en la afirmación de la voluntad política dimanante de las urnas sobre los poderes fácticos que escapan a todas las formas de legitimación y control de responsabilidad que hacen reconocible el principio democrático tanto a escala nacional (en el Estado miembro) como supranacional (en la integración europea).

La única forma razonable y verosímil de romper el maleficio que el "miedo" y el "nerviosismo" de los mercados imponen a la capacidad de financiación a corto plazo de los Estados del euro es simplemente actuar juntos.

No individualizadamente, lo que extrema las debilidades y las vulnerabilidades de cada uno de los miembros de la eurozona, sino ejecutando un plan común de defensa mutua y refuerzo compartido de la confianza del conjunto en la moneda que comparten.

Una vez más, el BCE debería actuar como garante de liquidez y prestamista de último recurso, a los Estados y no sólo a los Bancos que se enriquecen comprando la deuda soberana de los Estados que se han empobrecido y endeudado rescatando previamente a esos mismos Bancos.

Deberemos conformar, además, un Tesoro Europeo, con un responsable europeo de finanzas europeas (un ministro europeo de finanzas).

Y disponer en el menor plazo posible de una Agencia Europea de Deuda, capaz de emitir eurobonos que den lugar a una mutualización racional y convenida de hasta un cierto porcentaje de la deuda de los Estados (hasta un 60%) en modo que podamos conseguir entre todos tipos de interés asumibles en plazos manejables, aligerando así la carga del servicio financiero sobre los presupuestos.

Por su parte, el BEI debería aumentar también su hasta ahora raquítica "potencia de fuego" inversora, pasando de sus actuales reservas (alrededor de 80.000 millones de euros) al entorno de los 400.000 millones de euros: el objetivo es emitir *Project Bonds* de orientación finalista para financiar redes transeuropeas en infraestructuras, transportes, energías renovables y comunicaciones, todas ellas orientadas a la generación de empleo y, en especial, de empleo joven.

Pero lo más importante es que la Comisión y el Consejo acierten a formular, de una vez, y en serio, un plan sostenido a medio y largo plazo de crecimiento y empleo, con inversiones selectivas en formación, innovación, investigación, diseño, biotecnologías. Crecimiento sostenible, verde, solidario, no basado en el consumo destructivo ni en el endeudamiento insostenible.

Es claro que para ello hacen falta recursos, europeos y nacionales. Y ello comporta hablar de un nuevo *Pacto Fiscal*. Y esto no consiste sólo en velar por la reducción (y "disciplina") del gasto, sino por la aseguración de los ingresos proporcionados a la necesidad imperiosa de preservar el modelo social y la capacidad cohesiva e integradora –territorial, social e intergeneracional– del propio proyecto europeo, tal y como quedó establecido en el Tratado de Lisboa.

Este horizonte, a su vez, exige la determinación de combatir las insostenibles inequidades fiscales *entre* los EE.MM (armonización fiscal, luchando contra el *dumping* fiscal).

Pero exigirá también remover las injusticias en el reparto de las cargas tributarias *en el interior de los EE.MM*: mientras las rentas del trabajo están por lo general saturadas, las rentas de capital, los beneficios empresariales y las grandes fortunas navegan libres en el éter de la desfiscalización, a través de todo tipo de figuras interpuestas al servicio de los menos, que son los más poderosos, los mejor asesorados para eludir no ya sólo su cuota de solidaridad en la salida de la crisis sino sus responsabilidades cívicas más elementales.

Es imprescindible apostar también por unos presupuestos de la UE al alza, presupuestos, crecientes, no a la baja: la UE no padece ni déficit ni deuda pública acumulada. En consecuencia, el MFP debe ser proporcionado a las ambiciones que la UE dice proclamar.

Habrá de contarse para ello con los llamados recursos propios de la UE: lo que incluye la definitiva adopción y entrada en vigor de la FFT (tasa/impuesto sobre las transacciones financieras), junto con impuestos prohibitivos contra la especulación *intradie,* impuestos ecológicos (*carbon taxes*).

Complementariamente, debe ser acometida una lucha frontal, paneuropea, contra el fraude, la evasión fiscal, y por la erradicación de los paraísos fiscales.

Se suma al cuadro de objetivos la incorporación de una Agencia Europea de Calificación.

Sólo ese *mix* puede darnos la medida de un *Pacto Fiscal* merecedor de ese nombre. No ese constructor ideológicamente sesgado y políticamente contraproducente que ha dado en llamarse *Fiscal Compact.*

Si acertamos a hacer esto, estaremos no sólo oponiendo un nuevo guión alternativo a la salida de la crisis. Estaremos además relanzando el proyecto europeo en su conjunto. Inyectando savia nueva en la fuerza de persuasión, en la autoridad y hasta en la sugestión emocional de la dimensión supranacional de nuestra identidad ciudadana.

De forma muy especial, debemos vincularlo al esfuerzo de relanzamiento de la dimensión política y la ambición constitucional de la UE. Los derechos fundamentales, la democracia representativa, el Estado de Derecho, las tradiciones constitucionales comunes consagradas como principios jurídicos del Derecho de la UE.

El espacio de libertad, justicia y seguridad, la cooperación judicial fundada en los vectores del reconocimiento y la confianza mutua, la aproximación normativa, la convergencia, la armonización, el refuerzo de la cooperación activa y la formación europea de los operadores jurídicos, con particular atención a la de abogados, fiscales (el ministerio público) y jueces y magistrados.

Al final del camino, lo más importante, ahora, sigue siendo a fin de cuentas asegurar la capacidad de la UE de enganchar a una nueva generación de ciudadanos europeos.

VI. Nota bibliográfica

ALONSO GARCIA, R.: *Derecho comunitario, derecho nacionales y derecho común europeo*, Madrid, Editorial Civitas S.A., 1989.

BARCENA, J. de M.: "Justicia constitucional e integración supranacional: cooperación y conflicto en el marco del constitucionalismo pluralista europeo", en *Revista Iberoamericana de Derecho Procesal Constitucional*, Núm. 9, enero junio 2008.

BARILE, S.: «Potere costituente», en AA. VV.: *Novissimo Digesto,* vol. XVIII, Torino, 1966.

BARÓN CRESPO, E: *La constitucionalización del poder legislativo en la Unión Europea*. Civitas, 2009.

BISCARETTI DI RUFFIA, P.: *Diritto Costituzionale compárato,* Giuffré, Milán, 1984.

BOGDANOR, V. (ed.): *Constitutions in Democratic Politics,* Gower, 1988.

BRYCE, L.: *Constituciones flexibles y Constituciones rígidas,* IEP, Madrid, 1963; JELLINEK, G. F.: *Reforma y mutación de la Constitución,* CEC, Madrid, 1991.

CASCAJO CASTRO, J.L.:, "Integración europea y constituciones nacionales", en *Revista d'estudis autonómics federals*, Núm. 13, 2005.

CONTRERAS, M.: «La reforma de la Constitución», en AA. VV.: *Estudios sobre la Constitución española de 1978,* Ed. de M. Ramírez, Zaragoza, 1979.

DE MIGUEL ZARAGOZA, J.: «Problemas constitucionales en la recepción del Derecho comunitario», en *B1MJ,* núm. 1.184, 1979.

DE VEGA, P.: *La reforma constitucional y la problemática del poder constituyente,* T-Clave, Tecnos, Madrid, 1985).

DE VERGOTTINI, G.: *Derecho constitucional comparado,* Espasa-Calpe, Madrid, 1983.

DIEZ-MORENO, F.: *Manual de la Unión Europea*, Madrid, Editorial Civitas S.A., 1996.

DUARTE, M.L.: "Portugal", en *Justicia constitucional y Unión Europea*, Madrid, Centro de Estudios Políticos y Constitucionales, 2008, 259-286.

GARCIA-PELAYO, M.: *Derecho constitucional comparado,* Madrid, 1950.

GARZÓN, G. y otros: «La aplicación del Derecho comunitario en España y las compentencias de las CC. AA.», en AA. VV.: *La aplicación del Derecho de la CE por los organismos subestatales,* Barcelona, 1980.

HESSE, K.: *Escritos de Derecho constitucional,* comp. y trad. De P. Cruz Villalón, CEC, Madrid, 1983;

JIMÉNEZ CAMPO, J.: «Algunos problemas de interpretación en torno al Título X de la Constitución», en *RDP,* núm. 7, UNED, 1980.

LOEWENSTEIN, K.: *Teoría de la Constitución,* Ariel, Barcelona, 1983.

LOPEZ AGUILAR, J.F.: *La UE: suicidio o rescate. Del mito del rapto a Europa a la tentación de la autodestrucción*. Editorial Tirant Humanidades. Madrid. 2013.

MANGAS, A.: «La recepción en el Derecho español de los actos normativos de las instituciones comunitarias», en AA. VV.: *Constitución, CC. AA. y Derecho Internacional,* Madrid, 1982, y *Derecho comunitario europeo y Derecho español,* Tecnos, Madrid, 1989.

MAYER, F.: "The European Constitution and the Courts. Adjudicating European constitutional law in a multilevel system", *Harvard Jean Monnet Chair Working Papers,* n° 9, 2003, http:// www.jeanmonnetprogram.org.

MEDINA, M.: «Problemas constitucionales en la adhesión de España a la CEE», en DIEZ DE VELASCO, M. (comp.): *El Derecho de la CEE,* Madrid, 1982.

MORTATI, C.: «Concetto, limiti e procedimento della revisione della Costituzione», en *Riv. Diritto Pubblico,* 1952.

PÉREZ-ROYO, J.: «Algunas reflexiones sobre el Título X de la Constitución», en *Rev. Política Comparada,* UIMP, Madrid, 1984.

— *La reforma de la Constitución,* CD, Madrid, 1987.

PERNICE, I. y MAYER, F. C.: "La costituzione integrata. dell'Europa", Walter Hallstein Institut Paper, 7/03, 2003, *http://www.whi-berlin.de* PERNICE, I., "Multilevel constitutionalism and the Treaty of Amsterdam: European constitutionmaking revisited?" Common Market Law Review, vol. 36, nº 4, 1999.

PIZZOLO, C.: *Globalización e integración. Ensayo de una Teoría General*, Buenos Aires, Ediar, 2002;

— *Derecho e integración regional*, Buenos Aires, Ediar, 2010.

POIARES MADURO, M.: "Las formas del poder constitucional de la Unión Europea", en *Revista de Estudios Políticos*, nº 119, 2003.

REQUFJO, J. L.: «Consideraciones en torna a la posición de las normas internacionales en el ordenamiento español», núm. 34 de la *Revista Española de Derecho Constitucional* (págs. 41 y sigs.).

RODRIGUEZ IGLESIAS, G.C.: "Tribunales constitucionales y derecho comunitario", en *Hacia un nuevo orden internacional y europeo. Homenaje al profesor M. Díez De Velasco*, Madrid, Tecnos, 1993.

RUBIO, F. («El bloque de constitucionalidad»), L. PAREJO («Constitución y valores del ordenamiento»), L. I. SÁNCHEZ-RODRIGUEZ («El artículo 93 y el bloque de la constitucionalidad: algunos problemas») y J. A. CARRILLO («Funciones del Derecho internacional contemporáneo: garantía de la independencia de los Estados e instrumento para la cooperación entre los Estados»), en AA. VV.: *Estudios sobre la Constitución española de 1978 en Hom. al Prof. E. García de Enterría,* t. I, Civitas, Madrid, 1991.

SCHMITT, C.: *Teoría de la Constitución,* Alianza Editorial, Madrid, 1982.

SIEYÉS, E.: *Escritos y discursos de la Revolución,* CEC, Madrid, 1990.

WEILER, J.H.H.: *Europa, fin de siglo*, Madrid, Centro de Estudios Políticos y Constitucionales, 1995.

— "Federalismo y constitucionalismo: el Sonderweg de Europa", en Revista de Occidente, nº 249, 2002.

LA DIMENSIONE EUROPEA DELLA FORMA DI STATO E DI GOVERNO

Tommaso Edoardo Frosini

Professore Ordinario di Diritto pubblico comparato
Università Suor Orsola Benicansa di Napoli

1. Un duplice paradosso caratterizza l'organizzazione costituzionale dell'Unione Europea: 1) non è uno Stato ma ha una *forma di Stato*; 2) ha un governo ma non è una *forma di governo*. Uso i due concetti così come si sono radicati nella cultura costituzionalistica. E quindi: con il primo, forma di Stato, intendo *il rapporto che intercorre tra i governanti e i governati, ovvero tra l'autorità e l'individuo, nonché i principi e i valori a cui lo Stato ispira la sua azione*; il secondo concetto, forma di governo, serve a chiarire *i modi in cui il potere è distribuito e organizzato tra gli organi principali dello Stato, nonché l'insieme dei rapporti che si definiscono tra gli organi stessi*. Attraverso la nozione di forma di Stato si prova a dare risposta alla domanda: «qual è la finalità prevalente dello Stato e quindi che tipo di rapporto si viene a instaurare fra l'apparato statale e la società civile?»; mentre con la nozione di forma di governo si vuole dare risposta al seguente quesito: «chi governa all'interno dello Stato, e quali sono i rapporti fra i poteri dello Stato?». Le due nozioni sono strettamente collegate fra loro da un rapporto di strumentalità. A una specifica forma di Stato corrisponde una tendenziale forma di governo, e quindi una organizzazione del potere strutturata secondo determinati canoni e criteri derivanti dalla forma di Stato adottata in quel dato ordinamento.

2. L'Unione Europea ha una sua forma di Stato: come è stato dimostrato in dottrina, tra gli altri, da Francesco Palermo con il suo volume dedicato proprio a *La forma di Stato dell'Unione Europea* (Padova, 2005). Il tema è vasto e con notevoli implicazioni teoriche, quindi mi limito a esporre alcuni punti per *flashes*. L'insieme di valori, principi, tradizioni costituzionali indefettibili è un dato chiaro ed evidente che caratterizza la UE, e che si è andato formando e stratificando attraverso i Trattati, la normazione comunitaria e le numerose pronunce della giurisprudenza europea. Il nucleo originario della forma di Stato della UE è senz'altro la *rule of law*: principio e concetto ampliato nella sua declinazione europea per il tramite, inizialmente, della giurisprudenza della Corte di Giustizia, la quale «assicura il rispetto del diritto nell'interpretazione e nell'applicazione» del Trattato. Da questa formulazione, sono poi derivate una serie di conseguenze quali: l'estensione dell'effettività dei rimedi giurisdizionali; la loro completezza; l'essenzialità del sistema del circuito di dialogo rappresentato dal rinvio pregiudiziale; la natura non internazionale della Comunità in quanto non basata sul principio di reciprocità; la natura della Comunità come comunità di diritto; l'immanenza al sistema costituzionale comunitario del principio di equilibrio istituzionale e, infine, la presenza di limiti impliciti alla revisione dei Trattati (sulle cui notevoli implicazioni, rinvio alla relazione che tenni al Convegno AIC a Catania nel 2005, poi pubblicata negli *Atti*). Con l'approvazione e l'entrata in vigore del Trattato di Lisbona nel dicembre del 2009, la forma di Stato della UE è chiaramente definita: a cominciare dal preambolo del Trattato, laddove si afferma che questo è ispirato «*alle eredità culturali, religiose e umanistiche dell'Europa, da cui si sono sviluppati i valori universali dei diritti inviolabili e inalienabili della persona, della libertà, della democrazia, dell'uguaglianza e dello Stato di diritto*». Ancora, l'art. 1 *bis*, che sostiene: «*L'Unione si fonda sui valori del rispetto della dignità umana, della libertà, della democrazia, dell'uguaglianza, dello Stato di diritto e del rispetto dei diritti umani, compresi i diritti delle persone appartenenti a minoranze. Questi valori sono comuni agli Stati membri in una società caratterizzata dal pluralismo, dalla non discriminazione, dalla tolleranza, dalla giustizia, dalla solidarietà e dalla parità tra donne e uomini*». E poi – soprattutto – con la codificazione dei diritti e delle libertà fondamentali nello spazio giuridico europeo, derivanti dalla cd. Carta di Nizza.

3. Certo, c'è poi la questione del *deficit* democratico, che parrebbe gettare un'ombra sulla forma di Stato europea. A leggere il Trattato si avverte abbastanza chiaramente che, nello scriverlo, una delle preoccupazioni è stata quella se non proprio di colmare, quantomeno di ridurre significativamente il *deficit* democratico, che da sempre tormenta il sistema comunitario. Valgano come primo esempio i numerosi riferimenti testuali al termine "democrazia", davvero inconsueti per un testo costituzionale. Certo, i riferimenti testuali al termine "democrazia" colgono soltanto l'aspetto esteriore, per così dire, della volontà di democratizzazione dell'Unione; ma appaiono comunque significativi di una certa inquietudine nel volere rappresentare, anche attraverso la scrittura, la presenza del concetto di democrazia. E' chiaro che la democrazia non si esprime solo enunciandola; è necessario che si declini, e vorrei dire si infiltri, all'interno dei meccanismi che strutturano l'organizzazione costituzionale. Un'organizzazione questa, tanto per cominciare, che deve essere fondata sul principio basilare di democrazia, che è l'attribuzione della sovranità al popolo. Non voglio qui riaprire la annosa questione del popolo europeo, e al fatto che alla sua assenza ne possa conseguire l'impossibilità di avere una vera e propria Costituzione. Rilevo soltanto l'oggettiva difficoltà ad avere, come invece si pretenderebbe, un *demos* europeo tutto e subito; questo, piuttosto, non può che essere l'obiettivo da raggiungere attraverso un percorso fatto di ingegneria costituzionale, decisioni politiche e anche atti simbolici. Tre elementi che si manifestano *in progress*, ovvero attraverso il quotidiano pensare e agire in europeo. La storia ci insegna, infatti, come in alcuni casi lo Stato ha creato il *demos* sulla base di processi simbolici e di socializzazione, prima ancora di diventare democratico. Nel caso degli Stati Uniti d'America, poi, il *demos* si è formato attraverso la lotta per l'affermazione dei principi democratici. Questi esempi, allora, ci dovrebbero indurre a considerare come fallace l'idea che il *demos* sia un presupposto esterno alle istituzioni politiche, senza il quale non si può avere democrazia. Voglio altresì dire che la "Costituzione" dell'Unione europea andrebbe vissuta da ciascun cittadino come una sorta di plebiscito che si rinnova ogni giorno, per consentire che possa crescere e rafforzarsi il "patriottismo costituzionale europeo".

4. Il problema del *deficit* democratico in Europa si è sviluppato soprattutto a causa della carenza di legittimazione delle istituzioni europee. E questo perché si è preteso di trasporre in sede sovranazionale i congegni, gli istituti e gli schemi concettuali tipici delle democrazie nazionali, facendole pertanto assumere a unici e soli parametri sui quali conformarsi. Da qui la denuncia sulla debolezza del ruolo e sulla sterilità delle funzioni del Parlamento europeo, che lo privano di una autentica legittimazione, e poi più in generale sulla forma di governo europea, che si manifesta in tutta la sua natura burocratica piuttosto che democratica. A queste critiche si è provato a dare risposta sostenendo, come ha fatto per esempio il Tribunale costituzionale federale nella *Maastricht-Urteil* (1993) e in pronunce successive, che la legittimazione democratica degli assetti comunitari è "mediata" dalla democraticità degli assetti costituzionali degli Stati membri. Quindi, sarebbe la democrazia degli stati membri a permeare democraticamente il sistema comunitario. Così pure si è provato a far risaltare, comunque e nonostante, il ruolo democratico del Parlamento europeo, grazie soprattutto al contributo della Corte di Giustizia, la quale, in più sentenze a partire da quella del 1979 sul caso *Roquette*, ha teorizzato il criterio dell'equilibrio istituzionale, che deve esserci nel processo decisionale comunitario, e che, come scrive la Corte, «riflette, sia pure limitatamente, un fondamentale principio della democrazia secondo cui i popoli partecipano all'esercizio del potere per il tramite di un'assemblea rappresentativa». Quindi, è il principio dell'equilibrio istituzionale, secondo la Corte, uno dei tratti costitutivi della forma di governo; tale principio pone un nesso diretto con le prerogative del Parlamento europeo e con i principi democratici su cui esse si fondano.

5. E veniamo, allora, alla forma di governo. Dico subito che bisogna liberarsi da quella che si può definire la "ossessione parlamentare": cioè volere introdurre, nel sistema UE, la forma di governo maggiormente rappresentativa degli Stati membri, quale quella parlamentare, all'interno di un ordinamento federativo, senza pensare di modificare la concezione federativa che sta alla base dell'ordinamento stesso. E senza pensare a individuare delle soluzioni alternative ai modellini delle forme di governo presenti, nelle varie declinazioni, negli Stati europei. In tal senso, una proposta l'avanzerò più avanti, con lo scopo di riaprire il dibattito su di un tema fondamentale per la "Costituzione" europea, da tempo trascurato ovvero poco avvertito.

Che il sistema di governo della UE, la cd. *governance* istituzionale, sia per certi versi più efficiente di quelli degli Stati membri, lo prefigurava in un articolo, apparso sul *Corriere della sera* nel giugno 2006, colui che sarebbe poi diventato il Presidente del Consiglio italiano, Mario Monti. Il quale poneva la seguente questione: «E' più democratico e rispettoso del Parlamento il modo in cui si forma l'esecutivo dell'Unione Europea (la Commissione) o quello in cui si formano gli esecutivi degli Stati membri (i governi nazionali)?». La risposta era positiva, riassumibile nel seguente passaggio dell'articolo: «In nessun Paese europeo, a mia conoscenza, i singoli ministri del governo nazionale sono sottoposti ad un preventivo vaglio individuale dal Parlamento, neppure nella culla londinese della democrazia parlamentare. Ciò avviene solo nella UE e negli Stati Uniti, ove i ministri ed i titolari di alcune altre posizioni di vertice, designati dal Presidente, sono sottoposti a *confirmation Hearings* presso il Senato» (certo, il destino ha voluto che, a distanza di anni, lo stesso Monti fosse protagonista proprio di quel sistema che lui stesso sottoponeva a critica...).

Il Trattato di Lisbona ha formalizzato un doppio sistema decisionale, come di recente sostenuto da Sergio Fabbrini: un sistema di governo fondato su un quadrilatero istituzionale strutturato su un *legislativo bicamerale* (Consiglio dell'Unione e Parlamento) e un *esecutivo duale* (Consiglio Europeo e Commissione). Un sistema di governo separato, dove nessuna istituzione dipende dalla fiducia delle altre in quanto reciprocamente indipendenti, sia pure attraverso un meccanismo definibile come *checks and balances*. Un sistema di *new mode of government*, che favorisce il coordinamento delle politiche per sviluppare l'integrazione sovranazionale. Un nuovo modo di governare ma non una nuova forma di governo.

6. Quale sviluppo può avere la forma di governo europeo affinché si definisca e si consolidi? Quale proposta di ingegneria costituzionale può essere assunta per costruire il modellino del sistema di governo dell'Europa?

C'è un Paese che sta in Europa ma non fa parte dell'Unione Europea, il cui sistema di governo potrebbe essere assunto come modello al quale fare riferimento per organizzare la forma di governo europea. Mi riferisco alla Svizzera, ovviamente. La forma di governo direttoriale, quindi. Incardinata in un sistema federale con frequenti e significative iniezioni di democrazia diretta. Una più o meno netta preminenza del legislativo sull'esecutivo, il quale diventa un mero esecutore della volontà assembleare sebbene tra i due non sussista nessun vincolo fiduciario. Quindi, l'esecutivo (*Consiglio federale*) è eletto dal parlamento (*Assemblea federale*) ma non può essere da questo sfiduciato; così come il parlamento non può essere sciolto anticipatamente. Il capo dello Stato viene eletto dal parlamento tra i membri dell'esecutivo e si identifica in questo. Ancora, il parlamento è bicamerale, con il *Consiglio nazionale* (200 membri) eletto proporzionalmente dai cittadini e il *Consiglio degli Stati* (46 membri) designati da ciascun cantone ma senza vincolo di mandato. Una forma di governo, quella elvetica, che valorizza ed esalta il consenso o la concordanza mediante il compromesso, al fine di ridurre le conflittualità e minimizzare i soggetti delusi dalle decisioni pubbliche. "Uniti nella diversità" è lo *slogan* che meglio descrive la realtà politico-istituzionale svizzera; ed è lo stesso, che da sempre si è voluto assegnare al processo di integrazione politico-istituzionale europeo. Che passa anche attraverso una piena definizione della forma di governo, con il riconoscimento in capo agli organi istituzionali, che devono avere chiaro qual è il loro compito e il loro ruolo nell'attività di indirizzo politico della UE.

In Europa, sulla base del modello direttoriale svizzero, la situazione che verrebbe a delinearsi sarebbe così quella di un'architettura istituzionale tipica di uno stato federale, con una Camera bassa eletta direttamente dal popolo –il Parlamento– una Camera alta di rappresentanza dei governi degli stati membri –il Consiglio europeo– ed un governo –la Commissione– eletto dalla Camera bassa subito dopo l'elezione della stessa, rispecchiando la composizione politica e territoriale della stessa, e non quindi secondo il modello maggioranza-opposizione (riprendo qui una suggestione di Beniamino Caravita). Insomma: sarà il pluralismo delle rappresentanze (linguistiche, religiose, culturali), sarà la natura federale dell'organizzazione costituzionale; sarà la similitudine degli scenari istituzionali nell'ambito dei rapporti fra gli organi di indirizzo politico; sarà anche che il Paese è al centro dell'Europa senza essere nell'Unione Europea: tutte condizioni che militano senz'altro a favore di un possibile trapianto dei lineamenti della forma di governo svizzera nella forma di governo della UE. Con la speranza di riuscire a importare anche i lineamenti del successo economico finanziario elvetico…

Nella vigna del costituzionalismo europeo c'è ancora da lavorare: il terreno è fertile e le viti sono robuste. La definizione e la stabilizzazione della forma di Stato e, soprattutto, della forma di governo rappresentano un forte rilancio istituzionale per la UE e per la piena realizzazione del suo *federalizing process*.

VIEJOS Y NUEVOS DESAFÍOS CONSTITUCIONALES DE LA UNIÓN EUROPEA

Miguel Azpitarte Sánchez

Profesor Titular de Derecho Constitucional.
Universidad de Granada

I. Una advertencia preliminar

El objeto de este ensayo, recogiendo la sugerencia de los organizadores del congreso que fue su causa primera, parte de unas presunciones que conviene hacerlas expresas para delimitar el terreno en el que se desenvolverá el texto. En primer lugar, apelar a la existencia de desafíos significa aceptar que la Unión se encuentra en una encrucijada, que pone en cuestión sus rasgos esenciales y que incluso amenaza su existencia. El título plantea, por tanto, un tiempo de interrogantes, necesitados, de acuerdo con la segunda presunción, de una respuesta constitucional. No queda claro, y esto es algo que habremos de desbrozar por el camino, si la reivindicación es de la Constitución en sentido formal –una norma suprema dotada de una especial legitimidad que ordene la dinámica política de la Unión– o tan solo en sentido material, requiriendo una profundización de los elementos sustanciales que caracterizan al constitucionalismo. Finalmente, también parece deducirse del título que los desafíos constitucionales de la Unión son distintos a los que han de enfrentar sus Estados miembros.

Hecha esta advertencia, soslayaré los problemas implícitos que conlleva el tema propuesto, dando por buenas sus premisas mayores, y me dedicaré en las páginas que siguen a desarrollar el asunto central. Para ello voy a dar dos pasos sencillos. Primero intentaré reconstruir los presupuestos político-jurídicos del proceso de integración, que en mi opinión, y como ya he expuesto en otros trabajos[1], parten de una división

---

1 M. Azpitarte Sánchez (2013a: pp. 225-257).

funcional entre el Estado y la Unión, que se proyecta en una serie de consecuencias institucionales y se sostienen sobre una concreta teoría constitucional. En el segundo paso expondré los desafíos constitucionales que afronta la Unión a partir de su diseño originario que son, tal y como se reconoce generalmente, la garantía de los derechos fundamentales, la democracia y la solidaridad interterritorial.

II. Los presupuestos político-jurídicos de la Unión

1. La división funcional

El proceso de integración europea estuvo marcado desde sus orígenes por una división funcional entre sus entes creadores, los Estados miembros, y el producto resultante, hoy la Unión Europea[2]. Así, desde el diseño inicial se entendió que a los Estados les quedaba reservado el ámbito de la política. Esto significaba que su derecho habría de configurar las condiciones que posibilitan el pluralismo (en esencia los derechos fundamentales), la reconducción de ese pluralismo a la unidad (procesos de creación normativa, cualificadamente la ley) y la redistribución de la riqueza (mediante la potestad tributaria, presupuestaria, antaño la gestión de la masa monetaria y la política social). En cambio, a la Unión le tocaría la racionalización de la economía a través de un mercado interior competitivo, al que se sumaría más tarde la unión económica y monetaria, instrumentos con los que se compensarían los dislates del Estado nación, en especial sus tentaciones proteccionistas.

A nadie se le escapa que los dos bloques que componen la división funcional, a un lado el Estado con el espacio de la política, a otro la Unión empeñada en la racionalidad de la economía, quieren dar respuesta a distintos conflictos. En el Estado constitucional late la tensión que genera una sociedad plural en términos culturales, económicos, ideológicos, etc.; la vía que reconduce esa diversidad a la unidad es el momento electoral, en el que se ordena el disenso articulándolo en una dicotomía básica, mayoría de gobierno frente a oposición, siempre bajo la premisa de la alternancia[3]. En la Unión el conflicto es bien distinto y remite a la polaridad entre igualdad supranacional frente a singularidades nacionales[4]. Por ello, las vías de articulación de este conflicto no son las propias del disenso ideológico que caracterizan al Estado constitucional, sino que aprovecha técnicas típicas de toda organización compuesta como, por ejemplo, la precisa delimitación de ámbitos jurídicos de actuación garantizados por una entidad jurisdiccional independiente, la participación de

---

[2] Se ha distinguido como una relación compensatoria, C. Joerges y F. Rödl (2009: p. 8). V.A. Schmidt (2009: p. 21). No falta, sin embargo, quien actualmente extiende esa función compensatoria a todo el derecho internacional y la dota de elementos genuinamente constitucionales, A. Peters (2010).

[3] Me remito a mi trabajo, M. Azpitarte Sánchez (2014).

[4] Por todos, J.H.H. Weiler (1999: p. 341). La traslación de este principio en técnicas jurídicas lo presenta con claridad A. Somek (2010: p. 30).

los entes periféricos en la producción del derecho central o la facultad de que un ente periférico en determinadas circunstancias se aparte de la vinculación a una norma.

2. *Las consecuencias institucionales*

La primera consecuencia institucional que propicia la división funcional descrita tiene que ver con la legitimidad de la Unión. La justificación de cualquier organización política debe siempre atender a tres preguntas esenciales: quién decide, cómo decide y para qué decide. Dados los términos de la división funcional que originariamente marcó el proceso de integración, éste se concentró en el tercero de los interrogantes, como bien indica el actual artículo 3 que recoge los objetivos de la Unión. En definitiva, lo teleológico refleja bien la importancia de la atribución de competencias en la conformación de la Unión[5], que no es sino variante de la técnica clásica de la delegación, y explica además el éxito que ha tenido la fórmula de la integración a través del derecho, en el bien entendido de que el mejor modo de ordenar el ejercicio de los poderes delegados es sujetándolos estrictamente mediante normas[6].

La división funcional también aclara la naturaleza del sistema de gobierno de la Unión. Vaya por delante que hemos de aceptar el carácter poliédrico de este sistema, donde encajan piezas que responden a lógicas distintas[7]. Así, desde un inicio se imaginó que en una organización de competencias delegadas, la clave residía en marcar con precisión los ámbitos de actuación y sus fines, de manera que su ejecución en sentido amplio pudiese residenciarse en instituciones cuya rasgo distintivo fuese la independencia de sus integrantes. De sobra es sabido que esta es la idea que justifica el papel de la Comisión en la defensa de la competencia, los poderes del Tribunal de Justicia en la "garantía del Derecho" cuando aplica e interpreta los Tratados o la función del BCE en la gestión de la masa monetaria. Igualmente se pensó que cuando fuese necesaria la regulación de ciertas materias, el intergubernamentalismo, esto es, la facultad de veto de los gobiernos estatales había de ser el camino, entroncando con la idea de que la decisión política tendría siempre una necesaria conexión estatal. Y aunque es verdad que el intergubernamentalismo ha ido perdiendo espacio, también es innegable que se mantiene en ciertos islotes que nos advierten de su relevancia política precisamente por el modo de gobierno elegido (reforma de los Tratados, sistema electoral general, recursos propios, marco financiero plurianual, etc.).

---

5 A estas alturas no es necesario reincidir sobre la cuestión, no obstante véase en términos generales J.M. Pérez de Nanclares (2002). L.M. Hinojosa Martínez (2006).

6 Por ejemplo, desde hace ya mucho tiempo, y con diversos argumentos y acentos F. MANCINI (1989); T. Oppermann (1994); J.A. Frowein (1995); U. Everling (1995).

7 Así, el intergubernamentalismo continúa siendo un método de análisis con importantes adeptos, véase A. Moravcsik (2002). También el funcionalismo encuentra sus rescoldos, al respecto basta como ejemplo el monográfico presentado por B. Rosamond (2005). El equilibrio institucional y la división de poderes parece conocer un renacimiento, G. Conway (2011) y Porras Ramírez, José M. (2012).

La democracia supranacional que configura el procedimiento legislativo ordinario sería una alternativa a estos dos modelos y habría abierto con el tiempo una grieta en la división funcional. Es esta sin duda una lectura plausible. Pero también podríamos añadir que su inserción tiene como fin clave salvar las limitaciones de la propia división funcional, esto es, dotarla de una mayor eficacia. Y en todo caso conviene no olvidar el papel primordial que desempeña la Comisión –institución independiente– con el monopolio de su iniciativa, su capacidad durante el procedimiento para alterar los términos de la propuesta o la monitarización de la ejecución estatal.

Finalmente, la tercera consecuencia institucional radica en la reserva de ejecución en favor de los Estados, que hoy se recoge en el artículo 291[8]. Nos encontramos, por tanto, ante una organización política, la Unión, que, dotada de amplias competencias, se apoya en los Estados miembros para su desarrollo normativo y ejecución final. En mi opinión, aquí existe una profunda razón político-jurídica con la que se quiere rearmar la legitimidad del proceso de integración, pues se busca que la última instancia del derecho de la Unión sea mediada por el Estado constitucional, de manera que el ciudadano se enfrente con las normas europeas a través de una administración que responde a los cánones de legitimidad clásicos, en especial el principio de legalidad.

3. *Los fundamentos constitucionales*

Entiendo que la división funcional que da cuerpo al proceso de integración se sostiene sobre un par de teorías constitucionales, cuya bondad podremos discutir, pero no es factible negar su carácter clásico y su cualificada influencia. La primera reivindicaría el necesario carácter nacional del poder constituyente. Formulada en la doctrina alemana y utilizada en el control del proceso de integración desarrollado por el Tribunal Constitucional Federal alemán, tiene como premisa que el Estado y la Constitución son instrumentos para asegurar la pervivencia de una unidad prepolítica, el pueblo, que se define por elementos ontológicos, entre los que destaca la cultura, la historia y la lengua[9]. Ese mismo pueblo, a su vez, ha de ser el ente clave a partir del cual se articule la democracia, entendida como aquella forma de gobierno donde los poderes emanan del pueblo. El dilema capital para articular el proceso de integración desde esta doctrina consiste en determinar si existen rasgos culturales, históricos o lingüísticos que den forma a un pueblo europeo. Negada esta premisa, la integración, si quiere ser respetuosa con el principio democrático, solo podrá estructurarse a partir del papel fundamental de los Estados, que son la proyección institucional del pueblo nacional.

En mi opinión existe una segunda doctrina constitucional complementaria. Entronca también con el pensamiento clásico, pues se nutre de la separación Estado-Sociedad, que tantas repercusiones ha tenido en la configuración del constitucionalis-

---

8 R. Schütze (2010: pp. 1398 y ss.); U. Stelkens (2011: p. 538).

9 Para un resumen de la doctrina, P. Kirchhof (1994a) (1994b).

mo[10]. Se renueva con las ideas generadas en torno al "public choice" y la "consitutional economics", para trazar una línea divisoria entre la política y la economía. A la primera le toca definir el interés general, para lo que se recurre a las técnicas propias de la democracia (representación, deliberación, etc.). En cambio, la clave de la economía reside en la óptima asignación de recursos, donde es primordial que oferta y demanda se desenvuelvan sin perturbaciones. Por eso, allí donde se busca racionalizar la economía se recomienda el recurso a instituciones independientes que se desenvuelvan al margen del cortoplacismo típico de las elecciones.

III. VIEJOS Y NUEVOS DESAFÍOS.

1. *La protección de los derechos fundamentales*

La historia de la protección de los derechos fundamentales en la Unión es de sobra conocida. En un principio, de manera plenamente coherente con la división funcional antes explicada, se pensó que la garantía de los derechos fundamentales era una cuestión ajena al proceso de integración, en la medida que el mercado interior podía funcionar sin ellos, bastándole la seguridad jurídica en las transacciones económicas. Quedaba al derecho del Estado el reconocimiento de las situaciones subjetivas que habrían de ser fundamentales y la definición de los mecanismos oportunos para su adecuada protección. Pronto, sin embargo, se hizo evidente que esta nítida separación era inviable en la medida que el ciudadano esperaba que en sus relaciones con el derecho de la Unión, los derechos fundamentales tuviesen un grado de aseguramiento equivalente al que encontraban en su Estado. Esta situación empujó al Tribunal de Justicia a reconocer los derechos fundamentales como principios generales del ordenamiento de la Unión, evitando que su protección se pidiese en última instancia ante tribunales estatales (constitucionales o supremos) que se verían en la tesitura de controlar la validez de la norma europea. Por tanto, la protección de los derechos fundamentales tomó en la Unión una dimensión instrumental que robustecía el objetivo prioritario de la autonomía de su ordenamiento y la competencia plena del Tribunal de Justicia[11].

Hoy, el artículo 6 del TUE y el estatus jurídico de la Carta, creo que han otorgado a los derechos fundamentales una nueva dimensión sustantiva[12]. Es verdad que su

---

[10] Véase C C. Schmitt (1982: p. 137), para el "principio de distribución". De ahí que la reconstrucción del derecho público haya pasado por una nueva reflexión sobre este dilema, al respecto K. Hesse (2011: p. 124); E.-W. Böckenforde (1991: p. 227), sobre su significado práctico; y M. GARCÍA-PELAYO (1996: pp. 21 y ss). Por último, la debilitación de esta distinción explica algunas perturbaciones actuales del derecho público, baste a modo de ejemplo, el penetrante ensayo de G. Maestro Buelga (2001) y A. Supiot (2013).

[11] Para una revisión de esta tesis me remito a mi trabajo M. Azpitarte Sánchez (2005: p. 352 y ss).

[12] D. Sarmiento (2013). S. Iglesias Sánchez (2012).

sentido está todavía por determinar en todos sus extremos, pero parece indudable que han dejado de ser simples bienes instrumentales a otros fines, para colocarse como elementos destinados a coadyuvar en la conformación plena del valor del ordenamiento de la Unión, de modo que, parafraseando un viejo lema, la Unión ya no es solo una "Comunidad de derecho", sino una "Comunidad de derechos", dentro de los cuales los fundamentales ocupan un lugar clave.

Es por esta renovada dimensión, que los problemas atinentes a los derechos fundamentales se encuentran situados ahora en el ámbito de la dogmática, puesto que los esfuerzos académicos y jurisprudenciales no tratan sobre la posición constitucional de los derechos fundamentales, sino de la correcta interpretación de las disposiciones contenidas en la Carta. En efecto, la discusión está centrada en saber cuál es el ámbito de aplicación de la Carta y en qué medida puede constreñir al derecho del Estado (art. 51)[13]; qué grado de autonomía conceptual posee el Tribunal de Justica en la conformación del alcance de los derechos fundamentales (art. 52)[14]; y cuál ha de ser la relación de los derechos fundamentales de la Carta con los de las Constituciones estatales o el Convenio (art. 53)[15].

Más allá de estas dificultades dogmáticas, quedan todavía por resolver dos problemas de naturaleza político-constitucional, en tanto que su solución tendrá consecuencias sistemáticas de cierta envergadura sobre los presupuestos político-jurídicos de la Unión. Me refiero, en primer lugar, a la adhesión de la Unión al Convenio Europeo de Derechos Fundamentales[16]. El tratado llamado a ordenar esta adhesión así como las principales figuras diseñadas en los sucesivos textos del convenio hasta ahora negociado –"co-respondent" e intervención previa del Tribunal de Justicia– reflejan una vez más la preocupación por salvaguardar la autonomía del ordenamiento de la Unión cuando de la garantía de los derechos fundamentales se trata. Pero las consecuencias de calado están en otro sitio, pues el cambio más significativo radicará

---

13 Sentencia Åkerberg Fransson, C-617/10, EU:C:2013:105. E.M. Frenzel (2014: p. 20); X. Groussot y I. Olsson (2013: p. 26); JHR, & LB. (2013: p. 169); E. Hancox (2013: p. 1164); modulando su carácter novedoso, S. Iglesias Sánchez (2013: p.1164).

14 Lo ilustran bien las reflexiones del abogado general Pedro Cruz Villalón en sus conclusiones a Åkerberg Fransson, en las que señala que ante la falta de consenso entre los Estados miembros sobre el alcance del principio *ne bis in idem*, desacuerdo que se hace manifiesto en sus tradiciones constitucionales y en la desigual ratificación del Protocolo 7 del CEDH. Dadas estas circunstancias, "la Carta adquiere perfiles propios" (ap. 84), "el mandato de interpretación de la Carta a la luz del CEDH debe matizarse" (ap. 85) y el "artículo 50 de la Carta exige una interpretación parcialmente autónoma" (ap. 87). Por lo demás, en tanto que la convergencia ha de proyectarse sobre "derechos garantizados por el Convenio", la independencia irá creciendo a partir de fenómenos inéditos sin respuesta específica del TEDH, tal y como ejemplifica la reciente sentencia *Google* (Sentencia Google Spain y Google, C-131/12, EU:C:2014:317, apartados 62-99.), que construye un nuevo derecho –el derecho al olvido– sobre una interpretación de la Directiva 95/46 a la luz de la Carta, sin referencia alguna al CEDH o las tradiciones constitucionales.

15 Sentencia Melloni, C-399/11, EU:C:2013:107.

16 Para el estudio de este problema me remito a dos trabajos míos y la bibliografía allí recogida, M. Azpitarte Sánchez (2013b); M. Azpitarte Sánchez (2015).

en que tras la ratificación del Convenio, la reforma de los Tratados de la Unión y el Tribunal de Justicia, dos poderes que tradicionalmente no han tenido límites jurídicos en sentido estricto (sí limitaciones derivadas de la racionalidad jurídica y autoimpuestas por ellos mismos) se van a encontrar con la hipótesis de que un órgano externo, el TEDH, dicte medidas correctoras derivadas de la protección de los derechos fundamentales. Situación que puede dar lugar a una tensión todavía más aguda si la tutela ejercida por el TEDH acaba incidiendo en el medido equilibrio que hasta ahora se ha encontrado entre los derechos fundamentales y las libertades fundamentales a través de la ponderación caso a caso. Estas dificultades explican en parte que la ratificación esté en vía muerta tras el Dictamen 2/13 del Tribunal de Justicia[17].

El segundo problema entronca directamente con el primero, y tiene que ver con la ausencia de un procedimiento judicial dentro de la Unión destinado expresamente a la garantía de los derechos fundamentales. Déficit que ha sido señalado por el propio TEDH como razón que podría poner en discusión la suficiente protección de los derechos fundamentales en el ámbito de la Unión[18]. Sin duda, la adhesión al Convenio acabaría por abrir un espacio de tutela individual de los derechos fundamentales.

Al margen de estos dos problemas, la protección de los derechos fundamentales, que había sido un desafío histórico en el proceso de integración, en mi opinión está correctamente encauzada. Llegados a este punto, debemos preguntarnos cómo ha sido posible que un aspecto reservado al Estado (las condiciones que hacen posible el pluralismo) hayan sido recogidas sin aparentes consecuencias para el conjunto del entramado que compone la Unión y los Estados miembros. La razón quizá resida en el hecho de que el reconocimiento apenas ha afectado a la división funcional explicada en el epígrafe anterior. Es verdad que la Unión se ocupa ahora de un ámbito –los derechos fundamentales– que antaño se consideraba propio del Estado, pero lo hace de forma concurrente con éste, sin vaciarle la competencia. Quizá la consecuencia más cualificada es que los Tribunales Constitucionales han dejado de ser intérpretes supremos de los derechos fundamentales, pero sin dejar de ser intérpretes supremos de las Constituciones estatales[19]. Hay, eso sí, un riesgo de tensión estructural en el supuesto de que la dimensión sustantiva de los derechos de la Carta progrese hacia una federalización de manera que extiendan su ámbito de aplicación hasta limitar el

---

17 Al respecto me remito a mi trabajo "M. Azpitarte Sánchez (2015).

18 Afirman Rozakis, Tulkens, Traja, Botoucharova, Zagrebelsky y Garlicki "[d]esde esta perspectiva procesal, la sentencia minimiza o ignora ciertos factores que establecen una genuina diferencia y hacen irrazonable concluir que existe en todos los casos una «protección equivalente». Por un lado, encontramos un incidente de cuestión prejudicial al Tribunal de Justicia, que no lo planea la empresa demandante sino el Tribunal Supremo de Irlanda. Ese incidente no es un recurso, sino una petición de interpretación [...] y el juez] conserva plena discrecionalidad para decidir cómo aplicar esa regla [del Tribunal de Justicia] en concreto para resolver la disputa". *Bosphorus Hava Yollari Turizm ve ticaret anonim şirketi vs. Ireland*, no. 45036/98, ECHR 2005.

19 Al respecto X. Arzoz Santisteban (2015); explorar las posibilidades de la identidad nacional, T. de la Quadra-Salcedo Janini (2015: pp. 30 y ss.); o bien jugar con las posibilidades del derecho procesal constitucional, L. Arroyo Jiménez (2014).

derecho del Estado que no aplique normas de la Unión. Riesgo que se ha hecho evidente en el defensivo protocolo que delimita la eficacia de la Carta frente a Polonia y el Reino Unido; situación que contrasta con el otro extremo que representa Austria, que ha dado valor de parámetro constitucional a la Carta.

Ahora bien, la consolidación definitiva de los derechos fundamentales está dando lugar a la generación de nuevas teorías constitucionales que intentan explicar para este ámbito el proceso de integración. Se trata, principalmente, de la doctrina de la garantía multinivel de los derechos fundamentales o del llamado "constitucional pluralism"[20]. Sin duda, resulta muy difícil trazar una línea común en cada una de ellas y quizá el punto de encuentro solo radique en el diagnóstico: han de encontrarse criterios que permitan definir el contenido de los derechos fundamentales y asegurar su construcción en un contexto donde el reconocimiento de los derechos fundamentales se realiza a través de tres textos normativos –Constitución estatal, Carta y CEDH. Importa señalar, sin embargo, que estas teorías constitucionales son explicaciones parciales del proceso de integración, centradas en exclusiva en la garantía de los derechos fundamentales, y no parecen entrar en discrepancia frontal con las posiciones matrices que he explicado en el epígrafe anterior –poder constituyente nacional y separación Estado-Sociedad–, razón que en cierta medida también explica que la garantía de los derechos fundamentales de la Unión se entienda como una mejora necesaria y no como una intervención que altera la división funcional originaria del proceso de integración.

2. *La democracia*

a) En la producción del derecho originario.

El estudio de la democracia en el proceso de integración debe analizarse primero en el ámbito de la producción del derecho originario. Sin embargo, en este campo, el fallido Tratado constitucional parece haber agostado la posibilidad de generar nuevos discursos democratizadores. Recordemos que aquel empeño ligó la democratización a la idea de un momento constituyente que en su forma, de algún modo, retoma el pensamiento clásico que atribuye a la norma suprema de un ordenamiento una especial legitimidad política derivada del procedimiento de elaboración. Por ello, la nomenclatura decididamente constitucional, la deliberación en una convención y la ratificación estatal mediante referéndum alentaron una concepción de este tipo. Basta pensar en el consenso que entonces alcanzaron los candidatos al Gobierno español para utilizar el referéndum del artículo 92 antes de la ratificación y proceder más adelante a una reforma del texto del 78 que insertarse la debida referencia a la Constitución europea.

El no nato Tratado constitucional ha provocado un oxímoron democrático, en la medida que su fracaso se imputa al rechazo de dos referéndum nacionales, el francés y

---

[20] T. SCHILLING (1997); recientemente, G. ITZCOVICH (2012), en especial el primer epígrafe. Pero no puede dejar de citarse en este sentido la monumental monografía de A. SCHILLACI, (2012), específicamente la primera parte donde reconstruye históricamente los conceptos.

el holandés, de manera que una minoría de la población europea fue capaz de impedir la ratificación. Superar este callejón sin salida no parece tarea fácil en términos de práctica política. Sin duda, un camino consistiría en potenciar la participación en los procedimientos nacionales de autorización de la reforma de los Tratados, pero esta vía por sí misma puede provocar, como ya se ha visto, que una minoría impida la ratificación querida por la mayoría. Salvar este obstáculo exigiría en términos puramente teóricos el diseño de un proceso referendario de naturaleza europea, labor que, sin embargo, necesitaría de una teoría constitucional que vaciase los impedimentos que se derivan de la doctrina del poder constituyente estatal, reacia a cualquier concepción jurídica que se sostenga sobre una cierta idea de comunidad política europea. Quizá una salida más pragmática consistiría en explorar todas las posibilidades que ofrece el artículo 48.5 del TUE, destinado a salvar las dificultades de ratificación por algunos Estados cuando sí ha sido autorizado por cuatro quintas partes. Históricamente, esta regla fue primero una técnica política que sirvió para lograr la entrada en vigor de un Tratado, diseñando a través de los protocolos un régimen singular del Estado que frenaba la definitiva aprobación. Sin embargo, este juego incentiva la negativa a la ratificación pues realmente acaba permitiendo al Estado renuente una segunda ronda negociadora para acomodar sus intereses. Si se erradicase, haciendo visualizar a los gobiernos y a sus ciudadanos que la ratificación es un todo o nada, de suerte que no habrá régimen especial, primando así la igualdad entre Estados (y por tanto entre ciudadanos), podrían situarse los procedimientos nacionales de participación referendaria en un contexto adecuado que hiciese ver los costes de la no integración.

b) En la producción del derecho derivado.

Tampoco resulta fácil pensar las vías para una mayor democratización del proceso ordinario de producción del derecho en la Unión. Primero de todo, sería necesaria una aclaración terminológica, pues la polisemia es inmensa, y encontraremos autores que interpretan la democracia europea como sinónimo de constitucionalización, de incremento de poderes del Parlamento o de mayor presencia de los partidos. En mi opinión, siguiendo la huella del Estado constitucional, la democratización pasa por conectar con la mayor intensidad posible la dirección política de la organización en cuestión con el momento electoral, de tal modo que los titulares de esa dirección tengan en origen un respaldo ciudadano claro, además de que puedan ser identificados con nitidez, de suerte que se ejerza sobre ellos el conveniente control político.

Sin embargo, en el diseño institucional del proceso de integración, marcado por la división funcional antes señalada, existe una serie de elementos que hacen compleja una potenciación del hilo entre dirección política y momento electoral. En primer lugar, resulta difícil imaginar un sistema de gobierno de la Unión que prescinda del intergubernamentalismo o del modelo regulatorio; hemos de aceptar, por tanto, que cualquier avance democratizador en el sentido expuesto será siempre parcial. En estrecha ligazón con esta razón, cabe señalar en segundo lugar que el elemento territorial –la integración de Estados a la vez que de ciudadanos– siempre sobrevolará el diseño del sistema de gobierno, y hasta ahora ha provocado dos consecuencias nítidas. De un lado, la naturaleza policéntrica de su dirección política, que busca contrapesar el dominio de un solo órgano de suerte que los tres intereses en juego –representación de los Estados, representación de los ciudadanos e interés comunitario– estén siempre equilibrados. De otro, la búsqueda del consenso como idea central que impregna la política europea, donde el conflicto ideológico queda las más de las veces soterrado.

Dado este contexto, me parece que la única vía de avance en la democratización del proceso de integración pasa por una potenciación del vínculo representativo que se articula en el Parlamento. No estoy pensando, como suele ser habitual, en una acrecida de las funciones de este órgano, cuyos poderes me parecen suficientes. Me refiero a una drástica reducción de su composición, en la que cada Estado no elija más de seis parlamentarios. Pienso que esta medida, potenciaría el recíproco conocimiento del representante y los representados: el primero estaría obligado a formular posiciones políticas claras que habría de explicar con nitidez a sus representados, los cuales estarían en una mejor disposición de controlarlo. A su vez, el Parlamento reforzaría su situación dentro del equilibrio institucional de la Unión para formular una posición política sólida, que sirviera de contrapeso frente al Consejo Europeo/Consejo y la Comisión.

Sin duda ha sido un avance significativo la elección del último presidente de la Comisión, ligada absolutamente al resultado electoral, resistiendo incluso los intentos de algunos Estados de impedir este tipo de nombramiento. Pero tampoco conviene exagerar su importancia, pues ha sido a todas luces evidente que la elección del presidente de la Comisión iba en un pack completo junto a otras instituciones, donde el papel del Parlamento ha sido muy reducido. En verdad, las reformas institucionales más significativas de la última década no han ido por la senda de potenciar el vínculo entre el momento electoral y la dirección política de la Unión. Recordemos que el importantísimo Libro Blanco de la Gobernanza trazó el horizonte de la legitimidad política en otras coordenadas, cuando se preguntó cuál era el modo a través del cual la Unión podía abordar las crecientes demandas ciudadanas a sabiendas de que no contaba con los mecanismos jurídicos y políticos propios de un Estado[21]. La respuesta fue doble. De un lado, se pensó que convenía hacer una distinción entre política y técnica dentro del proceso de creación de normas; de ahí emergió la idea de dos tipos de actos, uno llamado legislativo que habría de resolver las cuestiones esenciales de la materia para lo que se utilizaría el procedimiento político por antonomasia, esto es, el legislativo, y otro, el delegado, que pondría en manos de la Comisión los asuntos accesorios en cuanto que variables en el tiempo y necesitados de una aproximación propia de un órgano burocrático. De otro lado, la gobernanza apostó por una nueva concepción de la democracia que socavaba radicalmente el vínculo representativo en la medida que pretendía abrir canales de comunicación directos entre el productor de la norma (sobre todo cuando esta correspondía a la Comisión, bien por ser un

---

21 La Gobernanza Europea — Un Libro Blanco COM (2001) 428 final (2001/C 287/01).

acto delegado o ejecutivo) y el destinatario. En una suerte de cuadratura del círculo, el procedimiento administrativo serviría para habilitar ese lugar de encuentro donde el sujeto de derecho estaría en condiciones de participar en la definición de la norma que posteriormente se le habría de aplicar.

3. *La solidaridad interestatal*

El concepto de la solidaridad interterritorial remite en su comprensión más sencilla a la capacidad de la Unión para recabar riqueza de la población de un determinado Estado y transferirla en favor de la población de otro Estado[22]. A nadie se le escapa que este es, sin duda, el gran reto actual del proceso de integración.

La respuesta que los Tratados constitutivos habían dado a este dilema hasta la crisis tenía una estructura bien sencilla. La solidaridad se articulaba esencialmente a través de la Decisión de Recursos Propios que contiene una definición expresa del principio de equidad cuando en el considerando tercero declara que "Por consiguiente estas disposiciones deberían garantizar [...] que ningún Estado miembro sufra una carga presupuestaria excesiva en relación con su prosperidad relativa"[23]. Y también mediante el Marco Financiero Plurianual, que distribuye los ingresos marcando un techo y ordenando el ámbito material del gasto[24]. No es casualidad, por otro lado, que ambos instrumentos normativos necesiten de la unanimidad.

A partir de estos mecanismos de redistribución, el conjunto del Tratado se diseñó para asegurar el marco macroeconómico en el que debe desarrollarse la solidaridad: estabilidad de precios y corresponsabilidad fiscal. Para lo primero, es bien sabido, se reservó a la Unión la competencia exclusiva en la gestión de la masa monetaria, impidiendo el recurso estatal a la devaluación y ciñendo la actividad del BCE al fin predominante de controlar la inflación. En cambio, la corresponsabilidad fiscal fue una mezcla entre prohibiciones estrictas que impiden satisfacer los descubiertos estatales (artículos 123 y sigs.) y un procedimiento de control político, la coordinación, que estableció mecanismos de reacción para domar el déficit público y la deuda. Finalmente se previeron algunos islotes para reaccionar frente a los choques asimétricos, como son los artículos 122 y 143 del TFUE.

La solidaridad interestatal quedaría articulada por la decisión política de los Estados (Decisión de Recursos Propios y Marco Financiero Plurianual), dentro de los márgenes que marca la responsabilidad fiscal y el control que ejerce el mercado. Por tanto, las teorías constitucionales que dieron pie a la división funcional se incrustaron en el diseño original de la solidaridad, puesto que el principio de la democracia nacional se proyecta en la configuración de los mecanismos de solidaridad y en la determinación de la auto-

---

22 Para una definición del problema véase A. Sangiovanni (2013); V., Borger (2013).

23 Decisión del Consejo de 26 de mayo de 2014 sobre el sistema de recursos propios de la Unión Europea (2014/335/UE, Euratom).

24 Reglamento (UE, EURATOM) N 1311/2013 del Consejo de 2 de diciembre de 2013 por el que se establece el marco financiero plurianual para el período 2014-2020.

nomía presupuestaria, mientras que la actuación del mercado acaba convirtiéndose en un actor clave en el funcionamiento del sistema a través del precio de la deuda.

Dos han sido las respuestas que se han producido durante la crisis. A corto plazo el diseño de fondos que reúnen el capital suficiente para atender a los Estados cercanos al colapso económico, cuya forma final ha sido el MEDE, que ofrece recursos si un Estado concreto los solicita y está dispuesto a someterse a estrictas condiciones en su política económica. Existe un consenso generalizado en la doctrina a la hora de criticar la estructura intergubernamental del MEDE y su ubicación fuera de los Tratados[25], pero pienso que, al margen de la importancia inédita del principio de propiedad en la toma de decisiones, intergubernamentalismo y extra-comunitarismo son rasgos habituales cuando se exploran nuevos espacios de actuación para la Unión.

A largo plazo, las medidas han implicado un fortalecimiento de los poderes de la Unión y de sus instituciones reguladoras. Me refiero a las medidas heterodoxas del BCE[26], a sus poderes de supervisión bancaria[27] y a la preeminencia de la Comisión en el contexto del semestre europeo que ha incorporado un control político *ex ante* en la formulación de la política presupuestaria estatal.

Estas medidas son de sobra conocidas y no me voy a detener en detalle, sino que pretendo, en consonancia con el resto del ensayo, valorar de qué forma alteran los presupuestos constitucionales de la Unión. De acuerdo con la sentencia Pringle del Tribunal de Justicia y las diversas sentencias del TCFA, las políticas de rescate, en especial el Tratado MEDE, no han alterado los fundamentos del proceso de integración[28]. Es verdad que se intensifica la intervención solidaria, pero esta no llega al punto de socavar el principio de responsabilidad estatal presupuestaria, ni perturba el funcionamiento del mercado en la determinación mediante el precio de la deuda de la política económica estatal. A su vez, el proceso político generado por el semestre europeo se concibe como una prolongación u ordenación en detalle de la estructura prevista en el artículo 126 TFU, por lo que no ha suscitado duda constitucional alguna. El foco de la disputa constitucional se habría situado, a través de la cuestión prejudicial del TCFA, en las actuaciones heterodoxas del BCE, en especial la posibilidad de comprar deuda pública a través de los mercados secundarios. Se entiende que estas medidas traspasarían las atribuciones habilitadas, y, lo que es más importante, quebrarían el presupuesto de la responsabilidad estatal y terminarían por desplazar al mercado en la valoración de la política económica estatal[29].

---

[25] S. Peers (2013). S. RAGONE (2014).

[26] El concepto de medidas estándar y no estándar lo usa el propio BCE, EUROPEAN CENTRAL BANK, "The ECB's response to the financial crisis", *Monthly Bulletin*, October y "The ECB's non-standard measures –impact and phasing-out", *Monthly Bulletin*, July, 2010.

[27] Por todos, L.M. Hinojosa-Martinez (2015).

[28] Pringle, C-370/12, EU:C:2012:756. Respecto a los comentarios a *Pringle,* véase especialmente, B. de Witte y T. Beukers (2013); D. Ordoñez Solis (2013); y A. Aguilar Calahorro (2014).

[29] Me remito a mi trabajo "M. Azpitarte Sánchez (2014b). En cualquier caso, después de la preparación de este trabajo el asunto ha quedado pacificado con la decisión del Tribunal de

Sin embargo, una conclusión de este tipo es un ejemplo paradigmático de cómo un análisis constitucional fragmentado, desarticula las piezas y nubla la visión de conjunto. En mi opinión es indiscutible que, al margen de los resultados concretos de cada litigio, la Unión ha experimentado una profunda transformación desde el punto de vista político-constitucional. En efecto, nadie duda de que la Unión ha intensificado su intervención sobre los presupuestos nacionales, ámbito reservado a los Estados, y lo ha hecho para los Estados en fase de rescate, los Estados en riesgo de déficit e incluso los Estados bajo coordinadas ortodoxas, que en virtud del semestre europeo están también sometidos a supervisión. Pero, es además evidente, que las medidas más agudas de la Unión (en sentido estricto de los Estados de la zona euro, la Comisión y el BCE a través del MEDE) han tenido consecuencias hasta ahora inéditas en el proceso de integración: el empobrecimiento generalizado, la debilitación de la calidad democrática y la división entre (Estados) ganadores y perdedores en la Unión monetaria, –todo ello sin una evidente mejora en la competitividad económica, fin último de todas las medidas.

Además, la respuesta a la crisis ha reconfigurado los dos retos antes analizados. Respecto a la garantía de los derechos porque vuelve a poner en el tablero la discusión sobre la función constitucional de los derechos sociales, ya sea en la Unión o en las Constituciones estatales. De otro lado, los tiempos y los resultados de las medidas adoptadas han intensificado el debate en torno al mejor gobierno de la Unión. El proceso de integración se mueve, por tanto, en coordenadas inéditas. ¿Qué futuro nos espera? La realidad está mostrando ya varias tendencias.

La estabilización de los grandes riesgos que amenazaron a algunos Estados y a la propia moneda única ha definido un nuevo estatus quo que, como ya he señalado, supone un acrecimiento de poderes de la Unión en política económica, en especial en la evaluación del presupuesto estatal, y un consecuente reforzamiento de la Comisión y del BCE. A la luz de la división funcional antes descrita, la Unión habría añadido a su labor compensatoria una tarea de control político. Y, a su vez, ese desplazamiento de la autonomía estatal en la definición del presupuesto conllevaría un paralelo retraimiento de la lógica política derivada del momento electoral y que se articula con la dialéctica mayoría de gobierno-oposición, espacio que sería ahora ocupado por la lógica de la eficiencia.

En otra dirección, e incluso en paralelo, surgen mecanismos de resistencia constitucional. No me interesa ahora la que nace en los tribunales constitucionales, que habiendo sido muy tímida da solo respuestas fragmentadas[30]. Me refiero a las voces

Justicia que valida la actuación del BCE y la recepción de esta decisión por el TCFA, no sin severas críticas. Al respecto Sentencia de 16 de junio de 2015, Gauweiler C-62/14, EU:C:2015:400 y Sentencia de 21 de junio de 2016 - 2 BvR 2728/13 - Rn. (1-220).

[30] Aunque el ejemplo del Tribunal Constitucional portugués merece una análisis a fondo, en cuanto que supone no solo un contrapunto a las políticas dominantes, sino una alternativa a la cada vez menos operativa doctrina del TCFA. Respeto al Tribunal portugués véase J. PONCE "El Estado social y democrático de derecho ante la austeridad y los recortes sociales: la jurispru-

políticas que critican las reformas constitucionales que introdujeron el principio de equilibrio presupuestario. Estas posiciones, más allá del contenido de sus propuestas, reflejan las consecuencias deletéreas que ha podido tener el Tratado de Gobernanza al recomendar la inclusión de este principio "preferentemente" en normas constitucionales. Una medida tan arriesgada ha situado el conflicto directamente en el texto constitucional, cuya neutralidad económica había sido el paradigma dominante y servía para canalizar ese conflicto a través de la interpretación del Tribunal Constitucional. Ahora bien, cuando la disputa envuelve y rodea a la Constitución, que empieza a percibirse como una norma de la mayoría o de poderes extraños al pueblo, entonces, el único modo de ordenar el conflicto es una reforma de la norma suprema, o incluso, la apertura de un momento constituyente.

Hay, finalmente, una tercera posibilidad, que consistiría en potenciar los instrumentos de solidaridad financiera. Es este un camino analizado a fondo en la academia, que sugiere múltiples variables, las cuales giran siempre en torno a un incremento del gasto de la Unión fruto de la intensificación de su potestad tributaria propia. Ocurre, sin embargo, que hasta ahora este consenso doctrinal no ha penetrado en la práctica política. Conviene, por lo tanto, separarnos de la discusión técnica y plantearnos por qué se produce esta disociación entre el discurso político y el teórico. En mi opinión este bloqueo se debe a que la solidaridad interestatal carece de una teoría constitucional que la justifique y pueda enfrentarse ante los sólidos mimbres que han sostenido la división funcional. Esa es, sin duda, la tarea que espera al constitucionalista contemporáneo: ¿Qué razones recomiendan la solidaridad entre Estados?

Bibliografía

AGUILAR CALAHORRO, A. (2014), "La decisión *Pringle* en el proceso de constitucionalización de la Unión Europea", *Revista Española de Derecho Constitucional,* núm. 101, pp. 337-380.

ARROYO JIMÉNEZ, L. (2014), "La aplicación judicial del Derecho de la Unión Europea y el derecho a la tutela judicial efectiva. Una propuesta de sistematización", *Revista Española de Derecho Constitucional,* núm. 102, pp. 293-316.

AZPITARTE SÁNCHEZ, M. (2005), Del derecho constitucional común europeo a la Constitución europea. ¿Cambio de paradigma en la legitimidad de la Unión?", *Teoría y Realidad Constitucional,* núm. 16, pp. 342-373.

AZPITARTE SÁNCHEZ, M. (2013), "La autonomía del ordenamiento de la Unión y las funciones esenciales de su sistema jurisdiccional", *Teoría y Realidad Constitucional,* núm. 32, pp. 225-257.

AZPITARTE SÁNCHEZ, M. (2013), Autonomía del ordenamiento de la Unión y derechos fundamentales: ¿presupuestos contradictorios? La adhesión al Convenio Europeo de Derechos Humanos como respuesta", *Revista Española de Derecho Europeo,* núm. 48, pp. 37-74.

---

dencia del tribunal constitucional portugués y su interés para el caso español", *Revista de Derecho Constitucional Europeo*, núm. 23, 2015 (*http://www.ugr.es/~redce/REDCE23/articulos/10_PONCE.htm* - vistado en febrero de 2016).

AZPITARTE SÁNCHEZ, M. (2014), La funcionalidad de la ley en un sistema político fragmentado", en *La metamorfosis del Estado y del Derecho. Fundamentos*, núm. 8, pp. 257-288.

AZPITARTE SÁNCHEZ, M. (2014b): Los confines de la democracia y la solidaridad. A propósito de las decisiones del Tribunal Constitucional Federal Alemán de 14 de enero y 18 de marzo de 2014 que enjuician el marco jurídico supranacional de las políticas de rescate", *Revista Española de Derecho Constitucional*, núm. 101, pp. 301-336.

AZPITARTE SÁNCHEZ, M. (2015), "Los derechos fundamentales en busca de un nuevo equilibrio", *Revista Española de Derecho Constitucional*, núm. 104, pp. 243-268.

BÖCKENFORDE, E.-W. (1991), *Recht, Staat, Freihet*, Suhrkamp, Frankfurt am Main.

BORGER, V. (2013), "How the Debt Crisis Exposes the Development of Solidarity in the Euro Area", *European Constitutional Law Review*, núm. 1, Vol. 9, pp. 7-36.

CONWAY, G. (2011), "Recovering Separation of Powers in the European Union", *European Law Journal*, Vol. 17, núm. 3, pp. 304-322.

DE LA QUADRA-SALCEDO JANINI, T. (2015), "El papel del Tribunal Constitucional y de los tribunales ordinarios en un contexto de tutela multinivel de los derechos fundamentales", *Papeles de derecho europeo e integración regional*, núm. 23, pág. 30 y sigs.

DE WITTE, B. y BEUKERS, T. (2013), "The Court of Justice Approves the creation of the European Stability Mechanism outside the EU legal order: Pringle", *Common Market Law Review*, Vol. 50, pp. 805-843.

EVERLING, U. (1995), "Zur Stellung der Mitgliedstaaten der Europäische Union als "Herren der Verträge"", en *Festschrift für R. Bernhardt*, Springer, Berlin.

FRENZEL, E. M. (2014), "Die Charta der Grundrechte als Masstaβ für mitgliedstaatliches Handeln zwischen Effektivierung und Hyperintegration", *Der Staat*, Vol. 53, núm. 1,, 1-29.

FROWEIN, J. A. (1995), "Die Verfassung der Europäische Union aus der Sicht der Mitgliedstaaten", *Europarecht*, núm. 30, pp.313-333.

GARCÍA-PELAYO, G. (1996), "El Estado Social y sus implicaciones", en el libro del mismo autor *Las transformaciones del Estado contemporáneo*, Alianza Editorial, Madrid.

GROUSSOT, X. y OLSSON, I. (2013), "Clarifying or diluting the application of the EU Charter of Fundamental Rights? – the judgments in Åkerberg and Melloni", *Lund Student EU Law Review*,, pp. 7-35.

HANCOX, E. (2013), "The meaning of "implementing" EU law under article 51(1) of the charter: Åkerberg Fransson", *Common Market Law Review*, Vol. 50, núm. 55, pp. 1411-1431

HESSE, K. (2011), *Escritos de derecho constitucional*, P. Cruz Villalón y M. Azpitarte Sánchez (eds.), CEPC/Fundación Coloquio Jurídico Europeo, Madrid.

HINOJOSA MARTÍNEZ, L. M. (2006), *El reparto de competencias entre la Unión Europea y sus Estados miembros*, Valencia, Tirant lo Blanch.

HINOJOSA-MARTINEZ, L. M. (2015), "The Role of the ECB in the Supervision of Credit Institutions", en *European Banking Union*, Wolters Kluver.

IGLESIAS SÁNCHEZ, S. (2012), "The Court and the Charter: the impact of the entry into force of the Lisbon Treaty on the ECJ's approach to fundamental rights", *Common Market Law Review*, Vol. 49, núm. 5, pp. 1565-1612.

IGLESIAS SÁNCHEZ, S. (2013), "La confirmación del ámbito de aplicación de la Carta y su interrelación con el estándar de protección", *Revista de Derecho Comunitario Europeo*, año 17, núm. 46, pp. 1157-1175.

ITZCOVICH, G. (2012), "Legal Order, Legal Pluralism, Fundamental Principles. Europe and its Law in Three Concepts", *European Law Journal*, Vol. 18, núm. 3, pp. 358-384.

JHR & LB. (2013), "After Åkerberg Fransson and Melloni". *European Constitutional Law Review*, Vol. 9, núm. 2, pp. 169-175.

JOERGES, C. y RÖDL, F. (2009), "Informal politics, Formalised Law and the "Social Deficit" of European Integration: Reflections after the Judgments of the ECJ in *Viking* and *Laval*", *European Law Journal*, Vol. 15, núm. 1, pp. 1-19.

KIRCHHOF, P. (2007), "Der deutsche Staat im Prozeβ der europäischen Integration", en *Handbuch des Staatsrecht*, Vol. VII, 2ª edición C.F. Müller, Heidelberg.

KIRCHHOF, P. (1994), "Das Maastricht-Urteil des Bundesverfassungsgerichts", en *Der Staatenverbund der Europäischen Union*, dir. Hommelhoff/Kirchhof, C.F. Müller, Heidelberg, 1994.

MAESTRO BUELGA, G. (2001), "Globalización y constitucionalismo débil", *Teoría y Realidad Constitucional*, núm. 7, pp. 137-172.

MANCINI, F. (1979), "The making of a Constituion for Europe", *CMLR*, núm. 26, pp. 595-614, 1989.

MORAVCSIK, A. (2002), "In Defense of the 'Democratic Deficit': Reassesing Legitimacy in the European Union", *Journal of Common Market Studies*, Vol. 40, núm. 4, pp. 603-624.

OPPERMANN, T. (1995), "Zur eigenart der Europäischen Union", en *Der Staatenverbund der Europäischen Union,* C.F. Müller, Heidelberg, 1994; J.A. FROWEIN, "Die Verfassung der Europäische Union aus der Sicht der Mitgliedstaaten", *Europarecht*, núm. 30, pp.313-333.

ORDOÑEZ SOLIS, D. (2013), "De cómo enfrentarse a la crisis financiera superando obstáculos constitucionales europeos: la sentencia Pringle", *Revista General de Derecho Europeo*, núm. 29, pp. 1-23.

PEERS, S. (2013), "Towards a New Form of EU Law?: The Use of EU Institutions outside the EU Legal Framework", European Constitutional Law Review, núm. 9, pp. 37-72.

PÉREZ DE NANCLARES, J. M. (2002), "La delimitación de competencias entre la Unión Europea y los Estados miembros: sobre el difícil equilibrio entre la flexibilidad, la eficacia y la transparencia", *Revista de Derecho Comunitario Europeo*, núm. 12, pp. 343-391.

PETERS, A. (2010), "Constitucionalismo compensatorio: las funciones y el potencial de las normas y estructuras internacionales", en *La constitucionalización de la comunidad internacional*, ed. A. Peters, M. Aznar e I. Gutiérrez, Tirant, Valencia.

PORRAS RAMÍREZ, José M. (2012), "La arquitectura institucional de la Unión Europea: consideraciones críticas tras su reforma en el Tratado de Lisboa", *Revista de Estudios Políticos*, núm. 56, pp. 139-173.

RAGONE, S. (2014) "Constitutional effects of the financial crisis at the European and National level: a comparative overview", *Revista General de Derecho Público Comparado,* núm. 15.

ROSAMOND, B. (2005), "The uniting of Europe and the foundation studies: Revisiting the neofuncionalism of Ernst Haas", *Journal of European Public Policy*, Vol. 12, núm.2, pp. 237-254.

SANGIOVANNI, A. (2013), "Solidarity in the European Union", *Oxford Journal of Legal Studies*, Vol. 33, núm. 2, pp. 213–241.

SARMIENTO, D. (2013), "Who's afraid of the Charter? The Court of Justice, National Courts and the new framework of fundamental rights protection in Europe", *Common Market Law Review*, núm. 50, pp. 1267–1304.

SCHILLACI, A. (2012), *Diritti fondamentali e parámetro di giudizio. Per una storia concettuale delle relazioni tra ordinamenti,* Jovene, Napolés.

SCHILLING, T. (1997), "On the value of a pluralistic concept of legal orders for the understanding of the relation between the legal orders of the European Union and its Member States", *Achiv fur Rechts- und Sozialphilosphie*, Vol. 83, pp. 568-581.

SCHMIDT, V. A. (2009), "Re-Envisioning the European Union: Identity, Democracy, Economy", *Journal of Common Market Studies*, núm. 47, pp. 17-42.

SCHMITT, C. (1982), *Teoría de la Constitución*, trad. F. Ayala, Alianza, Madrid.

SCHÜTZE, R. (2010), "From Rome to Lisbon: "Executive Federalism" in the (New) European Union", *Common Market Law Review*, Vol. 47, 1385-1427.

SOMEK, A. (2010), "The Argument from Transnational Effects I: Representing Outsiders through Freedom of Movement", *European Law Journal*, Vol. 16, núm. 3, pp. 315-344.

STELKENS, U. (2011), "Art. 291 AEUV, das Unionsverwaltungsrecht und die Verwaltungsautonomie der Mitgliedstaaten –zugleich zur Abgrenzung der Anwendungsbereiche von Art. 290 und Art. 291 AEUV-", *Europarecht*, núm. 5, pp. 511-545.

SUPIOT, A. (2013), "The public-private relation in the context of today's refeudalization", *I·Con*, Vol. 11, núm. 1, pp. 129-145.

WEILER, J. H. H. (1999), *The Constitution of Europe*, Cambridge University Press, Cambridge.

UNIONE ECONOMICO-MONETARIA E LEGITTIMAZIONE DEMOCRATICA DELLA BANCA CENTRALE EUROPEA

Adriana Ciancio

Professore Associato di Diritto costituzionale
Università di Catania

Sommario: 1. I grandi paradossi dell'Unione economica e monetaria.- 2. La Banca Centrale europea e le "tentazioni" del Sovrano.- 3. Indipendenza e legittimazione democratica della BCE: profili di riforma.- 4. Garanzie di indipendenza e sistemi di nomina: cenni comparatistici.- 5. Indipendenza *vs* "*accountability*"?- 6. Verso una dimensione politica della UEM: riassetto istituzionale e Banca Centrale.

1. I grandi paradossi dell'Unione economica e monetaria

Per avviare utilmente la riflessione sul tema odierno, pare anzitutto opportuno richiamare (taluno di) quei paradossi, che segnano l'attuale sistema di *governance* dell'eurozona.

Il primo di tali paradossi è talmente noto, che non richiede grandi dimostrazioni. E', infatti, riassumibile nella decisione di dislocare su livelli diversi di governo politica monetaria, da un lato, e politica economica, dall'altro, con tutte le "paradossali" conseguenze ormai da tempo messe in luce dalla dottrina, anche giuspubblicistica[1]. Pare sufficiente, pertanto, riferirsi a quella che, con espressione forte, potrebbe persino definirsi la "schizofrenia" insita nell'aver affidato il governo della moneta alle competenze europee senza accompagnarvi un sostanziale governo dell'economia, sostenuto da un'adeguata politica fiscale[2]. In sintesi, da un lato, ciò conduce alla paralisi dello stesso modello sociale euro-

---

[1] Cfr., *ex multis*, Pitruzzella, 2012, 15.; Donati, 2013, 337 ss.; Donati, 2014, 288 ss.; BILANCIA, 2014, 330 ss.

[2] Da ultimo, prendendo spunto dalla "seconda" crisi greca del 2015, vi riflette ancora Triulzi, 2015 (a).

peo[3], che, per quanto apprezzabilmente definito nei diritti individuali, nelle libertà collettive e nei servizi pubblici previsti a vantaggio dei cittadini-consumatori, sconta la carenza da parte dell'Unione dei mezzi operativi per la realizzazione di quegli obiettivi di solidarietà cui pure è intitolato il Titolo IV della Carta di Nizza-Strasburgo, considerato che l'Unione non eroga direttamente prestazioni sociali[4], mentre, per altri versi, le limitate competenze europee di coordinamento delle politiche economiche nazionali si sono rivelate, nei fatti, deboli e insufficienti a contenere gli shock asimmetrici e ridurre gli squilibri economici fra le varie aree dell'eurozona[5]. Dall'altro lato e correlativamente appare chiaro come, una volta sottratta agli Stati la possibilità di decidere i tassi di inflazione, le competenze politiche nazionali siano state sostanzialmente private del più tipico tra gli strumenti di manovra dell'economia[6], pur mantenendone formalmente le attribuzioni di governo, sicché, nella difficoltà di rilanciare consumi e investimenti, quando non anche le esportazioni, gli Stati membri più pesantemente segnati dalla recente crisi sono stati indotti ad intervenire, in funzione di contenimento del debito sovrano, con la riduzione delle spesa pubblica, ciò che ha finito in ultima analisi per minare, persino sul piano interno, la stessa tenuta del *Welfare State*[7].

A queste prime constatazioni se ne aggiunge un'altra, che potrebbe apparire, forse, ancora più paradossale, non appena si consideri che l'UEM si iscrive nell'ambito di una UE (art. 3, par. 4 TUE), il cui funzionamento è stato riposto sui meccanismi della democrazia rappresentativa (art. 10, n.1 TUE), di cui, però, si finisce per stravolgere gli stessi principi genetici[8], allorché si è inverata una forma, per così dire, di "*representation without taxation*" (Goulard–Monti, 2012, 55). Qui, dall'ottica costituzionalistica, il paradosso è talmente evidente che non occorre spendere molte parole, se non per rimarcare come all'accresciuto ruolo del Parlamento europeo per effetto dell'entrata in vigore del Trattato di Lisbona[9] –non solo nel campo della legislazione, ma anche in varie sedi di controllo politico[10]– non si sia ancora accom-

---

3 In prospettiva giuslavorista, sul tema, Laborde, 2013, 325.; Alaimo, 2013, 253 ss.; e Alaimo, 2014, 189 ss.

4 Sul punto, nella dottrina giuspubblicistica, tra gli altri, Galetta, 2013,1175 ss.

5 Sulla debolezza degli strumenti di coordinamento europeo delle politiche economiche e di bilancio dei Paesi membri cfr., tra gli altri, Donati, 2014, 288.

6 Un'efficace sintesi dei complessi rapporti tra svalutazione della moneta e processi di crescita (o decrescita) economica è in Predieri, 1998, 9 ss. ed ivi i riferimenti ad ulteriore letteratura specialistica sul tema.

7 In tal senso, per tutti, Morrone, 2014, 86 ss.; e Morrone, 2014, 335 ss.

8 Su cui, di recente, con particolare riferimento al noto principio "*no taxation without representation*", può leggersi, anche Ciancio, 2015, 7.

9 Sul ruolo del Parlamento europeo dopo l'entrata in vigore del Trattato di Lisbona cfr., almeno, Fasone –Lupo, 2012, 329 ss.

10 Sono, infatti, ormai varie le occasioni di controllo politico esercitato dal Parlamento, non solo nei confronti della Commissione (nomina del Presidente, potere di censura, svolgimento di interrogazioni), che oltretutto annualmente è tenuta a presentare al Parlamento una relazione generale sull'attività dell'Unione (art. 249, par.2 TFUE), oltre a relazioni specifiche su singoli

pagnata, quantomeno con riferimento all'eurozona, l'attribuzione ai rappresentanti europei di un'occasione importante di controllo democratico, quale quello relativo alle contribuzioni e alla manovra fiscale.

Piuttosto, è opportuno ancora sottolineare come questi primi paradossi si aggancino strettamente ad un altro, sintetizzabile nell'aver affidato il governo della moneta comune ad una Banca Centrale Europea, costituita come organo tecnico assolutamente indipendente (la più indipendente tra le Banche centrali, è stato anche detto[11]) senza che vi sia, almeno formalmente, un vero centro di governo dell'economia europeo da cui dipendere, giacché, come rilevato, le politiche economiche sono rimaste affidate agli Stati nazionali.

2. La Banca Centrale europea e le "tentazioni" del Sovrano

Invero i segnalati paradossi sono tutti corollari del paradosso dei paradossi, la "madre" di tutti i paradossi, se è consentita l'espressione, che consiste nell'aver coniato una moneta senza Stato; fatto che si ritiene senza precedenti in epoca moderna (Padoa Schioppa, 2007). E poiché ciò che connota nella modernità l'idea di Stato è quell'attributo essenziale consistente nella sovranità, si potrebbe anche dire (e forse si direbbe meglio) che il più grande paradosso è l'aver introdotto una moneta senza sovrano, quando, per comune osservazione, la politica monetaria è una delle declinazioni essenziali della sovranità (Predieri, 1998, 8).

Eppure atti di sostanziale esercizio di sovranità sono apparsi necessari quando si è trattato di fronteggiare la crisi finanziaria, che dagli USA, dov'era cominciata con il fenomeno dei prestiti *subprime*, attraverso la globalizzazione dei mercati, ha finito per approdare nel vecchio continente. Dove, però, allorché si è reso necessario intervenire a calmierare il mercato per contrastare le manovre degli speculatori, che lucravano sulle difficoltà dei Paesi sotto stress finanziario a far fronte ai debiti sovrani, le (contro)misure più adeguate non sono state assunte dagli Stati (Napolitano, 2012, 383). Questi, invero, pur mantenendo formalmente le attribuzioni di governo dell'economia, non sono più stati in grado di agire, per così dire, "incondizionatamente", limitati, come ormai sono, non soltanto dai cd. "parametri di Maastricht", quanto, soprattutto, dai vincoli via via posti dai successivi Trattati cd. "a latere"[12],

---

settori, ma anche rispetto ad altre istituzioni (come le interrogazioni al Consiglio e all'Alto rappresentante per gli affari esteri). Per ciò che concerne i rapporti con la BCE, ai sensi dell'art. 284 TFUE, v. *infra* i §§ 3 e 4 del testo. Inoltre il Parlamento partecipa alla formazione e approvazione del bilancio ed al controllo della spesa, ai sensi, rispettivamente, degli art. 314 e 315 TFUE.

[11] Così Zilioli – Selmayr, 2007, 74 ss., che individuano nella BCE "un'organizzazione specialistica a carattere indipendente del diritto comunitario", se non una ulteriore e "nuova Comunità" separata rispetto alle tre originarie e a queste equiparata. Sull'indipendenza della BCE nelle varie declinazioni che essa assume v. anche, sin d'ora, Baroncelli, 2000, 209 ss., specialmente 249 ss.

[12] Il riferimento è ai vari Accordi Euro-plus, SIX-PACK, TWO-PACK, MES, e, soprattutto, TSCG, meglio conosciuto come *Fiscal Compact*, su cui cfr., *ex multis*, Bilancia, 2012, 2 ss.; F. Donati, 2014, 337 ss.; e Raffiotta, 2013, 58 ss.

fino all'obbligo di mantenere il "pareggio di bilancio", talora refluito in Costituzione, come, notoriamente, è pure accaduto nell'ordinamento italiano con la legge di revisione n.1 del 2012, adottata a seguito dell'adesione al *Fiscal Compact*[13].

Invece, le uniche misure efficaci, in termini di effetti più o meno diretti sulle politiche economiche nazionali, sono state –com'è noto– adottate dalla BCE (e qui si rivela un ulteriore paradosso), che è intervenuta in maniera sempre più risoluta a far fronte alla crisi, con manovre (dal cd. *Ltro*[14], all'annuncio del piano *OMT*[15] fino al lancio del cd. *QE*[16], senza poter trascurare le stesse determinazioni in termini di definizione del tasso di riferimento dell'euro[17]), apparentemente guidate (solo) dall'obiettivo di mantenere la stabilità dei prezzi (conformemente al mandato vincolante gravante sulla Banca Centrale[18]), ma sostanzialmente "incondizionate", cioè essenzialmente sovrane[19], come ha dimostrato, più di recente, prima l'avvio e quindi l'aumento del cd. "*Quantitative easing*", che, per talune delle misure in cui consiste, non contempla scadenze temporali improrogabili[20], sicché anch'esse sono, almeno per tale profilo, da considerare "illimitate"[21].

---

[13] Sul tema cfr., almeno, Bilancia, 2012; R. Dickmann, 2012; Luciani, 2013; Giupponi, 2014, 51 ss.; e GIUPPONI, 2014, 211 ss. ed ivi ulteriori riferimenti bibliografici.

[14] Si tratta del "*Long term refinancing operation*", consistente in un programma (lanciato il 4 agosto 2011) di acquisto "indiretto" di titoli del debito pubblico degli Stati a maggiore rischio di insolvenza, realizzato per il tramite di prestiti di lunga durata alle banche richiedenti, attraverso cui sostanzialmente la BCE rilevava i titoli di Stato di basso valore acquistati dagli istituti di credito nazionali.

[15] L'acronimo sta, com'è noto, per "*Outright Monetary Transactions*" e, altrettanto notoriamente, consiste nel programma (annunciato il 6 settembre 2012 e mai attuato) di acquisto "diretto" e illimitato di titoli di Stato a breve termine emessi sul mercato secondario da parte degli Stati aderenti al MES.

[16] Il "*Quantitative Easing*" è il piano di "allentamento monetario" attraverso cui la BCE può acquistare beni, titoli o garanzie degli istituti di credito nazionali con denaro "fresco", in modo da immettere nuova liquidità e incentivare in tal modo investimenti e dunque sviluppo economico, contrastando fenomeni statali di deflazione.

[17] Sugli effetti economici di tale tipo di manovra di politica monetaria e, più in generale, sulle misure di contrasto alla crisi adottate dalla Banca Centrale, cfr., da ultimo, Raffiotta, 2014, 620 ss.

[18] Sin dall'art. 105, par. 1 TCE, e ora in forza degli artt. 127 ss. TFUE, nonché per effetto dell'art. 2 Statuto BCE, al punto che è stato possibile definire la stabilità dei prezzi la "*Grundnorm*" della UEM, così M. Herdegen, *Price stability and Budgetary Restraints in the Economic and Monetary Union: the Law as Guardian of Economic Wisdom*, in CLM Review, 1998, n.9, 21.

[19] In chiave di filosofia del diritto alle medesime conclusioni giunge pure MAGRI', 2014, 569 ss.

[20] In particolare, agli inizi del marzo 2016 (a circa, cioè, un anno dal lancio del piano di allentamento monetario) la Banca Centrale europea ha variato il piano d'acquisto, portandolo a 80 miliardi al mese, dai 60 originari, con un orizzonte temporale fissato al marzo 2017 ma di cui è stata prevista la possibilità di proroga "se la BCE lo riterrà necessario", come avrebbe dichiarato il Presidente, secondo quanto riportato dai quotidiani, cfr. Ricciardi, 2016.

[21] Per il riferimento ai dettagli tecnici circa i differenti strumenti di cd. "allentamento monetario", cfr., almeno, Triulzi, 2015(b), 2 ss.

Del resto la circostanza era stata ampiamente preannunciata, sin dalla famosa dichiarazione resa dal Presidente della BCE Draghi alla *Global Investment Conference* di Londra del 26 luglio 2012, secondo cui la Banca Centrale si considerava "*ready to do* ***whatever*** *it takes to preserve the euro*", dove quel *whatever* manifestava già l'intento di agire, se le condizioni di "eccezionalità" della situazione lo avessero richiesto, persino ai limiti del diritto dell'Unione, se non del tutto al di fuori di esso, come pure si è dubitato: "*within our mandate*", sostiene Mario Draghi; (forse) "*ultra vires*", ribatte il *Bundesverfassungsgericht*, in occasione della rimessione (a maggioranza) alla Corte di giustizia della questione interpretativa (ai sensi dell'art. 267 TFUE) sulla compatibilità dell'operazione *OMT* al diritto dei Trattati[22], poi risolta dalla CGE nel senso della legittimità dell'iniziativa, ossia nei termini di sostanziale compatibilità con il diritto europeo primario anche delle misure di politica monetaria cd. "non convenzionali" adottate dalla Banca Centrale[23].

Ma anche senza scomodare categorie concettuali impegnative come quella della sovranità e relative teorizzazioni su di essa ("Sovrano è chi decide sullo stato di eccezione" (Schmitt, 1972, 33)), che condurrebbero lontano dalle riflessioni odierne, nel momento in cui occorrerebbe anzitutto interrogarsi sul significato della medesima sovranità dinanzi al processo di integrazione europea[24] (che certamente ha contribuito in maniera decisiva a slegare quel concetto dall'esclusivo riferimento statualistico già per effetto della stessa apertura dei confini e della connessa libertà di circolazione tra i Paesi membri[25]), non c'è dubbio che nelle situazioni di crisi finanziaria, che si traducono anche nella crisi dei debiti sovrani[26], la BCE assuma (quantomeno) una posizione di *leadership* nella gestione dell'emergenza (Triulzi, 2015 b, 6), svolgendo, come pure è stato detto, una funzione di "supplenza" (Giovannelli, 2013, 935), che denoterebbe una chiara vocazione política (Raffiotta, 2014, 617).

Da qui l'affacciarsi di una problematica, invero non nuova nella riflessione giuspubblicistica, allorché, nell'ambito di un sistema che –come sopra anticipato– si definisce di democrazia rappresentativa e che, ancora più a monte, dichiara di ac-

---

22 BVerfG, 2 BvR 2728/13, del 14 gennaio 2014 sulla validità della decisione del Consiglio direttivo della BCE del programma *OMT* (v. supra nota 19) di acquisto dei titoli del debito pubblico emessi sul mercato finanziario. Tra i primi commenti all'ordinanza, cfr. Olivito, 2013; Di Martino, 2014; De Petris, 2014; Donati, 2014b; Delledonne, 2014.

23 CGE, Grande Sez., sent. 16-06-2015 in causa C-62/14, consultabile anche in *federalismi.it*, 2015, ed *ivi* le annotazioni di Pisaneschi, 2015.

24 Problematicamente sull'argomento, per tutti, Ruggeri, 2014, 16 ss.

25 Ritornano qui le considerazioni del noto sociologo norvegese S. Rokkan, 1984, 423 ss., secondo cui uno dei presupposti della formazione dello Stato nazionale risiederebbe nella chiusura territoriale accompagnata dall'affermazione di processi di lealtà fra i soggetti della comunità stanziata sul territorio con il connesso attaccamento dei cittadini al proprio spazio territoriale e la creazione di assetti istituzionalizzati di canalizzazione della volontà popolare. Per una rilettura del pensiero dell'A. nel quadro dell'integrazione europea, cfr., Ferrera, 2000, 393 ss.

26 Per una ricostruzione più dettagliata della vicenda cfr., almeno, Bin –Caretti –Pitruzzella, 2015, 288 ss.

cogliere tra i suoi valori fondamentali i principi di democrazia e, in generale, quelli che connotano lo Stato di diritto (art. 2 TUE), vi è un'istituzione, che compie atti di sostanziale indirizzo, anche di politica economica, al di fuori dei binari più tradizionali di legittimazione democratica. Si ripropone, cioè, la dicotomia tra legittimazione politica e, per così dire, legittimazione tecnica, talora risolta nei termini del modello di democrazia pluralista hamiltoniana, secondo cui le regole stabilite dal legislatore democraticamente eletto possono poi essere affidate per l'attuazione a soggetti non responsabili politicamente, purché essi diano garanzia di trasparenza e siano soggetti ad un sindacato giurisdizionale pieno ed effettivo[27]. Invero, la sottoposizione a puntuale verifica giudiziale del rispetto delle finalità istituzionali assegnate sarebbe sufficiente a ricondurre nel circuito democratico l'esercizio di funzioni di sostanziale indirizzo politico di settore da parte di taluni organismi indipendenti dagli organi governativi e privi di legittimazione democratica diretta, in modo da lasciar compensare la carenza di controllo politico attraverso l'effettività del controllo giudiziario (Siclari, 2007,493).

Si tratterebbe, in altri termini, di un meccanismo di legittimazione basato sulla centralità del ruolo del giudice –che avrebbe, in ipotesi, funzionato anche con gli accennati, recenti interventi della Corte di Giustizia "in tandem" con il Tribunale costituzionale tedesco rispetto all'attività di politica monetaria "non convenzionale" della Banca Centrale– forse oggi idoneo a garantire l'equilibrio tra le componenti di fondo (democrazia, diritto e autorità) di un sistema di organizzazione e distribuzione democratica del potere pubblico espresso nella forma statale (Cassese, 2004, 252), ma che potrebbe rivelarsi insufficiente rispetto all'Unione europea ed a un fenomeno di *governance* di cui per molti aspetti si lamenta quella persistente caratterizzazione ancora pesantemente "a-politica" sotto il profilo eurounitario, che appare come un intralcio sul cammino dell'integrazione[28].

Invero, è noto come la diffidenza maturata in questi ultimi anni nei confronti della "tecnocrazia", che guiderebbe l'Europa, rappresenti attualmente uno dei mag-

---

27 Cfr. in proposito le riflessioni di Amato, 1997, 309, quando osserva che "Forse noi stiamo arrivando ad attuare questa concezione della democrazia pluralista hamiltoniana, che ha fondamento nel fatto che le regole le stabilisce il legislatore democraticamente eletto, poi ne affida l'attuazione a soggetti diversi, ai quali non chiede di essere tutti responsabili politicamente, perché ciò sarebbe maledettamente giacobino. Perché si può non essere politicamente responsabili, ma essere invece trasparenti, ottemperare al principio del contraddittorio, essere sottoposti a revisione giudiziale".

28 L'affermazione con riferimento allo spazio giuridico europeo trova molteplici conferme, dalla perdurante debolezza di veri partiti europei, quali soggetti operatori di sintesi politica (su cui, volendo, di recente Ciancio, 2015, 1 ss.); all'emarginazione in cui il Parlamento, "luogo della rappresentanza politica eurounitaria" viene a trovarsi rispetto alla gestione dei processi decisionali, in particolare nelle situazioni di emergenza finanziaria, così Caravita, 2015, 3 ss.; al ruolo centrale pur sempre mantenuto dalla giurisdizione rispetto alla legislazione (in senso lato) nel campo della tutela dei diritti fondamentali pur dopo la loro "codificazione" nella Carta di Nizza-Strasburgo e l'assunzione da parte di essa di valore giuridicamente vincolante, cfr. Morrone, 2014, 96 ss.; e, se si vuole, pure Ciancio, 2012,13 ss.

giori fattori che alimenta quel diffuso euroscetticismo, che ha avuto modo, fra l'altro, di manifestarsi in occasione dell'ultima tornata elettorale per il rinnovo dell'Europarlamento[29] e che sta sempre più prepotentemente prendendo piede all'interno dei singoli ordinamenti statali, con il risveglio di forze politiche estremiste, ora conservatrici e nazionaliste, ora di sinistra, come di nuovi movimenti ad ispirazione populista, tutti accomunati dall'avversione al processo di integrazione, fino all'evento emblematico segnato dal risultato del referendum greco del 5 luglio Aravantinou Leonidi, 2015), che dà ampia testimonianza della diffusa avversione popolare alle decisioni assunte nelle tradizionali sedi intergovernative e/o tecnocratiche europee.

Per riguadagnare la fiducia degli elettori verso il progetto politico europeo non pare sufficiente, pertanto, la legittimazione offerta dalla garanzia giudiziaria del rispetto dei fini stabiliti dalle norme superiori dell'ordinamento, quali sono da considerare le disposizioni dei Trattati, che da Maastricht in poi fissano la stabilità dei prezzi come canone di riferimento pressoché esclusivo dell'attività della Banca Centrale e rispetto al quale il sostegno alle politiche economiche generali dell'Unione appare criterio soltanto sussidiario in funzione di supporto alla realizzazione degli obiettivi comuni (art. 282, par. 2 TFUE). Né appare sufficiente la circostanza che la designazione del Comitato esecutivo della BCE e, soprattutto, del suo Presidente avviene (ai sensi dell'art. 283 TFUE) da parte dei rappresentanti dei Governi, che siedono nei Consigli (europeo, per la nomina, e dell'UE, per la proposta), i quali, per essere Governi dei Paesi membri dell'Unione, sono da considerare tutti (sia pur in diverse forme, dovute alle differenti forme di governo) legittimati democraticamente (art. 10, par. 2, II alinea TUE).

Piuttosto, nell'ottica dell'intensificazione dell'integrazione politica, che è quella della quale si sta ragionando, è sul versante della legittimazione, per così dire, politica europea, che occorre intervenire, rafforzandola (Donati, 2014, 290), mentre, per altri versi, il carattere sostanzialmente (inter)governativo dell'attuale sistema di nomina del Comitato esecutivo condurrebbe persino ad un affievolimento del complessivo grado di indipendenza della BCE[30], che, allora, attraverso un'opportuna revisione del meccanismo di designazione dei suoi vertici, potrebbe risultare, in definitiva, addirittura amplificato.

3. Indipendenza e legittimazione democratica della BCE: profili di riforma

Sovviene, pertanto, l'interrogativo circa la possibilità di introdurre nuovi canali di legittimazione democratica della BCE, preservandone, al contempo, la posizione

---

[29] Per il commento critico ai risultati delle ultime elezioni per il Parlamento europeo, Caravita, 2015, 113 ss.

[30] In questi termini anche Baroncelli, 2000, 260, la quale a riprova dell'affermazione riporta l'episodio, che condusse, in occasione dell'avvio del funzionamento del SEBS, a "smembrare" il primo mandato del Presidente della BCE in due *tranches*, con l'avvicendamento del francese Trichet all'olandese Duisenberg dopo 4 anni, in violazione della lettera del Trattato di Maastricht.

di indipendenza e sempre che venga preventivamente risolto in senso affermativo altro quesito, relativo alla necessità di considerare quest'ultima connotazione essenziale dell'Istituto bancario centrale. Invero, a tale ultimo riguardo, occorrerebbe possedere sufficienti conoscenze di teoria economica per concludere, al di là di ogni dubbio, che una Banca Centrale indipendente assicuri sempre ed in ogni condizione l'assunzione delle decisioni più efficaci in termini di buon funzionamento di un'economia di mercato fondata sul principio di libera concorrenza[31].

Tuttavia, sotto un profilo di più stretta politica monetaria pare assodato che la citata condizione di rigorosa indipendenza della BCE non possa venir posta in discussione, a causa della natura fiduciaria della moneta unica europea, che non aggancia il proprio valore ad alcun dato reale (quali le riserve auree di uno Stato), quanto, piuttosto, alla fiducia che in essa ripongono i mercati; fiducia tanto maggiore quanto più venga garantita la stabilità dei prezzi, evitando il ricorso a manovre deflattive[32]. Ciò induce ad affidare la politica monetaria europea ad un Istituto bancario a connotazione esclusivamente tecnica, costituito come organo terzo e imparziale rispetto alle esigenze dei singoli Stati, che potrebbero, occasionalmente, aver interesse all'avvio di processi di svalutazione per rilanciare la propria economia, così da esigerne l'assoluta "impermeabilità" alle interferenze politiche dei diversi (e mutevoli) Governi nazionali e alle relative contingenze elettorali (Raffiotta, 2014, 615).

Resta, pertanto, da definire –come prima preannunciato– se sia possibile mantenere tale indipendenza pur attraverso una riforma, che –nel quadro di una più generale ridefinizione dell'intera architettura istituzionale (quantomeno) dell'eurozona, nella prospettiva di una maggiore integrazione politica fra i Paesi che ne fanno parte– possa ricondurre anche la BCE negli usuali binari del controllo democratico.

A ben vedere, come già anticipato (Ciancio, 2014, 13), il dubbio ripropone, mutato quello che c'è da cambiare, analoga questione, affrontata (pure) nell'ordinamento italiano allorché si è dato avvio alla "stagione" delle cd. "Autorità indipendenti", investite del compito di regolazione di settori cd. "sensibili" di amministrazione, dove più forte si avverte la contrapposizione tra poteri pubblici e privati, forti interessi organizzati ed interessi deboli, frammentati e dispersi, che richiedono un equilibrato bilanciamento tra valori potenzialmente contrapposti[33]. Ciò, com'è noto, è stato ottenuto affidando la regolazione di importanti ambiti di attività economico-sociale, ove particolarmente complesso si rivela il confronto tra diritti dei privati connessi ad iniziative economiche, libertà fondamentali dei cittadini ed esigenze di

31 Analoghe perplessità solleva MAGRI', 2014, 566 ss.

32 Osserva, significativamente, Padoa Schioppa, 1997, 81 ss, che "In un regime di moneta fiduciaria, l'indipendenza della banca centrale ha un significato preciso: colui che crea la moneta non deve dipendere da chi la spende, sia esso l'impresa o un qualsivoglia pubblico potere". Sul nesso tra indipendenza delle Banche centrali e stabilità monetaria, nella letteratura straniera, per tutti, Neumann, 1991, 79.

33 Per gli aspetti generali, nell'ormai sterminata letteratura sul tema, cfr., almeno, Franchini, 1988, 549 ss.; Longobardi, 1991, 175 ss.; Manetti, 1994; AA. VV., 1996; Merusi –Passaro, 2003; Manetti, 2007.

controllo pubblico, alle autorità cd. "Garanti", costituite in modo da assicurarne un elevato grado di indipendenza dal potere politico, economico e burocratico, al fine di consentirne l'azione al riparo da influenze esterne, sia provenienti da centri di potere pubblico, che da gruppi di interesse privati. A tale scopo esse vengono chiamate ad improntare la propria attività a criteri diversi da quelli di ispirazione politico-partitica, che informano l'apparato amministrativo più direttamente dipendente dal Governo, dovendo attingere, per la regolazione dei rispettivi campi di azione, al criterio dell'obiettiva valutazione degli interessi e delle esigenze presenti nei settori stessi, al fine di operarne un equo bilanciamento alla luce di rigorosi criteri di imparzialità ed in tal modo sottrarne gli interventi concreti alla lettura unidirezionale degli organi di governo[34].

Da qui il problema della loro disciplina, che sconta da sempre la difficoltà di conciliare l'elevato grado di tecnicismo di tali organismi e delle relative competenze, cui si connette la richiamata esigenza di indipendenza dal potere politico, con la previsione di forme, sia pur indirette, di legittimazione democratica, che valgano ad attenuarne la posizione di sostanziale irresponsabilità dinanzi al corpo elettorale. Ciò, nell'ordinamento interno, è stato ottenuto prevedendo occasioni di intervento dell'organo rappresentativo, non soltanto attraverso le audizioni parlamentari e le relazioni periodiche al Parlamento (peraltro oggi contemplate dall'art. 284 TFUE anche a carico della BCE nei confronti del PE), ma più a monte con il coinvolgimento, sia pur in forme che sono variate nel tempo, dell'organo politico-legislativo nelle nomine quantomeno dei vertici di tali organismi[35], laddove, per tornare al piano europeo, il Parlamento è reso fino ad oggi oggetto solo di "consultazione" in occasione della designazione dei componenti il Comitato esecutivo della Banca Centrale (art. 283 TFUE).

Su ispirazione del modello delle Autorità garanti[36], pertanto, e nella prospettiva di una più forte integrazione politica nell'ambito di una UE, che si vorrebbe titolare di sostanziali attribuzioni di governo dell'economia –con l'obiettivo della realizzazione in area euro di un bilancio comune, la creazione di un Tesoro unico e la previsione di un'autonoma capacità di imposizione fiscale[37]– occorre un ripensamento dell'intero

---

[34] In tale ottica, il concetto di "Amministrazione indipendente" è stato anche tradotto in apparato che è soggetto soltanto alla legge, il quale in tal modo invererebbe (nel rispetto del principio di imparzialità di cui al primo comma dell'art. 97 Cost.) delle due "anime" dell'amministrazione statale presenti in Costituzione, quella che meglio esprime l'esigenza della tutela obiettiva degli interessi della collettività, che prevarrebbe sull'altra, che vuole la P.A. ridotta ad apparato servente del Governo, così Massera, 1988, 453 ss.

[35] Più ampiamente sul tema, se si vuole, Ciancio, 1996, 414 ss. ed ivi ulteriori riferimenti bibliografici.

[36] L'assimilazione proposta nel testo è autorevolmente anticipata, tra gli altri, da Predieri, 1996, 162, il quale intravvede tanto in soggetti istituzionali quali le Banche centrali, quanto nelle autorità indipendenti i "noduli aggregatori di un subsistema socio-economico".

[37] Nell'estate del 2015 è anche circolata sulle principali testate giornalistiche italiane, di rimbalzo dall'autorevole settimanale tedesco *Der Spiegel*, la notizia secondo cui (anche) il *Bun-*

assetto istituzionale dell'Unione, che dia ulteriore valorizzazione al ruolo dell'Europarlamento (Ciancio, 2014, 8), fino ad ipotizzare un più diretto e intenso intervento dell'organo (direttamente) rappresentativo anche nelle nomine dei vertici della Banca Centrale.

Né l'ipotesi di una designazione parlamentare dei membri dell'esecutivo della BCE pare poterne intaccare la posizione di indipendenza, che, a prescindere dalle modalità di nomina, appare consegnata ad altre garanzie, tutte già presenti nell'attuale disciplina dell'Istituto (art. 283 TFUE). Tra esse, la comprovata competenza tecnica dei componenti e le relative incompatibilità, nonché, soprattutto, le caratteristiche del mandato, fra le quali va in prima battuta segnalata la durata fissa, che, stabilita in otto anni, varrebbe già di per sé a sottrarre la carica al cd. "ciclo politico" del PE, tanto più in forza della non rinnovabilità della medesima, che di per sé esclude qualsiasi possibilità di "contrattazione" ovvero "scambio" tra la tutela degli interessi economici (solo) di taluni Paesi ed una conferma del mandato presso l'*Eurotower* di Francoforte.

A ciò va ancora aggiunta la considerazione che può trarsi dalla particolare organizzazione interna del PE –articolato al suo interno non (come le altre istituzioni europee) in ragione della provenienza nazionale dei componenti, ma, conformemente ai modelli organizzatori offerti dalle assemblee legislative statali, in gruppi formati sulla base di affiliazioni politiche (Ciancio, 2008, 70)– che porterebbe ad escludere che quelle nomine si prestino ad assecondare gli interessi (economici) dell'uno o dell'altro Paese e dei relativi Governi. Piuttosto, la vocazione politica dei gruppi del Parlamento europeo[38], in combinazione con l'altro requisito, pure necessario, per la loro costituzione, consistente nella "transnazionalità"[39], varrebbe piuttosto a favorire una scelta funzionale a strategie maggiormente condivise di sviluppo economico, trasversalmente agli interessi dei singoli Stati e conformi, semmai, a più generali obiet-

desminister delle Finanze tedesco Wolfgang Schaeuble sarebbe stato propenso all'idea di creare un bilancio autonomo della zona euro, alimentato da risorse finanziarie trasferite dai bilanci nazionali e provenienti dalle imposte sul reddito e dall'Iva dei singoli Paesi e gestito da un nuovo dirigente europeo, una sorta di Eurominstro delle Finanze, al quale dovrebbe essere attribuito, altresì, il potere di imporre una nuova tassa supplementare ai cittadini dei Paesi dell'Unione monetaria. La proposta avrebbe trovato d'accordo il Presidente della Commissione Juncker, che si sarebbe detto favorevole alla creazione di un bilancio dell'eurozona e, più in generale, all'introduzione di un "meccanismo di stabilizzazione fiscale per la zona euro", che consentirebbe di godere di maggiori margini di manovra in caso di recessione dei singoli Paesi membri, tanto che per raggiungere tale risultato era stato già costituito un tavolo di lavoro guidato dall'ex Presidente del Consiglio italiano Mario Monti, come riportato, tra gli altri, da Tarquini, 2015. In tal modo la proposta del Ministro tedesco è andata ad affiancarsi all'idea avanzata al culmine della crisi greca del luglio 2015 dal Presidente francese Hollande di creare un governo economico della zona euro con un proprio bilancio ed un proprio Parlamento, in grado di assicurarne il controllo democratico, secondo quanto dichiarato anche dal deputato francese Caresche 2015, consultabile al sito www.liberation.fr.

38 Sul tema cfr. Baroncelli, 2001, 11 ss.; e, volendo, Ciancio, 2007, 159 ss.

39 Art. 30 Reg. PE. Di recente sull'argomento, Baroncelli, 2014, 104 ss.

tivi di crescita economica sul piano europeo e (solo di riflesso) nazionale, assumendo sotto questo profilo il significato di una investitura politicamente "unificante" al di là delle contrapposizioni statali[40].

La conclusione risulterebbe rafforzata se venisse mantenuta – come pure è auspicabile – la previsione di maggioranze qualificate per le designazioni degli organi di governo della BCE[41], che, unitamente al numero esiguo dei componenti il Comitato esecutivo, limitato a sei, rende la Banca Centrale istituzione non rappresentativa di tutti gli Stati membri, neppure con riferimento a quelli che adottano la moneta comune.

4. Garanzie di indipendenza e sistemi di nomina: cenni comparatistici

Invero, come depone la già accennata esperienza delle Autorità indipendenti, a maggior ragione se riguardata in prospettiva di diritto comparato, la realizzazione dell'indipendenza solo in minima parte appare consegnata alle procedure di selezione dei componenti gli Organi Garanti, restando per la maggior parte affidata alle regole tecniche, che ne sostengono l'esercizio imparziale delle funzioni, a patto di assicurare, per altri versi, la rispondenza di tali designazioni a effettivi criteri di competenza e professionalità.

Negli U.S.A., ad esempio, lo sviluppo, fin dalla fine del XIX secolo, del fenomeno delle *Independent Regulatory Commissions*, istituite al fine di tutelare rilevanti interessi pubblici (intesi, secondo la tradizione anglosassone, come interessi degli amministrati, quali quelli inerenti ai servizi pubblici), sottraendoli ad ogni forma di pressione da parte di poteri pubblici o privati, non ha impedito di affidarne la nomina al Presidente, sia pur con il vaglio del Senato, esercitato ora nella forma di "*advise*", ora in quella di "*consent*"[42]. Peraltro, la spoliticizzazione di tale forma di controllo sui servizi di pubblico interesse è realizzata attraverso una serie di regole, contenute normalmente nelle leggi istitutive delle varie *Commissions*, volte ad impedire al Presidente forme di ingerenza sulla loro attività successivamente alla nomina[43]. Per altri versi, anche il sistema francese delle *Autorités Administratives Indèpendantes*, sorto a cavallo della seconda guerra mondiale sulla scorta del precedente nordamericano, testimonia, attraverso la molteplicità dei meccanismi di designazione delle *Autorités* via via escogitati (dalla nomina con decreto ministeriale o del Consiglio dei Ministri, alle designazioni da parte dei vertici

---

40 Invero, con riferimento alle nomine delle Autorità indipendenti nell'ordinamento nazionale tale funzione unificatrice, che pure si è voluta leggere nella competenza parlamentare di designazione (cfr. Ciancio, 1996, 419 ss.), opererebbe rispetto all'usuale contrapposizione tra schieramenti di maggioranza e opposizione, che solo in embrione comincia ad intravvedersi sul piano europeo, principalmente per effetto del nuovo meccanismo di elezione del Presidente della Commissione inaugurato dal Trattato di Lisbona (art. 17, par. 7, TUE).

41 Art. 283, par. 2 TFUE.

42 Sull'argomento, con particolare attenzione alle origini delle I.R.C., Tesauro, 1966.

43 Per approfondimenti sul punto può leggersi anche Ciancio, 1996, 434 ss.

delle alte giurisdizioni) la quasi indifferenza del Legislatore per il modello di nomina prescelto, a fronte delle stringenti garanzie di indipendenza di tali organismi, sotto il profilo della cerchia dei nominabili, dei rigidi sistemi di incompatibilità, delle guarentigie di inamovibilità e di immunità, espresse nelle leggi istitutive[44].

Con più specifico riferimento agli Istituti bancari centrali, autorevole conferma a quanto osservato può rinvenirsi perfino nell'organizzazione della *Deutsche Bundesbank*, su cui, notoriamente è stata modellata la stessa Banca Centrale europea[45]. Invero, la Banca Federale tedesca, dopo l'adesione all'eurosistema, a differenza di altre Banche centrali dei Paesi europei, si caratterizza per la presenza di un unico organo di amministrazione, composto, oltre che dal Presidente e dal vice Presidente, di sei membri, nominati dal Presidente della Repubblica tra soggetti dotati di particolare competenza professionale, quattro dei quali designati dal *Bundesrat*, sia pur in accordo con il Governo federale, cui, invece, resta affidata in esclusiva la scelta degli altri componenti[46]. A prescindere dall'individuazione, quale titolare del potere di designazione, della Camera rappresentativa dei *Länder* a preferenza del *Bundestag* (cui invece sono riferibili gli obblighi di rendicontazione), dovuta alla struttura federale di quell'ordinamento, in connessione all'articolazione regionale del sistema bancario tedesco[47], per quanto maggiormente rileva in questa sede è sufficiente sottolineare come l'inserimento della Banca federale nel circuito democratico-rappresentativo non ha lasciato dubitare del mantenimento dell'assoluta neutralità politica della *Deutsche Bank*[48], che, anzi, con l'inquadramento nel SEBC, risulta semmai rafforzata per effetto delle maggiori guarentigie di imparzialità imposte a livello europeo dai Trattati e dallo statuto della BCE quali condizioni per entrare a far parte del sistema europeo delle banche centrali[49].

---

44 Cfr. D'Alberti, 1992, 42 ss.; e, nella vasta dottrina d'Oltralpe sul tema, Sabourin, 1983, 275 ss.; Gazier – Cannac, 1983-84,13 ss.; Chevallier, 1986, 35 ss.; Colliard –Timsit, 1988.

45 La constatazione è ampiamente condivisa, cfr., *ex multis*, Giovannini, *Central Banking in a Monetary Union: Reflections on the Proposed Statute of the European Central Bank,* in *Occasional Paper n.9,* a cura del Centre for Economic policy Research (CEPR), 1992, 10; Predieri, 1998, 283 ss.; Louis, 2000, 778; Hadjiemmanuil, 2001, 153.

46 Sulla struttura organizzativa della Banca federale tedesca, prima e dopo l'ingresso nell'eurosistema, cfr., per tutti, Apel, 2003, 15 ss.

47 In argomento cfr. Bifulco, 2004, 75 ss., specialmente 86 ss.

48 Al punto che già nel 1956 Konrad Adenauer lamentava che "La banca centrale è totalmente sovrana nei suoi rapporti col governo; essa è responsabile solo verso se stessa", come ricordato da Marsch, 1992, 57. D'altra parte, la rilevante autonomia della Banca Centrale tedesca ha condotto anche a considerarla come "*a fourth branch of government*", cfr. Kennedy, 1991, 3; mentre Ortino, 1979, 9, sottolinea come, durante il dibattito che condusse nel 1957 all'approvazione della legge sulla *Bundesbank,* fosse stato proposto di attribuirle, alternativamente, la qualifica di organo costituzionale o di quarto potere. In generale sui connotati di indipendenza della *Bundesbank,* nella dottrina italiana cfr., almeno, Siclari, 2007, 147 ss. ed ivi ampi riferimenti alla bibliografia anche tedesca sul tema.

49 Sul punto, per tutti, Zilioli – Selmayr, 2014, 75 ss. Osserva, però, Sturm, 1995, 37, che il percorso di graduale transizione verso la moneta unica sarebbe coinciso con il momento di

D'altra parte, per mantenersi ancora al piano interno, non pare contestabile nemmeno l'indipendenza della Banca d'Italia[50] (non a caso talora ritenuta nel nostro ordinamento il "prototipo" delle Autorità indipendenti (Mezzacapo, 1993, 31)) rispetto all'indirizzo politico di maggioranza sul piano delle (residue) competenze di controllo del credito e di vigilanza bancaria (Zatti, 2004, 203), nonostante il persistente, "pesante" coinvolgimento del Governo nella nomina del Governatore e, dopo la modifica introdotta con la legge n. 262 del 2005 (art. 19), persino sulla sua durata in carica, ormai limitata a sei anni, rinnovabile, però, una volta e revocabile, sia pur per le sole cause (e con le garanzie di tutela giurisdizionale) sancite nello Statuto del SEBC[51]. In tal modo l'autonomia dell'Istituto resta principalmente affidata ad altre guarentigie e tra esse alla competenza sotto il profilo tecnico-professionale dei componenti il Direttorio, oggi oltretutto impegnati ad osservare il Codice etico approvato nel 2006, che, integrando le regole di condotta già contenute nello Statuto della Banca, indica i comportamenti da adottare in tema di conflitto di interessi, riservatezza, incarichi esterni, accettazione di doni o di altre utilità, nel rispetto dei valori fondamentali dell'Istituto, individuati nell'indipendenza e nell'imparzialità, a fianco della lealtà e della discrezione.

Ciò a riprova della secondarietà dei meccanismi di nomina di taluni Istituti rispetto all'obiettivo principale del mantenimento di condizioni di neutralità nell'esercizio delle funzioni ad essi demandate, evitandone condizionamenti *ex parte* politica, laddove le garanzie di indipendenza per così dire "personale" della BCE, dovute alle accennate caratteristiche del mandato (oltretutto non revocabile) dei suoi amministratori, si accompagnano alle altre previsioni di autonomia, quali già sancite nel vigente Statuto della Banca Centrale, tanto sotto il profilo finanziario (per l'ampia disponibilità di risorse proprie di cui gode la BCE in assenza di vincoli esterni di destinazione[52]), quanto sotto quello funzionale, in ordine alla possibilità ad essa attribuita di raggiungere i propri obiettivi di politica monetaria in totale discrezionalità.

---

minore indipendenza della Banca tedesca, in base alla considerazione (meramente fattuale) che essa non era stata in origine consultata in ordine alla scelta di aderire all'unione monetaria, ma venne inserita nel relativo processo decisionale solo in un secondo momento.

50 Così, tra gli altri, Zatti, 2004, 200 ss. Nel senso, però, che la Banca d'Italia sarebbe stata sempre priva di vera e propria indipendenza funzionale Ortino, 1986, 356-357., mentre ritiene che la Banca italiana sia divenuta legalmente indipendente solo dopo la stipulazione di Maastricht Padoa Schioppa, 2004, 32.

51 Ai sensi dell'art. 19, co. 8, l. n. 262/2005 la nomina del Governatore della Banca d'Italia è disposta con decreto del Presidente della Repubblica, su proposta del Presidente del Consiglio, previa deliberazione del Presidente del Consiglio dei ministri, sentito il parere del Consiglio superiore della Banca d'Italia, laddove lo stesso procedimento è destinato ad applicarsi anche ai casi di revoca contemplati dallo Statuto del SEBC.

52 Al capitale della BCE, sottoscritto dalla Banche centrali nazionali che confluiscono nell'eurosistema (art. 28 Statuto BCE) si aggiungono le riserve in valuta ad essa trasferite dalle medesime BCN (art. 30 Statuto BCE) nonché il reddito monetario che scaturisce dalle funzioni di politica monetaria del SEBC (art. 32 Statuto BCE), tutti mezzi finanziari che non confluiscono nel bilancio generale dell'UE.

Per ciò che concerne l'autonomia cd. istituzionale, relativa, cioè, ai rapporti con le altre istituzioni europee, appare anch'essa elevatissima in considerazione della personalità giuridica di cui la BCE gode (art. 282 n.3 TFUE e art. 9 St. BCE), distinta da quella dell'Unione, nonché della circostanza che essa non è soggetta ad istruzioni né al potere di annullamento dei suoi atti da parte di altri organi, in particolare politici.

A parte, infatti, va considerato il sindacato giurisdizionale esercitabile dalla Corte di giustizia sui regolamenti che la Banca Centrale può emanare, quale espressione dell'ampia autonomia (anche) normativa ad essa riconosciuta ai sensi dell'art. 132 TFUE per l'assolvimento dei compiti del SEBC, i quali –conformemente alle caratteristiche che l'art. 288 TFUE assegna ai corrispondenti atti normativi dell'Unione– hanno carattere generale e sono direttamente applicabili all'interno degli Stati membri (dell'eurozona), ma che, in omaggio alla richiamata indipendenza della BCE, sono adottati con esclusione di ogni forma di intervento nell'iter di formazione nonché di controllo da parte di organi politici, ed in particolare del Parlamento. In tal modo resta affidato soltanto al controllo giudiziario esercitabile ai sensi dell'art. 263 TFUE la garanzia della (sola) legittimità di tale tipo di atti normativi (art. 35 Statuto BCE), relativi alle tradizionali competenze di politica monetaria[53].

Del resto, alla proposta di modificare nel senso indicato il sistema di nomina dei vertici della Banca europea non sembra opporsi in maniera insuperabile nemmeno la considerazione che un'eventuale designazione parlamentare dei membri dell'esecutivo della BCE, mitigandone l'indipendenza, appunto, istituzionale, si porrebbe in insanabile contrasto con il principio di assoluta autonomia sancito nello Statuto del SEBC.

Ne danno indirettamente prova anche le vicende relative alla Banca centrale svedese, per quanto la Svezia, quale cd. Stato membro con deroga, ancora non partecipi all'unione monetaria. Infatti, le modifiche via via apportate alla disciplina costituzionale e di legge ordinaria relative alla *Sveriges Riksbank*, per ciò che concerne il rispetto dei parametri di convergenza legale in vista dell'adozione della moneta unica e dell'ingresso anche del Paese scandinavo nella terza fase dell'UEM (Paparella, 2004, 150), non hanno sostanzialmente alterato i rapporti tra la medesima Banca ed il Parlamento, che, conformemente alle caratteristiche della forma di governo di quell'ordinamento, segnato da una forte "centralità" parlamentare (Arter, 1990, 120), sono connotati da una evidente dipendenza della prima dal secondo[54]. In particolare, viene qui in considerazione la procedura di selezione dei membri del Consiglio direttivo, la scelta dei quali continua, pur dopo la riforma costituzionale, ad essere affidata all'elezione parlamentare[55], circostanza che non è stata considerata nei vari Rapporti sulla convergenza emessi anche in anni recenti dalla BCE incompatibile con i requisiti di

---

[53] Molto più ridotta, infatti, appare l'autonomia normativa della BCE in ordine alle recenti attribuzioni di vigilanza bancaria, secondo quanto messo in luce da PISANESCHI, 2014, 6 ss.

[54] Cfr. l'art. 9.12.1 Cost. Svedese (*Regeringsformen*), secondo cui "*The Riksbank is the central bank of the Realm and an authority under the Riksdag*".

[55] Art. 9.12.2 Cost. svedese: "*The Riksbank shall have a Governing Council comprising eleven members, who shall be elected by the Riksdag*", in modo non dissimile, peraltro, da quanto previsto

indipendenza imposti alla Banche centrali nazionali come condizione per l'ingresso nel SEBC[56], a differenza di altre competenze attribuite al *Riksdag* nei confronti della *Riksbank* e tra esse, eminentemente, il controllo parlamentare sulle operazioni di distribuzione degli utili, ritenuto in contrasto con il principio di autonomia finanziaria[57].

5. Indipendenza vs "accountability"?

Il tema dell'estensione del sindacato parlamentare sull'attività delle Banche centrali rinvia ad altro, non secondario profilo della problematica relativa al carente controllo democratico sulla BCE, cui pure sembra di dover fare in questa sede almeno un cenno.

Infatti, le attuali forme di interazione tra l'Istituto bancario centrale con gli (altri) organi di governo dell'Unione, per quanto talora realizzino, anche da un'ottica puramente fattuale, importanti occasioni di valutazione (e, persino, di esortazione) dell'azione della BCE[58], non appaiono strumenti idonei a conferire sufficiente legittimazione democratica all'attività della Banca Centrale, a causa del delicato equilibrio raggiunto a livello normativo tra divieti posti a garanzia dell'indipendenza e tipologia di rapporti interistituzionali ammessi[59]. Pertanto, il diritto del Presidente del Consiglio e di un membro della Commissione di partecipare, senza diritto di voto, alle riunioni del Consiglio direttivo della BCE, nonché la facoltà dello stesso Presidente del Consiglio di sottoporre una mozione alla deliberazione del medesimo Consiglio direttivo; l'invito rivolto al Presidente della Banca Centrale di partecipare alle riunioni del Consiglio "quando quest'ultimo discute su argomenti relativi agli obiettivi e ai compiti del SEBC"; l'obbligo della Banca di riferire annualmente al Parlamento europeo, al Consiglio dei ministri, alla Commissione e al Consiglio europeo sulla

---

anteriormente alla revisione del 1998 dall'art. 9.12, nel punto in cui sanciva che "*The Bank of Sweden is administrated by eight Trustees. Seven of the Trustees are elected by the Riksdag*".

[56] Sulla base del Rapporto IME sulla convergenza del 1998, secondo il quale l'indipendenza della banche nazionali dev'essere valutata in rapporto ai quattro profili funzionale, istituzionale, personale e finanziario.

[57] Cfr. Paparella, 2004, 160 ss., con particolare riferimento al *Rapporto sulla convergenza* del 2002, in cui la BCE ha fatto salvo il principio generale, espressamente sancito dalla Costituzione svedese, della sottoposizione della *Riksbank* al *Riksdag* (v. *supra* nota 74), in quanto considerato non incompatibile con i requisiti di indipendenza imposti alla Banche nazionali. Né a diverse conclusioni la BCE è giunta nei successivi Rapporti sulla convergenza legale, consultabili al sito www.ecb.europa.eu.

[58] Così, ancora, Paparella, 2004, 166 ss., in particolare nota 85.

[59] Osserva Padoa-Schioppa, 2004, 32, come, in una società dove l'ordinamento politico e l'economia sono basati sui principi di democrazia e del mercato, il profilo istituzionale della banca centrale debba soddisfare due requisiti diversi ed in parte configgenti: efficacia politica e controllo democratico. Tra di essi, gli autori del Trattato, come gli altri legislatori prima di essi, hanno dovuto trovare l'opportuno equilibrio.

propria attività; e persino le audizioni del Presidente della BCE e degli altri membri del Comitato esecutivo nelle competenti commissioni parlamentari[60], comunque non determinano il sorgere di un'autentica responsabilità della Banca Centrale verso i predetti organi e, di converso e come anticipato, non costituirebbero base di sufficiente legittimazione democratica della sua attività, trattandosi tutt'al più di assicurarne la trasparenza[61], che, però, è principio da tener distinto dall'altro, testé citato, di responsabilità[62].

E, tuttavia, non può non avvertirsi come l'indipendenza della BCE, nelle diverse sfaccettature –prima sinteticamente richiamate– che assume, non vale certamente a porre la Banca europea al di fuori dell'ordine legale, che anzi la sua piena esplicazione richiede la fissazione di regole giuridiche che consentano alla Banca centrale di perseguire con piena discrezionalità, ma anche efficacemente, gli obiettivi ad essa attribuiti all'atto della sua istituzione. In particolare, la definizione legale della stabilità dei prezzi come criterio (primario) di riferimento per l'azione della BCE[63] permette ad essa di operare in modo autonomo nella realizzazione dello scopo al riparo da ogni condizionamento esterno, fornendo, però, al contempo la base giuridica per un dialogo interistituzionale, che valga a conciliare la più volte richiamata indipendenza con forme di responsabilità dell'Istituto bancario nell'ipotesi che non raggiunga i fini normativamente prescritti[64].

In quest'ottica, per limitarsi ad offrire ulteriori spunti di riflessione, potrebbe persino pensarsi di introdurre forme di sindacato ispettivo del Parlamento sulla BCE, in modo non dissimile, peraltro, da quanto la letteratura specialistica aveva suggerito pure nei confronti della Banca d'Italia[65], salvo a dubitare del possesso da parte del

---

[60] Cfr. l'art. 284 TFUE (già art. 109B Trattato di Maastricht e art. 113 Trattato di Nizza).

[61] Cfr. Zilioli, 2014, 1391 ss. Ma in precedenza su tali strumenti di collegamento tra BCE ed altre istituzioni, con particolare sottolineatura della debolezza di taluni di essi, anche Malatesta, 2001, 528 ss., soprattutto 541.

[62] Osserva, in proposito, Padoa Schioppa, 2004, 32, che "*Independance and accountability form a critical pair, the latter being the natural complement and counterweight of the former. As to accountability and transparency, they are often seen as interchangeable, disregarding that they originate from rather different requirements*".

[63] Solo subordinatamente al mantenimento della stabilità dei prezzi, infatti, l'art. 2 Statuto BCE ammette l'intervento della Banca centrale in funzione di sostegno alle politiche economiche generali dell'Unione.

[64] Significativamente ancora Padoa Schioppa, 2004, 33, rileva che "*Independence has (...) a counterweight in accountability. As a precondition for the successful pursuit of the given mission independence shields the Eurosystem from short-term political consideration, but it is by no means the same as the absence of democratic control. In a democratic system independence and accountability are two sides of the same coin*"; sottolineando che "*Thus accountability pertains to a civic and moral obligation inherent in the political order and is not exclusively related to the economic order. It is because it has been given a precise statutory mission and granted independence to pursue it effectively, that the Eurosystem has to be held accountable for the fulfillment of its mandate, and its obliged to explain and justify its decisions*" (*ivi*, 34). In termini analoghi anche Baroncelli, 2000, 249.

[65] In tal senso già Capriglione, 1978, 161.

Parlamento delle competenze tecniche necessarie a realizzare in maniera adeguata l'attività ispettiva nei relativi campi di competenza[66]. Ad ogni modo la previsione di (un'estensione del) sindacato parlamentare sull'attività della Banca Centrale, i cui prodromi sono oggi già presenti a livello europeo per effetto dell'istituzione del meccanismo unico di vigilanza bancaria[67], varrebbe a realizzare forme di *accountability* nei confronti dell'organo immediatamente rappresentativo e, per tale via, ad attivare persino virtuosi processi di controllo dell'opinione pubblica sull'intera attività dell'istituto[68]. Invero, nell'ambito di un sistema che si autoproclama di democrazia rappresentativa (art. 10, I co. TUE) riveste rilievo centrale la possibilità per i cittadini di conoscere e ispezionare tramite il Parlamento ogni processo di formazione della volontà degli organi decisionali e di attivarne per tale via la correlativa responsabilità diffusa dinanzi al corpo elettorale. Pertanto, non dovrebbe incontrare eccessive resistenze l'eventualità che il Parlamento eserciti, anche laddove non opera lo schema delle responsabilità ministeriale, una sorta di "attrazione istituzionale" pure sugli organismi che si vogliono mantenere indipendenti, attraverso l'esplicazione dell'attività ispettiva[69], da esercitare al limite attraverso l'istituzione di apposite commissioni, anche temporanee, nel caso in specie per il controllo sulla politica monetaria[70].

Del resto, l'idea di intraprendere vere e proprie inchieste parlamentari sull'attività della Banca Centrale e sulla coerenza di essa con gli obiettivi ad essa normativamente imposti non potrebbe aprioristicamente venir respinta per il timore che attraverso gli usuali strumenti del sindacato ispettivo le valutazioni politiche del Parlamento vadano a sovrapporsi a quelle "tecniche" dell'organo sottoposto al controllo, come potrebbe essere tentato di concludere chi non riesce a sottrarsi dalla suggestione della

---

[66] Cfr., al riguardo, gli spunti di riflessione, ma anche le perplessità, sollevati da Ortino, 1979, 411 ss.

[67] Sull'introduzione con il regolamento n. 1024 del 2013 del meccanismo unico di vigilanza bancaria e sulle connesse forme di controllo democratico ora previste nei confronti della BCE ad opera dei Parlamenti europeo e nazionali, cfr. Pisaneschi, 2014, 7 ss. Sull'iter che ha condotto all'adozione del Regolamento cfr. anche Antoniazzi, 2013, 229 ss. Sulla diversa funzione che assumerebbe la garanzia dell'indipendenza della BCE nel settore della vigilanza prudenziale rispetto al campo della politica monetaria, v. poi Zilioli, 2014, 1393.

[68] Similamente Padoa Schioppa, 2004, 33 ss., avverte che "Accountability *means that institutions with power to affect the lives of the people are subject to the scrutiny by the elected representatives of the people. As such it is an essential and constituent element of our political order, and indeed this scrutiny is necessary also in those fields – such as central banking – where policy decisions are consciously removed from the day-to-day influence of the political arena. The entrustment of such momentous decision-making power to independent, nonelected central bankers could be considered legitimate only on the condition that a form of democratic control also be put in place*", concludendo che "*Ultimately the Eurosystem is accountable to the European people at large. They are the ultimate addressee of accountability because they are the true interested party in the Eurosystem's ability to «safeguard the currency» and to «defend their savings*".

[69] Così, in termini generali, Siclari, 2007, 323.

[70] Nel medesimo senso già il suggerimento di Predieri, 1976, 10 ss., con riferimento ad ipotesi di controllo sulla Banca d'Italia.

(tradizionale) prospettazione circa l'assoluta inconciliabilità tra indipendenza e controllo politico[71]. Invero tale conclusione non appare obbligata se solo si considera la peculiare disciplina delle inchieste del Parlamento europeo: da un lato lo scopo dell'attività di inchiesta, di consentire al Parlamento di sovrintendere alla corretta applicazione del diritto dell'Unione nei casi di infrazione o di cattiva amministrazione dello stesso; e, dall'altro, le modalità della sua conclusione, attraverso, al massimo, la proposta di adozione di una raccomandazione (art. 185, n.10, ult. alinea Reg. PE) –che, collocandosi nell'area del "*soft law*"[72], consente all'organo destinatario della stessa ampi margini di apprezzamento in ordine all'*an* e al *quomodo* dell'attuazione delle indicazioni in essa contenute– consentirebbe che il controllo così esercitato sulla Banca Centrale possa richiamare quest'ultima ad un'azione più efficace quando non anche ad un più rigoroso rispetto delle sue finalità istituzionali, senza intaccarne in maniera significativamente apprezzabile l'autonomia decisionale, conciliandosi, al tempo stesso, con il divieto ad essa imposto di ricevere istruzioni, oltre che dai Governi nazionali, anche dalle altre istituzioni dell'Unione (art. 7 St. BCE). In tal modo il controllo parlamentare sull'attività dell'organo per ipotesi di deviazione dai suoi fini istituzionali e/o per la mancata realizzazione di essi –che, val la pena ribadire, vengono attuati con strumenti tecnici, producendo però effetti ad altissima valenza politica– verrebbe ad affiancare il controllo giudiziario affidato alla (sola) Corte di Giustizia sulla ricorrenza delle (limitate) cause di rimozione dei membri del Comitato esecutivo, per sopravvenuta perdita delle "condizioni necessarie all'esercizio delle (...) funzioni", oltre che per colpa grave (art. 11.4 St. BCE), nonché al controllo sull'efficienza operativa della gestione, esercitabile da parte della Corte dei conti europea (art. 27.2 St. BCE).

6. Verso una dimensione politica della UEM: riassetto istituzionale e Banca Centrale

Ma, anche considerato nei suoi termini essenziali, il suggerimento di attenuare la sostanziale irresponsabilità della Banca Centrale europea dinanzi al corpo elettorale intensificandone il rapporto con il Parlamento, quantomeno attraverso la modifica del sistema di designazione dei componenti il Comitato esecutivo, contribuirebbe, forse, a sciogliere almeno uno dei nodi inizialmente richiamati, consentendo di conciliare la "naturale" connotazione tecnica della BCE con un più compiuto dispiegamento del principio democratico. Si tratterebbe, pertanto, di valorizzare il ruolo del Parlamento anche rispetto alla selezione dei vertici della Banca Centrale, seguendo un percorso per altri versi inaugurato con l'avvio del meccanismo unico di vigilanza

---

[71] Cfr. Zilioli – Selmayr, 2007, 100 ss., i quali ritengono di superare i rilievi in termini di difetto di controllo democratico della Banca Centrale alla luce del principio di trasparenza da essa stessa applicato nello svolgimento della sua attività.

[72] Sull'incerta estensione della categoria, cfr., per tutti, Ruggeri, 2014, 290 ss.

bancaria[73] e che già trova con riferimento alla nomina dei membri del Comitato esecutivo qualche anticipazione nella disciplina interna del PE. L'art. 109 del Regolamento parlamentare, infatti, pare aver dato una lettura "forte" della "consultazione" prevista dal Trattato (art. 283 TFUE), laddove, oltre all'audizione del candidato alla Presidenza (nonché degli altri membri) del Comitato esecutivo dinanzi alla commissione parlamentare competente, introduce una raccomandazione di quest'ultima al Parlamento in ordine all'approvazione o al rigetto della proposta formulata dal Consiglio. Nel secondo caso seguirebbe l'invito al Consiglio a modificare la candidatura respinta, con una procedura, pertanto, che sembra attrarre sull'organo politico-rappresentativo funzioni codecisionali, piuttosto che meramente consultive, sulla scia dell'iter legislativo ormai assurto a procedimento ordinario (il quale rinviene nella conciliazione delle istituzioni coinvolte, per eventualità inizialmente divergenti, nonché nella ricerca dell'atto finale condiviso, "il cuore della procedura"[74]), ma che, a differenza di questo, ancora non trova consacrazione nel diritto europeo primario. Sembra, pertanto, che il noto afflato rivendicativo del Parlamento[75], volto ad occupare campi di potestà decisionale in passato appannaggio via via sempre meno esclusivo del metodo intergovernativo, esaurita la "lotta" sul piano della legislazione, si stia negli ultimi anni riversando sul terreno delle nomine, spingendo per l'affermazione di un sistema di *governance* sempre più ispirato ad un'impostazione dei rapporti di tipo spiccatamente parlamentare[76] e di cui, al di là del regime dei controlli, il sistema di elezione del Presidente della Commissione inaugurato con l'entrata in vigore del Trattato di Lisbona (art. 17, par. 7 TUE e art. 105 Reg. PE)[77] costituisce oggi la più chiara manifestazione (Curti Gialdino, 2014, 38).

Assecondando l'idea di affidare al Parlamento europeo la scelta del Comitato esecutivo dell'istituto di Francoforte, o, quantomeno, di affiancarne il potere sostanzialmente decisionale a quello del Consiglio, si favorirebbe, oltretutto, l'adozione di misure, che –a maggior ragione se sostenute da future e auspicabili formali attribuzioni europee di politica economica e fiscale– ripercuotendosi sul piano delle singole economie statali avrebbero maggiori possibilità di venir metabolizzate dai cittadini, i quali sono, al contempo, elettori, consumatori e fruitori dei servizi sociali e, pertanto, più propensi ad accettare interventi di risanamento del debito pubblico nazionale, quali quelli di contenimento dei salari e di riduzione delle spese sociali, spesso fortemente penalizzanti sulle singole economie domestiche e difficili da digerire quando

---

73 Sull'iter di approvazione del Presidente del Consiglio di vigilanza della BCE e sul ruolo sostanzialmente decisionale assunto in tale contesto dall'Europarlamento cfr., ancora, Pisaneschi, 2014, 9 ss.

74 Così Villani, 2011, 207, cui si rinvia per i dettagli procedurali.

75 Sulla progressiva estensione delle attribuzioni del PE, cfr., per tutti, Bin – Caretti –Pitruzzella, 2015, 55 ss.

76 In tal senso, con riferimento al ruolo sempre più politico della Commissione, in considerazione dei legami con il Parlamento, ancora, Bin – Caretti – Pitruzzella, 2015, 359.

77 Sull'evoluzione del diritto dei Trattati fino alla parlamentarizzazione dell'elezione del Presidente della Commissione, cfr. Curti Gialdino, 2014, n. 11.

vengono intrapresi sulla scorta di iniziative assunte da istituzioni, che si sottraggono a forme, sia pur indirette, di controllo democratico.

Nella prospettiva, poi, dell'edificazione in area euro di un ordinamento di stampo autenticamente federale, in esito ad un nuovo processo costituente europeo, più che di una semplice revisione dei Trattati (Ciancio, 2014, 79), occorrerà pensare ad una consistente riforma istituzionale, che contempli, fra l'altro, la duplicazione della sede della rappresentanza politica europea attraverso l'introduzione di una seconda Camera rappresentativa dei Paesi membri.

In tale ottica la scelta tra differenti, possibili opzioni organizzatorie potrebbe maturare tenendo conto, oltre ad altri fattori, altresì del suggerimento di affidare (almeno in parte) la designazione dei vertici della BCE al Parlamento.

Invero, l'idea di mantenere un ramo del futuro organo legislativo europeo sostanzialmente rappresentativo direttamente dei Governi nazionali, eventualmente convertendo l'attuale Consiglio in una sorta di Camera Alta rappresentativa degli Stati, che verrebbe ad affiancarsi all'odierno Parlamento, quale organo rappresentativo degli interessi generali dell'Unione[78] –a parte altre considerazioni[79]– poco lascerebbe discostare l'ipotizzato sistema di nomina del Comitato esecutivo della Banca europea dal metodo intergovernativo seguito fino ad oggi, mantenendo, piuttosto, sostanziale contiguità con l'accennato modello rappresentato dalla *Bundesbank* tedesca, pur'essa tacciata, talora, di sottrarsi al controllo democratico, in considerazione dello scarso livello di trasparenza nelle sue procedure decisionali e, soprattutto, per il mancato coinvolgimento del *Bundestag* nel procedimento di nomina dei suoi Governatori[80].

Diversamente, l'eventuale preferenza per una seconda Camera che realizzi forme di rappresentanza, sia pur indiretta, dei popoli dell'eurozona, attraverso delegazioni dei diversi Parlamenti nazionali[81], sosterrebbe in maniera più netta l'obiettivo di in-

---

[78] In tal senso la proposta avanzata da Caravita, 2012, 4 ss.; Id., *Il* federalizing process *europeo*, *ivi*, 2014, n. 17, 18 ss.; e, più di recente, Caravita, 2015, 117 ss., nell'ambito di un più articolato disegno federale a caratterizzazione direttoriale sulla falsariga del modello svizzero.

[79] Sia dal punto di vista funzionale, per la commistione di compiti, ben oltre quelli di natura legislativa, di cui è titolare il Consiglio; sia sotto il profilo strutturale-organizzativo, dato il sostanziale vincolo di mandato gravante sui suoi membri, nonché per la composizione variabile per materia e la correlativa assenza nel Consiglio dei ministri di una sede plenaria di decisione, circostanza quest'ultima ritenuta decisiva per rifiutarne la possibile qualificazione quale vera e propria Camera da LUPO, 2014, 371 e 378.

[80] Così Baroncelli, 2000, 252. Nello stesso senso anche Bifulco, 2004, 81-82, il quale sottolinea l'anomalia rispetto alla forma di governo tedesca dell'esistenza di quello che (la dottrina) ritiene "un organo speciale del potere esecutivo" sottratto al principio generale della responsabilità ministeriale e, quindi, indirettamente, al controllo del Parlamento.

[81] Cfr. Mangiameli, 2013, ove l'A. rilancia l'idea formulata da Giscard d'Estaing e Joschka Fisher di introdurre a fianco del PE una "*European Chamber of Parliaments*" in sostituzione del Consiglio, in base al convincimento che nel nuovo, ipotizzato impianto federale quest'ultimo debba venir del tutto estromesso dalla funzione legislativa, che dovrebbe invece restare affidata per intero al Parlamento, da articolarsi in due Camere: l'una, corrispondente all'attuale Assemblea, a diretta legittimazione democratica e rappresentativa degli interessi generali della Federazione;

trodurre nuove e più incisive forme di legittimazione democratica ed "europea" della Banca Centrale.

A maggior ragione la conclusione risulterebbe rafforzata se si volesse pensare all'alternativa di elezioni dirette per entrambi i rami del futuro, rinnovato Parlamento, da articolarsi, però, le une nell'ambito di circoscrizioni elettorali di dimensioni transnazionali, sulla base di una procedura elettorale finalmente uniforme per tutti gli Stati[82] e fondative, pertanto, dell'Assemblea rappresentativa di tutti i cittadini Unione; e le altre da celebrarsi in circoscrizioni infrastatali e con legislazioni elettorali sostanzialmente nazionali, in modo non dissimile, peraltro, da come si svolgono, sin dal 1979, le consultazioni per l'attuale Europarlamento (Chiara, 2014, 7), sì da consentire la formazione di una Camera Alta, rappresentativa (in misura paritaria) degli Stati membri, ma dotata anch'essa di legittimazione democratica diretta.

Resta ad ogni modo fermo che l'auspicata (ri)strutturazione in senso federale dell'eurozona, attraverso il completamento dell'UEM e la sua trasmigrazione verso una più compiuta unione politica e fiscale, richiede anzitutto di porre mano alla delicata opera di ridefinizione del complessivo assetto organizzatorio con la ponderazione di un più equilibrato sistema di pesi e contrappesi tra le diverse istituzioni[83].

Ed invero la proposta qui formulata di "parlamentarizzare" la nomina del Comitato esecutivo della BCE[84] potrebbe al limite favorire il superamento di quello che appare attualmente il più grande paradosso, sotto il profilo squisitamente politico, del processo di integrazione, ravvisabile nella presenza nel quadro istituzionale europeo di una Banca Centrale, connotata da elevatissima indipendenza principalmente

---

e l'altra, espressiva degli interessi degli Stati membri, formata dai delegati dei diversi Parlamenti nazionali e, pertanto, dotata di legittimazione democratica solo di secondo grado. Nell'imminenza delle elezioni europee del 2014 la proposta era stata ripresa da un folto gruppo di giuristi, economisti e politologi, firmatari del *Manifeste pour une union politique de l'euro,* apparso su "Le Monde" del 16/02/2014.

[82] Secondo i suggerimenti da tempo formulati anche in Ciancio, 2014, 15 ss., cui sia consentito rinviare. La proposta di modifica dell'Atto unico del 1976 per l'elezione dei membri del PE, al fine di introdurre (con largo anticipo rispetto alle elezioni del 2019) una procedura elettorale (maggiormente) uniforme, è stata varata dal Parlamento europeo con la Risoluzione dell'11 novembre 2015 [2015/2035 (INL)], su cui è possibile leggere Ciancio, 2015.

[83] Al riguardo, Padoa Schioppa, 2004, 34, sottolinea come la maggiore indipendenza della BCE rispetto alla *Federal Reserve* americana (che nell'ottica di taluni si tradurrebbe in un'eccessiva indipendenza della prima) dipenda "*on the nature of the political construct of the European Union, not on a deliberate choise concerning the status of the central bank*", con la conseguenza che "*Accountability is thus limited by the incompleteness of political union in Europe*".

[84] In termini analoghi anche le indicazioni desumibili dal cosiddetto "Protocollo Di Francoforte", stilato dall'ex europarlamentare Andrew Duff, affinché sia annesso al Trattato di Lisbona al fine di completare l'Unione economica e monetaria con un reale governo europeo dell'economia. Tra le modifiche suggerite vi è, fra l'altro, la proposta di attribuire la nomina dell'intero Comitato esecutivo della Banca Centrale europea alla determinazione congiunta di Parlamento e Consiglio (art. 4 del documento), in modo, pertanto, del tutto analogo, alle conclusioni cui si perviene nel testo.

per effetto della posizione assunta al tempo della sua istituzione dalla Germania[85], che, però, oggi dimostra di considerare proprio l'indipendenza della BCE uno dei maggiori ostacoli per acconsentire ad ulteriori cessioni di sovranità ed, in ultima analisi, per assecondare l'intensificazione dell'integrazione politica fra i Paesi della zona Euro[86].

Bibliografia

AA. VV., *Le elezioni del Parlamento europeo del 2014*, a cura di B. Caravita, Napoli, 2015.

AA. VV., *Il guardiano delle regole*, a cura di S. Cassese – C. Franchini, Bologna, 1996.

ALAIMO A., *Presente e futuro del modello sociale europeo. Lavoro, investimenti sociali e politiche di coesione*, in *Riv. giur. lav.*, 2013.

ALAIMO A., *Cittadinanza, lavoro e occupazione. Cosa resta del progetto sociale europeo*, in *Nuove strategie per lo sviluppo democratico e l'integrazione politica in Europa*, a cura di A. Ciancio, Roma, 2014.

AMATO G., *Intervento*, in *Le autorità indipendenti nei sistemi istituzionali ed economici*, a cura di A. Predieri, Firenze, 1997.

---

[85] Cfr. E. Apel, *Central Banking Systems Compared*, cit., 190 ss., il quale osserva che "*The framework for the European Central Bank outlined in the Maastricht Treaty and its Protocol convinced the Germans (...) that the future European Central Bank would indeed look like the Bundesbank in all its essential elements: a primary statutory objective of price stability and independence from all national governments and Community bodies in the execution of its monetary policy to achieve and maintain its primary objective. (...) Some in Europe, such as the French government and the then-President of the European Commission, Jacques Delors, would have preferred a European Central Bank designed more along the lines of the Fed: a limited statutory independence, no single primary objective, and accountable to the European Parliament, which would involve more than just periodically reporting to it. (...) More importantly, a eurozone «economic government» would be set up to act as a counterweight to the ECB. All of that was not to be. The German people and the Bundesbank would never accept such a framework for the new European Central Bank*". Sintomatica, del resto, la circostanza che il principio di indipendenza della BCE, in funzione della garanzia della stabilità dei prezzi, sia stato, con la legge di revisione del 21-12-1992 (*Bundesgesetzesblatt* I 2086), persino "costituzionalizzato" nell'art. 88 del *Grundgesetz* in vista del trasferimento all'UE dei compiti della *Bundesbank*. Al riguardo, anche A. Bolaffi, 2013, 53 ss., ricorda che "la Germania (...) impose quale requisito per entrare a far parte della moneta unica (...) l'adesione alla propria filosofia di stabilità monetaria sotto il controllo di una Banca centrale europea organizzata secondo il modello della *Bundesbank*", sicché la stipulazione di Maastricht rappresentò, di fatto, la scelta per il sistema tedesco di stabilità della moneta e dei prezzi contro le politiche inflazionistiche adottate, tra gli altri, dai Governi italiani del secondo dopoguerra. Mette, però, in luce come non sarebbe corretto considerare l'intero impianto del SEBC frutto delle sole pressioni tedesche Padoa Schioppa, 1992.

[86] Ne danno ampia testimonianza le censure di costituzionalità rivolte al Tribunale costituzionale tedesco in ordine al piano *OMT* (su cui v., per tutti, Donati, 2014 b, cit., 3 ss.) e, da ultimo, anche con riferimento alle manovre di "*Quantitative easing*" (ne dà menzione, tra gli altri, Pisaneschi, *2015*, 4 ss.) e, comunque, in generale, le posizioni assunte dal *Bundesverfassungsgericht* in ordine alle misure di politica monetaria cd. "non convenzionale" adottate dalla BCE, come evidenzia anche Pisaneschi, 2015.

ANTONIAZZI S., *La Banca Centrale Europea tra politica monetaria e vigilanza bancaria*, Torino, 2013.
APEL E., *Central Banking Systems Compared. The ECB, the pre-euro Bundesbank and the Federal Reserve System*, London – New York, 2003.
ARAVANTINOU LEONIDI G., *La sfida di Atene all'Europa dell'austerità: il referendum del 5 luglio 2015*, in *federalismi.it*, 2015, n. 13.
ARTER D., *The Swedish Riksdag: The Case of a Strong Policy-Influencing Assembly*, in *Parliaments in Western Europe*, a cura di P. Norton, Londra-Portland, 1990.
BARONCELLI S., *La banca centrale europea: profili giuridici e istituzionali. Un confronto con il modello americano della Federal Reserve*, Firenze, 2000.
BARONCELLI S., *I gruppi parlamentari nell'esperienza del Parlamento europeo*, in *Rappresentanza politica, gruppi parlamentari, partiti: il contesto europeo*, a cura di S. Merlini, I, Torino, 2001.
BARONCELLI S., *Efficienza e deputati indipendenti nel Parlamento europeo*, in *Nuove strategie per lo sviluppo democratico e l'integrazione politica in Europa*, a cura di A. Ciancio, Roma, 2014.
BIFULCO R., Bundesbank *e Banche centrali dei* Länder *come modello del Sistema europeo delle Banche centrali*, in *Europa e Banche centrali*, a cura di O. Roselli, Napoli, 2004.
BILANCIA P., *Il governo dell'economia tra Stati e processi di integrazione europea*, in *Nuove strategie per lo sviluppo democratico e l'integrazione politica in Europa*, a cura di A. Ciancio, Roma, 2014.
BILANCIA P., *La nuova* governance *dell'Eurozona e i "riflessi" sugli ordinamenti nazionali, in federalismi.it,* 2012a, n. 23.
BILANCIA P., *Note critiche sul c.d. "pareggio di bilancio"*, in *Riv. AIC*, 2012b, n. 2.
BIN R. – CARETTI P. – PITRUZZELLA G., *Profili costituzionali dell'Unione europea*, Bologna, 2015.
BOLAFFI A., *Cuore tedesco. Il modello Germania, l'Italia e la crisi europea*, Roma, 2013.
CANNAC Y. – GAZIER F., *Etude sur les autorités administratives indépendantes*, in *Etudes et documents Cons. D'Etat*, 1983-84, n. 35.
CAPRIGLIONE F., *Intervento pubblico e ordinamento del credito*, Milano, 1978.
CARAVITA B., *La grande sfida dell'Unione Europea tra prospettive di rilancio e ombre di declino*, in *federalismi.it*, 2012, n. 1.
CARAVITA B., *Il* federalizing process *europeo*, in *federalismi.it*, 2014, n. 17.
CARAVITA B., *"Parlamentarizzare", semplificare, razionalizzare i percorsi decisionali europei,* in *federalismi.it*, 2015a, n. 14.
CARAVITA B., *Quanta Europa c'è in Europa?*, Torino, 2015b.
CARESCHE C., *Il faut un Parlement à la zone euro*, in *Libération* del 30 luglio 2015, consultabile al sito www.liberation.fr.
CASSESE S., *La fabbrica dello Stato, ovvero i limiti della democrazia*, in *Quad. cost.*, 2004.
CHEVALLIER J., *Réflexions sur l'institutions des autorités administratives indépendantes*, in *La semaine juridiques*, 1986, n-30-32.
CHIARA G., *Elezioni del Parlamento europeo e nuovi assetti istituzionali comunitari*, in *Nuove strategie per lo sviluppo democratico e l'integrazione politica in Europa*, a cura di A. Ciancio, Roma, 2014.
CIANCIO A., *Riforma elettorale e ruolo garantistico del Presidente di Assemblea parlamentare: un modello in crisi*, in *Dir. Soc.*, 1996, n. 3.
CIANCIO A., *Partiti politici e gruppi parlamentari nell'ordinamento europeo*, in *Pol. Dir.*, 2007.
CIANCIO A., *I gruppi parlamentari. Studio intorno a una manifestazione del pluralismo politico*, Milano, 2008.

CIANCIO A., *A margine dell'evoluzione della tutela dei diritti fondamentali in ambito europeo, tra luci ed ombre*, in *federalismi.it*, 2012, n. 21.
CIANCIO A., *Quali prospettive per l'integrazione politica in Europa dopo le elezioni?*, in *federalismi.it*, 2014a, n.11.
CIANCIO A., *Nuove strategie per lo sviluppo democratico e l'integrazione politica in Europa. Relazione introduttiva*, in *Riv. AIC*, 2014b, n. 3.
CIANCIO A., *Sistema europeo dei partiti e integrazione politica nell'UE*, in *Forum di quaderni costituzionali. Rassegna*, 11/09/2015a.
CIANCIO A., *Con lo sguardo oltre Lisbona verso gli Stati Uniti d'Europa*, in AA. VV., in *Le elezioni del Parlamento europeo del 2014*, a cura di B. Caravita, Napoli, 2015b.
CIANCIO A., *A New Uniform Electoral Procedure to Re-Legitimate the Process of Political Integration in Europe. About the EU Parliament Resolution of 11 November 2015 on the Reform of the 1976 Electoral* Act, in *federalismi.it*, 2015c.
COLLIARD C.A. – TIMSIT G., *Les autorités administratives indépendantes*, Paris, 1988.
CURTI GIALDINO C., *Elezioni europee del 2014 e scelta del candidato alla presidenza della Commissione europea: i primi passi della procedura*, in *federalismi.it*, 2014, n. 11.
CURTI GIALDINO C., *L'elezione di Jean-Claude Juncker a presidente della Commissione europea: profili giuridico-istituzionali*, in AA. VV., *Le elezioni del Parlamento europeo del 2014*, a cura di B. Caravita, Napoli, 2015.
D'ALBERTI M., *Diritto amministrativo comparato. Trasformazioni dei sistemi amministrativi in Francia, Gran Bretagna, Stati Uniti, Italia*, Bologna, 1992.
DE PETRIS A., *Un rinvio pregiudiziale sotto condizione? L'ordinanza del Tribunale Costituzionale Federale sulle* Outright Monetary Transactions, in *federalismi.it.*, 2014, n. 4.
DI MARTINO A., *Le Outright Monetary Transactions tra Francoforte, Karlsruhe e Lussemburgo. Il primo rinvio pregiudiziale del BVerfG*, in *federalismi.it.*, 2014, n. 4.
DELLEDONNE G., *La "prima volta" di Karlsruhe: il rinvio pregiudiziale relativo alle* Outright Monetary Transactions, in *www.csfederalismo.it, Commenti,* 2014, n. 25.
DICKMANN R., *Le regole della governance economica europea e il pareggio di bilancio in Costituzione*, in *federalismi.it*, 2012.
DONATI F., *Crisi dell'euro, governance economica e democrazia dell'Unione europea,* in *Il diritto dell'Unione europea*, 2013, n. 2.
DONATI F., *Trattato di Lisbona e democrazia nell'UE*, in *Nuove strategie per lo sviluppo democratico e l'integrazione politica in Europa*, a cura di A. Ciancio, Roma, 2014a.
DONATI F., *La crisi dell'Euro tra Corti costituzionali e Corte di giustizia,* in *federalismi.it.*, 2014b, n. 4.
FASONE C. – LUPO N., *Il Parlamento europeo alla luce delle novità introdotte nel Trattato di Lisbona e nel suo regolamento interno,* in *Studi sull'integrazione europea,* VII, 2012.
FERRERA M., *Integrazione europea e sovranità sociale dello Stato-Nazione: dilemmi e prospettive*, in *Riv. it. Sc. Pol.*, 2000.
FRANCHINI C., *Le autorità amministrative indipendenti*, in *Riv. Trim. Dir. Pubbl.*, 1988.
GALETTA D. U., *La tutela dei diritti fondamentali (in generale, e dei diritti sociali in particolare) nel diritto UE dopo l'entrata in vigore del Trattato di Lisbona*, in *Riv. It. Dir. Pubbl. com.*, 2013.
GIOVANNELLI A., *Vincoli europei e decisione di bilancio*, in *Quad. cost.*, 2013, n. 4.
GIOVANNINI A., *Central Banking in a Monetary Union: Reflections on the Proposed Statute of the European Central Bank,* in *Occasional Paper n.9*, a cura del Centre for Economic policy Research (CEPR), 1992.
GIUPPONI T.F., *Il principio costituzionale dell'equilibrio di bilancio e la sua attuazione*, in *Quad. cost.*, 2014a, n. 1.

GIUPPONI T.F., *Vincoli di bilancio, stato costituzionale e integrazione europea. Una nuova occasione di dialogo tra le Corti?*, in *Nuove strategie per lo sviluppo democratico e l'integrazione politica in Europa*, a cura di A. Ciancio, Roma, 2014b.

GOULARD S. – MONTI M., *La democrazia in Europa. Guardare lontano,* trad. it., Milano, 2012.

HADJIEMMANUIL C., *Democracy, supranationality and central bank independence*, in *Central bank independence*, Dordrecht, 2001.

HERDEGEN M., *Price stability and Budgetary Restraints in the Economic and Monetary Union: the Law as Guardian of Economic Wisdom*, in CLM Review, 1998, n. 9.

KENNEDY E., *The Bundesbank. Germany's Central Bank in the International Monetary System*, London, 1991.

LABORDE J.-P., *Cosa resta del modello sociale europeo?*, in *Lav. Dir.*, 2013, n. 3.

LONGOBARDI N., *Le amministrazioni indipendenti*, in *Scritti per M. Nigro*, Milano, 1991.

LOUIS J. V., *Le sistème européen de banques centrales: les rapports entre banques centrales nationales et banque centrale européenne*, in *Mélanges offerts à P. Van Ommeslaghe*, Bruxelles, 2000.

LUCIANI M., *Costituzione, bilancio, diritti e doveri dei cittadini*, in *Astrid rassegna*, 2013, n. 3.

LUPO N., *Parlamento nazionale e Parlamenti nazionali nella Costituzione "composita" dell'UE: le diverse letture possibili*, in *Nuove strategie per lo sviluppo democratico e l'integrazione politica in Europa*, a cura di A. Ciancio, Roma, 2014.

MAGRI' G., *"Vietato dalle leggi" o "imposto dal pericolo"? Le OMT, la normatività della democrazia e la direttività del mercato*, in *Nuove strategie per lo sviluppo democratico e l'integrazione politica in Europa*, a cura di A. Ciancio, Roma, 2014.

MALATESTA A., *Artt. 105-124*, in *Commentario breve ai Trattati della Comunità e dell'Unione Europea*, a cura di F. Pocar, Padova, 2001.

MANETTI M., *Poteri neutrali e Costituzione*, Milano, 1994.

MANETTI M., *Le autorità indipendenti,* Roma – Bari, 2007.

MANGIAMELI S., *The role of National Parliaments in the European Union*, in *www.issirfa.cnr.it*, 2013.

MARSCH D., *The Bundesbank: the bank that rules Europe*, London, 1992.

MASSERA A., *"Autonomia" e "indipendenza" nell'amministrazione dello Stato*, in *Scritti in onore di M.S. Giannini*, Milano, 1988.

MERUSI F. – PASSARO M., *Le autorità indipendenti,* Bologna, 2003.

MEZZACAPO V., *L'indipendenza della Banca d'Italia*, in *Mercati e amministrazioni indipendenti*, a cura di F. Bassi – F. Merusi, Milano, 1993.

MORRONE A., *Crisi economica e diritti. Appunti per lo Stato costituzionale in Europa*, in *Quad. cost.*, 2014, n.1.

MORRONE A., *Crisi economica e integrazione politica in Europa*, in *Nuove strategie per lo sviluppo democratico e l'integrazione politica in Europa*, a cura di A. Ciancio, Roma, 2014.

NAPOLITANO G., *La crisi del debito sovrano e il rafforzamento della governance europea*, in *Uscire dalla crisi. Politiche pubbliche e trasformazioni istituzionali*, a cura di G. Napolitano, Bologna, 2012.

NEUMANN M.J.M, *Central bank independence as a prerequisite of price stability*, in *European Economics Review*, 1991, I.

OLIVITO E., *Atto primo: il Bundesverfassungsgericht rinvia alla Corte di Giustizia su OMT e poteri della BCE. Un'occasione per il futuro dell'Unione europea*, in *Costituzionalismo.it*, 2013, n. 3

ORTINO S., *Banca d'Italia e costituzione*, Pisa, 1979.

ORTINO S., *Banche centrali tra indipendenza ed autonomia*, in *Banca impresa società*, 1986.

PADOA SCHIOPPA T., *L'Europa verso l'unione monetaria. Dallo Sme al Trattato di Maastricht*, Bologna, 1992.

PADOA SCHIOPPA T., *Il governo dell'economia,* Bologna, 1997.
PADOA SCHIOPPA T., *The Euro and its Central Bank*, Cambridge, 2004.
PADOA SCHIOPPA T., in M. Selmayr – C. Zilioli, *La Banca centrale europea*, trad. it., Milano, 2007, IX della *Presentazione*.
PAPARELLA E., *Unione monetaria europea e indipendenza delle Banche centrali. Il caso della* Sveriges Riksbank, in *Europa e Banche centrali*, a cura di O. Roselli, Napoli, 2004.
PISANESCHI A, *Banca centrale europea, vigilanza bancaria e sovranità degli Stati*, in *federalismi.it.*, 2014, n. 17.
PISANESCHI A., *Legittimo secondo la Corte di Giustizia il piano di allentamento monetario (OMT) della BCE. Una decisione importante anche in relazione alla crisi greca*, in *federalismi.it*, 2015.
PISANESCHI A., *Il programma OMT della BCE al vaglio della Corte di Giustizia: considerazioni sulle Conclusioni dell'Avvocato Generale*, in *federalismi.it*, 2015.
PITRUZZELLA G., *Chi governa la finanza pubblica in Europa?*, in *Quad. cost.*, 2012, n. 1.
PREDIERI A., *Sistema bancario e istituzioni: un nuovo compito per il Parlamento?*, in *Città e regioni*, 1976, 12.
PREDIERI A., *Il potere della banca centrale: isola o modello*, Firenze, 1996.
PREDIERI A., *Non di solo euro. Appunti sul trasferimento di poteri al Sistema europeo delle banche centrali e alla Banca centrale europea*, in *Il diritto dell'Unione Europea*, 1998, n. 1.
PREDIERI A., *Euro, poliarchie democratiche e mercati monetari*, Torino, 1998.
RAFFIOTTA E. C., *Il governo multilivello dell'economia,* Bologna, 2013 .
RAFFIOTTA E. C., *La banca centrale europea tra regole tecniche e vocazione politica. Verso una tecnocrazia europea?*, in *Nuove strategie per lo sviluppo democratico e l'integrazione politica in Europa*, a cura di A. Ciancio, Roma, 2014.
RICCIARDI R., *Sorpresa BCE, abbassa tutti i tassi. Il QE sale a 80 miliardi al mese*, in *repubblica.it*, 10/03/2016.
ROKKAN S., *Formazione degli stati e differenze in Europa*, in *La formazione degli Stati nazionali nell'Europa occidentale*, a cura di C. Tilly, Bologna, 1984.
RUGGERI A., *Una Costituzione ed un diritto costituzionale per l'Europa unita*, in *Lineamenti di diritto costituzionale dell'Unione europea*, a cura di P. Costanzo – L. Mezzetti – A. Ruggeri, Torino, 2014.
SABOURIN P., *Les autorités administratives indépendantes*, in *L'Actualité juridique. Droit Admnistratif*, 1983, n. 5.
SCHMITT C., *Teologia politica*, trad. it., in *Le categorie del "politico". Saggi di teoria politica*, a cura di G. Miglio – P. Schiera, Bologna, 1972.
SELMAYR M. – ZILIOLI C., *La Banca centrale europea*, trad. it., Milano, 2007.
SICLARI D., *Costituzione e autorità di vigilanza bancaria*, Padova, 2007.
STURM R., *How independent is the Bundesbank?*, in *German politics,* 1995, n. 4.
TARQUINI A., *Berlino propone un'eurotassa per rafforzare l'Unione monetaria*, in *Repubblica.it* del 26/07/2015.
TESAURO P., *Le "Independent Regulatory Commissions". Organi di controllo dei pubblici servizi negli Stati Uniti*, Napoli, 1966.
TRIULZI U., *La Banca Centrale Europea motore dell'integrazione politica*, in *federalismi.it*, 2015, n. 3 (a).
TRIULZI U., *La crisi della Grecia è la crisi dell'Europa?*, in *federalismi.it*, 2015, n. 15 (b).
VILLANI U., *Istituzioni di Diritto dell'Unione europea*, 2 ed., Bari, 2011.
ZATTI F., *Il ruolo della Banca d'Italia tra Sebc, Bce ed istituzioni politiche nazionali*, in *Europa e Banche centrali,* a cura di O. Roselli, Napoli, 2004.
ZILIOLI C., *Art. 284*, in *Commentario breve ai Trattati dell'Unione Europea*, a cura di F. Pocar – M. C. Baruffi, Padova, 2014.

ORGANISMI SOVRANAZIONALI E LEGITTIMAZIONE DEMOCRATICA. SPUNTI PER UNA RIFLESSIONE*

Ginevra Cerrina Feroni

Professore Ordinario di Diritto pubblico comparato nell'Università di Firenze

1. Inquadramento del tema

Se c'è un tema sul quale tutti sembrano concordare questo è la crisi della rappresentanza. Una crisi che viene da talmente tanto lontano che ci si è chiesti in quale momento della nostra storia costituzionale si sia davvero potuta esprimere la mitica età dell'oro del Parlamento e del parlamentarismo (M. Luciani, 2001, 114). Una crisi che ha alle sue spalle la perdita di centralità della politica e che ha determinato da parte dello stesso Parlamento il favore per processi di neutralizzazione (C. Schmitt, 1972, 167 ss.), anch'essi ormai risalenti nel tempo, come ad esempio lo sviluppo delle autorità amministrative indipendenti.

Il massimo grado di delegittimazione del potere politico, a vantaggio di organismi tecnici e neutrali, irresponsabili nei confronti dei corpi elettorali nazionali, lo si trova oggi, da un lato, nell'arena globale delle organizzazioni e dei regolatori internazionali

---

* Il presente scritto è in corso di pubblicazione in *Rappresentanza e globalizzazione, Atti del Convegno dell'Associazione di Diritto Pubblico Comparato ed Europeo, Università degli Studi di Sassari, 19 ottobre 2015*, a cura di Carla Bassu e Giuliana G. Carboni, Torino, Giappichelli 2016.

e, dall'altro, nel processo di integrazione europea, che pure è un processo di globalizzazione. Una globalizzazione che "costituisce una difficoltà per la democrazia", sia perché "non costruisce istituzioni democratiche a livello internazionale", sia perché "decostruisce (...) la democrazia dentro gli Stati" (U. Allegretti, 2006, 69-70).

Il tema può essere affrontato sulla base dell'analisi di alcuni casi paradigmatici sia nell'ambito delle organizzazioni internazionali, sia in quello della Unione europea.

2. La regolazione del sistema finanziario e assicurativo quale paradigma del processo di "neutralizzazione" del potere statale sul piano internazionale

Sul primo profilo, ovvero le organizzazioni internazionali, è un dato di fatto che la c.d. "arena globale" è divisa oggi tra Stati sovrani e differenti soggetti - internazionali e nazionali - i quali interagiscono tra loro, e tra loro e i privati (siano essi persone fisiche o giuridiche), attraverso un complesso sistema di regole e di norme (M. Mazower, 2013). Per l'elaborazione di scelte e politiche pubbliche non è, infatti, più possibile affidarsi esclusivamente all'autarchia degli Stati, o agli accordi diretti tra questi, considerata proprio la complessa dimensione ultrastatale delle problematiche che si debbono affrontare. Si pensi, ad esempio, ai problemi posti dalla regolazione della finanza che, data la mobilità dei capitali e degli strumenti finanziari, impone necessariamente l'adozione di regole che valgano oltre i confini nazionali. Ma ciò sta determinando una molteplicità di effetti rilevanti nella sfera del diritto (R.O. Keohane, 2001, 3 ss.).

Circa questa trasformazione della natura e dell'attività di regolazione va evidenziato, in particolare, che la redazione di regole e *standards* globali è realizzata sempre più spesso da organismi che vedono al proprio interno la collaborazione tra rappresentanti di autorità amministrative nazionali che cooperano con le corrispondenti autorità di altri Paesi (K. Davis, A. Fisher, B. Kingsbury, S.E. Merry, 2012, 437 ss.). Ciò significa che in tali strutture lo Stato si "disaggrega" nelle sue singole componenti amministrative, perdendo il proprio carattere di unitarietà. Emblematico di ciò è il settore finanziario e assicurativo ed, in particolare, il ruolo svolto da tre organismi: il c.d. Comitato di Basilea, l'*International Organizations of Securities Commissions* e l'*International Organization of Insurance Supervisors.*

Il primo organismo, ovvero il *Basel Committee on Banking Supervision* (BCBS), è stato istituito nel 1974 dagli Stati facenti parte del G-10. L'organo principale è il "Gruppo dei Governatori", composto dai Governatori delle Banche Centrali dei Paesi del G-10. La sua finalità è quella di promuovere la cooperazioni tra le Banche centrali ed altre agenzie equivalenti. Il Comitato è un organismo esclusivamente propositivo, che non ha capacità regolamentare autonoma, sebbene i Paesi che vi aderiscono sono implicitamente vincolati agli accordi raggiunti e quelli che non vi aderiscono si adeguano a quello che, di fatto, diventa uno *standard* regolamentare (S. Gleeson, 2012). Il BSBC opera mediante l'emanazione di linee guida, *standards*, raccomandazioni e accordi. Tra le finalità che si pone il BCBS vi sono, in particolare, quelle di: rafforzare la sicurezza e l'affidabilità del sistema finanziario; stabilire degli *standards* minimi in materia di vigilanza prudenziale; diffondere e promuovere le migliori pratiche bancarie e di vigilanza; incentivare la cooperazione internazionale in materia di vigilanza prudenziale. Di particolare importanza risultano essere gli "accordi di Basilea", linee guida in materia di requisiti patrimoniali delle banche.

Il secondo organismo è l'*International Organization of Securities Commissions* (IOSCO). Si tratta della organizzazione internazionale delle autorità di vigilanza sui mercati finanziari, fondata nel 1983, composta da circa duecento aderenti, che si dividono in autorità di vigilanza nazionali, quali membri ordinari, ed organizzazioni di borsa, quali membri affiliati. L'organizzazione, di cui per l'Italia fa parte la Consob, è suddivisa in quattro *Regional Standing Committees* per aree geografiche *(Africa/Middle-East Regional Committee, Asia-Pacific Regional Committee, European Regional Committee e Interamerican Regional Committee).* Le funzioni sono quelle di incentivare la cooperazione per il miglioramento della regolamentazione dei mercati e lo scambio di informazioni (A. Broome, 2014). L'organizzazione agisce quindi come una rete di amministrazioni nazionali che operano a livello sovranazionale per elaborare *standards* e *guidelines* per gli operatori del mercato. Gli *standards* adottati dalla IOSCO vengono applicati direttamente dalla Consob, senza necessità di un previo atto legislativo di recepimento, rompendo così la funzione di filtro del legislatore per l'applicazione del diritto internazionale non consuetudinario nell'ordinamento italiano.

Il terzo organismo è l'*International Organization of Insurance Supervisors* (IAIS). Costituita nel 1994 in Svizzera con la forma di organismo associativo senza fine di lucro, essa raggruppa le autorità dell'industria assicurativa dei diversi Paesi nel mondo. E' composta dalle autorità di vigilanza di oltre 140 Paesi. Per l'Italia ne fa parte l'IVASS (già ISVAP). L'organizzazione, che conta rappresentanti provenienti dalle autorità dei diversi Paesi, è divisa in un *Commitee System*, a sua volta formato da cinque *Commitees* creati per specifiche funzioni (*Audit and Risk*, *Budget*, *Financial Stability*, *Implementation and Technical Committees*) e da un *Supervisory Forum*. Esercita tre tipi di funzioni: la fissazione di *standards* in materia assicurativa; l'implementazione, congiuntamente alle autorità nazionali, delle *policies* e *guidelines* elaborate; la vigilanza sulla stabilità globale del settore assicurativo, sviluppata attraverso lo studio di metodologie per individuare e prevenire la formazione di rischi sistemici (J. Burling, K. Lazarus, 2011, 276 ss.). Come nel caso della IOSCO, anche la IAIS è partecipata direttamente da amministrazioni e non da Stati e l'adesione ad essa non si basa su trattati internazionali. Ne discende che le regole che essa elabora hanno il carattere di *soft law* ma la loro ricezione/attuazione avviene direttamente da parte della amministrazioni (in Italia l'IVASS) senza la necessità di un atto legislativo di recepimento.

Accanto a queste forme di regolazione, crescono anche regolatori tutti privati, come l'*International Accounting Standards Board* (IASB) e l'*International Federation of Accountants* (IFAC). In particolare l'*International Accounting Standards Board* (IASB) è stato fondato nel 1973, come ente di natura privata avente la funzione di emanare principi contabili internazionali. Al vertice della struttura dell'IASC si trova la IASC

Foundation, con sede negli Sati Uniti, che definisce i programmi dell'organizzazione. A completare la struttura vi è il *Board* che è composto da quindici membri, nominati dalla IASC *Foundation*. Tra le sue funzioni vi è quella di elaborare principi e norme contabili che siano internazionalmente adottabili. Essendo un ente di natura privata, i suoi atti non sono vincolanti. L'operato dell'IASB è però sostenuto dal *Basel Committee on Banking Supervision* (BCBS), dall'*International Organization of Securities Commissions* (IOSCO) ed anche dalla Banca Mondiale, con la conseguenza che le norme ed i principi da questo predisposti acquisiscono il carattere di *soft law* e vengono usualmente adottati negli Stati che ne riconoscono l'istituzione e l'attività. E' un esempio emblematico del fatto che lo Stato sta riducendo il suo ruolo di attore unico delle politiche di regolazione, dovendo confrontarsi anche con istituzioni private e con soggetti ibridi pubblico-privati (F. Cafaggi, 2016, 212 ss.).

La trasformazione dei modelli organizzativi internazionali di cui si è detto sta portando alla creazione di reti transnazionali di regolatori, formate da nuovi soggetti, i quali sono costituiti direttamente da amministrazioni o da privati, ma non da Stati, e che perciò non godono più neppure della legittimazione indiretta, tipica della tradizionali organizzazioni internazionali, composte e partecipate dagli Stati (come l'ONU, la FAO, l'IFAD, il WFP e l'ILO). In altre parole, le regole, gli *standards*, le *policies* poste direttamente da organizzazioni e da regolatori internazionali (come nel caso della IOSCO e dell'IAIS) sono destinate ad avere efficacia nei singoli Stati nazionali attraverso l'attuazione diretta da parte delle amministrazioni nazionali, ma senza che sia necessaria l'interposizione del legislatore nazionale, che non è più chiamato a ratificare le relative regole in apposite norme e dunque cessa di svolgere quella funzione di "mediazione" tipica del diritto internazionale (M. De Bellis, 2012, 119).

3. Processi di neutralizzazione del potere statale sul piano della Unione europea. Un focus sulla nuova regolazione del sistema bancario

La marcata tendenza alla depoliticizzazione e alla tecnocrazia si riflette in modo evidente anche sul piano della Unione europea. Per rimanere nel campo economico-finanziario, emblematico è il caso della Banca centrale europea che costituisce il nucleo dell'eurosistema e del sistema europeo di banche centrali. Come noto, dal 1° gennaio 1999 la BCE ha assunto la responsabilità della conduzione della politica monetaria per l'area dell'euro. Essa rappresenta un esempio unico di tecnocrazia pura, maggiore persino rispetto alla *Federal Reserve* americana (G. Colafrancesco, F. Borasi, 2013, 110). Quest'ultima, infatti, opera comunque all'interno di una struttura politica nella quale Presidente, Congresso e Tesoro sono in grado di fornire tutti i necessari contrappesi politici. Diversamente la BCE, vista l'assenza di un vero e proprio governo europeo, opera esclusivamente sulla base di criteri tecnici (su questi temi, E. Raffiotta, 2013, 61). L'art. 284 TFUE si limita a prevedere che "la Banca centrale europea trasmette al Parlamento europeo, al Consiglio e alla Commissione nonché al Consiglio europeo, una relazione annuale sull'attività del SEBC e sulla politica monetaria dell'anno precedente e dell'anno in corso. Il presidente della Banca centrale europea presenta tale relazione al Consiglio e al Parlamento europeo, che può procedere su questa base ad un dibattito generale". D'altra parte, ai sensi dell'art. 282 TFUE, "la Banca centrale europea è indipendente nell'esercizio dei suoi poteri e nella gestione delle sue finanze" e "le istituzioni, organi e organismi dell'Unione e i governi degli Stati membri rispettano tale indipendenza". La BCE si caratterizza dunque come vero e proprio organo di governo, in conseguenza sia delle attribuzioni dei nuovi Trattati, sia dell'interpretazione estensiva delle previsioni previgenti (vedi ora gli artt. 121-122 TFUE) (S. Antoniazzi, 2013, 187 ss.). In verità, l'isolamento dei tecnocrati della moneta produce conseguenze serie, sotto il profilo della legittimazione democratica. La politica monetaria europea, sulla spinta della Germania (che gode in materia di una posizione di forza), è concepita quasi esclusivamente in difesa della stabilità monetaria e da esperti economici che operano in un vuoto politico praticamente totale. Salvo il caso della Germania, la maggior parte degli Stati membri non assegna la stessa priorità alla lotta all'inflazione, ma si trova costretta ad accettare le politiche di rigore stabilite dalla BCE senza possibilità alcuna di venir meno a dette condizioni, se non la stipula di un nuovo Trattato che richiede la ratifica di tutti gli Stati membri: operazione al limite dell'impossibilità.

Altro esempio significativo è rappresentato dalla Autorità bancaria europea (EBA) che costituisce, insieme alla BCE, un tassello fondamentale della unione bancaria. L'Autorità è un organismo istituito con il regolamento dell'Unione europea n. 1093/2010 del 24 novembre 2010 e che ha cominciato ad operare il 1° gennaio 2011. Si tratta di un'Autorità indipendente dell'Unione europea che opera al fine di assicurare, nel settore bancario europeo, un livello di regolamentazione e di vigilanza prudenziale efficace ed uniforme. Senza entrare nel dettaglio della composizione e delle funzioni dell'Autorità (G. Cerrina Feroni, 2014), merita, tuttavia, ricordare solo il suo ruolo di regolatore tecnico, ovvero quello di contribuire alla creazione di un *corpus* unico di norme del settore bancario, norme prudenziali armonizzate per gli istituti finanziari in tutta l'UE, che consentano di assicurare condizioni di parità e una tutela elevata dei depositanti, degli investitori e dei consumatori, attraverso l'adozione di orientamenti e di norme tecniche (c.d. *single rulebook*) che assumono natura vincolante in quanto trasfusi in atti della Commissione. La predisposizione di norme tecniche di regolamentazione dovrebbe essere generalmente preceduta da una fase di pubbliche consultazioni (gruppi di interesse, imprese, individui) che consentano lo scambio di informazioni e l'analisi dei potenziali costi-benefici. Consultazioni che, tuttavia, vengono omesse o nel caso in cui siano ritenute sproporzionate in relazione alle norme da adottare o nel caso di urgenza nel procedere. Ma chi lo decide? I settori coinvolti nell'attività dell'EBA sono molteplici: accesso all'attività creditizia e suo esercizio, adeguatezza patrimoniale, vigilanza prudenziale sui conglomerati finanziari, garanzia dei depositi, tutela di interessi pubblici quali stabilità del sistema finanziario, tutela dei depositanti, trasparenza dei mercati e dei prodotti finanziari. Oltre al ruolo di regolatore tecnico, l'Autorità assume anche decisioni di carattere vincolante. In particolare, assume decisioni vincolanti per risolvere controversie tra autorità nazionali di vigilanza e per porre rimedio ai casi di non corretta applicazione della normativa europea. Si tratta di poteri vasti e allo stesso tempo "fumosi", non configurabili entro confini certi con una mera ricognizione delle disposizioni in materia, ma comunque tutti con dirette ricadute sui cittadini degli Stati membri (E.L. Camilli, 2015, 213 ss.).

4. Dare sostanza alla accountability dei regolatori internazionali

Nel complesso, l'elaborazione di regole globali, ad opera di soggetti caratterizzati da una forte *expertise* tecnica e non assimilabili agli Stati nazionali, solleva il rischio di una "tecnocrazia globale" (M. Shapiro, 2005, 241 ss.). Deriva da ciò la rinnovata centralità del risalente dibattito sul *gap* di legittimazione democratica delle organizzazioni e dei regolatori internazionali (R. A. Dahl, 1999), così come quello antico del deficit di legittimazione democratica della Comunità europea, poi UE. Tale dibattito assume però oggi caratteri e contenuti inediti. Quanto ai regolatori internazionali, la discussione pare aver abbandonato il profilo relativo alla eventuale costruzione di una "democrazia rappresentativa globale" - la cui creazione è considerata sempre meno un'ipotesi plausibile (R.O. Keohane, 2003, 388 ss.) - per focalizzarsi, invece, sugli aspetti relativi alla possibile attivazione di strumenti idonei a costituire una sorta di surrogato degli istituti democratici, laddove questi non possano più trovare applicazione integrale e diretta (J. Weiler, 2004). In tal senso l'attenzione si è quindi concentrata, in modo prioritario, sul dare contenuto e sostanza all'idea di *accountability* degli organismi e dei regolatori sovranazionali, al fine di rinforzarne, in via indiretta, la legittimazione democratica. In altri termini il *focus* si è spostato più che sulla loro natura e composizione, sul concetto di responsabilità *in itinere* ed *ex post* per il loro operato. Questa stessa nozione di *accountability*, e così la sua applicazione, si atteggia tuttavia in maniera variabile a seconda del contesto di riferimento e, allo stesso modo, si caratterizza per differenti aspetti critici, di importanza non trascurabile.

La nozione di *accountability* può essere, tuttavia, intesa almeno in due modi diversi, a seconda che la si interpreti in senso verticale od orizzontale. Il primo tipo (verticale) coincide con l'idea che i regolatori internazionali debbano essere responsabili per il loro operato davanti ai governi nazionali e ai cittadini, attraverso i comuni meccanismi di elaborazione, applicazione e revisione delle decisioni. Si tratta quindi del tipo di *accountability* che tradizionalmente ha caratterizzato le organizzazioni di diritto internazionale, a cui gli Stati aderiscono tramite appositi trattati, i quali fissano le relative regole di appartenenza ad esse.

Nel caso, invece, dei "nuovi" regolatori globali (pubblici o privati) e delle reti transnazionali di regolazione, assume maggiore rilevanza la diversa nozione di *accountability* di tipo orizzontale. Con essa si intende che la platea dei soggetti ai quali le istituzioni sovranazionali sono "legate", attraverso un preciso vincolo di responsabilità, è esteso esplicitamente e implicitamente a un numero molto più ampio di soggetti e *stakeholders* (E. Benvenisti, 2014). Quanto ai soggetti verso cui questa responsabilità di tipo orizzontale può operare, questi possono essere sia altre istituzioni globali (è questo il caso delle c.d. *peer reviews* tra regolatori), che gli stessi destinatari delle regolazioni o portatori di interessi a queste riferibili (T. Schillemans, 2008). L'effettività della *accountability*, soprattutto di quella di tipo orizzontale, come è evidente, dipende però dalle modalità concrete attraverso cui le organizzazioni e i regolatori globali si relazionano con gli altri soggetti destinatari della loro azione, o comunque in essa coinvolti.

Sul punto, è stata proposta una tassonomia, che distingue tra gli strumenti di coinvolgimento di tipo *istituzionale* e gli strumenti di tipo *procedurale*. Sulla base di tale classificazione, possono rientrare, tra i primi, doveri come quelli di rendicontazione della propria attività e poteri come quello di nomina di un organismo nei confronti di un altro o di sottoposizione gerarchica di un organo interno ad un altro organo, sempre della medesima istituzione. Diversamente, nei secondi, si è soliti ricomprendere la possibilità per gli interessati di partecipare ai procedimenti che li riguardano, nonché la predisposizione di obblighi di motivazione delle decisioni. Questi meccanismi di tipo procedurale permettono di creare un legame tra regolatori e regolati e tra regolatori e altri regolatori. Essi, dunque, dovrebbero "mimare", sebbene in forme originali e diverse, i meccanismi della legittimazione legati al circuito elettorale, secondo un'idea di *check and balances* appunto di tipo orizzontale, non distante dal modello "madisoniano" di democrazia (D. Dyzenhaus, 2005 e R. Dahl, 1956).

In tal senso, è stato sottolineato che una parte del *deficit* di rappresentatività delle organizzazioni e dei regolatori internazionale potrebbe essere quindi compensata e ridotta tramite la sperimentazione di nuove forme di *accountability*, giuridiche e istituzionali. Tuttavia tali tecniche di legittimazione, alternative dei regolatori globali, possono operare validamente solo se si rispettano alcuni principi di base, come quelli citati della trasparenza e dell'obbligo di giustificare le proprie decisioni. Questi principi, che indirettamente si potrebbero far risalire all'idea del *due process*, non sono però attualmente imposti in via trasversale a tutti i differenti regolatori e organismi internazionali (A. Buchanan, R. O. Keohane, 2006, 405 ss.).

Un secondo aspetto centrale da considerare, nel valutare l'operato dei regolatori internazionali, anche con riferimento al loro "tasso di democraticità", concerne il valore legale delle regole, degli *standards*, delle raccomandazioni o delle linee guida da essi adottati. Molti dei loro atti rientrano, infatti, nella più ampia categoria della c.d. *soft law*, la cui funzione è quella di essere destinata a convincere, piuttosto che a costringere, giacché, a differenza di quanto accade per la legge, l'adesione ad essa ha carattere volontario (N. Brunnson, B. Jacobbson, 2000). Le regole globali poste in essere dai citati organismi si caratterizzano dunque per essere, nella maggior parte dei casi, delle semplici indicazioni, non cogenti, che assumono, alternativamente, la forma dei *principles*, molto generali e flessibili, ovvero delle *methodologies* o *guidelines*, più dettagliate e specifiche.

Ciò implica conseguenze significative. Intanto, pare affermarsi una nozione di "democrazia globale" intesa più come *governance* che come *government* (specie nella sua originaria accezione strettamente statale), in cui sono ricomprese non solo norme primarie ma anche atti da queste particolarmente diversi, in un contesto in cui più che al rispetto del principio di legalità, le istituzioni debbono guardare a quello della *rule of law* globale (A. Scalia, 1989, 167 ss.).

Al contempo, questa "democraticità" nella *governance* globale risulta però essere ampiamente imperfetta, quantomeno per tre ragioni.

In primo luogo, l'implementazione dei meccanismi di *accountability*, in precedenza indicati, è ancora estremamente frammentata, non esistendo un corpo minimo di regole applicabili all'insieme dei regolatori globali. Ciò comporta l'esistenza di *practices* differenti a seconda delle istituzioni di riferimento e l'inevitabile riduzione della stessa portata di "legittimazione" strutturale che dovrebbe conseguire dall'applicazione di strumenti di responsabilità procedurali per i vari regolatori (R.B. Stewart, 2014, 211 ss.).

In secondo luogo, la natura di *soft law* della maggior parte delle decisioni dei regolatori internazionali fa sì che non sempre esse vengano applicate, inficiando anche l'effettività dell'azione di questi. Al di là di alcuni casi specifici (ad esempio come quello del Comitato di Basilea o del Fondo Monetario Internazionale, le cui determinazioni assumono valere cogente per effetto di accordi sia espliciti che impliciti), resta infatti nella libertà degli Stati o delle rispettive amministrazioni dare seguito o meno a molte delle determinazioni assunte dagli organismi internazionali diversi da quelli istituti tramite apposito trattato (P.H. Verdier, 2013, 113 ss.). Ciò, come ha evidenziato la crisi economica del 2008, implica la possibilità che si verifichino fallimenti della regolazione, causati proprio dall'asimmetria tra gli eventi che hanno luogo in uno scenario globale e le risposte, a questi, che possono avere carattere solo locale o regionale, senza un adeguato coordinamento tra loro (R. Posner, 2011 e J. Stiglitz, 2009).

Infine, non è prevista neppure una uniforme applicazione della *judicial review* delle decisioni assunte dai regolatori internazionali da parte delle varie Corti, nazionali e internazionali, né esiste una comune base di regole quanto ai ricorsi "amministrativi" direttamente esperibili ad organi delle stesse istituzioni che hanno assunto la decisione contestata (E. Lauterpacht, 1999, 92 ss.).

Per queste ragioni, si sostiene diffusamente la necessità di sottoporre i differenti regolatori e organismi sovranazionali ad uno stringente corpo di regole che li costringa, in modo trasversale e uniforme, ad operare in maniera trasparente e il più possibile partecipata.

5. Ancora sul deficit di legittimazione democratica della UE

Parzialmente diverso il tema della UE. E' soprattutto dagli inizi degli anni '90 del secolo scorso che si innesta un processo inarrestabile di perdita di autorità e di legittimità del progetto europeo che fa cominciare a parlare di deficit di legittimazione democratica. Le cause di un simile fenomeno sembrano essere di natura strutturale e sono riconducibili a diverse ragioni.

Un primo ordine di ragioni si è evidenziato storicamente nel c.d. "metodo comunitario" che, secondo il modello decisionale originario previsto dal Trattato, affidava il monopolio dell'iniziativa legislativa ad un organo esecutivo, la Commissione, del tutto privo di legittimazione democratica. La Commissione europea, organo comunitario per eccellenza, grazie alla sua competenza propositiva esclusiva, determinava in pratica l'agenda della Comunità ed era poi responsabile dell'elaborazione delle proposte per l'adozione formale da parte del Consiglio dei ministri e dell'emanazione di normative secondarie. Inoltre, era rimessa alla Commissione anche la fase dell'attuazione, per mezzo di regolamenti amministrativi. In tal senso, da un punto di vista giuridico la democraticità del sistema avrebbe potuto essere recuperata semplicemente incrementando le funzioni del *Parlamento europeo*. "*No integration without representation*" è il titolo dell'ultimo capitolo di un libro sull'evoluzione del Parlamento europeo che ben evoca la necessità condivisa di trovare una soluzione al deficit democratico dell'UE, rafforzando in primo luogo la rappresentanza dei cittadini (B. Rittberger, 2005). Seguendo infatti la visione classica, il Parlamento è l'unico (o comunque il principale) depositario di legittimità e di democraticità (J.H. Weiler, 2003, 137). Il rafforzamento del Parlamento europeo e l'elezione diretta dello stesso (1979), se seguita da una forte partecipazione al voto, avrebbero potuto colmare il deficit democratico. Altiero Spinelli, il 10 febbraio 1977, in occasione del dibattito per la ratifica della Convenzione per le elezioni dirette del Parlamento Europeo, lo espresse con chiarezza: "Se la parola 'popolo' significa un insieme di uomini che sono e che si sentono partecipi di comuni istituzioni, attraverso le quali esprimono e cercano di realizzare impegni comuni, con questa elezione diretta assisteremo alla nascita del 'popolo europeo'".

Invece, a livello politico questo non è avvenuto. Al contrario, l'aumento continuo dei poteri del Parlamento europeo ha visto "una parallela, costante diminuzione del tasso di partecipazione alle elezioni europee" (G. Majone, 2010, 5). Lo dimostrano i dati: nel 1979 la partecipazione media fu pari al 63% degli aventi diritto al voto (85,5% in Italia); nel 1989 la partecipazione media scese al 58,5% (81,5% in Italia); nel 1994 scese ancora al 56,8% (74,8% in Italia); nel 1999 essa scese sotto la soglia del 50%, con percentuali inferiori al 30% non solo in Gran Bretagna, ma anche nei Paesi Bassi. *Trend* negativo costante nelle elezioni del 2004 e del 2009 (43,08%). Nel 2014, complessivamente, sono andati a votare il 43,1% degli elettori nei 28 Paesi membri dell'Unione. In Italia si è raggiunto il 58,7%. Guardando in particolare al nostro Paese, nell'arco di 10 anni la partecipazione alle europee è scesa di 13 punti percentuali, mentre a livello generale in Europa è diminuita di appena 2 punti. Se si assume come riferimento l'elezione del 1979, e si confrontano quindi solo gli Stati membri che hanno votato fin dall'inizio, il crollo della partecipazione in Italia risulta di 26,9 punti percentuali, un'evoluzione negativa non raggiunta da nessuno degli altri Paesi (dati e analisi Istituto Cattaneo).

Con l'entrata in vigore del Trattato di Lisbona il Parlamento europeo ha acquisito nuovi e importanti poteri. In particolare, con Lisbona la procedura di co-decisione, che fa del Parlamento il co-legislatore a tutti gli effetti, è assurta a rango di procedura legislativa ordinaria. Le sue competenze in materia di bilancio sono state considerevolmente estese e l'approvazione del Parlamento diventa necessaria su un vasto spettro di materie, incluso l'avvio delle cooperazioni rafforzate. E' previsto inoltre un suo ruolo rafforzato anche nella procedura di nomina del Presidente della Commissione europea. Vedremo se il Parlamento europeo sarà in grado di dimostrare di essere un attore in grado di far valere con efficacia le sue prerogative e dunque di incidere sul processo di rafforzamento della democrazia rappresentativa dell'Unione. Potrebbe essere utile "europeizzare l'elezione del Parlamento europeo" (A. Manzella, 2015) denazionalizzando e uniformando gli attuali variegati sistemi elettorali che in ciascun Stato membro ne presidiano l'elezione, nonché prevedendo candidature elettorali "europee" per la Presidenza della Commissione. Così come persiste ad oggi la mancanza di partiti europei capaci di operare a livello transnazionale, sebbene il Trattato di Lisbona configuri "i partiti politici a livello europeo" come attori che contribuiscono "a formare una coscienza politica europea e ad esprimere la volontà dei cittadini dell'Unione" (art. 10, par. 4, TUE).

Un altro ordine di ragioni si evidenzia nella complessità dell'organigramma dell'UE, nella difficoltà di orientarsi nelle normative europee che regolano ciascun organismo, nella scarsa trasparenza dei processi decisionali, nella mancanza di idonei meccanismi per valutare la responsabilità dei diversi attori che finisce per determinare uno scollamento non solo (e non tanto) tra livello sovranazionale e livello statale, ma soprattutto tra UE e cittadini.

Si pensi al tema degli organismi interistituzionali, non qualificati come istituzioni dall'art. 13 TUE, che svolgono funzioni specializzate e la cui stessa mappatura è impresa quasi "biblica". Si considerino, a mero titolo esemplificativo, le Agenzie decentrate che svolgono funzioni tecniche, scientifiche e di gestione per aiutare le istituzioni dell'UE a formulare e attuare le politiche. Se ne contano oltre 30 sui settori più vari: sostanze chimiche, ambiente, pesca, medicinali, sicurezza aerea, trasporto ferroviario, ecc. Vi sono poi le Agenzie per la politica di sicurezza e di difesa comune, ovvero Agenzie istituite per svolgere compiti molto specifici di natura tecnica, scientifica e amministrativa nell'ambito della politica di sicurezza e di difesa comune dell'Unione europea. Agenzie esecutive che aiutano la Commissione europea a gestire i programmi dell'UE: come, ad esempio, l'Agenzia esecutiva del Consiglio europeo della ricerca (CER), l'Agenzia esecutiva per i consumatori, la salute, l'agricoltura e la sicurezza alimentare (CHAFEA), l'Agenzia esecutiva per l'innovazione e le reti (INEA). Vi sono infine Agenzie e organismi di EURATOM: organismi costituiti per contribuire alla realizzazione degli obiettivi del Trattato. Un apparato elefantiaco sul quale occorrerebbe intervenire con un percorso ragionato di semplificazione. Le direzioni verso cui muoversi potrebbero essere: a) specificazione, nelle normative europee di regolazione dei diversi organismi, delle procedure di nomina dei consigli di amministrazione e dei comitati direttivi; b) imposizione di precisi requisiti di competenza ed indipendenza per i loro membri, forme di controllo e di responsabilità;

c) accesso alle informazioni e maggiore trasparenza dei procedimenti decisionali; d) rafforzamento degli strumenti di partecipazione diretta e coinvolgimento nei processi decisionali degli organismi di rappresentanza di interessi diffusi o di settore.

Ulteriore fattore di appesantimento è ricollegabile anche alla diffusione di istituzioni non-maggioritarie, ovvero –riprendendo la nota formula di J.H. Weiler– all'"avvento dell'infranazionalismo come elemento caratteristico del sistema di governo europeo". Si tratta, più precisamente, di istituzioni che svolgono funzioni pubbliche, assumono decisioni suscettibili di produrre conseguenze significative sui soggetti privati, senza tuttavia essere gravati di alcuna forma di responsabilità. Il riferimento è a quel mondo sommerso dei comitati della UE che prende il nome di "Comitologia". Si tratta di un fenomeno che per l'Autore non è facilmente inquadrabile: "L'infranazionalismo non è né incostituzionale né costituzionale. E' semplicemente al di fuori della costituzione. (...) L'infranazionalismo è assimilabile alla comparsa di un virus per cui gli antibiotici, predisposti per combattere germi e microbi, sono semplicemente inadatti. L'infranazionalismo svuota lo Stato e la nazione, privando nel contempo di senso le sue istituzioni come mezzo per comprendere e controllare il governo" (J.H. Weiler, 2003, 168-169).

Il Trattato di Lisbona (art. 290 TFUE) risolve la questione in modo drastico: trasforma le misure quasi-legislative in un'autonoma tipologia di "atti delegati", ovvero atti collocati a metà strada tra gli atti legislativi e gli atti esecutivi, qualificati come "atti non legislativi di portata generale che integrano o modificano determinati elementi non essenziali dell'atto legislativo" ed esclude i comitati da questo ambito decisionale. La comitologia continua ad essere invece presente con riguardo agli atti di esecuzione, regolati ora dall'art. 291 TFUE e dal reg. n. 182/2011.

Si tratterà dunque di capire se questi innesti democratici saranno utili per contribuire ad un processo di democratizzazione delle istituzioni dell'UE.

6. Conclusione in tre punti

Si impone la necessità di un dialogo interdisciplinare tra costituzionalisti, europeisti, internazionalisti per la individuazione di metodiche di analisi comuni. E il tema della legittimazione ne rappresenta il caso paradigmatico: i costituzionalisti lo affrontano in termini di legittimazione democratica; gli altri utilizzano il concetto di legittimazione in modo diverso, se non antitetico. Emblematico quello di legittimazione c.d. "negoziale" e di legittimazione c.d. "funzionale". Secondo la legittimazione negoziale, le decisioni assunte al livello europeo sarebbero state giustificate, da un punto di vista democratico, dalla sussistenza di un previo accordo degli Stati membri e dal coinvolgimento degli attori abilitati ad impegnare gli Stati nei negoziati internazionali. Secondo la legittimazione funzionale, le decisioni assunte al livello europeo si sarebbero giustificate con la capacità di assicurare vantaggi collettivi, altrimenti non perseguibili a livello statale. In tale ottica, ciò che conta sarebbe il risultato, ovvero la capacità di apportare valore aggiunto alle politiche nazionali. Del resto, nei primi decenni dall'avvio del progetto di integrazione europea si è pacificamente affermata l'idea che la Comunità economica, prima, e l'Unione europea, poi, fossero uno sviluppo naturale dello Stato nazionale per fronteggiare le nuove sfide della globalizzazione. Si riteneva infatti che i benefici dell'integrazione europea fossero tali da consentire un processo di sviluppo europeo graduale (e indolore). Da qui l'affermarsi di teorie come quella del c.d. "neofunzionalismo", che prevedeva un costante ampliamento delle funzioni sovranazionali (*spillover*) a discapito di quelle nazionali, e veniva supportata diffusamente dalle *élites* europee. A loro volta quest'ultime godevano di una generale fiducia da parte dei cittadini ("era del consenso permissivo"). Conseguentemente, gli impegni assunti dai *leaders* politici risultavano accettati (passivamente) senza particolari difficoltà o resistenze da parte degli elettori.

La logica funzionalista, che in questi anni ha guardato all'efficacia della soluzione adottata, ha, inoltre, imposto l'impiego di competenze scientifiche qualificate che hanno giustificato il proliferare di organismi "altri", braccia operanti delle istituzioni UE, di elevato livello tecnico-specialistico, sempre più indipendenti dal controllo dei politici eletti *e* che pone in modo forte il problema del deficit democratico. Una tendenza fuori controllo sulla quale ci sarebbe da riflettere proprio in chiave interdisciplinare.

In questo contesto quale ruolo hanno avuto gli intellettuali, gli studiosi, i giuristi, negli ultimi vent'anni sul progetto europeo? Ci pare che sia stato un ruolo complessivamente marginale. Mai anticonformisti, mai illuminanti, a parte qualche isolata voce (come quella di G. Guarino). Il fatto è che per trovare una lettura anticonformista dell'Europa mentre la si andava costruendo, come ora ce la ritroviamo, andrebbe richiamato il pensiero di Bettino Craxi. Nel 1997, intervistato dal settimanale austriaco Profil, a proposito del Trattato di Maastricht e di ciò che avrebbe prodotto, affermò che "l'Europa per l'Italia, nel migliore dei casi, sarebbe stata un limbo, nel peggiore un inferno" e che gli accordi andavano rinegoziati.

Questo è il nodo: il problema della legittimità/legittimazione - ovvero la ricerca della giustificazione ultima del potere politico, nel senso di conferire ad un soggetto (individuale o collettivo) il diritto di comandare e di dare all'obbedienza una base morale e legale - è diventato alquanto marginale nella riflessione dei giuristi. Ed invece non possiamo rinunciare a discuterne, poiché non può esistere uno Stato di diritto, senza che quello Stato sia anche uno Stato "legittimo". E se un ruolo devono avere oggi i costituzionalisti questo è proprio il rilancio di un vero processo costituente europeo, perché da questo dipenderanno anche le nostre sorti e le sorti della democrazia.

Ed infine quale deve essere il ruolo della sovranità degli Stati?

Non si può che ritenere che la difesa della Costituzione si misura anche nello sforzo di tutelare le prerogative della sovranità medesima. C'è bisogno di Stati forti, non di Stati deboli perché i destini, quantomeno in Europa, si giocheranno sempre più tra Stati nazionali e istituzioni centrali europee (BCE, Parlamento, Commissione). Ma anche a livello internazionale, il ruolo degli Stati nazionali è fondamentale, poiché qualunque riforma delle istituzioni internazionali, che tenti di ridurne il *de-*

ficit democratico, dovrà passare ancora attraverso gli Stati, che di questi regolatori o fanno parte o di cui, comunque, negoziano il ruolo e il funzionamento. Gli Stati che, per non svuotare di significato la stessa esistenza di queste istituzioni internazionali, dovrebbero dunque procedere ancora sulla strada della cessione di porzioni della loro sovranità per rinforzare la "nuova" (ma ad ora solo potenziale) democrazia della *global polity* (S. Cassese, 2013).

Riferimenti bibliografici

U. ALLEGRETTI, *Democrazia e rappresentanza nell'era della globalizzazione,* in L. Chieffi (a cura di), *Rappresentanza politica, gruppi di pressione, Élite al potere*, Torino, Giappichelli, 2006, 69 ss.

S. ANTONIAZZI, *La Banca Centrale Europea, tra Politica Monetaria e Vigilanza Bancaria*, Torino, Giappichelli, 2013.

E. BENVENISTI, *The Law of Global Governance*, Hague, Brill/Nijhoff, 2015.

A. BROOME, *Issues and Actors in the Global Political Economy*, New York, Palgrave Macmillan, 2013.

N. BRUNNSON, B. JACOBBSON, *A World of Standards*, Oxford, Oxford University Press, 2000.

A. BUCHANAN, R. O. KEOHOANE, *The Legitimacy of Global Governance Institutions*, in *Ethics and International Affairs*, 2006, 405-437.

J. BURLING, K. LAZARUS, *Research Handbook on International Insurance Law and Regulation*, Cheltenham, Edward Elgar, 2011, 276 ss.

F. CAFAGGI, *Trasnsational Private Regulatiom: Drivers, Tools and Effects*, in S. Cassese (a cura di), *Research Handbook on Global Administrative Law*, Cheltenham, Edward Elgar, 2016, 212 ss.

E.L. CAMILLI, *The Governance of EU Regulatory Powers in the Banking Sector*, in E. Chiti, G. Vesperini (a cura di), *The Administrative Architecture of Financial Integration*, Bologna il Mulino, 2015, 23 ss.

S. CASSESE, *Chi governa il mondo?*, Bologna, Il Mulino, 2013.

G. CERRINA FERONI, *Verso il Meccanismo Unico di Vigilanza sulle Banche. Ruolo e prospettive dell'European Banking Authority (EBA),* 17 settembre 2014, in www.federalismi.it.

G. COLAFRANCESCO, F. BORASI, *Il potere tecnocratico. Il sistema corporativo in periodo di crisi*, Torino, Giappichelli, 2013.

R. DAHL, *A preface to Democratic Theory*, Chicago, University of Chicago, 1956.

— *Can International Organizations Be Democratic? A Sketic's View*, in *Democracy's Edges*, Cambridge, Cambridge University Press, 1999.

K. DAVIS, A. FISHER, B. KINGSBURY, S.E. MERRY, *Governance by Indicators: the Global Power Through Classification and Rankings, Oxford, Oxford University Press*, 2012, 437 ss.

M. DE BELLIS, *La regolazione dei mercati finanziari*, Milano, Giuffrè, 2012.

D. DYZENHAUS, *The rule of (Administrative) Law in International Law*, in *Law and Contemporary Problems*, 2005 nn. 3-4, 127 ss.

S. GLEESON, *International Regulation of Banking*, Oxford, Oxford University Press, 2012.

R.O. KEOHANE, *Between Centralization and Fragmentation: The Club Model of Multilateral Cooperation and Problems of Democratic Legitimacy*, Paper prepared for the American Political Science Convention, *Washington, D.C.*, 2000.

R.O. KEOHANE, J.S. NYE, *Redifining Accountability for Global Governance*, in M. Kahler, D. A. Lake (a cura di), *Governance in a Global Economy: Political Authority in Transition*, Princeton-Oxford, Princeton University Press, 2003, 388 ss.

E. LAUTERPACHT, *Judicial Review of the Acts of the International Organizations*, in *International Law*, 1999, 92 ss.

M. LUCIANI, *Il paradigma della rappresentanza di fronte alla crisi del rappresentato,* in N. Zanon, F. Biondi (a cura di), *Percorsi e vicende attuali della rappresentanza e della responsabilità politica*, Milano, Giuffrè, 2001.

G. MAJONE, *Integrazione europea, tecnocrazia e deficit democratico*, in *Paper dell'Osservatorio Air*, 2010, 5.

A. MANZELLA, *Parlamento Europeo e Parlamenti Nazionali come Sistema*, in *Rivista AIC*, 1/2015.

M. MAZOWER, *Governing the World. The History of an Idea, 1815 to the Present*, London, Penguin, 2013.

R. POSNER, *A Failure of Capitalism,* Boston, 2011.

E. RAFFIOTTA, *Il governo multilivello dell'economia*, Bologna, BUP, 2013.

B. RITTBERGER, *Building Europe's Parliament. Democratic Representation Beyond the Nation State,* Oxford, Oxford University Press, 2005.

A. SCALIA, *The Rule of Law as a Law of Rules*, in *The University of Chicago Law Review*, 56, 4, 1989, 1175 ss.

T. SCHILLEMANS, *Accountability in the Shadow of Hierarchy: the Horizontal Accountability of Agencies*, in 8 *Public Organization Review*, 2008, 175 ss.

C. SCHMITT, *L'epoca delle neutralizzazioni e delle spoliticizzazioni*, ora in *Le categorie del 'politico'*, Bologna, Il Mulino, 1972, 167 ss.

M. SHAPIRO, '*Deliberative, Indipendent' Technocracy v. Democratic Politics: Will the Globe Echo the UE?*, in *Law & Contemporary Problems*, 2005.

R.B. STEWART, *Remedying Disregard in Global Regulatory Governance: Accountability, Participation and Responsiveness*, in 108 *American Journal of International Law*, 2014, 211 ss.

J. STIGLITZ, *Freefall. Free Markets and the Sinking of the Global Economy*, New York, 2009.

P.H. VERDIER, *Transnational Regulatory Networks and their Limits*, 34 *Yale Journal of International Law,* 2009, 13 ss.

J.H. WEILER, *La Costituzione dell'Europa*, Bologna, Il Mulino, 2003.

J. H. WEILER, *The Geology of International Law – Governance, Democracy and Legitimacy*, in *Heidelberg Journal of International Law*, 2004, 547 ss.

IL PROBLEMA DEI CONCETTI NEL DIRITTO COSTITUZIONALE EUROPEO. NOTE MINIME IN TEMA DI "ASSETTI DI ORGANIZZAZIONE COSTITUZIONALE"

Renato Ibrido

Assegnista di ricerca, LUISS Guido Carli

1. Premessa

L'interrogativo se i concetti realizzatesi storicamente all'interno di modelli di unità statuale sovrana possano fungere da chiavi di lettura del processo di integrazione europea costituisce un nodo aperto. A ben riflettere, d'altronde, il tema della "convivenza forzata" fra logica internazionalistica e logica costituzionalistica ha radici antiche, incontrando un importante precedente nella vicenda dei "federalismi per aggregazione". Basti pensare che già nel 1916 Rudolf Smend, rilevando la somiglianza del preambolo della Costituzione del *Reich* guglielmimo con quello di un trattato internazionale, ne lamentava l'inconferenza rispetto ai canoni stilistici di una costituzione statuale.

Ebbene, la scelta di subordinare l'impiego nel contesto UE di determinate categorie di derivazione statuale alla preventiva verifica della sufficiente convergenza delle opzioni organizzative accolte dalla UE rispetto a quelle sperimentate dallo stato nazionale si espone all'obiezione di elevare lo stato a parametro di riferimento quasi esclusivo nella comprensione del processo di integrazione. Sennonché, anche al netto di qualsiasi considerazione sulla specificità della parabola della UE rispetto a quella degli stati nazionali, la lettura dei processi di integrazione attraverso il prisma della statualità conduce a cristallizzare ed irrigidire un apparato concettuale che da tempo ha dimostrato di non saper reggere il passo di trasformazioni "endogene" già in atto all'interno degli stati stessi per cause che prescindono dalle dinamiche europee.

Da queste considerazioni discende la premessa metodologica sulla quale si articola il presente contributo, il quale mira a rielaborare in forma sintetica alcuni spunti di riflessione più ampiamente sviluppati in altri lavori dello stesso autore (Ibrido, 2015; Ibrido – Vosa, 2015). Secondo la tesi che si intende sostenere, non necessariamente è l'assetto istituzionale della UE a dover essere ripensato sulla base delle "vecchie" categorie costituzionalistiche di origine statuale, ma semmai è l'apparato concettuale degli stati membri ad incontrare nel processo di integrazione uno straordinario e decisivo fattore di attualizzazione.

Se d'altronde si accede all'opinione secondo la quale è l'elaborazione delle categorie giuridiche ad essere strumentale rispetto alla ricostruzione della logica dei processi reali, e all'assunto heideggeriano in base al quale ogni scienza è tale nella misura in cui riesca a mettere continuamente in crisi gli strumenti concettuali che essa stessa ha elaborato, è allora facile intuire, come in effetti già era stato rilevato nell'ambito del dibattito sulla storicità dei concetti giuridici, che i significati da attribuire alle categorie impiegate dai giuristi non sono immutabili, ma al contrario vivono nella storia e non sono comprensibili al di fuori di essa. A maggior ragione, in un frangente storico, quale quello attuale, nel quale gli ordinamenti costituzionali tendono a trascendere lo scenario degli stati come forme tipiche di organizzazione politica, la scelta di arroccarsi nella difesa di elaborazioni dogmatiche maturate in sistemi ordinati da canoni di gerarchia e di esclusività non può che dare corpo ad un senso di impotenza e disorientamento nel giurista che intenda misurarsi con i problemi posti dal processo di integrazione.

2. Il concetto di "forma di governo" come caso paradigmato di "path dependency"

Nell'ambito della più ampia discussione sul trasferimento a livello UE degli schemi concettuali elaborati dalla dottrina del diritto pubblico dello stato nazione, la questione della configurabilità di una "forma di governo" dell'Unione europea occupa un posto senz'altro centrale.

Sotto questo profilo, il confronto fra gli indirizzi "scettici" ed i fautori dell'applicabilità del concetto di "forma di governo" alla UE si è giocato soprattutto su due terreni fondamentali. In primo luogo, tale confronto ha chiamato in causa il problema della legittimazione democratica dell'Unione. Valorizzando le interdipendenze fra "forma di stato" e "forma di governo", ed escludendo l'utilità di una comparazione fra "forme di governo" collocate al di fuori delle democrazie pluraliste, alcuni autori hanno rintracciato nel carattere democratico dell'assetto istituzionale un pre-requisito essenziale ai fini della configurabilità di una "forma di governo" europea.

In secondo luogo, tale discussione ha investito lo scivoloso tema della sovranità. Chi identifica nella UE un ordinamento costituzionale non statuale distinto da quello degli stati membri ma comunque in grado di esercitare frammenti di poteri sovrani nell'ambito della propria sfera di competenza appare più aperto, in linea di principio, a ragionare nei termini di una "forma di governo europea" (Cervati, 2000: 73 ss.). Coloro che invece, sulla scia della *Maastricht-Urteil*, muovono dalla premessa della permanenza in capo agli stati membri della titolarità della sovranità anche in relazione alle competenze "delegate" alla UE ritengono, invece, che soltanto per ellissi la categoria della "forma di governo" possa essere richiamata con riferimento all'Unione (Luciani, 2010: 540).

Gli orientamenti di ricerca che ammettono la possibilità di utilizzare nella descrizione dell'assetto istituzionale della UE i medesimi modelli già elaborati in relazione alle "forme di governo" o ai sistemi politici nazionali non costituiscono un blocco omogeneo. Mentre un primo indirizzo tende a valorizzare il profilo della responsabilità politica della Commissione nei confronti del Parlamento europeo, e dunque ad utilizzare schemi esplicativi sostanzialmente mutuati dalla tradizione della "forma di governo parlamentare" (Hix, 2008; Magnette, 1999), una parte della dottrina politologica è convinta che la UE, lungi dal configurare un modello di parlamentarismo federale, sarebbe approdata invece ad un "*separation of power system*" sulla falsariga di quello già sperimentato dalla democrazia composita statunitense. Secondo tale approccio, precisamente, l'Unione sarebbe guidata da un esecutivo "bicefalo" (Consiglio europeo e Commissione) e da un legislativo bicamerale (Parlamento e Consiglio) (Fabbrini, 2010).

Entrambe le impostazioni hanno prestato il fianco a diverse obiezioni. Secondo la tradizione, infatti, il modello *veritable* di "governo parlamentare" è quello fondato sul rapporto di fiducia fra parlamento e governo. Una condizione, quest'ultima, semplicemente irrealizzabile a livello europeo: sebbene la Commissione sia soggetta al voto di investitura del Parlamento, essa non esaurisce di certo il perimetro dell'esecutivo dell'Unione, ma ne rappresenta soltanto uno dei molteplici "luoghi" nei quali tale potere si frammenta e si disperde. L'esecutivo "diffuso" della UE coinvolge invece ulteriori soggetti, in primo luogo il Consiglio europeo ed il suo Presidente, i quali risultano politicamente irresponsabili dinanzi al Parlamento.

Ancora più problematica appare la seconda proposta ricostruttiva. L'idea di un sistema europeo a separazione dei poteri, pur trovando conforto nell'assenza del potere di scioglimento, appare smentita dalla natura ibrida del Consiglio, istituzione immessa nel procedimento legislativo ma che al tempo stesso è chiamata ad esercitare anche alcune funzioni di carattere esecutivo. Emblematico è, sotto questo profilo, il meccanismo di "auto-delega" di funzioni di esecuzione previsto dall'art. 291 TFUE.

Inoltre, l'assimilazione del Consiglio con una seconda camera sul modello *Bundesrat* finisce per trascurare la circostanza che i meccanismi di funzionamento del Consiglio sono irriducibili rispetto a quelli di una assemblea parlamentare. Non a caso, lo stesso *status* parlamentare della seconda camera nazionale che sarebbe stata oggetto di imitazione a livello europeo ha alimentato dubbi e incertezze in dottrina. Ma anche ad ammettere, per assurdo, l'esistenza nella UE di un bicameralismo federale, il

Consiglio dovrebbe essere allora accostato al *Bundesrath* della Costituzione del *Reich* tedesco del 1871 – la quale riservava a questa camera una collocazione prioritaria fra gli organi federali – piuttosto che non al *Bundesrat* del *Grundgesetz* del 1949.

Ma c'è di più. Quando si utilizzano in relazione alla UE i modelli di governo elaborati mutuati dall'esperienza organizzativa degli stati nazionali si rischia di sottovalutare il fatto che l'assetto istituzionale dell'Unione non costituisce un blocco omogeneo, ma che il livello di "parlamentarizzazione" o di "separazione dei poteri" si differenzia notevolmente a seconda dei diversi settori e materie nelle quali la UE è chiamata ad operare. Basti pensare ai campi della politica estera e monetaria, nei quali il tradizionale dualismo fra istanza intergovernativa e istanza democratico-rappresentativa sembrerebbe risolversi secondo soluzioni organizzative radicalmente agli antipodi rispetto a quelle accolte nelle materie soggette alla procedura legislativa ordinaria. In sostanza, se si vuole evitare di incorrere nell'equivoco già segnalato dalla teoria dei mutamenti di paradigma (T. Kuhn, 1962), dove le eccezioni che sfuggivano al modello esplicativo generale continuavano a moltiplicarsi fino a ribaltare il rapporto regola-eccezione, non è sufficiente parlare della UE nei termini di un "*hybrid model*", ma occorre assumere il prisma della "differenziazione" quale fondamentale criterio metodologico nella ricostruzione delle norme organizzative dell'Unione.

Invero, il concetto di "forma di governo" costituisce, per molti aspetti, un caso esemplare di "*path dependency*", espressione impiegata dagli economisti per indicare la persistenza di determinati modelli concettuali malgrado la loro inefficienza, poiché i costi connessi all'elaborazione di un paradigma alternativo sono considerati ancora troppo elevati. In relazione all'inefficienza di tale concetto mi limito qui a richiamare due aspetti.

In primo luogo, occorre tenere conto che la locuzione "forma di governo", benché particolarmente familiare alla dottrina costituzionalistica italiana, è tutto sommato storicamente recente e comunque applicata in una area geografica limitata. Ma anche a voler restringere il campo alla considerazione delle sole tradizioni culturali dei paesi della UE, rimane il fatto che il tema della "forma di governo" è sostanzialmente sconosciuto ad alcune esperienze, come quella del Regno Unito, mentre in altre – si pensi alla Spagna – è comunque oggetto di scarsa attenzione da parte dei costituzionalisti. Già questo primo dato potrebbe suggerire di evitare approcci "provinciali" o "nazionalistici" rispetto a trasformazioni costituzionali che, investendo 28 diverse realtà nazionali, richiedono un lessico scientifico maggiormente "inclusivo".

In secondo luogo, l'impiego della espressione "forma" presuppone un elevato grado di compattezza fra il quadro delle norme organizzative formate secondo percorsi tipici di produzione normativa e le reali dinamiche dei rapporti fra gli organi costituzionali. Se dunque la teoria delle "forme di governo" muove dalla premessa della capacità dei tentativi di razionalizzazione di "modellare" la realtà, lo studio dell'esperienza organizzativa della UE sembra squadernare scenari molto più complessi, ponendo l'accento, fra l'altro, su una certa portata ricettiva e ricompositiva dei processi di scrittura dei trattati. In ultima analisi, l'idea di "forma" appare incompatibile con il basso livello di cogenza delle regole concernenti gli assetti istituzionali e con lo speculare fenomeno dalla elevata capacità di un nucleo di regole di natura informale di imprimere effettiva prevedibilità al comportamento degli attori istituzionali europei.

Basti pensare, solo per citare alcuni esempi, alla scelta delle istituzioni di non applicare, per così dire, "*nemine contradicente*", l'art. 290 TFUE nella parte in cui tale disposizione prescrive agli atti legislativi di delimitare espressamente la durata della delega. Oppure si pensi alla procedura Barroso, la quale – a partire dal settembre 2006 – ha regolato la trasmissione delle proposte legislative e dei documenti di consultazione ai Parlamenti nazionali sulla base di due lettere della Commissione. Spunti significativi vengono altresì dall'Accordo quadro sulle relazioni tra il Parlamento europeo e la Commissione del 2010, il quale, fra l'altro, introduce una inedita procedura finalizzata a rimuovere il singolo commissario che non goda più dell'appoggio del Parlamento. Questi esempi confermano che la prevedibilità dei comportamenti delle istituzioni risulta condizionata più da alcune regole organizzative prive di un aggancio in espresse meta-norme sulla produzione che non piuttosto dai congegni di razionalizzazione inseriti nei Trattati.

In questo contesto, l'esperienza organizzativa della UE costituisce una ulteriore conferma di quanto già osservato da Gareth Davies, ossia che i difetti pratici e le aporie dogmatiche segnalate dal diritto costituzionale europeo possono rappresentare un utile specchio di criticità che in realtà investono già alla base gli apparati concettuali degli stati nazionali. Ebbene, proprio l'interfaccia della UE rende più facilmente visibili i profili di inefficienza della categoria della "forma di governo". Ciò non equivale, naturalmente, ad una "rottamazione" del fondamentale e imprescindibile contributo di Mortati, Elia e degli altri grandi Maestri che in passato hanno dedicato importanti studi al tema delle "forme di governo". Si tratta invece di "storicizzare" quel contributo e di evidenziare in che misura molti di questi studiosi non si siano occupati in realtà di "forme", ma, appunto, di "assetti di organizzazione costituzionale".

La formula appena enunciata si compone di due nuclei essenziali. Il primo, collegato al termine "assetto", intende esprimere la dinamicità e la concretezza delle soluzioni istituzionali chiamate ad organizzare il processo politico. Una dinamicità che non viene invece colta dalla locuzione "forma", la quale sembra pagare un tributo eccessivo ad una concezione "*law on the books*" anziché "*law in action*" del fenomeno giuridico. La scelta di impiegare l'espressione "assetti" muove dunque dalla constatazione che le società pluralistiche «non approdano necessariamente alla stabilizzazione dei rapporti di dominio» – il punto è emerso con particolare chiarezza nelle ricerche comparatistiche sulle "transizioni" – ma piuttosto producono nel tempo «assetti convenzionali, equilibri, (...) concordanze pratiche» (Ridola, 2011: 29).

Il secondo elemento della formula qui proposta è invece rappresentato dalla espressione "organizzazione costituzionale". In particolare, l'aggettivo "costituzionale" ha il pregio di rimarcare la distanza con il concetto di "*governance*". Beninteso: non si vuole negare che la UE sia oggi un banco di prova di processi decisionali multipolari di tipo orizzontale e informale. Si vuole invece sottolineare che il *deficit* di legittimazione dei sistemi di *governance* non consente di elevare questi ultimi a criterio esclusivo o privilegiato di comprensione degli assetti organizzativi della UE, in quanto essi si basano sul presupposto che l'individuo possa incidere sui processi di formazione delle decisioni pubbliche non tanto nella sua qualità di elettore e membro di una comunità politica, ma semmai in altre vesti, che a seconda dei casi potranno essere quella di utente, consumatore, lavoratore, *etc.* Il termine *governance* non consente dunque di cogliere l'aspetto costitutivo delle esperienze organizzative del costituzionalismo: l'idea che non sia sufficiente limitare il potere, ma che sia necessario altresì costruirne e preservarne le basi di legittimazione. Una angolatura di ricerca, quella del rapporto fra limitazione e legittimazione del potere, che invece appare assolutamente centrale per chi si proponga di "misurare" determinati assetti organizzativi secondo una prospettiva "costituzionalistica" e non già di mera efficienza decisionale.

Va aggiunto che il comparatista «non può arrestarsi alla costruzione di schemi, famiglie, formanti», poiché la comparazione «si alimenta della tensione dialettica fra l'uno e il diverso, si muove fra i due poli delle *Unterschiede* e delle *Gemeinsamkeiten*. E fra questi due poli si sviluppano processi di scambio e interdipendenze, i quali non si esauriscono in un puro esercizio classificatorio, perché attivano un "processo culturale" di *Rezeption* e di *Produktion*» (Ridola, 2010: 245). In particolare, in relazione ai contenuti organizzativi delle costituzioni, l'utilizzo di gerarchie di inclusione conduce ad esiti paradossali: da un lato la tendenza della teoria delle "forme di governo" ad incasellare esperienze diverse per storia, cultura e architettura istituzionale all'interno del medesimo "tipo" finisce per appiattire l'analisi comparatistica entro la prospettiva di una «*présomption de similarité*» (Legrand, 1999: 36) che trascura una delle acquisizioni più significative della filosofia epistemologica, vale a dire l'identificazione del fine del sapere scientifico con «la ricerca prioritaria e fondamentale della differenza» (Foucault, 1982: 74). Dall'altro lato, l'accatastamento di ordinamenti all'interno di modelli diversi conduce a considerare ciascuna "classe" come sostanzialmente isolata e autoreferenziale. Gli assetti di organizzazione costituzionale si alimentano invece di continui contatti, contaminazioni e concordanze. Da circuiti "comunicativi" e "migrazioni" le quali, in coerenza con la logica haeberliana del *Textstufenparadigma*, rifuggono peraltro da qualsiasi schema di natura omologante. Al pari di altre scienze umane, anche la comparazione costituzionale si presta invece ad essere guidata dal "ragionamento per paradigmi". È merito di Giorgio Agamben, sulla scia degli studi di Thomas Kuhn, aver ripreso il concetto di paradigma di Aristotele, chiarendo che esso non è una forma di conoscenza induttiva o deduttiva, bensì analogica, la quale muove dalla singolarità alla singolarità, neutralizzando la coppia dicotomica generale/particolare. Ebbene, anche la UE, lungi dal poter essere catalogata in un determinato modello organizzativo, deve essere invece concepita nei termini di un "paradigma", un caso esemplare in grado di illuminare un panorama di esperienze molto più vasto. Da questo punto di vista, gli assetti di organizzazione costituzionale della UE costituiscono un parametro di riferimento sotto almeno tre diversi profili: quale paradigma di esperienze caratterizzate dalla compenetrazione osmotica fra apparati organizzativi di ordinamenti diversi; come "sistema parlamentare euro-nazionale a configurazione complessa", il quale confermerebbe la valenza paradigmatica della UE rispetto ad altri contesti di parlamentarizzazione post-nazionale; quale caso esemplare, infine, degli assetti di organizzazione costituzionale fondati sul principio collaborativo.

3. La compenetrazione osmotica fra gli assetti di organizzazione costituzionale della UE e quelli degli stati membri

La complementarietà fra ordinamenti diversi non costituisce un fenomeno nuovo. Già attorno alla metà del Seicento, von Pufendorf aveva incominciato ad impiegare la nozione di "*res publica composita*", volendosi riferire alle esperienze degli stati costituiti da una molteplicità di persone giuridiche. Successivamente, nel n. 51 del *Federalist*, Madison avrebbe coniato l'espressione "*compound republic*", formula alla quale appaiono chiaramente debitrici le teorie della "*compound democracy*" e della "costituzione composita". Peraltro, se, come è stato autorevolmente dimostrato da della Cananea, il fenomeno degli ordinamenti compositi ha radici antiche, nondimeno la UE, a causa del peculiare livello di interdipendenza fra processi di costituzionalizzazione della UE e dinamiche di europeizzazione delle costituzioni degli stati membri, ne sembrerebbe costituire il prodotto più raffinato. Il paradigma, se si preferisce. Di questo intreccio fra realtà costituzionali diverse ma complementari, il tema degli assetti di organizzazione costituzionale costituisce un punto di osservazione privilegiato.

Da un lato, le dinamiche organizzative "domestiche" condizionano concretamente il funzionamento dell'assetto istituzionale della UE trasferendosi poi, per la circolarità dei processi europei di osmosi costituzionale, anche agli altri stati membri. Basti pensare, ad esempio, al ruolo assunto in alcuni paesi dall'istituto referendario nell'ambito dell'*iter* di ratifica dei Trattati. Un percorso procedurale, quest'ultimo, il quale ha contribuito ad immettere nel circuito decisionale della UE un polo trasversale ai circuiti della mediazione politico-partitica. Oppure si pensi alla diversa legittimazione dei componenti del Consiglio europeo, la quale naturalmente finisce per incidere sul "tasso di parlamentarizzazione" complessivo dell'Unione e, seguendo un andamento di tipo circolare, anche su quello degli stati membri. Così, mentre alcuni paesi, come ad esempio Francia e Cipro, sono rappresentati in seno a questo collegio da presidenti eletti a suffragio universale diretto e irresponsabili dinanzi al Parlamento, i *premier* presenti nel Consiglio europeo godono invece di una legittimazione di derivazione parlamentare. Talvolta, questa rete organizzativa di comunicazione interattiva si estende anche agli assetti di governo delle realtà regionali. Emblematica, per esempio, è la questione della partecipazione alle sedute del Consiglio di esponenti delle entità sub-statali, possibilità che è tuttavia subordinata dall'attribuzione a livello nazionale dello *status* ministeriale ai rappresentanti delle comunità regionali. Un rango che in Italia, a differenza di quanto avviene in Germania, è riconosciuto solamente al Presidente della Regione siciliana.

Dall'altro lato, sono le stesse dinamiche istituzionali della UE ad aver messo in moto processi di trasformazione degli assetti di organizzazione costituzionale degli stati membri. In particolare, la constatazione, a seguito del processo di integrazione, del rafforzamento degli esecutivi sui parlamenti – nonché, nell'ambito della struttura interna dei governi, del principio monocratico rispetto a quello collegiale – è pacificamente condivisa sia dalla dottrina costituzionalistica sia da quella politologica. A tale *trend* si accompagna poi il potenziamento del ruolo dei ministri delle finanze, i quali, specialmente in virtù delle funzioni svolte all'interno dell'ECOFIN e ora dell'Eurogruppo, di fatto, hanno finito per assumere una posizione intermedia fra quella riservata al capo del governo e quella spettante agli altri ministri. Elementi di novità nelle dinamiche organizzative statuali sono stati poi determinati dall'*early warning mechanism* (EWM). Non a caso, negli ordinamenti caratterizzati da un bicameralismo differenziato, l'attribuzione di un voto a ciascun ramo del parlamento ha introdotto un fattore di riequilibrio nei rapporti fra l'assemblea inserita nel circuito fiduciario e la seconda camera. Riconducibile alle clausole di europeizzazione degli assetti di organizzazione costituzionale degli stati membri è l'art. 10 TUE, in base al quale gli esecutivi e i capi di stato e di governo, nel rappresentare i propri paesi in seno al Consiglio e al Consiglio europeo, sono «a loro volta democraticamente responsabili dinanzi ai loro Parlamenti nazionali o dinanzi ai loro cittadini». È appena il caso di osservare che la disposizione in esame introduce un primo filtro rispetto ad assetti di organizzazione costituzionale considerati non compatibili con il Trattato. Per esempio, resterebbe fuori dalle soluzioni conformi al T.UE l'opzione per il c.d. "governo direttoriale" di tipo svizzero, in quanto, in tale assetto, il raccordo fra esecutivo e legislativo si esaurisce con la elezione del primo da parte del secondo. Altresì riconducibile alle clausole di europeizzazione è il catalogo dei poteri europei dei Parlamenti nazionali (in particolare l'art. 12 TUE e i due primi Protocolli allegati al Trattato di Lisbona). È indubbio che queste prerogative abbiano contribuito a compensare i parlamenti, almeno parzialmente, di alcuni spazi decisionali ceduti agli esecutivi nazionali in funzione del processo di integrazione. Ciò appare evidente anche in relazione ai "poteri informativi", i quali costituiscono una prima risposta a quel problema della "*informational asymmetry*" che la più attenta dottrina ha individuato come uno dei principali fattori alla base della "*executive dominance issue*".

4. Un sistema parlamentare euro-nazionale a configurazione complessa?

Muovendo dalla nozione di "sistema" proposta dalla teoria generale dei sistemi – ed in particolare dalla definizione di von Bertalanffy – un recente indirizzo dottrinario ha suggerito di inquadrare le dinamiche parlamentari della UE entro la cornice di un "sistema parlamentare euro-nazionale" (Manzella-Lupo, 2014). Tale sistema sarebbe composto da diversi elementi in interazione in grado di influenzarsi reciprocamente: taluni di diretta matrice parlamentare (il PE, le assemblee nazionali e regionali, la cooperazione interparlamentare, il "metodo convenzione"); altri di origine governativa (gli esecutivi nazionali e l'esecutivo "frammentato" della UE), ma comunque rilevanti ai fini del "sistema" in quanto sottoposti al potere di indirizzo-controllo di organi di natura parlamentare. Come dimostra in particolare l'esperienza delle conferenze interparlamentari, le dinamiche di questo "sistema" sembrano caratterizzarsi soprattutto per l'ampiezza delle attività informali che precedono o seguono l'adozione di decisioni formali nonché per un uso discreto dei poteri di persuasione. In sostanza, verrebbe in rilievo quella categoria giuridica dell'influenza la quale si presenta come "un qualcosa in più" rispetto al metodo della consultazione ed "un qualcosa in meno" rispetto a quello della codecisione.

Questa ricostruzione del ruolo delle assemblee rappresentative nella UE si propone di superare la lettura "federalista" che individua l'esistenza di un modello di rigida separazione fra parlamenti nell'ambito del quale le connessioni fra gli attori parlamentari europei tendono a svolgersi per lo più su un piano personale (Miccù, 1999: 169). Essa si contrappone tuttavia anche alla tesi secondo la quale l'*early warning mechanism* avrebbe dato origine ad una sorta di "*virtual third chamber*" (in aggiunta a Parlamento europeo e Consiglio), la quale eserciterebbe le funzioni di un'assemblea legislativa pur senza la necessità di riunirsi nel medesimo spazio fisico (Cooper, 2012). Sia pur con alcune differenze non marginali, la teoria del "sistema parlamentare euro-nazionale" presenta una maggiore affinità con il filone del "*multilevel parliamentary field*" (Crum-Fossum, 2009), del quale, per alcuni aspetti, sembrerebbe costituire l'evoluzione.

Sia consentito aggiungere che il tornante di ricerca del "sistema parlamentare euro-nazionale" appare complementare con quello che individua nella UE un ordinamento a configurazione complessa (Martinico, 2013). In effetti, se si muove da una rassegna comparatistica dei significati che la nozione di complessità assume nelle varie scienze (matematica, sociologia, diritto, psicologia, fisica, filosofia) è forse possibile rintracciare nel "sistema parlamentare euro-nazionale" le stesse caratteristiche morfologiche che gli "scienziati" attribuiscono ai sistemi complessi: la non riducibilità; la non reversibilità; la non predicibilità; la non determinabilità.

La lettura sistemica del ruolo dei parlamenti in Europa, la quale oltrepassa l'idea di un mero "*networks of legislators*" (Slaughter, 2004: 104 ss.), sembra cogliere un secondo aspetto di paradigmaticità dell'esperienza organizzativa della UE. Sebbene, infatti, la parlamentarizzazione di contesti post-nazionali non sia estranea anche ad altre realtà regionali – si pensi alla vicenda del Parlamento centro-americano o delle Commissioni parlamentari del Mercosur o della NAFTA – non vi è dubbio, peraltro, che è nella UE dove queste dinamiche hanno incontrato i propri sviluppi più strutturati, individuando così il caso esemplare di parlamentarizzazione oltre i confini dello stato nazionale.

Rimangono peraltro sul tappeto diverse questioni aperte. In primo luogo, si discute se il progressivo percorso di "*empowerment*" del Parlamento europeo abbia condotto questa istituzione ad essere «*one of the most powerful elected assemblies in the world*» (Hix – Noury – Roland, 2007: 3) oppure se, al contrario, si tratti di una camera non ancora paragonabile ad un parlamento nazionale. Per un verso, infatti, il Parlamento europeo è l'unica assemblea elettiva in grado di bloccare la volontà unanime dei paesi membri di una organizzazione formata da stati. Una assemblea, come è stato scritto, ancora «nel pieno della sua giovinezza»: mentre i Parlamenti nazionali arrancano con fatica «sotto il peso degli esecutivi, delle trasformazioni della società civile e dei processi di integrazione europea e di globalizzazione» (Fasone-Lupo, 2012: 355), il Parlamento europeo ha dimostrato una maggiore capacità di reazione e anticipazione dei cambiamenti, anche assicurando un canale di rappresentanza a quelle forze sociali che invece non riescono ad esprimersi attraverso i Parlamenti nazionali. Dall'altro lato, permangono zone di grave marginalità. Penso, ad esempio, alla quasi totale esclusione di questa istituzione dai circuiti decisionali in materia di politica estera, la quale sarebbe semplicemente inimmaginabile a livello nazionale. Penso, ancora, alle modalità di governo economico della UE, le quali appaiono simili più «ad una gestione mediante autorità indipendenti» che non «ad un processo politico di decisione su basi democratiche» (Ridola, 2010: 337). Una traiettoria che aveva già condotto J.P. Fitoussi (2002: 7, 44) ad evocare la nota immagine del «dittatore benevole».

Una seconda questione aperta concerne l'esercizio in forma individuale oppure collettiva dei poteri europei dei Parlamenti nazionali. Secondo un interessante indirizzo dottrinale, mentre l'azione individuale dei Parlamenti nazionali opererebbe solamente quale fonte indiretta di legittimazione democratica, incidendo a livello domestico secondo lo schema del paradigma pluralista proposto dalla *Maastricht-Urteil*, l'azione collettiva garantirebbe invece un supplemento di legittimazione democratica già a livello europeo, vale a dire un *quantum* di legittimazione aggiuntivo non mediato dalle risorse di democraticità degli stati membri (Knutelská, 2013). Questa posizione, la quale è forse troppo schematica, necessita di essere problematizzata. In effetti, il confine fra azione individuale e azione collettiva dei Parlamenti è assai più incerto di quello che possa apparire a prima vista. Come inquadrare, ad esempio, quelle forme di cooperazione interparlamentare le quali mirano a porre i Parlamenti nelle migliori condizioni per l'attivazione di procedure europee su base individuale?

Un ulteriore interrogativo riguarda poi i rapporti fra Parlamento europeo e Parlamenti nazionali: mentre in alcuni frangenti è prevalso un atteggiamento "cooperativo" fra queste istituzioni, così consolidando il raccordo e la complementarietà dei rispettivi ruoli, in altre fasi ciascuno di questi soggetti si è mosso in una prospettiva "competitiva". E ciò sulla base del pregiudizio secondo il quale una espansione del ruolo delle camere nazionali corrisponderebbe ad un rafforzamento inversamente proporzionale del Parlamento europeo (e viceversa). Si spiega così la resistenza del Parlamento europeo all'introduzione di modelli organici di cooperazione fra i Parlamenti nazionali, fra l'altro accusati di agire in direzione eccessivamente filo-statalista, nonché il tentativo di questi ultimi di escludere o marginalizzare il Parlamento europeo nell'ambito delle conferenze esistenti.

5. La UE come assetto di organizzazione costituzionale collaborativo

Infine, la UE può essere assunta a paradigma di assetti di organizzazione costituzionale che hanno riconosciuto una posizione centrale all'elemento collaborativo. Anche in numerose esperienze nazionali, *in primis* nelle costituzioni statuali che hanno "codificato" il principio di leale collaborazione, l'elemento collaborativo costituisce uno dei parametri generali in grado di orientare l'intero sistema di allocazione delle funzioni e competenze. Peraltro, tale elemento sembra esprimere a livello europeo qualcosa in più di un obbligo di cooperazione leale: nella scelta di affidare le *chances* di integrazione ad una rete di autovincoli reciproci di lealtà e "*fair play*", al principio di "sincerità" se si preferisce, è racchiusa infatti l'idea stessa di "governo" nell'Unione.

Da questo punto di vista, il principio collaborativo comporta innanzitutto che le regole della contrattazione istituzionale fissate dai Trattati ed integrate, interpretate e talvolta "riscritte" mediante il libero consenso delle istituzioni rimangano sottratte al gioco delle maggioranze politiche. Anzi, «il controllo reciproco tra le istituzioni fa sì che l'eventuale violazione delle regole sia, prima ancora che sanzionata sul piano giuridico (…) adoperata come arma di negoziazione da un'istituzione verso l'altra, col risultato che i criteri prestabiliti sono generalmente rispettati». Ne discende che «la violazione delle regole comuni costituirebbe un punto di netta debolezza nelle negoziazioni interistituzionali. La compresenza di più arene decisionali comporta che chi non accetta le regole da tutti condivise si mette "fuori" dal sistema, vedendo in partenza sacrificati gli interessi di cui è portatore» (Vosa, 2011: 39).

È chiaro ed evidente che le regole organizzative formate nel rispetto delle procedure tipiche di produzione normativa, *in primis* i Trattati, mantengono la loro prescrittività. E tuttavia è «la prescrizione a diventare diversa» (Palermo, 2005: 242). Il motore di un sistema policentrico e pluralistico come quello della UE, lungi dall'identificarsi con l'imposizione sanzionatoria, sfuma infatti nella determinazione dinamica e partecipativa delle regole secondo schemi post-autoritari i quali tendono ad anticipare, per quanto possibile, il momento del conflitto attraverso forme di coinvolgimento non predeterminate e secondo una impostazione nella quale l'atipicità tende a diventare la regola e la tipicità a sfumare nell'eccezione.

Non mancano, naturalmente, le zone d'ombra. Un primo problema è quello relativo alla c.d. "burocratizzazione" della UE, vale a dire il trasferimento dei luoghi nei quali vengono assunte le decisioni in sedi negoziali esterne rispetto a quelle tipiche. Il secondo problema, al primo strettamente collegato, può essere riassunto con l'immagine del "labirinto procedurale": la crescente complessità delle procedure nella UE, difficilmente decifrabili dal non addetto ai lavori, ha fatto balzare in primo piano la questione dell'estraniamento dell'opinione pubblica dai processi democratici.

È noto che il ruolo del procedimento nelle società democratiche sia stato oggetto di due fondamentali declinazioni. Per un verso, la teoria luhmanniana del procedimento quale strumento di riduzione delle complessità ha identificato le potenzialità "legittimanti" dei procedimenti con la loro capacità di incanalare la complessità sociale verso l'approdo unificante della deliberazione (Luhmann, 1995). Per altro verso, la concezione habermasiana del procedimento come varco dell'"agire comunicativo" ha individuato nel principio del contraddittorio lo strumento che in contesti pluralistici consente alla "periferia" dello spazio pubblico di incidere sulle scelte del "centro" detentore delle competenze decisionali a livello istituzionale, legittimandole (Habermas, 1996). Ebbene, a modo loro anche il labirinto procedurale e la burocratizzazione offrono una risposta al dilemma di fondo relativo al ruolo del procedimento nelle società democratiche, privilegiandone «la funzione "discorsiva" (...) a scapito di quella di riduzione delle complessità» (Ridola, 2010: 312). Che ciò sia sufficiente per chiudere una volta per tutte il discorso sulla legittimazione democratica della UE appare quanto meno dubbio. E ciò non tanto per alcune critiche alla teoria della "democrazia discorsiva" di Habermas. Quanto piuttosto perché in quella concezione la tenuta della presunzione di razionalità dei risultati raggiunti in modo conforme al procedimento è comunque indissolubilmente legata all'edificazione di un solido apparato di garanzie "non ottriate" di pubblicità e trasparenza dei processi decisionali. Un progetto, quest'ultimo, il quale appare appena abbozzato in un ordinamento dove una larga parte del processo decisionale continua a svolgersi "a porte chiuse". Non a caso, il Consiglio è stato identificato con l'organo caratterizzato da un maggior livello di segretezza tra tutti i collegi che esercitano funzioni legislative fra quelli collocati ad ovest di Pechino (Hix, 2008).

6. Verso una conclusione

In una intervista densa e ricca di significato, Giorgio Agamben (2006: 8) ha paragonato il proprio modo di pensare il rapporto tra la vita ed i luoghi ad una topografia esistenziale: unendo, attraverso uno *scanner*, frammenti di diverse mappe, Agamben aveva composto una specie di grande città immaginaria nella quale un vicolo di Roma sboccava in una piazza di Parigi, un *boulevard* parigino finiva in una stradina di Berlino, e così via.

Questa immagine appare particolarmente adatta a fotografare il problema dei concetti nella UE. Si pensi, ad esempio, al controllo di proporzionalità: articolato inizialmente dalla Corte di giustizia sulla base delle acquisizioni della giurisprudenza tedesca, esso si è gradualmente avvicinato alla versione francese, e nella sua nuova declinazione "europea" è stato poi recepito nuovamente dal giudice tedesco.

Non si tratta quindi di trasformare il diritto costituzionale europeo in un *collage* dei "migliori concetti" elaborati nella cornice delle dogmatiche nazionali. Si tratta semmai di mettere in luce in che modo, concetti nazionali talvolta irriducibili ad unità siano collocati nella "mappa" in posizioni fra loro collegate e comunicanti, sicché, per dirla con Gadamer (1983: 425), nel loro incontro ciascuna di queste tradizioni "si mette in causa". Se così è, la costruzione dei concetti nello spazio europeo sembra richiedere al giurista coscienza storica delle radici comuni, consapevolezza delle differenze, capacità di costruire panorami comparativi e, in ultima analisi, visione del futuro e una buona dose di immaginazione.

Riferimenti bibliografici degli autori citati

AGAMBEN, Giorgio (2006), intervista in Alias, supplemento de Il manifesto, 9-9-2006, 8 ss.
CERVATI, Antonio (2000), Elementi di indeterminatezza e di conflittualità nella forma di governo europea, in Annuario AIC 1999. La Costituzione europea, Padova, Cedam, 73 ss.
COOPER, Ian (2012), A "Virtual Third Chamber" for the European Union? National Parliaments after the Treaty of Lisbon, in West European Politics, 3, 2012, 441 ss.
CRUM, Ben – FOSSUM, John E. (2009), The Multilevel Parliamentary Field: A framework for theorizing representative democracy in the E.U., in European Political Science Review, 249 ss.
FABBRINI, Sergio (2010), Compound democracies: why the United States and Europe are becoming similar, Oxford, OUP.
FASONE, Cristina, LUPO, Nicola (2012). Il Parlamento europeo alla luce delle novità introdotte nel Trattato di Lisbona e nel suo regolamento interno, in *Studi sull'integrazione*, 329 ss.
FITOUSSI, Jean-Paul (2002), Il dittatore benevolo. Saggio sul governo dell'Europa, Bologna, il Mulino.
FOUCAULT, Michelle (1982). Le parole e le cose: un'archeologia delle scienze umane, Milano, Rizzolin.
GADAMER, Hans-George (1983), Verità e metodo, Milano, Bompiani, 425 ss.
HABERMAS, Jürgen (1996), Fatti e norme: contributi a una teoria discorsiva del diritto e della democrazia, Milano, Guerini.
HIX, Simon (2008), What's Wrong with the Europe Union and How to Fix It, Cambridge, PP.
HIX, Simon – NOURI Abdul – ROLAND Gérard (2007). Democratic politics in the European Parliament, New York, CUP.
IBRIDO, Renato (2015), Oltre le "forme di governo". Appunti in tema di "assetti di organizzazione costituzionale" dell'Unione europea, in Rivista AIC, 1.
IBRIDO, Renato – VOSA, Giuliano (2015), "Forma" e "forme" negli assetti di organizzazione costituzionale dell'Unione europea, il Filangieri. Quaderno 2014, Napoli, Jovene, 2015, 187 ss.
KNUTELSKÁ, Viera (2013), Cooperation among National Parliaments: An Effective Contribution to EU Legitimation?, in B. CRUM – J.E. FOSSUM (cur.), Practices of Inter-parliamentary Coordination in International Politics: The European Union and Beyond, Essex, ECPR Press, 35 ss.
KUHN, Thomas (1962), The structure of scientific revolutions, Chicago, UCP.
LEGRAND, Pierre (1999). Droit comparé, Paris, Presses universitaires de France, 1999, 8 ss.
LUCIANI, Massimo (2010), Governo (forme di), in Enciclopedia del diritto, III, Aggiornamento, Milano, Giuffrè, 538 ss.
LUHMANN, Niklas (1995), Procedimenti giuridici e legittimazione sociale^2, Milano, Giuffrè.
MAGNETTE, Paul (1999), L'Union européenne: un regime semi-parlementaire, in P. DELWIT – J.M. DE WAELE – P. MAGNETTE (cur.), A quoi sert le Parlement européen?, Bruxelles, Editions Complexe, 25 ss.
MANZELLA, Andrea – LUPO, Nicola (2014), Il sistema parlamentare euro-nazionale, Torino, Giappichelli.
MARTINICO, Giuseppe (2013), The tangled complexity of the E.U. constitutional process: the frustrating knot of Europe, London – New York, Routledge.
MICCÙ, Roberto (1999), Il "duplice volto" del deficit democratico nell'Unione europea, postfazione a RESS, Parlamentarismo e democrazia in Europa, Napoli, Guida, 165 ss.
PALERMO, Francesco (2005). La forma di stato dell'Unione europea, Padova, Cedam.
RIDOLA, Paolo (2010). Diritto comparato e diritto costituzionale europeo, Torino, Giappichelli.

RIDOLA, Paolo (2011). Democrazia rappresentativa e parlamentarismo, Torino, Giappichelli.
SLAUGHTER, Anne-Marie (2004), A new world order, Princeton – Oxford, Princeton University Press.
SMEND, Rudolph (1916), *Ungeschriebenes Verfassungsrecht im monarchischen Bundesstaat*, in *Festgabe fur Otto Mayer: zum siebzigsten geburtstag dargebracht von Freunden, Verehrern und Schulern*, 245 ss.
VOSA, Giuliano (2011), "Legiferare con intelligenza" fra contenuto e forma: le procedure di codificazione e rifusione nel diritto parlamentare europeo, in Osservatorio sulle fonti.it, 3.

Parte II

Gobernanza económica

CONSTITUCIONALISMO, (NEO)CRISIS DEL ESTADO SOCIAL E INTEGRACIÓN EUROPEA

Juan Francisco Sánchez Barrilao

Profesor Titular de Derecho Constitucional
Universidad de Granada

Sumario: I. Constitucionalismo y Estado social.- II. (Neo)crisis del Estado social.- III. Desmontando el Estado social y democrático de Derecho.- IV. Estado social e integración europea.- V. Consideraciones finales.- VI. Bibliografía citada.

I. Constitucionalismo y Estado social

El Estado constitucional contemporáneo se configura históricamente, tras la segunda guerra mundial, como social y democrático de Derecho (Forsthoff, 1975: 27 ss.) en una fórmula que, lejos de hacer referencia a una receta acumulativa y descriptiva de adjetivos sobre el Estado al respecto de la relación entre el poder y los individuos, hace testimonio de un término sustantivo, integrativo y completivo con el que resolver, mas dialécticamente, el conflicto social ínsito de las sociedades industriales del momento (Benda, 2001: 521 ss.). A diferencia de la negación y el silenciamiento constitucional del conflicto social propio del Estado liberal, se procede ahora a su exteriorización, a la par que se busca su pacificación jurídica y política mediante un acuerdo social (de clases y entre clases) que toma cuerpo, aun con contradicciones, en una auténtica Constitución normativa garante del pluralismo y límite jurídico del poder, además de una jurisdicción constitucional a su servicio[1]. Si durante el período de entreguerras se teorizó ya la promoción social de los individuos, en cuanto que prerrequisito para una efectiva organización democrático-plural y unos efectivos derechos de los ciudadanos (por todos, Heller, 1992), la consolidación normativa del constitucionalismo en Europa vendría luego a promulgar materialmente la promoción social de los individuos por los poderes públicos como base del pluralismo

[1] Entre otros, y conjuntamente, *vid.*: sobre la Constitución normativa y la jurisdicción constitucional, cómo no, Cappelletti (1986); y sobre aquélla y el Estado social, ahora, Grossi (2014).

político[2]; y así, claro, que el referido pluralismo se haya de conformar entonces desde dichos presupuestos, por más que a la par se constitucionalizara el propio mercado y el capital, en evidente tensión dialéctica[3].

En tal sentido, precisamente, se resolvería al tiempo la articulación del poder y la ciudadanía en la Constitución y con relación al Estado en España, ya en 1978 (art. 1.1 CE): "España se constituye en un Estado social y democrático de Derecho [...]"[4]. Y de este modo, configurándose el poder público (en cualquiera de sus manifestaciones) al servicio del pueblo, en cuanto que titular del mismo, a la par que limitado y constituido, no obstante (art. 1.2 CE, ahora)[5]. Y con ello, a la postre, la consideración de toda la tríada *social y democrática de Derecho* como forma indivisa del Estado constitucional, por cuanto que sus elementos (insistimos) se implican sistémicamente (más que mera suma de los mismos) al servicio de los integrantes de la soberanía, y consecuentemente que la (neo)crisis del Estado social (de la que seguidamente vamos a hablar) suponga también un riesgo para la pervivencia del Estado democrático y del Estado de Derecho, y con esto la del entero Estado constitucional. Refutar el Estado social, así, no es una mera opción ideológica dentro del pluralismo político que garantiza el Estado constitucional (como a veces se nos presenta); es poner en duda al propio concepto constitucional de Estado que triunfara históricamente durante la segunda mitad del siglo pasado[6].

II. (Neo)crisis del Estado social

Sin embargo se advierte hoy una manifiesta quiebra de este modelo constitucional y de Estado a la vista de la paulatina reducción del elemento social a nivel político y jurídico; y a su sombra, que se ponga en cuestión también al propio pluralismo, según se muestra final y de manera especial con ocasión de la vigente crisis económica, política y social que vivimos. Y es que la *necesidad* se ha convertido en un verdadero mantra ante y en la crisis, de manera que no cabe opción político-ideológica ante la evidencia económica (Guillén López, 2013); la economía lo desplaza y lo aplaza todo, a la par que la crisis justifica rebajas sociales (tanto prestacionales, como meramente sustantivas), con lo que la política se ve apartada por una supuesta objetividad económica que sacrifica derechos sociales y que tiende a reducir el Estado social a mera garantía de subsistencia ante el riesgo de exclusión y la marginación[7]. Se renun-

---

[2] *Cfr.* Font Oporto (2013: 2-3).

[3] *Vid.* ahora las contradicciones que finalmente se plantea Font Oporto (2013: 36-37).

[4] Por ejemplo, Lucas Verdú (1983), y Garrorena Morales (1984).

[5] Sobre el poder constituyente y el constituido, *vid.* Balaguer Callejón (1992: 32-35).

[6] Paradójica, sin duda, es precisamente el cuestionamiento de la constitucionalización del Estado social (bajo la calificación por algunos de *Constituciones antifascistas*) por obstaculizar, precisamente, reformas necesarias según el modelo económico imperante hoy (y en particular, ante la crisis); al respecto de tal paradigma, *vid.* por ejemplo Kowsmann (2013).

[7] Ya, Sánchez Barrilao (2014: 554-557).

cia, por tanto, a postular un verdadero equilibrio y promoción social, mediando los poderes públicos entre la sociedad y el mercado, el trabajo y el capital, para limitarse éstos fundamentalmente a evitar el definitivo desamparo económico-social ante situaciones infrabásicas a la dignidad humana[8].

Pero dejando por ahora la crisis actual, y de la que más adelante vamos a dar cuenta (de neo-crisis, entonces, que quepa hablar para referirnos a ésta hoy), ¿cómo se ha llegado a esta situación? Ciertamente, el componente social del constitucionalismo no ha gozado nunca de las garantías normativas que el elemento democrático, como los derechos fundamentales, sí han tenido, lo que generaría, casi *ab initio*, una mayor debilidad jurídica al respecto (De Cabo Martín, 1986; García Herrera, 1996). Sin embargo, y todavía en un primer momento, se ha de reconocer que la reconstrucción económica y social de la Europa occidental tras la II guerra mundial no hizo visible dichas debilidades (al empuje del crecimiento y del desarrollo que supuso tal reconstrucción), siendo con la crisis económica de los setenta cuando comience realmente a hacerse patente las deficiencias jurídico-constitucionales con las que se había construido el Estado social, ante las restricciones económicas que sí supuso dicha crisis en su efectividad material[9]; y luego, en un paso más, cuando, a la sombra de la caída de la U.R.S.S. y la reunificación alemana, la alternativa económica al capitalismo viniera a rendirse ante la vorágine del mercado global, de manera que el Estado social comenzara a denunciarse como obstáculo del mismo (Ruipérez, 2003: 141). Es así que, y al margen de la crítica relación que se ha desarrollado entre integración europea y Estado social (desde su origen, y con ello respecto a los propios Estados miembros), la disparidad y la minoración de garantías constitucionales del Estado social, y en particular de los derechos sociales, frente a las previstas con relación al Estado Democrático y de Derecho, y en especial de los derechos fundamentales y las libertades públicas (p.e. art. 53.1 *versus* 53.3 CE)[10], haya sido por tiempo la coartada jurídica para justificar, no ya una menor excelencia constitucional de aquél, sino la dificultad misma de su efectiva y completa garantía constitucional[11].

Además, claro, está la estrecha (que no absoluta) dependencia del Estado social respecto al efectivo marco económico en el que se desenvuelven las políticas sociales[12], lo que, a la sombra de la globalización (con la internacionalización de los mercados, la pérdida de capacidad de los Estados de actuación sobre éstos, y el cambio de

---

8 Es como si viniera a restringirse a concurrir con la caridad privado-liberal (hoy a modo de mecenazgo social), convirtiendo el mandato constitucional social (en especial, art. 9.2 CE) en mera vocación y gracia.

9 Al respecto, de interés, *vid.* Miravet Bergón (2014: 117 ss.).

10 Por ejemplo, *vid.* Jiménez Campo (1999).

11 Sobre tal dificultad, entre otros, Cascajo Castro (2009). Y es que el constitucionalismo europeo parece haberse desenvuelto durante la segunda mitad del siglo pasado, finalmente, más en la senda de la limitación del poder, negando sus excesos, que en su efectiva y sustantiva reorientación; sin duda (podríamos decir), una consecuencia, en ambos casos, de la huida y negación del constitucionalismo contemporáneo de cualquier tipo de totalitarismo.

12 Cómo no, O'Connor (1981).

un modelo económico de producción a otro financiero)[13], ha fomentado finalmente un entendimiento de la Constitución más cercano a la economía que a la política misma (Maestro Buelga y García Herrera, 2014): o lo que es igual, finalmente, a la *Constitución en sentido material*, que al modelo *pluralístico* del que veníamos hablando al comienzo de estas páginas[14].

Y junto a ello, cómo no, está el proceso de integración europea (ahora sí...), en la que la integración económica ha primado, sustantiva, procedimental y en velocidad, respecto a otras consideraciones jurídicas, políticas y sociales (por todos, De Cabo Martín, 2009), de modo que los Estados han venido a perder (paralelamente al referido proceso globalizador) mayor capacidad de intervención económica y social (Albertí Rovira, 2012: 93-101). Y es que, al hilo de lo anterior (del referido sentido material de Constitución), tales otras consideraciones constitucionales habrían de alcanzarse al abrigo precisamente de la integración económica, dado que contexto y presupuesto de una nueva y durable *pax* europea[15]; de ello es muestra, precisamente, el que el Estado social no constituya límite constitucional expreso a la primacía del Derecho comunitario, y quedando así difuminado al respecto de los conocidos como *contralímites*[16].

Por último, y junto a todo lo señalado, está el progresivo deterioro que del trabajo se ha alcanzado ante la deslocalización laboral y la competencia de costes, de modo que, aunándose globalización, economía y derechos sociales débiles, se acabe por asistir a una considerable rebaja de las condiciones laborales y de la protección del trabajador[17]. Si durante el siglo pasado se habría reconstruido en la Europa occidental la condición de *ciudadano* junto a la de *persona* (a la par que la de *usuario* y *consumidor*) en especial ante y mediante la efectiva garantía de una condición de *trabajador* laboral y económicamente estable, ahora parecería extenderse una temerosa posición o situación de mero *precario* y/o *subvencionado*[18], poniendo en crisis la anterior condición para muchos: unas posiciones éstas, así, más cercanas (nuevamente) al mero *objeto del poder*, que a auténticos *sujetos activos de poder*; y a la par, que se asista a la quiebra de las condiciones básicas y necesarias no ya de una existencia normal, media, respecto al libre desarrollo de la personalidad y de las relaciones sociales, sino ante la propia subsistencia y vida digna (según se ha adelantado)[19], mientras aumenta la desigualdad entre unos muchos con cada vez menos, y unos pocos con más ahora (cómo no, Piketty, 2014).

---

13 Para una lúcida aproximación al vigente capitalismo, *vid.* Chang (2010).

14 Sin perjuicio de volver más adelante con relación a la contradicción que se da entre Constitución *material* y *pluralística*, *vid.* por ahora las transformaciones que desde un plano material se aprecian en la conformación constitucional de las relaciones entre sociedad y poderes públicos en Esteve Pardo (2014).

15 Sobre el neofuncionalismo que impulsa buena parte de la integración europea, *vid.* p.e. Bar Cedón (2013: 103-105).

16 Para una aproximación a dichos *contralímites* hoy, *vid.* Vecchio (2012).

17 P.e. Zufiaur Narvaiza (2014).

18 Incluso, de *precariado* como clase social nos habla ya Standing (2014).

19 Cfr. Monereo Pérez (2014).

III. Desmontando el Estado social y democrático de Derecho

Y con ello que la referida quiebra del Estado social también afecte al propio Estado Democrático de Derecho, dada la disminución de la efectiva igualdad de unos y otros para participar, individual y colectivamente, en el sistema jurídico, político y económico (art. 9.2 CE, *in adversum*). E incluso que, a la vista de la referida (neo)crisis del Estado social (a la sombra de la crisis económica que aún padecemos), lo que realmente quepa apreciarse en Europa sea el desmantelamiento del referido modelo constitucional de Estado; pero esto, paradójicamente, desde un postulado de *sostenibilidad* del Estado social.

Y es que es al cobijo de tal *sostenibilidad* que se haya propuesto en Europa la garantía del equilibrio presupuestario[20], como así (y junto al pago de la deuda pública) se ha recogido en la Constitución española en su reforma de 2011 del artículo 135[21]. Al respecto, resulta evidente que el equilibrio presupuestario no conlleva por sí (ni mediante la garantía del pago de la deuda) el desmantelamiento del Estado social (ni su misma *sostenibilidad*, claro), pero sí que ello está suponiendo una cuartada para su efectiva reducción a unos niveles que bien puede llegar a dificultar su reconocimiento como tal (en particular, en estos momentos de crisis y debilidad social), y con esto la efectividad misma de los derechos sociales que son parte fundamental del Estado constitucional (según se ha apuntado)[22].

Mas no es sólo, reiteramos, el desmantelamiento que del Estado social se advierte ya (siendo gravísimo), pues también afecta fatalmente al Estado democrático y de Derecho, reduciéndolos. De este modo, la referida *imperiosa necesidad* es muestra de cómo el criterio de la referida necesidad económica (a modo de evidencia casi absoluta) se impone a la opción política plural (a la par que la misma y anunciada reforma constitucional actúa como fundamento de la institucionalización de dicha necesidad económica al tiempo); y de esta forma que los criterios económicos desplacen la decisión política y, por tanto, evidencien la reducción del principio democrático, al venir a reducir su margen de apreciación y ulterior decisión (Balaguer Callejón, 2013)[23].

---

20 P.e., *vid.* Ruiz Tarrías (2012).

21 Desde tal perspectiva integradora de la reforma constitucional española de 2011 desde Europa, *vid.*, p.e., Ruiz Almendral (2009).

22 Es más, pues la garantía del pago de la deuda supone incluso la prelación de los acreedores frente a las personas; sobre esto volveremos más adelante.

23 Por supuesto que esto no es nuevo. La globalización, en especial en su dimensión más económica, de años viene poniendo en sospecha lo político ante lo técnico a partir de una supuesta objetividad de éste al respecto, y viniendo así a materializarse en una *seudopolítica* al servicio de intereses económicos que actúan al margen de la representatividad democrática y del pluralismo político (ya, Sánchez Barrilao, 2002: 169 ss.); es más, hasta los propios procesos democráticos (tanto directos, como representativos) parecen quedar apocados ante la evidencia económica (tal como se advirtiera en Grecia a finales de 2011, con la propuesta de un referéndum en relación a la aceptación o no por los ciudadanos griegos de las condiciones del rescate económico a las que estaban sujetos y las reticencias, especialmente, de Alemania, Francia y la Comisión Europea; o

Además se denota como, al hilo del necesario control y limitación del gasto público, incluso se llega a enjuiciar económicamente instituciones político-democráticas al margen de su mera eficiencia (y legitimidad) político-democrática. No es ya que el Estado social se juzgue desde su eficiencia y coste económico (la supuesta y falsa pregunta: ¿nos podemos costear el Estado social?; o, ¿qué o cuánto Estado social nos podemos costear?), sino el riesgo cierto de que este juicio se extienda al propio Estado democrático y sus instituciones: ¿nos podemos costear, entonces, determinadas instituciones democrático-representativas?; o, ¿qué grado de democracia o pluralismo nos podemos costear?; o todavía más, si el coste económico no podría justificar limitaciones de derechos fundamentales y libertades públicas, por cuanto que (puestos a valorar económicamente las instituciones jurídicas y políticas…) también se sometan a juicio y evaluación económica derechos y libertades clásicas[24].

No es ya, por tanto, que la reducción del Estado social repercuta en la efectividad democrática al reducir la capacidad de aquéllos que no están en la mejor posición económica y social para participar en la vida pública (art. 9.2 CE), según adelantábamos, sino que, y al hilo del anterior cuestionamiento, se advierta la simple tacha y sospecha sobre la política y lo político (más allá de la propia crisis en la que han entrado las propias instituciones, a la vista de su acción o inacción), e incluso sobre los mismos derechos individuales y colectivos (y con ello respecto al mismo Estado de Derecho, dado que garante de las minorías).

Permítasenos rechazar así no ya que el Derecho, sino que las propias Constituciones, como es el caso de la española a la sombra de su reforma de 2011, se pongan al servicio del mercado; que éstas se instrumentalicen a favor de meras pretensiones económicas y presuntamente técnicas, pero al servicio, a la postre, de determinadas opciones ideológicas que se desenvuelven sorteando los engranajes democráticos[25]. La democracia, entonces, se vacía de contenidos políticos plurales frente a criterios aparentemente económicos y técnicos, al venir a limitar el poder público-democrático en garantía de poderes fácticos y privados que se ejercen en preferente beneficio particular[26]. De este modo es que, por ejemplo, el vigente artículo 135 de la Constitución española garantice "constitucionalmente" el pago de la deuda (según se ha adelantado), mientras silencia la garantía de los derechos sociales de las personas (ante la crisis), y viniendo así a limitar aún más el poder del Estado; pero no ya al servicio de las personas, sino de los fondos de inversión y las entidades financieras

---

más recientemente, nuevamente, con la convocatoria de elecciones para comienzos de 2015, y las explícitas advertencias de Alemania y la Unión Europea al respecto de un cambio político allí).

24 Piénsese, p.e., en el falso dilema que determinados derechos, como manifestación o huelga, plantean a tenor de su supuesto coste y/o perjuicio económico; y al hilo de ello, por tanto, planteamientos funcionales y limitativos de los mismos.

25 Sobre cómo el Derecho viene, desde hace tiempo, poniéndose al servicio del mercado, en vez de regularlo, *cfr.* Sánchez Barrilao (2004: especialmente 248-251); y asimismo, sobre la reforma del art. 135 CE, en tal sentido, Sánchez Barrilao (2013).

26 De oligarquía financiera, controlando la democracia (y vaciándola así de contenido), nos habla Salvadori (2011).

(los acreedores). Y de otra parte, volviéndose a una concepción jurídica del Mito, al buscar *aplacar*, que no regular, el mercado, en tanto que resurgido y caprichoso Titán que únicamente responde a la lógica ínsita del beneficio económico. Por tanto, es que la reforma constitucional del artículo 135 en España haya introducido nuevos límites a los poderes públicos, pero no para garantizar los derechos de las personas, sino a los acreedores de la deuda española. La normatividad constitucional, de esta forma, lejos de ponerse al servicio del pluralismo y los derechos de las personas, de su dignidad misma, se ha instrumentalizado y devaluado a favor de una regencia económica paralela al gobierno instituido democráticamente[27]; asistimos de este modo a cómo mecanismos constitucionales pierden su esencia constitucionalista (el Estado constitucional de Derecho), para convertirse en mera formalización constitucional de una realidad material dominada por el mercado[28].

IV. Estado social e integración europea

Ciertamente la Unión Europa, a lo largo de su proceso de integración, no ha sido ajena a las políticas sociales, de modo que, por tiempo, se ha presentado en Derecho comparado, aun con limitaciones, como modelo de protección ante el desamparo en que la globalización venía colocando a las personas[29]; no obstante, desde la aparición de la aún presente crisis económica tal imagen parece difuminarse cada vez más[30]. Y es que en la actualidad estaríamos contemplando la sublimación de la ambivalencia que la integración europea padece desde su origen respecto a los derechos sociales en razón a: de un lado, la *genética mercantilista* que ha caracterizado dicha integración desde sus inicios (Weiler, 2012); y de otro, no obstante, cierta promoción desde Europa de un mínimo social compartido capaz de permitir una estrategia política, jurídica y económica protectora del trabajo y de la persona (Augusto Aguilar, 2014: 9 ss.), en tanto que absolutamente necesario para una efectiva integración interterritorial en el plano europeo[31].

---

[27] Un pluralismo que a nivel de la Unión Europea, en tanto que ínsita en su integración y desarrollo constitucional (por ejemplo, Ridola, 2010, Cap. II), se ha visto sin embargo ampliamente vapuleada desde el 2011 ante la permanente reducción de planteamientos políticos alternativos (pluralismo político) por el monismo económico que impera.

[28] Para una ácida crítica a las limitaciones que para el pluralismo supone la acepción material de Constitución, *vid.* Zagrebelsky (2000: 229 ss.); y de otro, para una aproximación al mercado desde el Estado constitucional, Häberle (2006).

[29] ¡Qué contradicción!, es cuando el Estado alcanza históricamente su mayor proyección democrática y garantista respecto a los individuos cuando comienza a vislumbrarse su impotencia; cfr. ya De Vega García 1998: 14 y 29). También, sobre tal visión del modelo de integración europea ante la globalización, vid. Sánchez Barrilao (2009: 116).

[30] Ya, Sánchez Barrilao (2012: 72).

[31] En particular, dada la necesidad de cierto reequilibrio de Estados y regiones ante la disparidad creciente que ha supuesto la progresiva extensión geográfica de las Comunidades y hoy, ya, Unión Europea.

Es así que, en la actualidad, se advierta un deficitario y descompensado equilibrio entre el mercado y lo social a nivel tanto de la integración Europea, como de los propios Estados, en atención, particularmente, al diverso modelo social expresado en la integración y en los mismos Estados[32]. Muestra de ello sería, ya, la propia Carta de Derechos Fundamentales de la Unión Europea al momento de su *solemne proclamación* en Niza en el año 2000 (sin bien, luego, modificada en el desafortunado Tratado por el que se establece una Constitución para Europa, e incluida, definitivamente, en el Tratado de Lisboa), al no asumir la componenda y dimensión social que sí presentaban en tal momento las declaraciones constitucionales de derechos y libertades reconocidas en los diversos Estados europeos (a modo de Derecho comparado)[33]; la funcionalización, finalmente, de los derechos fundamentales respecto a las libertades comunitarias y al mercado único, al depender su efectiva garantía europea de su "no" obstaculización del mercado y de las tradicionales libertades económicas[34]; luego, la disociación no sólo de los clásicos derechos fundaméntales frente a los sociales (en una perspectiva en exceso tradicional, ante la reclamada *indivisibilidad* de todos ellos)[35], sino, e incluso, de la titularidad misma de los primeros en cuanto que capaces de alcanzar a los segundos, pero bajo la condición de su necesaria conexión al Derecho europeo (y de esta forma, condicionando a la postre su titularidad misma más allá de la persona)[36]; también, la imposición desde Europa a los Estados miembros de políticas de austeridad, así como de reformas estructurales, reduciendo entonces la capacidad de éstos para el desarrollo de políticas sociales en relación con sus ciudadanos y residentes[37], a la par que Europa, y sin embargo, no se hace responsable de las mismas ante aquéllos[38]; o, incluso, la limitación de la estrategia Europea (la llamada *Propuesta Europa 2020* de la Comisión) en garantizar políticas que eviten una definitiva exclusión social, pero ello más con relación al riesgo que esto supone para la paz social, que respecto a la efectiva promoción de las personas (como debería suponer el hoy compartido valor dignidad)[39]. Y a la sombra de todo lo anterior, por tanto, la limitación por Europa de la capacidad de los Estados miembros para el desarrollo de políticas sociales propias (según se ha presentado más arriba), por cuanto que funcionalmente sujetas a una efectiva integración de mercado, económica y monetaria (en especial, para el caso del *club euro*).

---

[32] P.e., Maestro Buelga (2007: 66 ss.).

[33] En tal sentido, Ridola (2004: 477-480).

[34] Entre otros, Mercado Pacheco (2012).

[35] Al respecto de ello, Panzera (2014).

[36] Así, p.e., el reconocimiento de la vivienda como derecho fundamental, pero en cuanto que sujeto su titular a la condición de consumidor (Sentencia del Tribunal de Justicia, Sala Tercera, de 10 de septiembre de 2014).

[37] Para el caso griego y portugués, y respectivamente, *vid.*: Aravantinou Leonidi (2015) y Canotilho (2015).

[38] En concreto, sobre cómo el Tribunal de Justicia no reconoce la responsabilidad de la Unión en relación a los memorándums a los que se condicionan los rescates de los Estados miembros, *cfr.* Aguilar Calahorro (2015).

[39] *Vid.* Maestro Buelga (2012: 49-52).

Por ello es que, ante el reto de una mayor integración europea como única respuesta a la crisis no sólo económica, sino institucional que vive Europa (además de política y social)[40], se requiera (entendemos) de una mayor profundización constitucional a nivel político y jurídico, además de en relación con presupuestos sociales y solidarios; y al hilo de todo ello, un nuevo reequilibrio de la anterior ambivalencia mercado y social que permita a Europa, en cuanto que Unión Europea y Estados miembros, volver a presentarse como modelo comparado en la efectiva promoción y garantía de los derechos sociales ante la globalización[41]. Lo contrario no sólo impediría tal restablecimiento, sino que lastraría aún más a los Estados europeos a niveles sociales impropios de países considerados como desarrollados[42], afectando incluso su propia legitimidad; no en vano el Estado social ha sido uno de los elementos que han caracterizado la identidad de Europa, de modo que renunciar a aquél supone abandonar también un factor de legitimidad e identificación de la Unión Europea frente a otras formas de organización política, jurídica, social, económica y cultural en Derecho comparado. Con todo, lo peor para la Unión Europea en relación a la crisis no va a ser la posición que ésta pueda ocupar al tiempo en el *ranking* económico y político mundial, sino en la crisis de legitimidad democrática y funcional que para los ciudadanos se habrá alcanzado entonces, lo que a buen seguro lastrará aún más las posibilidades de desarrollo y profundización en la futura integración[43].

V. Consideraciones finales

Si para el Comisario Jaritos la constante *amenaza* de recortes en sueldos, pensiones y pagas extras que supone la crisis en Europa ha sido ya muestra de *intimidación* y *violencia institucionalizada* sobre los ciudadanos (Márkaris, 2013: 85), lo sería también, entendemos, la *amenaza* en rebajas de prestaciones y servicios sociales, así como de limitaciones en condiciones laborales y de vida digna, que de tiempo se vienen dando. Y *amenazas* en el sentido de que los europeos se conformen con un mínimo en torno a ellos a fin de evitar males mayores (o sea, más recortes sociales…), y resignándose de este modo ante la turbación e inquietud de su potencial y definitiva pérdida, y ulterior, y consecuente, exclusión social total: el Estado social, de esta forma y paradójicamente, en una más que difusa y discreta expresión frente a la crisis y la globalización económica.

Sobre esto, precisamente, giró el *leit motiv* de la reforma constitucional de 2011 en España, al impulso de una Unión Europea pidiendo recortes y reformas estructurales[44]: la necesidad de garantizar, conservar, una parte del Estado social ante el desafío,

---

40 Sobre dicha crisis, *vid.*, con particular interés, Menéndez (2014).

41 P.e. Guamán Hernández y Noguera Fernández (2015).

42 De *brasileñización*, ya, nos hablaba Beck (2000).

43 Como se evidencia ya con el auge en toda la Unión de movimientos políticos y sociales antieuropeos. Y ya, al momento de la corrección de las pruebas de estas páginas, la salida prevista de Gran Bretaña de la Unión Europea (*Brexit*).

44 Otra vez, Sánchez Barrilao (2013).

las dificultades, del mercado financiero y la crisis; la llamada *sostenibilidad* del Estado del bienestar, salvando (sacrificando), supuestamente, una *porción* por el *todo*. Pero no es sólo que la *parte* que se pretende garantizar, mantener, esté resultando ser exigua e insuficientemente solidaria como para configurar al tiempo, verdaderamente, al Estado como social, sino que el mismo *todo*, y como meta y motor de la actuación de los poderes públicos (que no, ya, como realidad jurídica y política pública), parece descomponerse desde hace tiempo ante la conformidad, la resignación y el plegamiento de la ciudadanía a un futuro en declarado regreso social (que no progreso)[45].

Es al hilo de lo anterior que denunciemos, entonces, que desde el propio sistema democrático-constitucional y el proceso de integración europea se golpee el modelo de Estado que aún fundamenta y proyecta (aún formalmente) buena parte de las Constituciones nacionales de Europa, y en especial la española de 1978: el Estado social y democrático de Derecho (art. 1.1 CE, nuevamente). Pero sin que el problema sea la Unión Europea en sí, entiéndasenos, sino cómo se ha realizado ésta, en particular en los últimos años, al venir a legitimar recortes sociales, políticos y jurídicos en razón a una crisis que golpea de dispar manera a unos muchos, frente a otros pocos, bajo el paradigma (o la excusa) de la *sostenibilidad* (y sin embargo) del Estado social; y para ello, incluso (y en especial), desplazando el pluralismo y la ciudadanía en mor de una acelerada respuesta impuesta por las circunstancias y los técnicos, pero encubriendo, finalmente, un cambio ideológico de unos sobre los demás.

Y es que la idea de garantía de la Unión ante la crisis económica, política y jurídica que padece Europa (y a modo de supervivencia misma, incluso, de la esencia del modelo constitucional), no sirve, a nuestro entender, para justificar las reformas que se están llevando a cabo tanto a nivel europeo como estatal, pues éstas carecen de la temporalidad propia de cualquier medida de excepción constitucional que se precie; al contrario, los retrocesos y limitaciones sociales que portan dichas reformas parecen venir para quedarse, bajo la excusa de salvar y garantizar la sostenibilidad del sistema jurídico-político que hasta hace una década se venía afirmando (a pesar de sus más y sus muchos menos). Es entonces que la crisis deje de enmascararse como un problema, para presentarse, consecuentemente, como la prueba de las debilidades del modelo constitucional contemporáneo, y en particular de su vertiente más social; la evidencia de la realidad tomaría cuerpo así con la crisis, al poner ésta de manifiesto las dependencias materiales del Estado social respecto de un sistema económico que desde hace tiempo se habría liberado de la política y del interés público y general. El modelo, consecuentemente, se habría agotado.

Pero ante tal realidad el reto constitucional no ha de ser, entendemos, buscar, sin más, nuevas fórmulas jurídico-formales con las que dar respuesta y articular cualesquiera relaciones que se den entre el poder, los ciudadanos, Europa, los Estados o el mercado (dando así sanción seudoconstitucional y formal a la realidad material), sino en

45 El sofisma ampliamente desplegado en los medios de comunicación (incluso, en los autocosiderados progresistas) de que *hemos vivido por encima de nuestras posibilidades*, y de cómo *las generaciones futuras tendrán que asumir que vivirán en unas condiciones sociales y económicas inferiores a las presentes*. Al respecto *vid.* ya, nuevamente, SÁNCHEZ BARRILAO (2010: 199).

volver (al menos) a reafirmar constitucionalmente dichas relaciones en el sentido histórico y cultural que ha supuesto el constitucionalismo contemporáneo, en general, y en relación al Estado social, en particular. Mientras, lo más, cabrá aceptar mecanismos paliativos al retroceso social, en particular mediante la garantía judicial de los derechos sociales conforme al complejo sistema jurisdiccional y pluriordinamental vigente en Europa (Pisarello Prados, 2014: 282)[46]; pero mecanismos, no se olvide, parciales y limitados, por cuanto que incapaces de sustituir una efectiva y democrática promoción sustantiva de los derechos sociales de acuerdo a renovadas y democráticas políticas sociales a nivel europeo, pues dichos mecanismos obvian la esencia teleológica que para la política suponía el Estado social (Corfiati, 2015: 637 ss.). Debemos entonces volver a la decisión y a la voluntad política democráticamente conformada, a fin de promover el desarrollo y el progreso social. Éste es nuestro reto y responsabilidad; ahí está nuestro futuro y el de las próximas generaciones de europeos[47].

VI. Bibliografía citada

ALBERTÍ ROVIRA, Enoch (2012). "Criterios constitucionales de la intervención pública en la economía", en AA. VV. *La Constitución económica*, Madrid, Centro de Estudios Políticos y Constitucionales, p. 77-105.

AGUILAR CALAHORRO, Augusto (2014). "Los Ciudadanos en la UE: ¿Sujetos u objetos del derecho europeo? Sobre identidad, democracia y participación en la UE", *KorEuropa*, n. 5, 18 p., en http://www.unikore.it/index.php/numero-5/calahorro#.VNULwp1wtLg (3/2/2015).

AGUILAR CALAHORRO, Augusto (2015). "La posición del Tribunal de Justicia de la Unión Europea en relación a las medidas adoptadas ante la crisis", en AA.VV. *El impacto de la crisis económica en las instituciones de la UE y los Estados miembros*, Balaguer Callejón *et alii* (eds.), Pamplona, Thomson Reuters-Aranzadi, p. 129-159.

---

46 Al impulso particular de individuos que acuden en queja ante unos y otros tribunales nacionales y supranacionales, y a modo de auténtica "revolución de los derechos" (siguiendo a Epp, 2013), pero ahora en el plano social y prestacional.

47 Cierto que con tal aproximación parecería (insistimos) mantenernos a cobijo de una concepción constitucional claramente superada a la luz de las transformaciones sociales, políticas, económicas y jurídicas que hoy contextualizan al Derecho constitucional. Pero es que no creemos que la búsqueda de nuevos desarrollos constitucionales sea la respuesta adecuada a la situación de retroceso en conquistas jurídico-políticas que vivimos; al contrario, ante tal situación lo que hemos de procurar es reconquistar tales *suelos* (siguiendo a García Herrera, en cuanto que "resistencia constitucional", *cfr.* Tajadura Tejada, 2006: 136), para luego, ya, entonces, buscar nuevos *techos*. Ahí radica, por ahora, nuestra responsabilidad: poner de manifiesto las pérdidas sociales y reclamar su restablecimiento (sin perjuicio, eso sí, de su debida adaptación al momento que vivimos), mientras dejamos para más adelante, para mejores tiempos, la búsqueda de nuevas respuestas constitucionales a la evolución del Estado social a fin de alcanzar el bienestar y la *felicidad* de las personas (o lo que es igual, las mejores condiciones de vida posibles para éstas), en cuanto que meta última de cualquier organización pública (de gran interés, sin duda, Lorca Martín de Villodres, 2013).

ARAVANTINOU LEONIDI, Giulia (2015). "L'impatto della crisi sull'ordinamento costituzionale della Repubblica di Grecia", en AA.VV. *El impacto de la crisis económica en las instituciones de la UE y los Estados miembros*, Balaguer Callejón *et alii* (eds.), Pamplona, Thomson Reuters-Aranzadi, p. 335-377.

BALAGUER CALLEJÓN, Francisco (1992). *Fuentes del Derecho (II. Ordenamiento general del Estado y ordenamientos autonómicos)*, Madrid, Tecnos, 259 p.

BALAGUER CALLEJÓN, Francisco (2013). "Una interpretación constitucional de la crisis económica", *Revista de Derecho Constitucional Europeo*, n. 19, p. 449-454.

BAR CEDÓN, Antonio (2013). "Unión Europea: de la economía a la política, pasadndo por el Derecho", *Teoría y Realidad Constitucional*, n. 32, p. 99-124.

BECK, Ulrich (2000). *Un nuevo mundo feliz (La precariedad del trabajo en la era de la globalización)*, Moreno Carrillo (trad.), Barcelona/Buenos Aires/México, Paidós, 272 p.

BENDA, Ernst (2001). "El Estado social de Derecho", López Pina (trad.), en AA.VV. *Manual de Derecho Constitucional*, 2ª ed., Madrid/Barcelona, Marcial Pons, p. 521 y ss.

CANOTILHO, Mariana (2015). "Austeridad y derechos fundamentales en Portugal: episodios de una crisis interminable", en AA.VV. *El impacto de la crisis económica en las instituciones de la UE y los Estados miembros*, Balaguer Callejón *et alii* (eds.), Pamplona, Thomson Reuters-Aranzadi, p. 279-295.

CAPPELLETTI, Mauro (1986). "¿Renegar de Montesquieu?: la expansión y la legitimidad de la 'justicia constitucional'", De Luis Durán (trad.), *Revista Española de Derecho Constitucional*, n. 17, p. 9-46.

CASCAJO CASTRO, José Luis (2009). "Derechos sociales", *Cuadernos de Derecho Público*, n. 37, p. 11-35.

CHANG, Ha-Joon (2010). *23 Things They Don't Tell You About Capitalism*, London, Penguin Books, London, 286 p.

CORFIATI, Francesco (2015). "L'incidenza delle politiche dirette ad afrontare la crisi económica sui diritti costituzionali", en AA.VV. *El impacto de la crisis económica en las instituciones de la UE y los Estados miembros*, Balaguer Callejón *et alii* (eds.), Pamplona, Thomson Reuters-Aranzadi, p. 623-654.

DE CABO MARTÍN, Carlos (1986). *La crisis del Estado Social*, Barcelona, PPU, 139 p.

DE CABO MARTÍN, Carlos (2009). "Constitucionalismo del Estado social y Unión Europea en el contexto globalizador", *Revista de Derecho Constitucional Europeo*, n. 11, p. 17-48.

DE VEGA GARCÍA, Pedro (1998). "Mundialización y Derecho constitucional: la crisis del principio democrático en el constitucionalismo actual", *Revista de Estudios Políticos*, nº. 100, p. 13-56.

EPP, Charles R. (2013). *La revolución de los derechos (Abogados, activistas y cortes supremas en perspectiva comparada*, Bixio (trad.), Buenos Aires, Siglo XXI Editores, 363 p.

ESTEVE PARDO, José (2014). "Perspectiva e impacto de la crisis desde la nueva correlación entre Estado y sociedad", *Documentación Administrativa (Nueva Época)*, n. 1, 16 p.

FONT OPORTO, Pablo (2013). "El artículo 9.2 CE, entre el valor igualdad y el Estado social. Estudio histórico y sistemático", *Revista General de Derecho Constitucional*, n. 16, 43 p., en www.iustel.com (10/04/2014).

FORSTHOFF, Ernst (1975). *El Estado de la sociedad industrial*, López Guerra y Nicolás Muñiz (trad.), Madrid, Instituto de Estudios Políticos, 291 p.

GARCÍA HERRERA, Ángel (1996): "Poder judicial y Estado social: legalidad y resistencia constitucional", en AA.VV. *Corrupción y Estado de Derecho: el papel de la jurisdicción*, Andrés Ibáñez (coord.), Madrid, Trotta, p. 59 y ss.

GARRORENA MORALES, Ángel (1984). *El Estado español como estado social y democrático de Derecho*, Madrid, Tecnos, 254 p.

GROSSI, Paolo (2014). "La Constitución italiana como expresión de un tiempo jurídico posmoderno", Álvarez Alonso (trad.), *Historia Constitucional*, n. 15, 22 p., en http://www.historiaconstitucional.com/index.php/historiaconstitucional/article/view/393/353 (7/9/2014).

GUAMÁN HERNÁNDEZ, Adoración y NOGUERA FERNÁNDEZ, Albert (2015). *Derechos sociales, integración económica y medidas de austeridad: la UE contra el constitucionalismo social*, Albacete, Editorial Bormazo, 406 p.

GUILLÉN LÓPEZ, Enrique (2013): "La crisis económica y la dirección política: reflexiones sobre los conceptos de necesidad y de elección en la teoría constitucional", *Revista de Derecho Constitucional Europeo*, n. 20, p. 431-446.

HÄBERLE, Peter (2006). "Siete tesis para una teoría constitucional del mercado", Azpitarte Sánchez (trad.), *Revista de Derecho Constitucional Europeo*, núm. 5, 2006, p. 11-30.

HELLER, Hermann (1992). *Teoría del Estado*, Tobío (trad.), Buenos Aires, Fondo de Cultura Económica, 341 p.

JIMÉNEZ CAMPO, Javier (1999). *Derechos fundamentales: conceptos y garantías*, Madrid, Trotta, 136 p.

KOWSMANN, Patricia (2013): "New Hurdle for Resolving Euro Crisis: Constitutions", *The Wall Street Journal*, 27 de septiembre de 2013, en http://online.wsj.com/news/articles/SB1000142412788732386460457906935079006l202 (12/08/2014).

LORCA MARTÍN DE VILLODRES, María Isabel (2013): "Felicidad y constitucionalismo", *Revista de Derecho Político*, n. 88, p. 289-335.

LUCAS VERDÚ, Pablo (1983)."Artículo 1.º", en AA.VV. *Constitución Española de 1978 (T)*, Alzaga Villaamil (dir.), EDERSA, Madrid, 1983, p. 35-104.

MAESTRO BUELGA, Gonzalo (2007). "Estado de mercado y Constitución económica: algunas reflexiones sobre la crisis constitucional europea", *Revista de Derecho Constitucional Europeo*, n. 8, p. 43-73.

MAESTRO BUELGA, Gonzalo (2012). "El futuro del Estado social", en AA.VV. *IV Congreso Internacional de Derechos Humanos. Ciudadanía y Derechos Sociales: un discurso de futuro*, Vitoria-Gasteiz, Servicio Central de Publicaciones del Gobierno Vasco, p. 41-55.

MAESTRO BUELGA, Gonzalo y GARCÍA HERRERA, Miguel Ángel (2014). "Constitución y capitalismo", en AA.VV. *Constitución: norma y realidad (Teoría constitucional para Antonio López Pina)*, Alguacil González-Aurioles y Gutiérrez Gutiérrez (eds.), Madrid, Marcial Pons, p. 383-396.

MÁRKARIS, Petros (2013). *Pan, educación y libertad*, Samará Spiliotopulu (trad.), Barcelona, Tusquets Editores, 256 p.

MENÉNDEZ, José Luis (2014). "Mutación y ¿quiebra? constitucional de la Unión Europea", *Documentación Administrativa (Nueva Época)*, n. 1, 11 p.

MERCADO PACHECO, Pedro (2012). "Libertades económicas y derechos fundamentales. La libertad de empresa en el ordenamiento multinivel europeo", *Cuadernos Electrónicos de Filosofía del Derecho*, n. 26, p. 341-372.

MIRAVET BERGÓN, Pablo (2014). *Estado social, empleo y derechos*, Valencia, Tirant lo Blanch, 733 p.

MONEREO PÉREZ, José Luis (2014). "Por un constitucionalismo social europeo. Un marco jurídico-político insuficiente para la construcción de la ciudadanía social europea", *Revista de Derecho Constitucional Europeo*, n. 21, en http://www.ugr.es/~redce/REDCE21/articulos/05_monereo.htm#cuatro (24/03/2015).

O'CONNOR, James (1981). *La crisis fiscal del Estado*, Di Masso *et alii* (trad.), Barcelona, Ediciones Península, 341 p.

PANZERA, Claudio (2014). "The Personal Scope of the European Social Charter: Questionig Equality", *Contributions individuelles des membres du RACSE à la Conférence de Turin* (2014), en *https://racseanesc.files.wordpress.com/2014/10/claudio-panzera-the-personal-scope-of-the-european-social-charter-questioning-equality.pdf* (24/5/2015), 12 p.

PIKETTY, Thomas (2014). *El capital en el Siglo XXI*, Cazenave-Tapie Isoard y Cuevas (trad.), Madrid, Fondo de Cultura Económica Española, 663 p.

PISARELLO PRADOS, Gerardo (2014). "Estado social, derechos sociales", en AA.VV. *Constitución: norma y realidad (Teoría constitucional para Antonio López Pina)*, Alguacil González-Aurioles y Gutiérrez Gutiérrez (eds.), Madrid, Marcial Pons, p. 275-283.

RIDOLA, Paolo (2004). "La Carta de los Derechos Fundamentales de la Unión Europea y el desarrollo del constitucionalismo europeo", Sánchez Barrilao (trad.), en AA.VV. *Derecho Constitucional y cultura. Estudios en homenaje a Peter Häberle*, Balaguer Callejón (coord.), Madrid, Tecnos, p. 463-484.

RIDOLA, Paolo (2010). *Diritto comparato e diritto costituzionale europeo*, Torino, G. Giappichelli Editore, 457 p.

RUIPÉREZ, Javier (2003). "¿La Constitución en crisis? El Estado Constitucional Democrático y Social en los tiempos del neoliberalismo tecnocrático", *Revista de Estudios Políticos*, n. 120, p. 127-171.

RUIZ ALMENDRAL, Violeta (2009). "La reforma Constitucional a la luz de la estabilidad presupuestaria", *Cuadernos de Derecho Público*, n. 38, p. 89-159.

RUIZ TARRÍAS, Susana (2012). "Cuando las finanzas mandan: a propósito de las últimas reformas constitucionales en Alemania y en España", *Estudios de Deusto: Revista de la Universidad de Deusto*, v. 60, n. 2, p. 353-384.

SALVADORI, Massimo L. (2011). *Democrazie senza democrazia*, Roma-Bari, Editori Laterza, 112 p.

SÁNCHEZ BARRILAO, Juan Francisco (2002). "Globalizzazione, tecnologia e costituzione: verso una democrazia planetaria e un diritto costituzionale comune?", Buratti (trad.), *Nomos*, n. 3, p. 169-184.

SÁNCHEZ BARRILAO, Juan Francisco (2004). "Sobre la Constitución normativa y la globalización", *Revista de la Facultad de Derecho de la Universidad de Granada*, n. 7, p. 241-261.

SÁNCHEZ BARRILAO, Juan Francisco (2009). "Derecho europeo y globalización: mitos y retos en la construcción del Derecho Constitucional Europeo", *Revista de Derecho Constitucional Europeo*, n. 12, p. 115-150.

SÁNCHEZ BARRILAO, Juan Francisco (2010). "Globalización y crisis económica: sombras en la integración europea", *Videtur Quod: Anuario del Pensamiento Crítico*, n. 2, p. 184-201.

SÁNCHEZ BARRILAO, Juan Francisco (2012). "La constitucionalización de la integración regional europea. ¡Más Europa!: de vuelta a una Constitución para Europa, ante la situación de crisis de la Unión", *Estudios Deusto*, n. 60/2, p. 71-110.

SÁNCHEZ BARRILAO, Juan Francisco (2013). "La crisis de la deuda soberana y la reforma del artículo 135 de la Constitución Española", *Boletín Mexicano de Derecho Comparado*, n. 137, p. 679-712.

SÁNCHEZ BARRILAO, Juan Francisco (2014). "Vivienda y pluralismo ordinamental: sobre el Decreto-Ley andaluz 6/2013 en un contexto de crisis y globalización", en AA.VV. *Desahucios y ejecuciones hipotecarias*, Valencia, Tirant lo Blanch, p. 519-557.

STANDING, Guy (2014). "Por qué el precariado no es un concepto espurio", *Sociología del Trabajo*, n. 82, p. 7-15.

TAJADURA TEJADA, Javier (2006). "La crisis de los derechos sociales en el contexto de la mundialización", *Nuevas Políticas Públicas: Anuario multidisciplinar para la modernización de las Administraciones Públicas*, n. 2, p. 120-137.

VECCHIO, Fausto (2012). "Primacía del derecho europeo y contralímites como técnicas para la relación entre ordenamientos", *Revista de Derecho Constitucional Europeo*, n. 17, p. 67-102.
WEILER, Joseph H. H. (2012). "Descifrando el ADN político y jurídico de la integración europea: un estudio exploratorio", *Revista Española de Derecho Constitucional*, n. 96, p. 13-40.
ZAFIAUR NARVAIZA, José María (2014). "La crisis del trabajo y el trabajo de la crisis", en AA.VV. *Constitución: norma y realidad (Teoría constitucional para Antonio López Pina)*, Alguacil González-Aurioles y Gutiérrez Gutiérrez (eds.), Madrid, Marcial Pons, p. 405-415.
ZAGREBELSKY, Gustavo (2000). "Epílogo", en C. Mortati, *La Constitución en sentido material*, Bergareche Gros (trad.), Madrid, Centro de Estudios Políticos y Constitucionales, 2000, pp. 229 y ss.

LE PAROLE DELLA COSTITUZIONE E LA CRISI ECONOMICO-FINANZIARIA[1]

Giorgio Grasso

Professore Associato di Diritto pubblico
Università dell'Insubria

Sommario: 1. Una premessa: cercando le parole della Costituzione. 2. Costituzione (e costituzionalismo): la prima parola. 3. Sovranità (tra Stato, popolo e mercato): la seconda parola. 4. Rappresentanza politico-parlamentare (e sostanza autoritaria degli Esecutivi): la terza parola. 5. Solidarietà (tra diritti sociali, vincoli di bilancio e giurisprudenza costituzionale): la quarta parola. 6. Come concludere? Parole e non stereotipi del diritto costituzionale contemporaneo.

1. Una premessa: cercando le parole della Costituzione

Esistono dentro alla nostra Costituzione, potremmo dire forse dentro a qualsiasi Costituzione che possa autenticamente chiamarsi tale, parole che, come è stato scritto, non si dovrebbero mai dimenticare[2], perché segnano le radici fondanti

---

[1] Il presente contributo rielabora alcuni spunti dell'intervento presentato durante il II° Convegno Internazionale: "Sfide del costituzionalismo di fronte al processo di integrazione europea", svoltosi a Madrid, il 25-27 novembre 2014, presso l'Università Pontificia Comillas, di cui ora si pubblicano gli Atti. Esso, peraltro, è anche debitore di numerosi momenti di confronto scientifico che chi scrive ha avuto l'occasione di avere a margine, tra l'altro, della pubblicazione del volume *Il costituzionalismo della crisi. Uno studio sui limiti del potere e sulla sua legittimazione al tempo della globalizzazione*, Napoli, Editoriale scientifica, 2012, tra il 2013 e il 2015: e, in particolare, di incontri di dottorato presso le Università di Chieti-Pescara, Bari, Milano Bicocca, Roma La Sapienza; di seminari di studio all'Università Bocconi di Milano, alla Seconda Università di Napoli e alle Università di Parma, di Bologna e del Piemonte Orientale; di singole lezioni tenute, su invito, presso le Università di Milano Bicocca, di Padova e di Genova. E' anche per tale complessiva ragione che il testo mantiene, a tratti, un tono più colloquiale, tipico dell'esposizione orale, con un ridotto numero di citazioni e di rimandi bibliografici in nota.

[2] Il richiamo è a Carlassare, 2006.

della Costituzione stessa, enunciando i valori e i principi a cui essa si ispira[3]. Sono parole che in realtà condensano istituti, procedimenti, interi articoli costituzionali o parti significative di essi, parole che non sono solo enunciati linguistici formali, ma che toccano anche le basi materiali dell'ordinamento costituzionale e "il contesto politico-sociale e politico-culturale entro cui si produce il riconoscimento dei principi costituzionali fondamentali"[4], parole che, incidendo "nel solco della storia, plasmandola e venendone plasmate a loro volta"[5], hanno generalmente resistito (con un esito che avrebbe anche potuto essere di segno diverso) alle trasformazioni più profonde delle istituzioni politico-costituzionali, all'evoluzione della forma di governo parlamentare, a passaggi drammatici e cruciali di quasi settant'anni di storia repubblicana.

Tuttavia l'urto che la crisi economico-finanziaria e gli strumenti congegnati per affrontarla hanno determinato sull'ordinamento costituzionale di molti Stati, compresa l'Italia, fa sorgere almeno il dubbio che tali fondamentali parole abbiano perso di nitidezza, smalto e vigore, e che siano diventate parole sbiadite, leggere, in balìa del soffio impetuoso del vento di una crisi lunga e pervasiva, innestata su fenomeni di globalizzazione dei mercati ormai ampiamente consolidati e sui mutamenti costituzionali determinati dal processo di integrazione europea.

Contemporaneamente, del resto, termini nuovi sono stati forgiati per fronteggiare la crisi, in particolare oltre la dimensione statuale, termini spesso in palese contrasto con le parole della Costituzione (per tutti il vocabolo condizionalità), ma che hanno preso il sopravvento, finendo per favorire, accanto a quella che si è definita la "decostituzionalizzazione del diritto sovranazionale"[6], anche una pericolosa degradazione del diritto costituzionale nazionale.

Il tentativo di queste note sarà allora quello di evidenziare come alcune di queste "meravigliose" parole, permettendomi la metafora, che dalla Costituzione orientano l'intero ordinamento costituzionale mantengano invece tutta la loro forza prescrittiva[7] e come, ancora puntando su di esse senza timori, si possa provare a dare risposta alle gravi ferite che la crisi economico-finanziaria ha prodotto sulla realtà costituzionale, sulle sue istituzioni politiche, sul suo sistema di poteri e, cosa che più importa, sulle persone che, con i loro diritti, restano il centro pulsante di quella realtà costituzionale.

---

3 Di un radicamento dei principi e dei valori costituzionali nella coscienza degli italiani e di un loro conseguente irrobustimento parla, ora, Barbera, 2015, 283 e 354.

4 Per questa definizione, riferita all'ordine costituzionale, distinto dall'ordinamento costituzionale, vedi ancora Barbera, 2015, 275 e 267, da cui le citazioni.

5 Così Ainis, 2014, 12.

6 La citazione e l'impostazione sono di Benvenuti, 2015, 115 e 113 ss. Analogamente Gambino, 2015, 124.

7 Sono parole felici, per dirla ancora con Ainis, 2014, 61 e 65, perché hanno saputo adattarsi alle mutevoli circostanze della vita, senza che prassi difformi siano riuscite a contraddirle, "come fucina di regole opposte e antagoniste rispetto a quelle scritte".

2. Costituzione (e costituzionalismo): la prima parola

Già la parola Costituzione è messa, per prima, sotto attacco, con l'intenzione probabilmente di soffocare in questo modo le stesse forme di decisione democratica su cui le Costituzioni pluraliste si dovrebbero fondare[8].

Emblematico di questo stato di cose è il *report*, pubblicato nel mese di maggio del 2013, dalla banca statunitense J.P. Morgan, in cui è analizzata la condizione di crisi economico-finanziaria nei Paesi della zona Euro, considerata a metà strada per essere risolta[9]. Anche ragioni di natura politico costituzionale avrebbero favorito, secondo tale relazione, l'espandersi della crisi, per l'esistenza di Costituzioni, approvate dopo la caduta del fascismo in Europa ("the fall of fascism", nel testo in inglese) e che presentano caratteri che appaiono inadatti per determinare un'ulteriore integrazione nella regione, Costituzioni che risentono di una forte influenza socialista, Costituzioni soprattutto che hanno fatto sorgere sistemi politici (in Italia, Portogallo, Spagna, Grecia), basati su esecutivi deboli, su fragili governi centrali rispetto agli enti territoriali decentrati, sulla protezione costituzionale dei diritti del lavoro, su sistemi di raccolta del consenso di natura clientelare, sul diritto di protestare, "if unwelcome changes are made to the political *status quo*".

A parte la critica, del tutto condivisibile, verso clientele e dintorni, è difficile non cogliere, dietro alla presunta inadeguatezza di tali Costituzioni, come quella italiana, al cospetto della crisi, l'intolleranza di un potente soggetto della globalizzazione dinanzi all'idea "regina" del costituzionalismo come limite all'esercizio del potere, in funzione di garanzia e di tutela dei diritti fondamentali. Ora che sia una società privata ad affermare quanto appena ricordato è nella logica delle cose, la stessa che ha spinto altri soggetti privati, le agenzie di *rating*, a entrare ripetutamente a gamba tesa dentro la vita politica degli Stati sottoposti a *rating*, giudicando anche gli esiti delle competizioni elettorali, oltre che lo stato dei conti pubblici di quei Paesi; più paradossale è che il medesimo approccio sia stato seguito, sostanzialmente, dalle Istituzioni politiche europee, che spesso hanno ritenuto di poter prescindere quasi completamente dai vincoli costituzionali degli Stati membri, imponendo o spingendo verso revisioni costituzionali affrettate (come quella che ha introdotto in Italia il principio di equilibrio di bilancio nel 2012); facendo del rispetto della stretta condizionalità il solo termometro su cui misurare gli aiuti finanziari agli Stati in grave difficoltà, in ragione dei loro debiti sovrani; ostruendo e ostacolando, oltre ogni ragionevolezza, i tentativi, riusciti o meno, di sottoporre al voto referendario le misure di austerità imposte agli Stati (come nella vicenda greca); considerando come un fardello da cui doversi liberare le regole procedurali che la democrazia conosce, quelle regole che, nei due casi esplicitati dal *report* di J.P. Morgan, hanno portato concretamente dentro le fabbriche e nelle relazioni tra libertà di impresa e diritti dei lavoratori le norme

---

8 Per tale rilievo vedi, tra gli altri, Balaguer Callejón, 2012, 83 ss.

9 Il documento è reperibile al sito internet: *http://www.europe-solidarity.eu/documents/ES1_euro-area-adjustment.pdf*, 2 e 12-13 le citazioni nel testo.

costituzionali (come è avvenuto in Italia, quando fu approvato nel 1970 lo statuto dei lavoratori), ovvero hanno permesso, dopo la lunga parentesi autoritaria dei ricordati regimi fascisti, di affermare vigorosamente la libertà di manifestare il proprio pensiero, anche contro la linea politica di chi governa un Paese in un certo momento storico.

Ma sino a che punto una Costituzione, e in modo specifico la nostra Costituzione, può essere piegata al mercato, ai voleri degli investitori istituzionali, alle decisioni assunte nell'ambito del diritto dell'Unione europea o del diritto internazionale promosso dalla stessa Unione europea (nel caso del *Fiscal Compact* e del Trattato *MES*, evidentemente), senza che non siano messe in "dissolvenza alcune importanti disposizioni costituzionali"[10], anche tra quei principi supremi che pure dovrebbero costituire il contro-limite invalicabile alla stessa revisione costituzionale e che la sentenza n. 238 del 2014 della Corte costituzionale ha ora messo concretamente in azione?

3. Sovranità (tra Stato, popolo e mercato): la seconda parola

Insieme alla Costituzione e in conseguenza dei fatti, degli eventi e degli atti normativi che sopra si sono sommariamente descritti, anche la sovranità, tradizionale elemento costitutivo della statualità, è uscita malconcia e certo fortemente ridimensionata, specie nella seconda fase della crisi economico-finanziaria, quella iniziata nel biennio 2010-2011, che ha riguardato più da vicino gli Stati e i loro pesanti debiti sovrani.

Numerose vicende "certificano" l'impoverimento sia dell'idea della sovranità statuale come espressione della potestà d'imperio degli Stati, e dello Stato italiano ancora in modo particolare, sia della concezione della sovranità popolare, che anche la Costituzione italiana afferma plasticamente, già nel suo articolo di esordio, da raccordare, oltre che con la disposizione costituzionale sui partiti politici, con le previsioni costituzionali sulla formazione del Governo, sulla fiducia parlamentare e sull'indirizzo politico e la politica generale del Governo.

Per il primo aspetto, basta richiamare la ben conosciuta lettera inviata ad agosto del 2011 dal Governatore della Banca centrale europea Trichet e dal Governatore della Banca centrale italiana Draghi, al Governo italiano, anzi con una fuga in avanti al suo "Primo ministro" in carica, per illuminare la consapevolezza che le stesse limitazioni di sovranità dell'art. 11 Costituzione, oggi da collegare anche all'art. 117, comma 1, del testo costituzionale, che dovrebbero garantire la realizzazione di "un ordinamento che assicuri la pace e la giustizia fra le Nazioni", secondo quanto prevede quella notissima previsione costituzionale, spesso non si sono realizzate, di fatto,

[10] La citazione è di Barbera, 2015, 264, che non sembra rilevare però, in conseguenza dell'appartenenza dell'Italia all'Unione europea, e dei processi decisionali che crisi e globalizzazione hanno realizzato, almeno nell'ultimo lustro, un pericolo per l'assetto dei principi fondamentali e supremi dell'ordinamento costituzionale italiano.

se non di diritto, in condizioni di parità con gli altri Stati, come richiesto dalla Costituzione, ma accettando il prevalere di meri rapporti di forza imposti o dal mercato, in base al principio economico della natura delle cose, o dal brutale dominio della politica e dallo Stato politicamente egemone in Europa. Fu a tutti chiaro, infatti, come quella lettera, nel dettare l'agenda politico-costituzionale al Paese, messo sulla gogna dai pesanti giudizi puntuali e prospettici delle Agenzie di *rating*, in quel terribile 2011, ne condizionava quasi integralmente lo spazio di decisione politica, le scelte politicamente sovrane in ultima istanza.

Quanto al secondo profilo, che rinvia alla terza parola costituzionale qui in esame, rappresentanza, di cui si dirà meglio tra poco, la formazione del Governo presieduto da Mario Monti, nel novembre 2011, rende molto bene tutta l'asprezza del peso che i mercati, mediante il mantra che misura la loro fiducia verso questo o quel Governo nazionale, possono avere sulle dinamiche politiche della forma di governo di un Paese democratico.

Già la nomina del professor Monti come senatore a vita il 9 novembre 2011, per quanto formalmente ineccepibile, dal punto di vista dei requisiti richiesti dall'art. 59, comma 2, del testo costituzionale, e certamente anche in linea con la configurazione che tale atto ha assunto, tra quelli sostanzialmente presidenziali, ha avuto però, senza alcuna finzione, un obiettivo (costituzionale?) ben diverso da quello che ha sempre connotato l'individuazione, come senatori a vita, di cittadini che avessero illustrato la Patria per altissimi meriti nel campo sociale, scientifico, artistico e letterario. Tale nomina, infatti, voleva politicamente rassicurare i mercati finanziari e i creditori istituzionali del nostro Paese, in attesa che si perfezionassero le dimissioni del Presidente del Consiglio in carica, Silvio Berlusconi, preparando quindi la successiva nomina, pochi giorni dopo, del professor Monti come Presidente del Consiglio dei ministri. In tale occasione, quella nomina significava nella realtà anticipare il momento dell'incarico di formazione del nuovo Governo, in presenza però di un altro Governo, non ancora formalmente dimissionario, tanto che di fatto la crisi del Governo Berlusconi era già aperta e con essa la fase delle consultazioni per costituire il nuovo esecutivo. Che poi fosse proprio Mario Monti, insieme al Presidente Napolitano, a esprimere la credibilità politica dell'Italia dinanzi ai mercati finanziari, già lo si poteva cogliere da un editoriale, intitolato "Il podestà forestiero", pubblicato ancora ad agosto del 2011 sul Corriere della Sera, nel quale Monti, come genuino europeista vedeva "tutti i vantaggi di «certi vincoli esterni», soprattutto per un Paese che, quando si governa da sé, è poco incline a guardare all'interesse dei giovani e delle future generazioni", pur non trascurando gli inconvenienti di offrire una "precipitosa soluzione eterodiretta" alla crisi economico-finanziaria in corso.

Anche l'estensione dei poteri presidenziali, in quel frangente, forse eccezionale, e poi per larga parte del settennato rimanente del Presidente Napolitano e del suo secondo settennato ridotto, se può in parte farsi rientrare nella necessità, presa in considerazione già dai nostri Padri Costituenti, di riconoscere al Presidente, in presenza di un gravissimo sfaldamento istituzionale, il ruolo di reggitore della crisi, ricorrendo alla conosciutissima metafora di poteri a fisarmonica, ha però mostrato un eccessivo slargamento.

Forse, per continuare la metafora musicale, lo spartito prodotto dalla crisi economico-finanziaria era del tutto inedito, forse il Presidente a forza di aprire il mantice dello strumento ha fatto stonare qualche tasto o bottone, dei suoi manuali di destra e di sinistra, forse semplicemente ha iniziato a suonare un diverso strumento musicale, in un'arena (tra mercato e soggetto politico europeo) in cui la sovranità popolare, portato dell'opzione democratica, non è più l'esclusivo terreno di riferimento delle decisioni politiche fondamentali di un Paese[11].

4. Rappresentanza politico-parlamentare (e sostanza autoritaria degli Esecutivi): la terza parola

Lo Stato, si è visto, non decide quasi mai più da solo, e quando ancora sostanzialmente decide lo fa bypassando completamente le Assemblee parlamentari e trascurando che, all'interno di esse, dovrebbe trovare espressione il principio della rappresentanza politico-parlamentare, la terza parola "chiave" della Costituzione che qui si analizza. Questa tendenza di rafforzamento autoritario degli Esecutivi, anche nei sistemi democratici consolidati, ha, in realtà, più lontane radici, accompagnando almeno l'evoluzione delle dinamiche politiche degli ultimi trent'anni, ma certamente il dispiegarsi dei fenomeni di mondializzazione e poi lo scoppio della crisi economico-finanziaria hanno reso ancora più evidente tale situazione.

Certo, dal canto suo, la rappresentanza politica, con il suo corollario del divieto del mandato imperativo, almeno in Italia, sopporta tensioni che hanno un'origine diversa: per l'esistenza di leggi elettorali, come è stato il c.d. *Porcellum*, che ne minano attraverso il premio di maggioranza e il meccanismo delle liste bloccate lo stesso fondamento; per lo sconquasso profondo che ha attraversato, nel passaggio dalla fase proporzionale alla fase maggioritaria di funzionamento della forma di governo, l'intero sistema dei partiti, oggi assai lontano da quel modello di partiti di iscritti che aveva connotato i primi quarant'anni, almeno, dell'esperienza repubblicana; per la contestazione stessa del principio del divieto di mandato da parte di forze politiche che, come ritornando indietro al periodo immediatamente precedente alla Rivoluzione francese, hanno una ragione del loro successo elettorale proprio nel considerare deputati e senatori solo una cinghia di trasmissione tra il popolo (della rete), i suoi leader carismatici e le istituzioni parlamentari, obbligando i primi a consultare dal

---

[11] Ingenuo sarebbe pensare che nei sistemi democratici il momento del voto rappresenti la sola forma di giustificazione del potere, essendo ben nota, almeno da Madison in poi, l'esistenza di altre fonti di legittimazione del potere, per le Corti costituzionali o per i giudici. Ma, evidentemente, ciò che qui si critica è ben altra cosa, è un modo di intendere quella legittimazione fuori dal campo del diritto costituzionale, in cui finiscono per prevalere meri rapporti di forza e di dominio, politico o economico.

basso il movimento politico prima di poter prendere qualsiasi decisione, un voto, una deliberazione.

Tuttavia, l'impeto della crisi economico-finanziaria ha del tutto squilibrato le relazioni tra i poteri del Parlamento e quelli del Governo, nel nome in particolare della velocità, della rapidità e dell'efficienza della decisione politica. Questo già a livello europeo, nei consessi in cui si approva la maggior parte delle decisioni di indirizzo politico, con la partecipazione del tandem Presidente del Consiglio dei ministri-Ministro dell'Economia, il vero binomio che regge il Governo, e poi con ricadute sul piano nazionale, nel quale il decreto legge (e poi la legge di conversione blindata dalla richiesta della questione di fiducia) hanno sostituito completamente la funzione della legge parlamentare, anche quando non vi sarebbero ragioni straordinarie di necessità e urgenza a richiederlo, un decreto legge, come altrove ricordato[12], sempre più atto ordinario di attuazione di un indirizzo politico, di una politica generale del Governo dell'art. 95 Cost., elaborata in realtà quasi esclusivamente in sede europea.

Per altro verso, l'assetto dei rapporti tra il Governo e la sua maggioranza schiaccia la diversa dinamica dei rapporti tra Governo e Parlamento, anche nelle più rare situazioni nelle quali sembra che possa essere davvero quest'ultimo a dover decidere, magari su tematiche eticamente sensibili.

All'obiettivo della forte valorizzazione del momento della decisione del Governo concorre anche il texto di revisione costituzionale, approvato nel mese di aprile 2016, su cui si attende l'esito del *referendum* costituzionale: basti citare la previsione del nuovo articolo 72, sul c.d. voto a data certa, *remak*e del voto bloccato della Costituzione della V Repubblica francese, in riferimento ai disegni di legge indicati come essenziali per l'attuazione del programma di governo, mentre il pur opportuno intervento, volto a circoscrivere certi abusi del decreto legge, nel nuovo articolo 77, potrebbe essere del tutto aggirato da prassi di segno contrario, una volta di più giustificate, per esempio, dalla necessità di adottare misure economiche e fiscali, come avvenuto con la legislazione economica del tempo della crisi.

A completare l'indebolimento del Parlamento, se non lo svuotamento della sua funzione di effettiva rappresentanza dell'insieme delle forze politiche del Paese, saranno da verificare, infine, gli effetti fortemente maggioritari della nuova legge elettorale per la sola Camera dei deputati, la legge n. 52 del 2015, e la stessa trasformazione del Senato della Repubblica in una Camera non più politica in senso stretto e con una rappresentanza ambigua, rispetto ai più robusti modelli di rappresentanza territoriale delle seconde Camere, conosciuti a livello comparato (dal Senato americano al *Bundesrat* tedesco).

Con la singolare previsione del nuovo articolo 55, frutto forse di una formulazione non del tutto consapevole, laddove si riconosce un po' contraddittoriamente alla Camera dei deputati la spettanza della titolarità dell'indirizzo politico, da concordare

---

[12] Per lo svolgimento di questo argomento vedi Grasso, 2015, 5-6.

con la politica generale del Governo dell'art. 95, non modificato, e con il già citato programma di Governo del rinnovato art. 72.

5. Solidarietà (tra diritti sociali, vincoli di bilancio e giurisprudenza costituzionale): la quarta parola

Come fosse una slavina, a seguito dell'allentamento dei vincoli costituzionali, dell'erosione della sovranità e del sostanziale affidamento delle decisioni di indirizzo politico all'uomo solo (o quasi) al comando, nel tempo della crisi economico-finanziaria, sono i diritti a essere in ultimo sopraffatti, offuscandosi, insieme a essi, un'altra parola cruciale del testo costituzionale italiano, quella di solidarietà.

Il costo dei diritti è il punto di snodo in questo frangente e lo strumento utilizzato, in risposta alla crisi, per contenere i rivoli assai difficili da arrestare della spesa pubblica e di politiche di *welfare* che hanno spesso irresponsabilmente svuotato le casse dei denari pubblici, è stato quello di irrigidire dentro i testi costituzionali il vincolo del pareggio di bilancio.

Il processo, almeno in Italia, è noto. Con la legge di revisione costituzionale n. 1 del 2012, intitolata "Introduzione del principio del pareggio di bilancio nella Carta costituzionale", è stato modificato in particolare l'art. 81 della Costituzione italiana, stabilendosi l'obbligo per lo Stato di assicurare, in realtà, non il pareggio, ma l'equilibrio tra le entrate e le spese del proprio bilancio, con una robusta limitazione della possibilità di ricorrere all'indebitamento. La legge n. 243 del 2012 ha poi dato attuazione a tale disposizione costituzionale, facendo corrispondere l'equilibrio di bilancio all'obiettivo di medio termine; di fatto vi è stato sinora un continuo rinvio del pareggio di bilancio, in ultimo dal 2017 al 2018, con l'approvazione a ottobre 2015 di due risoluzioni, votate alla Camera dei deputati e al Senato della Repubblica, con la maggioranza assoluta prevista dal testo costituzionale rinnovato, così rallentandosi il percorso di consolidamento fiscale relativo ai vincoli europei di finanza pubblica.

Sull'inderogabile rispetto dei vincoli finanziari, d'altra parte, il Governo della crisi, l'Esecutivo Monti in precedenza citato, ha giocato in pratica tutte le sue scelte di indirizzo politico, in realtà come si è visto largamente predeterminate dai *partners* europei, dalle agenzie di *rating*, dai soggetti istituzionali del mercato, sulla base della logica amara del Podestà forestiero, di cui prima si diceva, e molte di quelle decisioni, adottate quasi esclusivamente con il ricorso al decreto legge, hanno inciso pesantemente sui diritti dei cittadini, sotto forma di contrazione complessiva delle retribuzioni e dei salari (per esempio per il loro mancato adeguamento all'aumento del costo della vita e per i blocchi stipendiali nel pubblico impiego), oltre che delle pensioni, ma anche di godimento di prestazioni nel campo del diritto alla salute o del diritto all'istruzione. I Governi successivi, quello Letta e quello Renzi, hanno continuato in una politica riformatrice che costantemente ha guardato a opzioni di indirizzo politico veicolate dall'esterno, come nel caso del c.d. *Jobs Act*, richiesto dalla già citata lettera dell'agosto del 2011 dei due Governatori della Banca centrale europea. Solo molto recentemente, peraltro, proprio il Governo Renzi è entrato in un aspro conflitto con la Commissione europea e con il suo presidente Juncker, sui temi della flessibilità e del rigore nel controllo dei conti pubblici[13].

Sull'effettività del godimento dei diritti e in modo specifico dei diritti sociali, i diritti che costano di più, radicati in quella norma fondamentale della stessa forma di Stato che è l'uguaglianza sostanziale dell'art. 3, comma 2, Cost., la Corte costituzionale è intervenuta in particolare nel corso del 2015 con almeno tre pronunce di assoluto rilievo nelle quali è emersa fortissima la tensione tra la garanzia del diritto, di volta in volta coinvolto, e l'equilibrio dei conti pubblici.

Ci si riferisce ovviamente alle sentenze n. 10, 70 e 178, sulle quali sono fioriti, come si sa, numerosissimi commenti di dottrina e molti strali o plausi della politica.

Ai fini delle presenti note, può essere utile verificare l'esistenza di un eventuale filo conduttore che possa tenere insieme il differimento per il futuro degli effetti della sentenza n. 10, riguardante la c.d. *Robin Hood Tax*, l'accoglimento dell'incostituzionalità delle misure di azzeramento perequativo delle pensioni superiori a tre volte il trattamento minimo INPS della sentenza n. 70, senza alcuna modulazione nel tempo degli effetti della pronuncia costituzionale, e la dichiarazione di illegittimità costituzionale sopravvenuta del blocco della contrattazione collettiva per il lavoro pubblico, nella pronuncia n. 178, oppure constatare la mancanza di quel legame e la rinuncia per l'interprete a poter considerare a sistema le tre pronunce.

Sinteticamente, nel primo caso, oggetto dell'impugnazione dinanzi alla Corte era la disciplina sulla maggiorazione dell'aliquota IRES gravante su determinati operatori dei settori energetico, petrolifero e del gas: la sua violazione degli articoli 3 e 53 Costituzione, in ragione in particolare della circostanza che, pur trattandosi di un contributo certamente richiesto, a fini di solidarietà, a soggetti privilegiati, non prevedeva alcuna predeterminazione temporale in grado di contenerne nel tempo gli effetti, né "strumenti atti a verificare il perdurare della congiuntura posta a giustificazione della più severa imposizione", viene però neutralizzata nella sua retroattività.

La Corte, infatti, si preoccupa di impedire che l'applicazione retroattiva della declaratoria di illegittimità costituzionale possa determinare "una grave violazione dell'equilibrio di bilancio ai sensi dell'art. 81 Costituzione", visto che così facendo si realizzerebbe "uno squilibrio del bilancio dello Stato di entità tale da implicare la necessità di una manovra finanziaria aggiuntiva" per il nostro Paese; se ciò accadesse, del resto, "le conseguenze complessive della rimozione con effetto retroattivo della normativa impugnata finirebbero per richiedere, in un periodo di perdurante crisi economica e finanziaria che pesa sulle fasce più deboli, una irragionevole redistribuzione della ricchezza a vantaggio di quegli operatori economici che possono avere invece beneficiato di una congiuntura favorevole. Si determinerebbe così un irrimediabile pregiudizio delle esigenze di solidarietà sociale con grave violazione degli artt. 2 e 3 Costituzione".

13 Ne danno conto in particolare i quotidiani del mese di gennaio 2016.

Nella sentenza n. 70, invece, oggetto del giudizio erano le norme del decreto legge n. 201/2011, convertito con modificazioni dalla l. 214/2011, che, ancor prima dell'inserimento in Costituzione del principio dell'equilibrio di bilancio, avevano bloccato per il biennio 2012-2013 l'adeguamento all'inflazione per tutte le pensioni superiori a tre volte il trattamento minimo INPS, pensioni cioè pari a soli 1.217,00 euro mensili. Una qualche misura di intervento sulle pensioni era stata richiesta anche dalla già menzionata lettera dell'agosto 2011 dei due Governatori Trichet e Draghi, mentre indiscrezioni filtrate al momento dell'adozione del decreto del 2011 sembravano indicare che il Governo Monti inizialmente avesse prefigurato addirittura di azzerare per due anni l'adeguamento di tutte le pensioni, senza alcuna differenziazione, e la formula originaria del testo del decreto, emendata durante la conversione in legge, prevedeva l'azzeramento per gli importi superiori a due volte il trattamento minimo INPS. La Corte, in questo caso, anche dando conto della sua precedente giurisprudenza in tema di soppressione della rivalutazione automatica annuale (ma in quel caso si trattava di trattamenti pensionistici di importo otto volte superiore al trattamento minimo: sentenza n. 316 del 2010), ritiene che "siano stati valicati i limiti di ragionevolezza e proporzionalità", sacrificando "nel nome di esigenze finanziarie non illustrate in dettaglio" diritti fondamentali, come quelli "connessi al rapporto previdenziale, fondati su inequivocabili parametri costituzionali, la proporzionalità del trattamento di quiescenza, inteso quale retribuzione differita", e la sua adeguatezza, parametri che in ultima istanza rimandano ai due principi supremi della solidarietà dell'art. 2 e dell'uguaglianza sostanziale dell'art. 3, comma 2, Costituzione.

Tale decisione, ingenerosamente criticata, ha rischiato di creare una voragine nei conti pubblici, con cifre che nei giorni successivi alla sua emanazione sono peraltro cambiate continuamente; per dare attuazione a essa, "nel rispetto del principio dell'equilibrio dei bilanci e degli obiettivi di finanza pubblica, assicurando la tutela dei livelli essenziali delle prestazioni concernenti i diritti civili e sociali, anche in funzione della salvaguardia della solidarietà intergenerazionale", il Governo Renzi è intervenuto con un decreto (il decreto legge n. 65 del 2015, convertito con modificazioni dalla legge n. 109 del 2015, da cui è tratta la citazione che precede), venendo a graduare le percentuali rispetto a cui riconoscere la rivalutazione automatica dei trattamenti pensionistici, in corrispondenza di diverse soglie di moltiplicatori del trattamento minimo INPS, ma forse aggirando il dispositivo di una pronuncia che pareva squisitamente demolitorio, non in grado quindi di lasciare margini di apprezzamento a un intervento retroattivo che abroga una disposizione, in realtà, già annullata dalla Corte[14].

Infine, la sentenza n. 178, riguardante le misure legislative che hanno congelato le retribuzioni dei pubblici dipendenti per il periodo 2010-2014 e sospeso le procedure contrattuali e negoziali per il triennio 2010-2012, impedendo quindi l'esplicarsi dell'autonomia collettiva dell'art. 39 Costituzione. La Corte, per un verso, ritiene

[14] In tal senso anche Esposito, 2015, 2 e *passim*.

infondate le censure incentrate sull'art. 36, comma 1, Costituzione, in quanto il sacrificio del principio di proporzionalità della retribuzione, disposto dalla norma in un orizzonte temporale limitato, non risulterebbe irragionevole e macroscopico; per altro, considera incostituzionale, per violazione dell'art. 39, comma primo, Costituzione, il blocco negoziale che si perpetua nel tempo e che è diventato strutturale e non eccezionale. Tale sospensione della contrattazione collettiva "sconfina, dunque, in un bilanciamento irragionevole tra libertà sindacale (art. 39, primo comma, Costituzione), indissolubilmente connessa con altri valori di rilievo costituzionale e già vincolata da limiti normativi e da controlli contabili penetranti (…), ed esigenze di razionale distribuzione delle risorse e controllo della spesa, all'interno di una coerente programmazione finanziaria", che porta a citare espressamente l'art. 81, primo comma, Costituzione. L'incostituzionalità di tali disposizioni è, tuttavia, sopravvenuta, rimuovendosi, "per il futuro, i limiti che si frappongono allo svolgimento delle procedure negoziali riguardanti la parte economica". E una terza volta, come nelle sentenze n. 10 e n. 70, si richiamano i doveri di solidarietà fondati sull'articolo 2, a cui si ispira il contratto collettivo che disciplina il lavoro alle dipendenze delle pubbliche amministrazioni, ma la cui dinamica negoziale è stata peraltro alterata dal reiterato protrarsi della sospensione delle procedure di contrattazione economica.

E' possibile, ci si chiedeva, rinvenire un elemento comune tra le tre pronunce, senza spostare tutta l'attenzione su una sola di esse, come pure è stato fatto in dottrina, qualificando la prima come una "decisione spartiacque", capace per la prima volta di cogliere la "trasformazione dell'ordinamento costituzionale", determinata dalla riforma del 2012, e la portata prescrittiva della regola del pareggio di bilancio[15]?

Delle due l'una, senza troppe cautele: o si insiste sulla regola dell'equilibrio di bilancio o si punta sul principio di solidarietà, per tarare il livello di sacrificio costituzionalmente sopportabile richiesto da molte delle misure legislative, adottate per affrontare la crisi economico-finanziaria, come quelle oggetto dei tre giudizi costituzionali qui rapidamente esaminati. Forse è vero che la sentenza n. 70 si è riferita solo frettolosamente alla riforma costituzionale del 2012, senza considerarne tutte le dovute implicazioni, ma è altrettanto vero che il vincolo finanziario non è stato completamente ignorato, nemmeno in tale circostanza, laddove la Corte ha contestato che le esigenze finanziarie e il generico rimando alla contingente situazione finanziaria non fossero stati sufficientemente illustrati e motivati sia nel decreto legge n. 201, sia nella successiva legge di conversione.

La modulazione temporale degli effetti della decisione costituzionale per il futuro, non costituzionalmente scontata e comunque da ritenersi eccezionale, certo ha impedito che si creasse, con la sentenza n. 10, un buco forse incolmabile nei conti pubblici, ma soprattutto, come ricorda anche la Corte, ha evitato che le società petrolifere che avevano goduto di sovra-profitti per la congiuntura economica favorevole recuperassero irragionevolmente quella ricchezza, in irrimediabile contrasto con le esigenze di solidarietà sociale previste dalla Costituzione.

15 Come sostiene Morrone, 2015 a, 578, 595 e *passim*.

Un'analoga regolazione degli effetti della pronuncia costituzionale, solo per l'avvenire, non avrebbe avuto, nella sentenza n. 70, la medesima giustificazione, fosse solo perché tra gli extraprofitti delle società petrolifere e una pensione di milleduecento euro al mese vi è una differenza insormontabile; in tal caso la dichiarazione di incostituzionalità, retroattiva, come nella generalità dei casi, ha colpito nella sua totalità (e non poteva essere diversamente) una disciplina di legge che non aveva né modulato progressivamente la misura del sacrificio richiesto, tra livelli di pensione assolutamente incomparabili (pensioni d'oro e pensioni di mera sussistenza o poco più), e neppure cercato di fissare l'eventuale blocco integrale della perequazione automatica su una soglia più elevata, in linea con la precedente giurisprudenza costituzionale, cioè un importo superiore a cinque volte il trattamento minimo INPS, cifra in grado forse di reggere allo scrutinio di costituzionalità.

Se la politica, in quel difficilissimo autunno del 2011, non era riuscita a fare il miglior bilanciamento degli interessi in gioco, finendo per intaccare i diritti fondamentali connessi al rapporto previdenziale, come sostenuto in modo del tutto condivisibile dalla Corte, difficilmente poteva farlo la Corte stessa, utilizzando fuori dai suoi poteri il bisturi per ritagliare le diverse soglie del blocco della perequazione automatica, oppure, in questo caso con la rinuncia a fare il suo mestiere di giudice costituzionale, adottando una dichiarazione di illegittimità costituzionale sopravvenuta, che, guardando alle fasce più deboli di pensionati, avrebbe comportato una cattiva tutela del principio di solidarietà dell'art. 2 della Costituzione[16] e di quello di uguaglianza sostanziale dell'art. 3, comma 2.

In un affinamento di questioni, sempre più complesse, e solo con un apparente ulteriore cambio di prospettiva, devono essere considerate anche le conclusioni della citata sentenza n. 178. E' sempre il principio di solidarietà, ben più dello stretto vincolo di bilancio, che porta la Corte a respingere le censure riferite all'art. 36, comma 1, Costituzione e, invece, a ritenere fondata la questione di legittimità costituzionale riguardante il successivo art. 39, comma 1.

Le retribuzioni nel lavoro pubblico avevano registrato, infatti, "una crescita incontrollata, sopravanzando l'incremento delle retribuzioni nel settore privato"; il sacrificio richiesto in un orizzonte temporale delimitato, per quanto piuttosto ampio nella durata, di fatto ben sei anni, profilo temporale, però, non stigmatizzato adeguatamente dalla Corte, non sarebbe né irragionevole, né sproporzionato, e risponderebbe a una logica fortemente solidale tra diverse categorie di lavoratori. Al contrario, la violazione della libertà sindacale, determinata dalla sospensione *ad libitum* delle procedure negoziali e contrattuali, non può più tollerarsi, quando finisce per sconvolgere "una complessa trama di valori costituzionali", che muove dall'art. 2 verso l'art. 97 Costituzione. La dichiarazione di illegittimità costituzionale è sopravvenuta, perché dovrà poi essere il legislatore a dare nuovo impulso all'ordinaria dialettica contrattua-

---

16 Vedi però Morrone, 2015 a, 586, nota n. 46, secondo il quale nella sentenza n. 70 la solidarietà richiamata sarebbe "quella tra pensionati e non una solidarietà generale tra i consociati".

le, il cui "carattere essenzialmente dinamico e procedurale (...) non può che essere ridefinito (...) nel rispetto dei vincoli di spesa, lasciando impregiudicati, per il periodo già trascorso, gli effetti economici derivanti dalla disciplina esaminata".

Una soluzione compromissoria, forse, tra la sentenza n. 10 e la sentenza n. 70?

6. Come concludere? Parole e non stereotipi del diritto costituzionale contemporaneo

C'è un'obiezione che si può muovere all'insieme delle riflessioni compiute sinora e cioè che quelle parole, di cui si è ribadita tutta la forza normativa, siano in realtà un po' troppo abusate, difese talora ideologicamente, quasi stereotipi di un costituzionalismo militante che avrebbe fatto il suo tempo; parole destinate a soccombere se commisurate con le più ficcanti parole, alcune delle quali molto più spendibili, immediate, o comunque sostenute dagli attori politici ed economici, che anche grazie alla crisi hanno preso definitivamente campo. Chi è che nel 2016 vuole ancora sentire parlare di Costituzione, di sovranità popolare, rappresentanza, solidarietà, e non invece di globalizzazione, *governance*, sovranità del mercato, e altro ancora?

Circoscrivendo la visuale alle sole vicende europee, il confronto finale si deve muovere con quelle posizioni molto nette che riportano oggi a un costituzionalismo e a uno Stato costituzionale che implicano, si è affermato, la necessità di "ripensare la democrazia pluralista, colmando la distanza che, in teoria e in pratica, tende a separare i valori politici e gli strumenti economici", uno Stato costituzionale definito in ragione della sua pretesa "sostenibilità"[17].

Si tratta di tesi ricca, robusta nel suo contenuto, anche accattivante, che nel ripensamento della democrazia pluralista esprime una diversa dislocazione dei concetti che le parole della Costituzione esprimono, da rappresentanza a sovranità, sino a giungere ai diritti e alla solidarietà; tesi che, però, non può essere condivisa, perché sembra tutta orientata a calibrare la distinzione tra ciò che è democraticamente sostenibile e ciò che non è democraticamente sostenibile, guardando esclusivamente (o comunque in modo assolutamente prevalente) a uno solo degli elementi in gioco, la già ricordata regola del pareggio di bilancio, che sembra assurgere a "una sorta di super-valore costituzionale"[18].

Si considerino ancora emblematicamente i problemi posti dalla parola solidarietà.

Quando si sostiene, per esempio, con un passaggio che si riporta interamente, che "il diritto costituzionale dei nostri tempi deve indicare ai titolari dell'indirizzo politico la cornice teorica per prendere, in modo legittimo, *decisioni sostenibili finanziariamente*, nelle quali la tutela di tutti i valori fondamentali è proiettata in un tempo che supera il contingente, riguardando i bisogni di comunità politiche sempre

---

[17] L'Autore che in modo più solido si è fatto portatore di questo orientamento dottrinale, in numerosi, recenti lavori scientifici, è certamente Morrone, 2015 a, 597-598, da cui le citazioni.

[18] Così criticamente Salerno, 2015, 4.

più complesse, in continuo divenire, ma che devono essere mantenute unite mediante legami di solidarietà generale, anche intergenerazionale"[19], certo si richiama opportunamente il principio di solidarietà, nella sua variante di "ponte" tra i diritti e i bisogni delle generazioni di oggi e i diritti e i bisogni delle generazioni di domani, ma sembra sottovalutarsi che la destinazione delle risorse, ancor prima che rispetto alla dinamiche economico-finanziarie innestate nell'ordinamento nazionale ed europeo dalla regola (piuttosto che principio) dell'equilibrio di bilancio, deve corrispondere a certe e non ad altre priorità indicate direttamente dalla Costituzione, non tutte poste sullo stesso piano e della medesima durezza, dovendosi "distinguere le destinazioni di fondi costituzionalmente *doverose* da quelle *consentite* o addirittura *vietate*"[20].

Non è un problema, allora, di diritti tirannici, diritti senza costo e a senso unico[21], che metterebbero a repentaglio i conti pubblici, e che la Corte per esempio avrebbe esageratamente difeso nella sentenza n. 70, più volte menzionata; il problema è quello di isolare dentro il cestino dei diritti fondamentali un insieme di diritti e pezzi di diritti da proteggere e promuovere comunque, al di fuori del condizionamento della fredda regola dell'equilibrio di bilancio. Nel caso di diritti sociali (ma ovviamente il discorso va esteso anche agli altri diritti fondamentali), la rispondenza alle singole priorità costituzionali da parte degli organi di indirizzo politico[22], che non potranno aggirare il dovere di soddisfare i diritti di prestazione pur in presenza di una limitatezza delle risorse disponibili e dei vincoli di bilancio dell'art. 81, implica necessariamente di tararli sulla adeguatezza, sulla appropriatezza della prestazione, per usare un'espressione cara al diritto costituzionale della salute, e non certo sul livello minimo di quella prestazione.

Sul concetto di sostenibilità e sulla solidarietà intergenerazionale, poi, pare utile qualche considerazione supplementare, prima di concludere il discorso; trattasi di espressione polisemica, nata nel campo della tutela dell'ambiente, e che si è cominciata a utilizzare anche per giustificare l'effettività della regola del pareggio di bilancio, di fronte a Stati "spendaccioni" che avrebbero riconosciuto indiscriminatamente il godimento di certi diritti, preoccupandosi di garantire maggiormente, per esempio, le pensioni dei cittadini di oggi, a scapito dei futuri stipendi dei loro nipoti.

Quelle pensioni, per stare ancora alla vicenda appena richiamata, non sarebbero più sostenibili, perché i milleduecento euro al mese del pensionato, a cui è stato sospeso l'adeguamento automatico al costo della vita, sono a stento lo stipendio di molti giovani laureati.

---

[19] Così MORRONE, 2015 a, 598, corsivo dell'Autore.

[20] Vedi CARLASSARE, 2015, 151, corsivo dell'Autrice. Analogamente GABRIELE, 2013, 15, che, nella distribuzione delle risorse disponibili, da sottoporre a "un rigoroso scrutinio, condotto alla luce di tutte le disposizioni costituzionali coinvolte", distingue tra ciò che è costituzionalmente richiesto e imposto e ciò che consiste, invece, in una mera "opzione del legislatore ordinario (forse non illegittima ma) non richiesta dalla Costituzione".

[21] Così peraltro MORRONE, 2015 b, 7-8, e CECCANTI, 2015, 3.

[22] Sulle cui scelte potrà poi esercitarsi un controllo da parte della Corte costituzionale: così L. CARLASSARE, 2015,150 ss.

Ma, a ben vedere, è ancora la selezione nel paniere dei diritti, rispetto a una destinazione di fondi costituzionalmente doverosa, che, senza schiacciare verso il basso lo spazio del loro concreto godimento, allargando a sfavore dei più deboli la forbice della disuguaglianza[23], avrebbe dovuto far capire alla politica e ai suoi interpreti che con quei milleduecento euro al mese, o poco più, la generazione precedente sta finanziando anche i suoi figli e i figli dei suoi figli, tra libertà dal bisogno e diritto a un'esistenza dignitosa.

Bibliografie

M. Ainis, *Le parole della Costituzione*, Napoli, Editoriale scientifica, 2014.

P. Balaguer Callejón, *Crisi economica e crisi costituzionale in Europa*, in *KoreEuropa*, Rivista elettronica del Centro di Documentazione Europea dell'Università Kore di Enna, n. 1/2012.

A. Barbera, *Costituzione della Repubblica italiana*, in *Enciclopedia del Diritto*, Annali VIII, Milano, Giuffrè, 2015.

M. Benvenuti, *Le misure anticrisi adottate dall'Unione europea (tra continuità delle scelte istituzionali, integrazione negativa e decostituzionalizzazione del diritto sovranazionale)*, in F. Balaguer Callejón, M. Azpitarte Sánchez, E. Guillén López, J.F. Sánchez Barrilao, *El impacto de la crisis económica en las instituciones de la UE y los Estados membro*, Pamplona, Thomson Reuters-Aranzadi, 2015.

L. Carlassare, *Diritti di prestazione e vincoli di bilancio*, in *Costituzionalismo.it*, 3/2015.

L. Carlassare, *Le parole della Costituzione. La cultura dei valori e le nuove riflessioni*, Ravenna, Sala dei Mosaici, 25 novembre 2006, in *http://www.istorico.ra.it*.

Ceccanti, *Una sentenza che lascia due seri motivi di perplessità*, in *Federalismi.it*, 20 maggio 2015.

M. Esposito, *Il decreto-legge in-attuativo della sent. n. 70/2015 della Corte costituzionale*, in *Osservatorio Costituzionale AIC*, maggio 2015.

F. Gabriele, *Diritti sociali, unità nazionale e risorse (in)disponibili: sulla permanente violazione-inattuazione della parte prima (quella "intoccabile"!) della Costituzione*, in *Rivista AIC*, 2/2013.

S. Gambino, *Crisi economica e costituzionalismo contemporaneo. Quale futuro europeo per i diritti fondamentali e lo Stato sociale?*, in *KoreEuropa*, Rivista elettronica del Centro di Documentazione Europea dell'Università Kore di Enna, Fascicolo n. 6/2015.

G. Grasso, *Crisi economico-finanziaria, globalizzazione, teoria dei cicli funzionali (in margine a la «La separazione dei poteri» di Gaetano Silvestri)*, in *Rivista AIC*, 2/2015.

A. Morrone, *Le conseguenze finanziarie della giustizia costituzionale*, in *Quaderni costituzionali*, 2015 (a).

A. Morrone, *Ragionevolezza a rovescio: l'ingiustizia della sentenza n. 70/2015 della Corte costituzionale*, in *Federalismi.it*, 20 maggio 2015 (b).

G. Salerno, *La sentenza n. 70 del 2015: una pronuncia non a sorpresa e da rispettare integralmente*, in *Federalismi.it*, 20 maggio 2015.

---

[23] Proprio i più deboli, a vantaggio dei quali quei diritti sono stati riconosciuti astrattamente dalla Costituzione e che ora rischiano di restare fuori dalla "festa" che avrebbe dovuto essere organizzata per loro (la metafora è di Gabriele, 2013, 4).

POR UN GOBIERNO DE LA ECONOMÍA EN LA UNIÓN EUROPEA*

Edoardo C. Raffiotta

Professore di Diritto costituzionale
Alma Mater Studiorum - Università di Bologna

Sumario: 1. Economía global y crisis de la soberanía estatal. 2. Mercado común y economía europea. 3. La primera "constitución económica" de la UE. 4. Una oportunidad perdida: el Tratado de Lisboa. 5. Desde el (intento de) gobierno de la economía hasta (la falta de) el gobierno de la crisis económica y financiera. 6. Los primeros pasos de la nueva gobernanza económica en la Zona Euro. 7. Por un gobierno de la economía de la Unión Europea.

1. Economía global y crisis de la soberanía estatal

Para el estado moderno, la economía siempre ha sido un fenómeno complejo de gobernar. Prueba de ello son las Constituciones del '900 (como aquella italiana) que por primera vez propusieron, de manera más o menos articulada, una estructura jurídica de la economía, en sus partes a las que normalmente se les define como "constituciones económicas", que miran, de hecho, a dirigir la economía, en su caso, para lograr las funciones sociales según la forma de gobierno elegida[1].

Sin embargo, a pesar de la voluntad de los Estados, la economía ha cambiado radicalmente su tamaño para volverse cada vez más en un asunto transaccional y luego global, escapándose del control del Estado (Morrone 2012, 829), para lo cual, como se ha señalado con razón, los mercados ya no se encuentran, como en el pasado, dentro de los Estados, sino que son los Estados que se quedan dentro de los mercados (Galgano 1977, 3). Este contexto ha ido favoreciendo agrupaciones supranacionales, destinadas a – si no es gobernar la economía mundial, por lo menos – resistir las presiones de los mercados. Prueba de ello son las organizaciones supranacionales desarrolladas a partir de los años '80 en todas las áreas geográficas del mundo, por ejemplo: la Comunidad Económica Europea (CEE); la ASEAN (Asociación de Naciones

---

* Traducción al castellano por Francesca Minni.

1 Con referencia a la definición de gobierno de la economía (Padoa-Schioppa 1997).

del Sudeste Asiático), el MERCOSUR (Mercado Común del Sur), el NAFTA (Tratado de Libre Comercio de América del Norte), el APEC (Asia-Pacífico Cooperación Económica), el ALCA (Área de Libre Comercio de las Américas). En principio, todas organizaciones de libre comercio y coordinación, pero que hoy en día parecen cada vez más ir adquiriendo un papel supranacional de gestión de la economía.

A pesar de todo, a pesar de las dificultades más recientes, el ejemplo más significativo sigue siendo, sin duda, la Unión Europea (UE), que, como se sabe, en principio – a través de las comunidades económicas – nació como una área de libre comercio, a continuación, con el Tratado de Maastricht, se convirtió en una unión monetaria y, hoy en día, sobre todo después de la crisis económica, podría, cada vez más, asumir un nuevo papel del gobierno (europeo) de la economía (Raffiotta 2013, 37).

2. Mercado común y economía europea

Los Tratados constitutivos de la Comunidad Económica Europea no incluían, como se sabe, el objetivo de alcanzar una unión política entre los estados fundadores, sino que más bien, tenían como fin la realización de un Mercado común. Sin embargo, es difícil argumentar que desde el inicio, para las comunidades y los gobiernos fundadores, el mercado fuese solo un propósito, y, no, al mismo tiempo, una forma de ir más allá de la simple integración de las economías nacionales (Bilancia 1996, 137).

Por supuesto, las instituciones europeas que se iban formando lentamente, no tenían los instrumentos ni el poder político, pero no caben dudas que los principios en los que fundaron la Comunidad eran tan "amplios y generales" (Cabiddu 2001, 177) que permitían lograr un solapamiento significativo con las políticas establecidas en la legislación nacional, con el fin – arte. 2 del Tratado de Roma – de "promover, mediante el establecimiento de un mercado común y la progresiva aproximación de las políticas económicas de los Estados miembros, un desarrollo armonioso de las actividades económicas en la Comunidad, una expansión continua y equilibrada, una estabilidad creciente, una mejora del nivel de vida siempre más acelerada y relaciones más estrechas entre los Estados". Un objetivo ambicioso, pues, y no sólo económico. No es casualidad que las actividades de la Comunidad en la gobernanza económica de la Unión Europea fueron favorecidas sobre todo por medio de los instrumentos diseñados para lograr el Mercado común (que quedan expresados, más bien, por el artículo 3 del Tratado de Roma.): la libertad de circulación (de mercancías, personas, servicios y capitales); la disciplina de la competencia; la limitación de las ayudas estatales a las empresas.

A través de estos instrumentos, poco a poco – pero desde el principio – no sólo se materializó la apertura de los mercados nacionales y la formación de un mercado europeo transnacional, sino que se superpusieron y cruzaron las políticas europeas, no sólo económicas (L. Azzena 1998, 68).

Ya el Tratado de Roma, de hecho, en las "políticas comunes", insistía en situaciones y campos de disciplina tradicionalmente reservadas a las constituciones económicas nacionales. Muy en breve, sólo hace falta recordar la propiedad y la empresa. Se cruza con estas instituciones – tradicionalmente pertenecientes a la reglamentación nacional – la normativa comunitaria como la protección de la competencia o las normas sobre "ayudas de Estado" (arts. 85 a 94). Los efectos son muy variados, por mencionar algunos ejemplos, se fortaleció – especialmente en algunas jurisdicciones, como la italiana – la libre empresa, se redujeron los monopolios, especialmente aquellos públicos, se desreguló la disciplina de la empresa: en definitiva, se convirtió el mercado no sólo en una zona común, sino también libre (Amato 1992, 1).

Son los principios como la libre circulación (de bienes, servicios, capitales y trabajadores, art. 48 a 73 del Tratado de Roma), bajo el impulso europeo, que empujaron a las legislaciones nacionales y a las políticas relacionadas a converger hacia el Mercado Común, que no habría sobrevivido sin esa coordinación y uniformidad (Maduro 1998, 150).

3. La primera "constitución económica" de la UE

Pensando en el actual proceso de transformación de la gobernanza europea, hay un hecho que, más que otros, hace falta señalar: con referencia a la normativa de la economía en el marco europeo, las reglas no son el resultado repentino de una, o más, crisis económicas, o procesos aislados "casuales" de transformación, sino que son el resultado de una larga y gradual tendencia de transformación que, de hecho, en la práctica, más que como consecuencia de las disposiciones, se realizó a partir desde las primeras disposiciones de los Tratados fundamentales y del derecho secundario.

En este proceso evolutivo, el Tratado de la Unión Europea firmado en Maastricht el 7 de febrero de 1992 parece ocupar el centro de la escena. Esta es una oportunidad para superar la distinción ambigua entre fines económicos y políticos del sistema europeo, con la apertura de las competencias de la Unión, en particular, con la ampliación de la esfera de la política. No es casualidad, de hecho, que después del Tratado de Maastricht se dijera que la noción de "constitución económica" ya no era deducible simplemente mirando a las normas constitucionales de los Estados miembros: la soberanía estatal en materia económica ya había perdido su connotación original, ya que la estructura económica se había pasado a un nivel europeo (Mezzetti 1994, 193). Maastricht por un lado continúa la acción comenzada por los Tratados fundamentales, pero por otro lado, ha ido fundiendo entre sí irreversiblemente los destinos económicos de los Estados miembros (Weiler 2000, 12).

El Tratado de la UE no se limita a dirigir y orientar a los gobiernos de las economías nacionales. Tiene una estructura institucional y jurídica concreta para un gobierno económico europeo, en particular mediante: una primera coordinación de las políticas económicas y la institución (aunque a través de etapas) de una moneda única gobernada por un Banco central. Todos contra el telón de fondo de un sistema multinivel que se caracteriza por el principio de subsidiariedad, por primera vez mencionado explícitamente y que parece caracterizar la distribución de las competencias.

Estas innovaciones parecen describir los primeros síntomas evidentes de una "constitución económica" europea que iba realizándose.

Se logró la unión monetaria, como se sabe, a través de la atribución de la política monetaria a la competencia exclusiva de la Comunidad, que opera a través del aparato institucional del Sistema Europeo de Bancos Centrales (SEBC): esto queda dirigido por el Banco Central Europeo, el órgano con "cara ambigua", que, de acuerdo con el Art. 105, tiene el objetivo principal de garantizar "el mantenimiento de la estabilidad de los precios" y "apoyar las políticas económicas generales de la Comunidad". La eliminación de la política monetaria de la competencia de los Estados determina obviamente una limitación significativa de la soberanía económica nacional, al perder el poder de emitir dinero y determinar el coste de los préstamos, lo que excluye la posibilidad de utilizar la inflación, como en algunos casos del pasado, o sea, un importante instrumento de apoyo a la economía nacional (Raffiotta, 2015, 215).

Para lograr estos objetivos, y por lo tanto apoyar la implementación de la moneda única y de la economía común, los Estados en Maastricht decidieron completar el artículo 121 del Tratado de Roma, aceptando y comprometiéndose a respetar ciertas restricciones (que siguen en vigor) y se conocen como los criterios de Maastricht: límites al endeudamiento de los estados, que sirven, en consecuencia, para reducir el gasto público[2]. La moneda común y la economía europea tienen que aparecer sólidas y no sometida al chantaje de los préstamos (y por lo tanto, de los mercados). Sin embargo, ya que las políticas económicas, fiscales y presupuestarias, quedaban bajo la jurisdicción exclusiva de los Estados, era esencial que estas competencias encontraran un freno en limitaciones y parámetros muy ajustados – en los que ya en el momento de la sigla, algunos Estados (entre ellos Italia) no encajaban – que implicaban el demás compromiso de tomar fuertes correcciones a los gastos públicos nacionales, y por lo tanto, de manera más general, a las economías estatales, entonces (como ahora) excesivamente caras.

Aunque el Tratado de la UE establezca una primera "constitución económica", que, sin embargo, en la práctica, se mantuvo prácticamente sin aplicarse, en un cuidadoso equilibrio entre la soberanía de los Estados y las competencias de la Comunidad y, también, no menos importante, en una difícil armonía entre las necesidades de las políticas nacionales y el respeto de las normas económicas, con especial atención a las reacciones de los mercados económicos mundiales (Pinelli 1997, 43). En este contexto, al tiempo que complementaban el proceso de construcción de la moneda única, la falta de un "gobierno europeo" parecía más y más producir un sistema "bizco" en el que la soberanía monetaria quedaba disociada de aquella económica,

[2] Entre las limitaciones se pueden recordar: el límite de déficit igual o por debajo del 3% del producto interno bruto (que especifica el límite de déficit público excesivo indicado por el art. 104 C.); la relación entre la deuda pública y el PIB por debajo del 60%; una tasa de inflación de no más de 1,5 puntos porcentuales en comparación con la media de los tres Estados miembros con la inflación más baja; las tasas de interés a largo plazo que no superen más de 2 puntos porcentuales la media de los tres Estados miembros con la inflación más baja.

mientras que las "palancas" de la economía, se mantenían totalmente a disposición de los Estados.

La falta de coordinación entre la UE y los gobiernos nacionales, en las decisiones políticas y de gastos, pronto implicó la incapacidad de los Estados de cumplir con sus compromisos y respetar a los criterios de Maastricht; por eso en 1997 – hasta la entrada en vigor de la moneda Euro, nueva moneda de curso legal en la mayoría de los Estados miembros[3] – se firmó el llamado "pacto de estabilidad y crecimiento" (PEC)[4] con el objetivo de otorgar más rigidez y permitir que se aplicaran esos parámetros. El pacto, sin embargo, que durante mucho tiempo no fue respetado, en seguida fue modificado (2005) para evitar la activación de un procedimiento de déficit excesivo contra Francia y Alemania[5].

4. Una oportunidad perdida: el Tratado de Lisboa

Dicha evolución de la integración europea demuestra que el Tratado de la UE ya había dado un gobierno económico europeo, tan complejo que no podía no suponer una "constitución económica" europea (Di Plinio 2004, 1780). Como se ha señalado también, sin embargo, ese sistema tuvo muchos problemas en concretizarse, al ser incompleto. La resistencia de los Estados no permitió completar el diseño institucional para otorgar a la Unión una estructura democrática y, por lo tanto, atribuir a sus instituciones aquellas competencias políticas (no sólo económicas) para gobernar Europa, su mercado y su economía en el marco económico global.

Tras el *impasse* inicial a causa de la no aprobación del "Tratado que establece una Constitución para Europa" en 2004, el Tratado de Lisboa de 2007 sin duda representó un momento importante para romper el estancamiento en el que se había quedado el proceso de integración europea. Sin embargo, la resistencia y la oposición antes de la firma de este tratado condujeron a innovaciones más formales que sustanciales de la estructura general de la UE, ya que faltó la fuerza para superar del todo aquellas dificultades que por muchas partes se habían puesto en luz.

En este sentido, las reglas de gobierno económico europeo, o más bien, su ineficacia, describen un ejemplo emblemático. En primer lugar, hay que subrayar que Lisboa no altera, sino que de hecho confirma, los principios y las normas descritas arriba, que ya se habían alcanzado a través de los Tratados de Maastricht y de Ámsterdam y que se pueden definir como la "constitución económica" europea. Es más, el Tratado de Lisboa no soluciona las dificultades que habían bloqueado hasta entonces la realización de un gobierno económico europeo real, en falta de una integración política concreta.

---

[3] En principio 11 Países de los 15 de la UE.

[4] Se vea la Resolución del Consejo europeo sobre el *Stability and Grown Act* firmado en Ámsterdam el 16 y 17 de junio de 1997, en Gazzetta ufficiale C 236 del 2 agosto 1997.

[5] A este propósito G. della Cananea 2005, 668.

El indicio más fuerte se encuentra, sobre todo, en el Título VIII del TFUE, que, hablando de la "política económica" de la Unión, confirma el modelo ya criticado del Tratado del 92: así que, esencialmente, las políticas económicas siguen siendo competencia exclusiva de los Estados miembros. Ya el art. 120 establece que "los Estados deben llevar a cabo sus políticas económicas con el fin de contribuir al logro de los objetivos de la Unión". Las instituciones europeas sólo pueden dar direcciones no vinculantes, y de hecho, "el Consejo, por recomendación de la Comisión, elaborará un proyecto de las directrices generales para las políticas económicas de los Estados miembros y de la Unión". Por lo tanto nos seguimos quedando con el dicho sistema "híbrido" para el que la moneda sólo formalmente y no sustancialmente queda conectada a la economía nacional/europea. De la misma forma, las limitaciones de presupuesto y de gasto quedan lejos de una verdadera coordinación y limitación – como pronto demostrará la crisis económica y financiera – y permanece en vigor el PEC – como reformado en 2005 – al que se añaden sólo referencias generales; por ejemplo la prohibición de "excesivo déficit publico" (Art. 126), en la que se introduce, también, un marco regulatorio más detallado para evitar que las deudas de un Estado tengan que ser soportadas por la comunidad o por otros Estados miembros (por ejemplo, el art. 125 TFUE cláusula del "*no bailout*").

5. Desde el (intento de) gobierno de la economía hasta (la falta de) el gobierno de la crisis económica y financiera

La insuficiencia del Tratado de Lisboa pronto se hizo clara, además, por la incapacidad en afrontar y superar la crisis económica y financiera, que, a partir de 2007, se fue poco a poco haciendo más afilada. Parece claro que la ausencia de un gobierno europeo (no sólo de la economía), en coordinación con aquello de los estados nacionales, ha representado el principal obstáculo en la definición de una estrategia y de una acción (política) para frenar la crisis global.

Como se sabe, el origen de la crisis – en la economía mundial – depende del fenómeno de préstamos *subprime*, es decir todas esas líneas de crédito realizadas en el mercado financiero de los Estados Unidos de América, llamadas así porque otorgadas a deudores en falta de aquellas garantías normalmente requeridas para: una hipoteca, asignar una tarjeta de crédito o cualquier otro instrumento financiero a crédito. Sin embargo, en el apogeo de la crisis parece que hubo una responsabilidad general de los Estados a causa de la incapacidad (imposibilidad) de interactuar con una economía mundial que se convirtió, o, probablemente, nunca había estado, bajo control: de la que, sin embargo, los mismo Estados habían quedado cada vez mas dependientes. No es casualidad, de hecho, que justo después de la intensificación de la crisis bancaria se produjo la anunciada crisis de la deuda de los Estados soberanos[6]. La consecuente desconfianza en los mercados, a raíz de la crisis, de hecho, dio lugar a una dificultad de los gobiernos nacionales en la financiación de otros gastos públicos; sobre todo entre los miembros de la Zona Euro, la crisis de deuda fue afectando a Grecia, Irlanda, Italia, España y Portugal; pero no sólo: la dificultad de encontrar los acreedores en el mercado internacional – y luego vender los bonos del gobierno a un interés razonable – fue problema común a todos los Países con alto nivel de deuda publica y con un consecuente bajo nivel de producto interno bruto. En consecuencia, la posibilidad del fracaso del Estado soberano, que en el pasado sólo había sido una hipótesis poco frecuente, amenazaba con convertirse en un problema común entre los países del "viejo continente"[7].

Para responder a la crisis, la UE y los gobiernos nacionales (en particular los de la Zona Euro) empezaron en este momento de emergencia – lo más rápido posible – a utilizar "mecanismos" de apoyo financiero a los países en dificultad, en parte eludiendo los vínculos de *no-bailout* del Tratado de Lisboa. Por ejemplo: el *Greak loan facility*, en 2010, para ayudar de pronto a Grecia; después, casi al mismo tiempo (mayo de 2010) el Mecanismo Europeo de Estabilización Financiera (MEEF), para enfrentar específicamente la crisis de Irlanda y Portugal. Pero aún así, en junio de 2010, después de menos de un mes del MEEF, el Ecofin tomó la decisión de crear el Fondo Europeo de Estabilidad Financiera (FEEF). Una empresa privada con sede en Luxemburgo, constituida por medio de un acuerdo intergubernamental, y garantizada por compromisos financieros directos de los Países de la Zona Euro, con el objetivo de recaudar fondos y proporcionar asistencia financiera a los mismos Estados, bajo un programa macroeconómico de ajuste. A partir de mayo de 2010, es decir desde el establecimiento de los mecanismos integrados de rescate para responder a la emergencia de la crisis de deuda soberana, muchos préstamos fueron desembolsados, a fin de evitar la posible quiebra de algunos Países. El mecanismo se ha activado: para Grecia en más intervenciones con apoyo de más o menos € 300 mil millones[8]; para Irlanda en noviembre de 2010, por un máximo de € 22,5 mil millones[9], y para Portugal, en abril de 2011 para un máximo de 26 mil millones de euros[10].

En todos estos casos – no sólo en Grecia, que sin duda destaca por la cantidad del préstamo – las decisiones, con las que se concedieron ayudas financieras a los Estados

---

6 Ya el 11 de diciembre de 2006 el Bce en el periodico *Financial Stability Review*, consideraba el sistema financiero de la zona euro potencialmente vulnerable. Véase www.ecb.europa.eu/press/pr/date/2006/html/pr061211.en.html.

7 En los últimos años las quiebras estatales se produjeron mas bien en el Continente Latinoamericano. Véase el estudio a este propósito *www.economist.com/blogs/dailychart/2011/06/sovereign-defaults-and-gdp.*

8 Además de los 52,9 mil millones de euros proporcionados en mayo de 2010 por el *Greek loan facility*, el 14 de marzo de 2012, véase *www.ec.europa.eu/economy_finance/assistance_eu_ms/greek_loan_facility/index_en.htm*

9 Cfr. *www.consilium.europa.eu/uedocs/cms_data/docs/pressdata/en/ecofin/117898.pdf*

10 Cfr. *www.europa.eu/rapid/press-release_MEMO-11-227_en.htm*

miembros, definieron en detalle las condiciones, es decir, toda una serie de políticas económicas y reformas institucionales reales, compromisos para los que – hasta que el crédito (con sus intereses) no será honrado – los Países deudores tendrán espacio muy limitado para su acción discrecional[11].

Como se dijo anteriormente, las intervenciones de apoyo financiero adoptadas inmediatamente después del fortalecerse de la crisis económica y financiera fueron medidas extraordinarias y temporales para responder a la emergencia (y, por tanto, programadas para una actividad limitada en el tiempo). Su creación del resto, como se decía, resultó en parte en desacuerdo con las disposiciones del Tratado de Lisboa, que prohíben la ayuda financiera a los gobiernos nacionales, excepto en caso de emergencia (arts. 122 a 125 del TFUE). Por esta razón, el Consejo (el 17 de diciembre de 2010) tomó conciencia que hacía falta establecer un mecanismo de estabilidad "permanente". Dado que la medida fue impugnada políticamente por algunos gobiernos (en particular, hay que destacar la fuerte oposición del Reino Unido) se decidió proporcionar tal mecanismo de apoyo financiero sólo para los Estados miembros de la Zona Euro, a través de la modificación del artículo 136 del Tratado de Lisboa[12], que, unos meses más tarde, fue aprobada por la Decisión del Consejo 2011/199/UE de 25 de marzo de 2011. Como resultado de este cambio, hoy el articulo 136, par. 3, del TFUE establece que: "los Estados miembros cuya moneda es el euro podrán establecer un mecanismo de estabilidad que se activará cuando sea indispensable para salvaguardar la estabilidad de la zona euro en su conjunto. La concesión de toda ayuda financiera, requerida bajo el mecanismo estará sujeta a condiciones estrictas ". En consecuencia, los gobiernos de la Zona Euro en abril de 2011 firmaron un tratado internacional por el que se creó el Mecanismo Europeo de Estabilidad (MEDE): ente muy similar al FMI en lo que se refiere a la estructura y a las funciones, para reemplazar progresivamente el EFSF y el MEEF, adquiriendo muchas de sus funciones.

6. Los primeros pasos de la nueva gobernanza económica en la Zona Euro

Los fondos y los mecanismos de ayuda financiera fueron la primera e inmediata reacción a la crisis económica y financiera. Sin embargo, después de haber limitado el "sangramiento" de la deuda soberana, unos meses más tarde, para facilitar la salida de la (continua) crisis del euro, se tomó conciencia del hecho que el sistema incompleto – en el que se había dejado la política monetaria separada de aquella financiera y económica – no podía seguir siendo lo mismo. Empezó, pues, un proceso de reforma, por voluntad común de los Estados de la zona euro, pero, sin duda, hay que recordar que el impulso decisivo fue de los gobiernos alemán y francés (en particular,

---

[11] Tiempo no corto para Portugal e Irlanda (12 años y seis meses), se vean las decisiones (2011/683/UE) (2011/682/UE).

[12] A través del procedimiento simplificado previsto por el art. 48, par. 6, TFUE.

a partir de la reunión bilateral del verano de 2011[13]), según los que la activación de los mecanismos de apoyo financiero tenia que depender de una reforma general de la gobernanza europea, en primer lugar, para dar cumplimiento por fin a los dictámenes de Maastricht.

La primera novedad se encuentra en la institución – en octubre de 2011 – de los *Eurosummit*[14]. Estos son la institucionalización de la reunión semestral entre los Jefes de Estado o de Gobierno de los Estados miembros de la Zona Euro (con la adición del presidente del Consejo Europeo), en la que, periódicamente, se planifican y organizan las acciones coordinadas para: mejorar la disciplina presupuestaria, fortalecer la convergencia económica, definir las líneas estratégicas de las políticas económicas entre los Países de la Zona Euro, también promoviendo la aplicación de las reformas estructurales para favorecer el crecimiento económico. Con referencia a sus propósitos y funciones el *Eurosummit* parece que determine un régimen especial del Consejo, excluyendo los Países fuera de la Zona Euro. Sin embargo, a través de estas reuniones, se va realizando la coordinación deseada y necesaria de la actividad económica entre los Estados y la Eurozona.

Este primero fortalecimiento de la coordinación de políticas, sin embargo, aunque necesaria, no ha sido suficiente. Servían más instrumentos de supervisión y nuevas restricciones para el endeudamiento y el poder de gasto de los Estados. Entre todos, aquí, hay que recordar el dicho "*Six-pack*" (al que se conecta el sucesivo *Two-pack*) [15]. "El paquete de seis": cinco reglamentos y una directiva en tema económico-financiero. Tres reglamentos[16] modifican el pacto de estabilidad y crecimiento[17]; los otros dos reglamentos[18], sin embargo, definen el nuevo procedimiento de supervisión multilateral; por último, la directiva establece los requisitos y criterios para los

---

[13] Véase la *Conference de presse conjointe de M. Le Président de la République et de Mme Angela Merkel Chancelière de la République Fédérale d'Allemagne, Palais de l'Elysée, Mardi 16 août 2011 en www.elysee.fr*. En particular, la concesión de la ayuda financiera y el "fondo de rescate" estarían sujetos a nuevos límites en los presupuestos de los estados que más tarde se hubieran traducido en el *Fiscal Compact*.

[14] El *Eurosummit* se afirma en un principio en la práctica: la necesidad de coordinación ya había surgido al tiempo de la intensificación de la crisis económica en 2008. Posteriormente, se institucionalizó y reguló en el Consejo Europeo de 23 de octubre de 2011 (EUCO 52/11, par. I.7); se aclarará más su estructura y se fortalecerá esta institución a través de la disciplina contenida en el *Fiscal Compact* (art. 12).

[15] Para un análisis más completo véase Viterbo A., Cisotta R. 2010, 961.

[16] Reglamentos (UE): n. 1175/2011 del 16 de noviembre de 2011; n. 1177/2011 del 8 de noviembre de 2011; n. 1173/2011 del 16 de noviembre de 2011.

[17] Como se sabe, definida por los Reglamentos (CE) n. 1466/97 e n. 1467/97 que por eso han sido de nuevo (después del 2005) modificados.

[18] Reglamentos (UE): n. 1174/2011 del 16 de noviembre de 2011 sobre las medidas de ejecución destinadas a corregir los desequilibrios macroeconómicos excesivos en la zona euro; n. 1176/2011 de 16 de noviembre de 2011 sobre la prevención y corrección de los desequilibrios macroeconómicos.

marcos presupuestarios de los Estados miembros[19]. El "paquete legislativo" europeo, pues, por lo general tiene un impacto importante en la gobernanza económica, y permite un refuerzo neto de supervisión y coordinación necesarias para garantizar unas finanzas públicas sostenibles y evitar la acumulación de desequilibrios excesivos entre las economías nacionales y, en consecuencia, dentro de la Eurozona.

Dentro de esta estrategia, cuyo objetivo es la coordinación de las políticas económicas, hay que mencionar también el *Pacto Euro Plus*[20]. Adoptado con una declaración de los Jefes de Estado y de Gobierno el 11 de marzo de 2011, el "pacto" obliga –además de los Países de la Zona Euro, también a Bulgaria, Dinamarca, Letonia, Lituania, Polonia y Rumania– a "fortalecer el pilar económico de unión monetaria, hacer un salto cualitativo en la coordinación de la política económica, mejorar la competitividad y, por lo tanto, aumentar el nivel de convergencia". La verdadera innovación del Pacto se encuentra en los ámbitos que forman el objeto del acuerdo, que quedan bajo las competencias de los Estados miembros. De hecho, los Estados participantes se comprometieron a tomar todas las medidas necesarias para alcanzar el objetivo de: estimular la competitividad de las empresas; promover el empleo; favorecer aún más la sostenibilidad de las finanzas públicas; fortalecer la estabilidad financiera; incluso a través la obligación anual, para cada jefe de Estado o de gobierno, a definir y asumir compromisos concretos para su País y alcanzarlos en cada campo económico.

La reforma fragmentaria y, a veces, caótica de la gobernanza económica europea, hasta ahora reconstruida, afectó, sin duda, casi todos los sectores de gobierno económico europeo con implicaciones prácticas en el gobierno de las economías nacionales. Pero la forma jurídica de estas innovaciones no parecía permitir una aplicación efectiva en los sistemas jurídicos nacionales, ya que muchas de estas disciplinas – más que antes – insistían en los principios de muchas Constituciones económicas[21].

Así el 2 de marzo de 2012 se firmó el "Tratado de Estabilidad, Coordinación y Gobernanza en la Unión Económica y Monetaria" (TECG), más conocido como *Fiscal Compact*[22]. El tratado fue firmado por 26 Países de la UE, por lo tanto, todos excepto el Reino Unido y la República Checa, desde hace siempre reacios a las intervenciones que pudieran restringir aún más su soberanía[23]. El TECG suscitó, sin embargo – al menos en la doctrina académica(Grasso 2012, 114) – dudas sobre su compatibilidad con los ordenamientos constitucionales nacionales, ya que en la práctica impuso limitaciones estrictas bajo todo perfil de la política económica y presupuestaria de los Estados signatarios, comprometiendoles a adoptar las reformas

[19] Directiva 2011/85/UE del Consejo del 8 de noviembre de 2011, relativa a los requisitos para los marcos de los presupuestos de los Estados miembros, GUUE L 306 del 23 de noviembre de 2011.

[20] Véase *http://www.consilium.europa.eu/uedocs/cms_data/docs/pressdata/it/ec/120304.pdf.*

[21] Basta pensar en las limitaciones de costos y presupuesto.

[22] Aprobado el 8-9 de diciembre de 2011.

[23] El Artículo 1 c. 2 especifica: "El presente Tratado es plenamente aplicable a las Partes Contratantes cuya moneda es el euro. También se aplica a las demás Partes Contratantes en la medida y en las condiciones establecidas en el artículo 14".

en algunos casos, estructurales, y, como veremos sucesivamente, incluso constitucionales. Sin embargo, el Fiscal Compact no es la reforma definitiva de la gobernanza económica europea, sino que más bien es un acuerdo que marca una transformación de las relaciones en materia económica y financiera entre los Estados y la Unión Europea (o, mejor dicho, de parte de ella), pidiendo reformas internas a cada legislación nacional; pero no resuelve del todo el problema del gobierno económico europeo, es decir no atribuye a la Unión, o al menos a la Zona Euro, competencias económicas (Bilancia 2012). Las palancas de la economía, de hecho, siguen en manos de los Estados, aunque es innegable el salto hacia adelante que el Tratado realiza hacia la unión política.

Entre otros, la principal disposición del Tratado es, de hecho, el "pacto de presupuesto". Este acuerdo se puede leer como la revaluación, con nueva y mayor fuerza, de algunas de las limitaciones impuestas por la legislación europea con el PSC, que no tenían, sin embargo, ningún compromiso constitucional en los ordenamientos nacionales (excepto las reformas constitucionales alemanas de 2006 y 2009). El Pacto, de hecho, requiere que cada Estado (que lo haya firmado) mantenga el presupuesto estatal en equilibrio o en superávit (art. 3 p. 1 l. A). Este compromiso representa una obligación más para el Estado (prevista en su ordenamiento interno) para cumplir con las normas europeas. De hecho, la misma disposición (art. 3 p. 2) especifica que "las reglas establecidas en el apartado 1 tendrán efecto en la legislación nacional de las Partes Contratantes, a más tardar un año después de la entrada en vigor del presente Tratado mediante disposiciones de carácter vinculante y permanente – de preferencia constitucional – o cuyo fiel respeto resulte de otra manera estrictamente garantizado durante todo el curso del proceso presupuestario nacional". Por lo tanto, se impone a los Estados miembros, no sólo – como en el pasado – de cumplir con estas limitaciones, ya que pertenecen a la legislación comunitaria, sino también de interiorizarlas para que sean sus propias, posiblemente a través de una reforma constitucional.

El TEGC, sin embargo, no se preocupa simplemente de contener por el futuro los déficit excesivos, o asegurar un uso sostenible de la deuda, para cada economía nacional. Ese acuerdo –y en este sentido se puede leer una conexión directa con la disciplina del dicho "Fondo de rescate"– prevé procedimientos para reducir el déficit y devolver la deuda (con aplicación inmediata). En este sentido, el Tratado, conectándose específicamente el PSC –actualizado por el *six pack*– obliga a los Estados miembros –cuya proporción entre la deuda pública y el producto interior bruto sobrepasa el valor de referencia del 60%– de reducir "con un ritmo medio de una veinteava parte al año"(Art. 4).

Más allá de los límites, sin embargo, lo bueno es que el *Fiscal Compact* confirma el intento de poner en marcha un gobierno económico europeo (aunque sin modificar el TUE y el TFUE): esto parece leyendo los títulos IV[24] y V[25] que disciplinan específicamente este campo. Si el primero de los dos títulos, tiene declaraciones ge-

---

24 "Coordinación de la política económica y convergencia", artículos 9-11.

25 "*Governance* de la zona euro", artículos 12 e 13.

nerales de coordinación de las políticas económicas nacionales y europea, el segundo, institucionaliza – y, por lo tanto, otorga un nuevo estatus legal – los ya mencionados *Eurosummit*, y así identifica la sede formal en la que, periódicamente (no menos de dos veces al año), los Jefes de Estado o de Gobierno (de la Zona Euro), el Presidente de la Comisión Europea y el presidente del BCE, coordinan y definen la "Gobernanza en la Unión Económica y Monetaria".

7. Por un gobierno de la economía de la Unión Europea

Sin embargo, incluso teniendo en cuenta de manera positiva los avances en el desarrollo de la gobernanza económica europea, es evidente que estas reformas no han sido suficientes. Más allá de cualquier evaluación sustancial, la ineficacia de las reformas hasta ahora descritas parece demostrada por los acontecimientos más recientes que han afectado a Grecia, en particular (que en los meses pasados estuvo a punto de quedarse en *default*) [26]. Una crisis que, por supuesto, no sólo afecta a los griegos y a su economía, sino que pone en duda el futuro de la propia UE, así como de la Zona Euro, que más directamente quedó afectada.

Como se dijo, todas las reformas adoptadas eran necesarias, sin embargo faltó aquella preliminar, básica y claramente más compleja, es decir la necesidad de dotar a la UE, o al menos a la Zona Euro, de poderes políticos, no sólo económicos.

De momento Europa no tiene políticas económicas comunes – generales e incisivas: la coordinación economía europea descrita se ve seriamente limitada por las políticas de los Estados, que sólo se ocupan de las restricciones sobre la deuda y el gasto nacional. Este proceso de reformas – aunque represente un paso adelante – mantuvo un sistema irracional, no sólo en algunos casos, a causa de las diferencias sustanciales y el potencial de desarrollo entre un Estado y otro, sino, sobre todo, porque, a menudo, las economías individuales nacionales se encuentran, entre ellas, en "contraproducente" competencia. En este sentido ejemplo emblemático es la frecuencia con la que las empresas transfieren su sede de un Estado miembro a otro, en búsqueda – en el mejor de los casos – de un sistema fiscal mejor, o de un menor coste de mano de obra.

Por supuesto, hay que decir que la situación general de la Zona Euro fue mejorando, y por lo tanto Grecia misma es en gran parte responsable si no logró superar sus dificultades económicas y financieras. Esta afirmación, sin embargo, parece ser sólo parcialmente correcta. No caben dudas que Grecia tiene la responsabilidad directa de no haber cumplido con la mayoría de las reformas necesarias para reducir las ineficiencias que causaban un elevado gasto y la deuda pública. Por otra parte, como es lógico, los otros Países que tuvieron acceso a los mecanismos de apoyo financiero (Irlanda, Portugal, España), realizaron muchas de las reformas y por lo tanto superaron sus situaciones especificas de dificultad (aunque, sin duda, las condiciones

[26] http://www.ilpost.it/2015/07/01/situazione-grecia/

iniciales de Grecia en términos de la relación déficit/PIB, no eran comparables con las de cualquier otro País de la Zona Euro). Sin embargo, es igualmente cierto que la responsabilidad es también, quizás por encima de todo, de la UE, o más bien, de los Estados miembros, en particular los de la Zona Euro. Si, pues, la situación general de la estabilidad económica y financiera (obviamente excluyendo Grecia) ha mejorado mucho, ese resultado parece dependa sólo parcialmente de las reformas adoptadas por la Unión y por los Parlamentos nacionales, siendo al contrario en gran parte debida a las medidas aprobadas y adoptadas en los últimos años – sobre todo en los últimos meses – por el Banco Central Europeo. Como se sabe, durante el apogeo de la crisis – para evitar el fracaso de muchos Países de la Eurozona – en paralelo con los fondos de apoyo antes mencionados, el BCE adoptó una serie de medidas muy incisivas para aliviar la presión financiera. Desde la reducción de la tasa de referencia del Euro – en 2007, al comienzo de la crisis, igual a 3,75 por ciento, cada vez más se redujo gradualmente casi hasta el punto 0, o mejor dicho, 0,05 por ciento, según la ultima decisión de septiembre de 2014 – hasta las medidas más incisivas de "flexibilización monetaria" (es decir, el *quantitative easing*), diseñado para inyectar liquidez.

Aunque con medidas limitadas en la cantidad y en el tiempo, como se sabe, el Banco Central intervino en el pasado para el rescate de las economías nacionales y de la moneda única. Se remonta al mayo de 2011 el primer plan de compras "indirectas" de bonos estatales de las economías nacionales que quedaban bajo el Riesgo de insolvencia (agravado por la especulación financiera), conocido como *long term refinancing operation* (Ltro). A este programa se le llamó "indirecto" porque se realizó a través de un préstamo a los bancos solicitantes de plazo mediano (3 años), a través del cual el BCE tomó el relevo de los bancos nacionales de los bonos estatales escasos o, incluso, de ningún valor (como aquellos emitidos por Grecia).

A este primer apoyo financiero "indirecto", siguió la decisión del BCE – del 6 de septiembre de 2012 – de echar ayuda directamente a la deuda soberana en crisis a través del *outright monetary transactions* (Omt). Un programa de compra directa por el Instituto de Frankfurt de los bonos estatales a corto plazo, emitidos en el mercado secundario, con el objetivo de apoyar a los Países en dificultades macroeconómicas graves y evidentes. Como se sabe este programa fue objeto de la decisión del Tribunal Constitucional Federal alemán (BVerfG, 2BvR 2728/13) con la que se pidió al Tribunal de Justicia de averiguar la compatibilidad de la decisión del BCE, en particular, con los artículos 119, 123,125, 127 del TFUE. A pesar de que los bonos se compren en el mercado secundario, este poder fue tomado por el propio BCE mediante interpretación, ya que no está prevista esta oportunidad de manera explícita en los Tratados, y al contrario, parecía violar el vinculo de *no bail-out* expresado como principio general, en particular, dentro del art. 123 TFUE.

Sin embargo el 22 de enero de 2015[27], el gobernador Draghi puso en marcha un nuevo plan con números impresionantes, teniendo en cuenta que su conclusión está

---

27 Pocos meses después, el 16 de junio de 2015, C-62/14, iba a ser confirmado también por la Corte de Justicia.

prevista para septiembre de 2016. Las compras, por lo tanto, duraderas y sistemáticas, llegan al final de un largo período de intervenciones de política monetaria, con el fin cada vez más gradual de apoyar la economía de la Zona Euro; además, desde el principio del mandato de Mario Draghi, paso a paso, han ido aumentando de manera interpretativa los poderes, así como dibujados por los Tratados y por su Estatuto, del BCE (Raffiotta 2015, 215).

Sin embargo, a pesar de la creciente importancia de las medidas, ninguna economía, ni nacional, ni mucho menos europea, se puede recuperar sólo con medidas financieras "artificiales", como las del BCE, sin que, al mismo tiempo, se pongan en marcha reformas estructurales y, en el caso de la Eurozona, comunes en los sectores cruciales de la economía, como en los ejemplos mencionados anteriormente, en el mercado laboral o en el sistema fiscal. Estas competencias no pueden permanecer todavía en el poder pleno y total de los Estados individuales (simplemente coordenadas por los *Eurosummit*). Además, el mismo gobernador Draghi dejó claro, al anunciar las medidas descritas, que: los Estados, si no todos los de la UE, al menos los de la Zona Euro, pronto deberán encontrar una solución, cediendo parte de su soberanía a favor de un gobierno económico europeo. Este es el camino marcado e inevitable: la única alternativa posible sería – por desgracia ya no simplemente hipotética – el fracaso del proyecto euro unitario.

Bibliografía

Amato G., *Il mercato nella Costituzione*, en *Quaderni costituzionali*, 1992, p. 1 s.

Azzena L., *L'integrazione attraverso i diritti*, Torino, 1998, p. 68 s.

Bilancia P., *La nuova governance dell'Eurozona e i "riflessi" sugli ordinamenti nazionali*, en *www.federalismi.it*, 5 dicembre 2012.

Bilancia P., *Modello economico e quadro costituzionale,* Giappichelli, Torino, 1996, p. 137.

C. Pinelli, *Cittadini responsabilità politica, mercati globali*, in *Rivista di diritto costituzionale,* 1997, pp. 43 ss.

Cabiddu M.A., *Costituzione europea e Carta dei diritti fondamentali,* en A. Quadro Curzio (a cura di) *Profili della Costituzione economica europea*, Il Mulino, Bologna, 2001, p. 177 s.

Della Cananea G., *La pseudo-riforma del patto di stabilità e crescita*, en *Quaderni costituzionali*, 2005, pp. 668 ss.

Di Plinio G., *La Costituzione economica nel processo costituente europeo*, en *Diritto pubblico comparato ed europeo*, 2004, p. 1780 s.

Galgano F., *Pubblico e privato nella regolazione dei rapporti economici, in Trattato di Diritto commerciale e di diritto pubblico dell'economia, la Costituzione economica*, CEDAM, Padova, 1977, Vol. I, pp. 3 ss. También, A. Morrone, *Teologia economica v. Teologia politica? Appunti su sovranità dello Stato e «diritto costituzionale globale»*, en *Quaderni costituzionali*, 2012, p. 829 s.

Grasso G., *Il costituzionalismo della crisi*, Editoriale Scientifica, Napoli, 2012, p. 114 s.

Maduro M., *We the Court: The European Court of Justice and the European Economic Constitution, Hart Publishing, Oxford,* 1998, p. 150 s.

Mezzetti L., *Costituzione economica e libertà di concorrenza in Italia*, en L. Mezzetti (a cura di), *Costituzione economica e libertà di concorrenza*, Giappichelli, Torino, 1994, p. 193 s.

MORRONE A., *Teologia economica v. Teologia politica? Appunti su sovranità dello Stato e «diritto costituzionale globale»*, en *Quaderni costituzionali*, 2012, p. 829 s.

PADOA-SCHIOPPA T., *Il governo dell'economia*, BUP, Bologna, 1997.

RAFFIOTTA E.C., *Il Governo multilivello dell'economia. Studio sulle trasformazioni dello Stato costituzionale in Europa*, Bologna, 2013.

RAFFIOTTA E.C., *Il volto ambiguo della banca centrale europea*, en A. MORRONE (a cura di) *La Costituzione finanziaria*, Giappichelli, Torino, 2015, p. 215 s.

VITERBO A., CISOTTA R., *La crisi della Grecia, l'attacco speculativo all'euro e le risposte dell'Ue,* en *Il Diritto dell'Unione Europea*, 2010, p. 961 s.

WEILER J.H.H., *L'Unione e gli Stati membri: competenze e sovranità,* in *Quaderni costituzionali, 2000,* p. 12 s.

UNIÓN EUROPEA Y ESTADO SOCIAL: MÁS ALLÁ DE LAS CARTAS DE DERECHOS

Fernando Pérez Domínguez

Profesor ayudante doctor de Derecho Constitucional
Universidad de Huelva

1. Introducción: la necesaria evolución técnica del Estado Social y el eterno debate dogmático sobre los derechos sociales

La idea de evolución debe ser consustancial al concepto de Estado Social en la medida en que éste cobra sentido respecto a una realidad cambiante como es la de las condiciones socioeconómicas y de bienestar de la población. La existencia de dificultades de muy diversa índole para adaptarse y responder de forma efectiva a esa realidad justifica la conocida expresión "crisis del Estado Social". Esta crisis se habría intensificado sobremanera en el contexto del cambio de siglo debido al fenómeno de la internacionalización de las economías y su impacto sobre la configuración tradicional del Estado nacional y la propia sociedad (Sotelo, 2010). Por último, el panorama referido habría terminado agravándose desde el año 2008 por el surgimiento de una de las mayores crisis económicas de la historia, que ha puesto de manifiesto la difícil y aún débil articulación de sistemas de gestión global de la economía que involucren a instancias nacionales y supranacionales de forma suficiente y eficaz.

Si bien los problemas de financiación del Estado Social y su dependencia de una gobernanza económica internacional constituyen una de las vertientes esenciales del debate sobre el futuro del mismo, este trabajo opta por afrontar dicha cuestión desde otra perspectiva no menos acuciante: la técnico-jurídica. En tal sentido, se pretende valorar, y con ello cuestionar, el modo en que el Estado Social viene evolucionando en el terreno de los instrumentos jurídicos a través de los que se articula en la práctica. De la diversidad de instrumentos existentes (políticas públicas, servicios públicos, prestaciones, acciones de fomento, promoción...), resulta evidente que la categoría de los derechos sociales ocupa un papel central, como demuestran la atención doctrinal recibida y algunas iniciativas normativas recientes.

Centrando la atención en los derechos sociales, el enfoque teórico-doctrinal con que tradicionalmente se ha abordado la discusión sobre esta categoría de derechos se ha revelado en la actualidad poco útil a la necesaria adaptación del Estado Social a las nuevas circunstancias y demandas que se le plantean. En efecto, el cuestionamiento sobre la naturaleza jurídica de los derechos sociales, su fundamentalidad, su estatus en relación con otras categorías de derechos y, especialmente, la reprochada debilidad de sus garantías y falta de justiciabilidad directa, constituyen discursos que – a pesar de los loables esfuerzos por rebatirlos (Pisarello Prados, 2007; Abramovich y Courtis, 2004)– no ofrecen respuestas claras a cuestiones como la creciente complejidad de intereses presentes en las sociedades contemporáneas, la heterogeneidad de las demandas de tutela, la dificultad de los poderes públicos para parcelar la realidad social en colectivos concretos o bien la relativa ineficacia de instrumentos públicos de tutela configurados de forma muy estandarizada, diseñados verticalmente y ajenos a la participación de sus últimos destinatarios.

En el sentido de lo recién apuntado, sirva la referencia de autoridad del Prof. Cascajo Castro al hilo de una reciente revisión del debate doctrinal sobre los derechos sociales. Así, en relación con las dificultades para su conceptualización afirma que "toda búsqueda de un concepto general y uniforme de los derechos sociales conduce a un anunciado fracaso" y, de acuerdo con ello, "a estas alturas del desarrollo internacional, constitucional y autonómico de la materia, acaso sólo tenga sentido el enfoque analítico de alguno de los elementos de su estructura a la luz de su régimen jurídico-positivo". De forma más constructiva, el carácter complejo de los derechos sociales nos situaría "ante un derecho con contenido regulativo denso donde no sólo hay situaciones jurídicas subjetivas que proteger, sino también deberes de tutela, obligaciones de fomento y puede que también contenidos de procedimiento y organización" (Cascajo Castro, 2012: 24, 29). Finalmente, el Prof. Cascajo propone reconducir de cara al futuro el debate sobre los derechos sociales argumentando que "los viejos lugares comunes sobre la mayor o menor justiciabilidad de estos derechos, o el reparto de funciones entre legisladores y jueces para la implementación de los mismos, deben dar paso hoy a cuestiones sobre procedimientos y técnicas que incidan sobre una mejor gestión de los servicios que, en régimen jurídico de derecho público, privado, cooperativo o mixto, suministren las prestaciones propias de la ciudadanía" (Cascajo Castro, 2009: 37).

A pesar de este planteamiento correctivo del debate, en época reciente tanto las actuaciones normativas como, de su mano, las reflexiones doctrinales al respecto de la evolución del Estado Social han incurrido en los mismos argumentos conceptuales de resultados prácticos poco efectivos. Paradigmático en ese sentido se antoja el caso de España y la articulación descentralizada de su Estado Social.

En efecto, el desarrollo y avance del Estado Social se habría hecho depender, sobre la base de justificadas expectativas, del proceso descentralizador desarrollado en España. Así se derivaba de lo que la proximidad al ciudadano podía suponer en términos de mejor identificación de intereses y demandas de tutela, más eficaz diseño de las intervenciones públicas y, sobre todo, más inmediata implementación de las mismas (Porras Nadales, 1989, 1991, 1997; Solozábal Echavarría, 1999). Sin embargo, la técnica jurídica de referencia elegida para culminar y consolidar la dimensión autonómica del Estado Social en España ha terminado siendo, a la luz de la última oleada de reformas estatutarias, el clásico recurso de las cartas de derechos con fuerte presencia de derechos sociales (Díez-Picazo, 2006; Caamaño Domínguez, 2007). A pesar de estar concebidas con una decidida voluntad garantista, incluso a nivel jurisdiccional, ésta quedó en gran medida frustrada con la sentencia del Tribunal Constitucional 247/2007, sobre la naturaleza y régimen de garantía de los derechos estatutarios, a los que negó el carácter de fundamentales y de derechos subjetivos (FJ 15). Sin embargo, más allá del pronunciamiento del Tribunal Constitucional, interesa destacar que la opción de los legisladores estatuyentes ha abierto de nuevo un debate conceptual de escasos resultados prácticos, mientras que permanecen sin precisar de forma pacífica cuestiones mucho más determinantes de la efectividad última del Estado Social y de la articulación práctica de sus derechos sociales en el ámbito autonómico, como el sistema de distribución de competencias y el régimen de financiación de las políticas públicas autonómicas de carácter social (Medina Guerrero, 2008).

En la medida en que los Estados nacionales no sólo han venido protagonizando – en lo que respecta a su dimensión social – un proceso descentralizador en una proyección infraestatal, sino que al mismo tiempo la globalización les ha obligado a participar en procesos de integración supranacional con cesión de competencias en materias de carácter principalmente económico, pero de innegable trascendencia social; resulta obligado plantearse igualmente la influencia o aportación, en nuestro caso, de la Unión Europea a la articulación práctica y efectiva del Estado Social a través de técnicas o instrumentos jurídicos de carácter innovador respecto a los institutos clásicos.

A ese respecto, la aportación de la Unión Europea puede concretarse en dos vías de acción que merecerán atención (aunque desigual) en las siguientes líneas. Por un parte, se ha optado por consolidar la proyección social de la Unión Europea recurriendo al instrumento tradicional de la carta de derechos (incluidos los de carácter social) mediante su incorporación al Derecho originario a través del Tratado de Lisboa de 2007. De esta forma, habría que constatar – desde la perspectiva española – la coincidencia de estrategias en los niveles supra e infraestatal. Sin embargo, por otra parte, e incluso con anterioridad al nuevo rango jurídico de la Carta de Derechos Fundamentales de la UE, cabe advertir en la acción social de la UE la introducción de tendencias innovadoras en el terreno de la articulación práctica de los derechos sociales, proponiendo nuevas condiciones de ejercicio de los mismos o promoviendo nuevas formas de gestión de prestaciones sociales y servicios públicos. Es esta segunda línea de acción la que se ubica en los nuevos terrenos sugeridos por el Prof. Cascajo para reconducir el debate sobre la evolución del Estado Social y los derechos sociales; razón por la cual merecerá una mayor atención en este trabajo.

2. La aportación de la Unión Europea I. La vía tradicional: la Carta de Derechos Fundamentales de la Unión Europea

En coherencia con el planteamiento expuesto, no corresponde aquí proceder a un estudio detallado de la Carta de Derechos Fundamentales de la UE (CDFUE) desde su origen como documento político hasta el hito de ser incorporada al Tratado de Lisboa por virtud del art. 6.1 TUE; argumento sobre el que, además, existe sobrada y valiosa literatura científica (De la Villa Gil, 2001; Freixes Sanjuán, 2005; Ruiz Miguel, 2003, 2011; Martínez-Vares & De la Quadra-Salcedo, 2014; Sarrión Esteve, 2014). Más bien se trata de referir brevemente cómo, a pesar del avance cualitativo que la Carta ha supuesto en relación con la promoción de los derechos sociales a nivel de los poderes públicos europeos y de los Estados Miembros en su aplicación del Derecho de la Unión, el instrumento jurídico utilizado sugiere los mismos debates de carácter conceptual y dogmático que se derivan de las cartas estatutarias de derechos o de la relación de derechos sociales reconocidos en las propias constituciones nacionales, sin aportar al mismo tampoco conclusiones más satisfactorias.

Por lo que respecta a los derechos sociales reconocidos y al contenido de los mismos (Agudo Zamora, 2014), cabe subrayar la incorporación y el reconocimiento en el ámbito de la UE de un amplio catálogo de derechos sociales, en particular en los Títulos III y IV de la Carta (Igualdad y Solidaridad, respectivamente). Entre ellos se incluyen, en unos casos, nuevos ámbitos de protección (el medio ambiente *ex* art. 37), se identifican, en otros, a colectivos dignos de una tutela específica (menores, personas mayores y discapacitadas *ex* arts. 24-26) y se precisan, igualmente, contenidos de derechos sociales de más tradición como los relacionados con el trabajo (v.gr. el acceso gratuito a los servicios de colocación *ex* art. 29, la protección en caso de despido injustificado *ex* art. 30) o con la seguridad social (precisando las contingencias que deben ser objeto de protección *ex* art. 34.1). Sin embargo, a la luz del art. 51 CDFUE, la determinación práctica y concreta de las facultades dimanantes de tales derechos estará a expensas del régimen competencial que rija sobre la materia en cuestión. Materias de carácter social sobre las que predomina un régimen de competencias compartidas (muy debilitado) y de coordinación, apoyo o complemento[1]; existiendo aún, por tanto, un importante elemento de estatalidad que resta capacidad de acción y control real a la Unión (Bar Cendón, 2014).

En relación con las garantías de los derechos sociales enunciados en la Carta, su configuración como derechos públicos subjetivos y consiguiente exigibilidad directa

[1] Sobre el régimen de distribución de competencias UE-EE.MM. en materia de política social y de empleo vid. arts. 5 TUE, 3-6, 148-150, 153 y 156 TFUE.

depende – como ocurre en el propio sistema constitucional español – de la naturaleza jurídica atribuida a las distintas previsiones de la misma. Así, tanto el TUE (art. 6.1) como la propia CDFUE (art. 51) obligan a diferenciar entre derechos, libertades y principios; operación que no facilita la propia Carta sino que ha de realizarse acudiendo a las explicaciones elaboradas por el *Praesidium* de la Convención que la elaboró (*ex* art. 52.7 CDFUE), y que catalogan como principios algunos de los preceptos de la misma (v.gr. arts. 26, 34.1, 36, 37, 38) que, sin embargo, proclaman textualmente con frecuencia derechos (Mangas Martín, 2008: 819; De la Quadra-Salcedo Janini, 2012: 316 ss.; Sarrión Esteve, 2014: 167 ss.). En particular, la cuestión sobre el desarrollo y precisión del contenido de los derechos sociales, su carácter no directamente vinculante, la dependencia de la interposición legislativa y la consiguiente falta de justiciabilidad directa viene suscitada por el art. 52.5 de la Carta: "Las disposiciones de la presente Carta que contengan principios podrán aplicarse mediante actos legislativos y ejecutivos adoptados por las instituciones, órganos y organismos de la Unión, y por actos de los Estados miembros cuando apliquen el Derecho de la Unión, en el ejercicio de sus competencias respectivas. Sólo podrán alegarse ante un órgano jurisdiccional en lo que se refiere a la interpretación y control de la legalidad de dichos actos". De acuerdo con ello, el clásico debate sobre la naturaleza (verdaderos derechos o principios) y el diverso régimen jurídico (debilitado) de los derechos sociales frente al resto de categorías de derechos se reedita en el ámbito de la UE sin mayores aportaciones.

Atendiendo particularmente a las garantías jurisdiccionales, es cierto que en la medida en que los poderes públicos europeos y nacionales ejecuten Derecho de la Unión de acuerdo con el régimen competencial que rija según la materia (art. 51 CDFUE), los derechos *stricto sensu* de la Carta afectados (esto es, no meros principios) se beneficiarán en su tutela de los mecanismos jurisdiccionales propios del sistema de la Unión. Entre ellos se incluyen, de un lado, los destinados a controlar la validez de la actividad normativa de las instituciones europeas (recurso de anulación *ex* art. 263 TFUE, excepción de ilegalidad *ex* art. 277 TFUE), en los que destaca una configuración de la legitimación activa que acoge a las personas físicas y jurídicas. De otro lado, se encuentran los instrumentos procesales de control de la legalidad de la actividad de los Estados Miembros en ejecución del Derecho de la Unión Europea (recurso por incumplimiento *ex* arts. 258-260 TFUE y cuestión prejudicial *ex* art. 267 TFUE) que, sin embargo, no están disponibles para los particulares.

Y quizá más novedosa resulte la posibilidad de recurrir a un instrumento procesal no disponible en sistemas nacionales como el español, y considerado especialmente idóneo y conveniente para la tutela de los derechos sociales necesitados de actos ulteriores de desarrollo y ejecución. Tal es el caso del recurso por omisión para controlar la legalidad de la inactividad de las instituciones europeas (arts. 265-266 TFUE), siempre que hayan sido requeridas a actuar previamente. No obstante, la virtualidad práctica de dicho recurso debe matizarse a pesar de permitir su interposición a toda persona física o jurídica, pues se concretaría igualmente sólo en relación con aquellos preceptos de la Carta reconocidos como verdaderos derechos (sociales). En relación con los catalogados como meros principios no cabe su alegación directa con base en la Carta ante los órganos jurisdiccionales, sino que la actuación de éstos se limitará al control de la legalidad de los "actos" aplicativos y de desarrollo de los principios y no al respeto directo de las previsiones de la Carta (*ex* art. 52.5 *in fine* CDFUE), sin que se haga, además, referencia a las omisiones que afecten al desarrollo y aplicación de tales principios (De la Quadra-Salcedo Janini, 2012: 324-326).

Por último y más allá de particularidades procesales como la apuntada, resulta innegable que el nuevo estatus jurídico (vinculante) adquirido por la Carta bajo el Tratado de Lisboa debe suponer un cambio en la actividad tuitiva de los derechos (sociales) fundamentales a desarrollar por parte del Tribunal de Justicia de la UE. De la construcción jurisprudencial de los mismos a partir del concepto de "principios generales de Derecho Comunitario" ante el silencio de los tratados originarios (Freixes Sanjuán, 2005; Ruiz Miguel, 2011: 37 ss.), se pasaría ahora a la interpretación y aplicación directa por el Tribunal de los derechos previstos en la Carta.

Como ya se indicó, dicha aplicación directa se vería muy matizada, no obstante, en el caso de los derechos sociales por la incidencia del régimen de competencias (compartidas y de coordinación) que suele regir en tales materias en las que la acción de los Estados, por tanto, no está totalmente determinada por el Derecho de la Unión[2]. En

---

[2] Un buen ejemplo de ello sería la STJUE de 5 de febrero de 2015, asunto C-117/14, en relación con el período de prueba de un año establecido en España para el nuevo contrato de trabajo indefinido de apoyo a los emprendedores previsto en la Ley 3/2012, de 6 de julio, de medidas urgentes para la reforma del mercado laboral (reforma laboral de 2012). La Cuestión Prejudicial, elevada por el Juzgado de lo Social núm. 23 de Madrid en base al art. 267 TFUE, planteaba por un parte, la posible colisión entre el DUE y, en concreto, el art. 30 CDFUE (protección en caso de despido injustificado), con el período de prueba de un año y el libre desistimiento del empleador previsto en el caso del nuevo contrato de referencia; y por otra parte, la posible contradicción de este período de prueba con los fines señalados por la Directiva 1999/70/CE del Consejo, de 28 de junio de 1999, relativa al Acuerdo marco de la CES, la UNICE y el CEEP sobre el trabajo de duración determinada.

En esencia, la respuesta del Tribunal de Luxemburgo consiste en una declaración de incompetencia del Derecho de la Unión sobre la materia. Para ello, fundamenta su posición en el ámbito de aplicación de la CDFUE (*ex* art. 51), que alcanza a los Estados Miembros "únicamente cuando apliquen el Derecho de la Unión" (§ 28); circunstancia que no se daría en el caso de la legislación interna cuestionada al tratar ésta, en opinión del Tribunal, de la regulación de la contratación indefinida y no de la contratación de duración determinada, sobre la que sí existe normativa de la Unión aplicable (en particular, la Directiva 1999/70/CE, alegada por el juez *a quo*).

Por otra parte (§ 40-42) y sobre la base de la STJUE de 16 de enero de 2008 (asunto C-361/07), el Tribunal señala que si bien la protección de los trabajadores en caso de resolución del contrato de trabajo es uno de los medios con que conseguir los objetivos de la UE en materia de Política Social (*ex* art. 151 TFUE), de ello no se deriva *ninguna obligación concreta por lo que respecta a los períodos de prueba en los contratos de trabajo*. Y finalmente, de nuevo, a pesar de que el art. 153.2 TFUE atribuye competencia a la Unión para intervenir, entre otras materias, en materia de protección en caso de despido (art. 153.1.d TFUE), para la consecución de los objetivos de política social, el hecho de no haber adoptado ninguna medida al respecto determina que el Tribunal de Justicia no pueda entender la cuestión relativa al período de prueba en la contratación indefinida dentro del ámbito de aplicación del DUE.

ese terreno, la determinación del estándar de protección a aplicar en caso de existir diferencias entre el nivel de tutela de la Carta y de los ordenamientos nacionales, se presenta como un problema adicional para la eficacia práctica de los derechos sociales, que se sumaría a sus tradicionales obstáculos como la dependencia de la mediación legislativa para la concreción de sus contenidos.

Dicho problema podría mutar en oportunidad para la promoción e intensificación de la tutela de los derechos sociales si se acomete desde un enriquecedor diálogo jurisdiccional suscitado entre las instancias de garantía propias de los sistemas del Consejo de Europa, la UE y los propios Estados Miembros, cuyos derechos fundamentales constitucionales podrían empezar a interpretarse de acuerdo con la Carta – en caso de que su estándar de protección fuera más alto – a partir de las cláusulas interpretativas y mandatos de optimación del tipo de nuestro art. 10.2 CE o los arts. 52 y 53 CDFUE (Jimena Quesada, 2012; De la Quadra-Salcedo Janini, 2012: 326-329; Sarrión Esteve, 2014: 170 ss.; Martínez-Vares & De la Quadra-Salcedo, 2014: 35).

Las sinergias derivadas de tales relaciones se sumarían a algunas de las corrientes jurisprudenciales preexistentes que, desde la Unión Europea, ya venían reforzando la eficacia de los derechos sociales de la mano, muy especialmente, de la tutela del principio de no discriminación por razón de nacionalidad vinculado a la libertad de circulación (De Miguel Bárcena, 2012). Y en esa misma línea se inscribirían las esperanzas depositadas en la no consumada adhesión de la UE al Convenio Europeo de Derechos Humanos en virtud del mandato recogido en el art. 6.2 TUE y el reconocimiento expreso de esta posibilidad prevista en el art. 59.2 del propio CEDH. De la incorporación de la UE a los instrumentos de protección de derechos del Consejo de Europa (incluida también la Carta Social Europea, en su caso), cabría esperar positivas interacciones entre la jurisprudencia del Tribunal Europeo de Derechos Humanos, el Comité Europeo de Derechos Sociales y el propio Tribunal de Justicia de la Unión para la mejor tutela de los derechos fundamentales, en general, y de los sociales, en particular (Salinas de Frías, 2014; Martín y Pérez de Nanclares, 2012; Jimena Quesada, 2012).

3. La aportación de la Unión Europea II: tendencias innovadoras en la articulación práctica del Estado Social (la política de empleo como referente)

En la línea marcada por el Prof. Cascajo de dirigir el estudio de los derechos sociales hacia “cuestiones sobre procedimientos y técnicas” empleadas para la mejor

En definitiva, una resolución que – a partir de una argumentación calificable de “elusiva” – limita la eficacia y proyección práctica de los derechos sociales reconocidos en la Carta (art. 30, en este caso), a pesar de los muchos argumentos que avalaban el posible carácter fraudulento (por ocultar una verdadera contratación temporal) de tan prolongado período de prueba previsto por la legislación española.

y más eficaz prestación de los servicios, políticas y prestaciones públicas de diversa índole en que suelen traducirse aquéllos; se trataría ahora de identificar en la acción social de la UE algunas tendencias o directrices que apunten nuevas formas de gestión de prestaciones sociales y servicios públicos, la definición de nuevas condiciones de ejercicio de los derechos sociales o incluso innovaciones en su propia estructura.

La determinación de esas líneas maestras exige tener presente a modo de premisa la diferente y limitada capacidad de intervención de la UE en relación con las diversas materias sociales. Ésta se verá condicionada particularmente por el régimen competencial que rija sobre la materia en cuestión y, en función de ello, por los instrumentos jurídicos, estratégicos o actos atípicos con que las instituciones de la Unión puedan expresarse en cada caso.

Por lo que respecta a las materias propias de la política social en sentido amplio, ya se apuntó anteriormente que suelen estar afectadas por el régimen de competencias compartidas (art. 4 TFUE). Sin embargo, la intensidad de dicho régimen competencial se ve relativizada en muchos ámbitos concretos por el fuerte componente de estatalidad de los mismos, lo que limita la acción de la Unión a actuaciones de carácter indicativo, de orientación básica y de coordinación de las políticas nacionales, excluyendo incluso en algunos casos la finalidad armonizadora (v.gr. art. 149 *in fine*, 153.2.a TFUE). De acuerdo con ello, si bien el instrumento jurídico preferente de intervención debería ser a priori la Directiva, su proyección real se encuentra muy delimitada en términos tanto materiales como procedimentales (vid. art. 153.2.b TFUE). Esta circunstancia, hace cobrar relevancia y protagonismo a otros instrumentos jurídicos de la Unión, como las decisiones y recomendaciones, así como los instrumentos de carácter estratégico como las comunicaciones, resoluciones o los conocidos como libros blancos, entre otros (Bar Cendón, 2014).

A pesar de tales condicionantes, merece subrayarse que la acción de la UE ha sido intensa y enriquecedora particularmente en algunas parcelas y, además, se ha desarrollado con anterioridad al reconocimiento de virtualidad jurídica a los derechos sociales proclamados en la Carta. El hecho de desarrollar esta labor a partir de instrumentos menos rígidos y comprometedores en términos jurídico-vinculantes y hacerlo guiado de una motivación orientadora, promotora de la innovación y coordinación en materias con fuertes anclajes nacionales, ha redundando de forma positiva en una mayor apertura de miras y creatividad al definir alternativas de configuración o articulación práctica del Estado Social y sus derechos. Licencias éstas que resulta difícil tomarse en otros contextos y sobre la base de otros instrumentos jurídicos.

Para que sea posible identificar tales alternativas y tendencias se antoja conveniente tomar como referencia una concreta materia en lugar de pretender extraer conclusiones del conjunto de aspectos vinculados al concepto de Estado Social; análisis, por lo demás, inabarcable en un trabajo de estas características. De acuerdo con ello se tomará como referencia la intervención de la UE en relación con la política de empleo. Política en la que la UE cuenta con una arraigada actividad estrechamente vinculada con la realización práctica de derechos sociales clásicos –y ahora reconocidos incluso de forma extensa en la CDFUE– como el derecho al trabajo, la libre elección de profesión, el acceso al mercado de trabajo, la formación profesional o la tutela de las situaciones de desempleo, entre otros.

El origen de las aportaciones de la UE en este terreno hay que identificarlo, principalmente, en el debate abierto sobre el futuro del trabajo y del Derecho del Trabajo con motivo del cambio de siglo. La decisiva influencia que los cambios en el ámbito de las relaciones laborales y la dinámica de los mercados de trabajo tienen en el funcionamiento y crecimiento de la economía, justifican que éste haya sido un centro de atención prioritario de la UE. Así, puede tomarse como punto de partida el informe que la Comisión Europea encargó en 1996, bajo la coordinación de Alain Supiot, a un grupo multidisciplinar de expertos sobre las "transformaciones del trabajo y futuro del Derecho del Trabajo en Europa". Por lo que aquí interesa, dicho informe constataba una premisa que, con el tiempo, se ha revelado clave en toda la acción europea en materia de empleo: la sustitución del tradicional modelo de trayectoria profesional basado en el trabajo estable y duradero por una dinámica marcada por múltiples y diversas transiciones o estados profesionales (acceso al empleo desde la formación, cambios de regímenes de empleo y tiempo de trabajo, caída en el desempleo con mayor frecuencia, vuelta al empleo tras la maternidad y el cuidado de familiares, tránsito hacia la jubilación, etc.).

El cambio de la realidad de referencia obligaba, según el informe, a un importante cambio de los sistemas de protección y tutela tradicionales; muy vinculados a la propia relación laboral y basados en una férrea defensa del puesto de trabajo, cuyos principales referentes serían la tutela (económica) frente al despido y la protección por desempleo a través de prestaciones generadas durante el período de actividad. Frente a la insuficiencia de ese sistema, el equipo de Supiot, señalaba la necesidad de reconocer la mayor dimensión de un nuevo estado o dimensión profesional de las personas que necesitaría de un marco normativo protector más amplio, diverso y adaptable que las acompañara por las distintas situaciones que pueden jalonar hoy día su trayectoria profesional, y que van más allá del clásico binomio ocupación-desempleo. De acuerdo con ello, proponían redimensionar y coordinar los llamados "cuatro círculos del Derecho Social[3]", y anunciaban la aparición de un nuevo tipo de derechos sociales, los "derechos sociales de giro[4]" (*drawing social rigths, diritti di pre-*

[3] Se trata de a) los derechos sociales universales garantizados a todos independientemente de cualquier trabajo; b) los derechos basados en el trabajo no profesional (cuidado de personas, trabajos voluntarios, autoformación…); c) el derecho común de toda actividad profesional (igualdad, seguridad y salud…); y d) el derecho propio del trabajo asalariado (Supiot: 210-211).

[4] Los derechos sociales de giro, que podrían considerarse actualmente una realidad incipiente en las normativas laborales, son definidos como "derechos de iniciativa, cuyo ejercicio permanece encerrado en los límites de un crédito anteriormente constituido, pero su realización depende de una libre decisión de su titular y no de un riesgo sobrevenido". Los cheques formativos, los créditos horarios para la formación o las cuentas de ahorro-tiempo serían algunos ejemplos a identificar en esa noción. La realización de tales derechos dependería de la constitución de una "provisión suficiente" y de la decisión del titular de utilizar dicha provisión, que habrá de ser facili-

lievo sociale), como instrumento idóneo para proteger ese estado o dimensión profesional de las personas expuesto a diversas situaciones y riesgos, en el contexto de una economía y unos mercados de trabajo muy dinámicos (Supiot, 1998: 197-217).

Al mismo tiempo que se realizaba ese informe, la UE empezó a promocionar el estudio de la teoría de los Mercados de Trabajo Transicionales – MTT – (*Transitional Labour Markets*) a través de dos importantes proyectos de investigación de la Comisión Europea denominados "TRANSLAM" y "TLM-NET", que se prolongaron de 1996 a 2006[5]. La referida teoría surgió en Alemania en la segunda mitad de los años noventa a partir de los estudios realizados por el Prof. Günther Schmid en el *Wissenschaftszentrum Berlin für Sozialforschung* (WZB - *Social Science Research Center Berlin*). Partiendo igualmente de la constatación de la realidad de las transiciones profesionales, la teoría de los MTT considera imprescindible neutralizar los nuevos y diversos riesgos sociales derivados de la dinámica del mercado y el empleo. Ello exige una nueva organización institucional que garantice un sistema de gestión de esos riesgos sociales, una gama de instrumentos idóneos para la construcción de "puentes de empleo"; esto es, medidas que ayuden a prevenir, reducir y superar los riesgos vinculados a las transiciones, facilitándolas desde el punto de vista económico pero, al mismo tiempo, en materia de conservación y desarrollo de la empleabilidad de las personas. Así, no se trataría sólo de que los sistemas de protección social paliaran económicamente la situación crítica del paro sino que también contribuyeran a prevenirla y gestionarla eficazmente (Schmid & Schömann, 2003).

Dada la complejidad del conjunto de transiciones consideradas, el intento de construir "puentes de empleo" requiere, según la teoría de los MTT, una nueva configuración de las interacciones entre los diversos sistemas sociales: Educación/Formación, Familia, Mercado de trabajo (trabajadores, agentes sociales, empresas) y Protección Social. Por tanto, cumple destacar que la idea de gestión de los riesgos sociales propuesta por los MTT implica la participación en ella tanto del Estado como del sujeto individual y otros agentes privados y partes interesadas. Así, uno de los aspectos más interesantes de los MTT es la necesidad de afrontar las dificultades del mercado de trabajo actual alcanzando un nuevo equilibrio entre Solidaridad (pública) y Responsabilidad individual respecto a los acontecimientos vitales críticos. En particular, la responsabilidad individual sobre la gestión de las transiciones se centraría en el deber del sujeto de ocuparse de su empleablidad, contribuyendo – junto a la acción pública – a la creación de estructuras de oportunidades para la superación de aquéllas (Schmid, 2006; Pérez Domínguez, 2010).

La relevancia práctica de los informes y teorías sucintamente referidas reside en el hecho de aportar los principales fundamentos del concepto de "Flexiguridad" que domina toda la acción europea relacionada con el empleo desde mediados de la dé-

---

tada por la administración pública, las empresas u otros agentes presentes en el mercado de trabajo (Supiot: 212-217).

[5] Una amplia selección de los trabajos realizados en el seno de tales proyectos puede encontrarse en Toharia Cortés (2006) traducidos al castellano.

cada del 2000. En particular, así ocurrió a partir del proceso de debate abierto por la Comisión Europea con la publicación del Libro Verde "Modernizar el Derecho Laboral para afrontar los retos del siglo XXI[6]", que culminaría con la Comunicación de la Comisión "Hacia los principios comunes de la flexiguridad: más y mejor empleo mediante la flexibilidad y la seguridad[7]". La flexiguridad, definida por la Comisión como "una estrategia integrada para potenciar, a un tiempo, la flexibilidad y la seguridad en el mercado laboral", se articularía en cuatro ejes que constituyen los principales objetos de atención de la política europea de empleo desde entonces: 1) disposiciones contractuales (individuales y colectivas) flexibles y fiables; 2) estrategias globales de aprendizaje permanente; 3) políticas activas de empleo eficaces; 4) modernización de los sistemas de seguridad social.

Por su parte, las estrategias europeas de crecimiento – primero Lisboa y actualmente Europa 2020[8] – han acogido el concepto de flexiguridad como instrumento válido para la consecución de sus objetivos en materia de empleo y funcionamiento del mercado de trabajo europeo[9]; y en consonancia con ello, la Estrategia Europea de Empleo intenta articular el concepto en sus diversos ámbitos de actuación (paquete de medidas para el empleo[10], empleo juvenil[11], nuevas cualificaciones para nuevos empleos[12], reestructura-

---

[6] COM (2006) 708 final. Bruselas 22/11/2006.

[7] COM (2007) 359 def. Bruselas 27/06/2007.

[8] Comunicación de la Comisión "Europa 2020. Una estrategia para un crecimiento sostenible, inteligente e integrador". COM (2010) 2020 final. Bruselas 03/03/2010.

[9] Así se ha mantenido a pesar incluso de la crisis económica y sus devastadores efectos en materia de empleo, pues la Comisión ha entendido que "La flexiguridad sigue siendo el planteamiento adecuado para modernizar y fomentar la adaptabilidad de los mercados de trabajo, incrementar la competitividad y prepararse para la recuperación" [vid. Comunicación "Un compromiso compartido a favor del pleno empleo", COM (2009) 257 final, p. 3]. Asimismo, aun aceptando la necesidad de "reconsiderar las políticas de flexiguridad" y de avanzar en un desarrollo equilibrado e integrado de sus cuatro ejes principales, la Comisión afirma que aquéllas "han ayudado a sobrellevar la crisis" y que siguen constituyendo "el mejor instrumento para modernizar los mercados de trabajo, y adaptarlas al contexto de una Europa poscrisis para acelerar el ritmo de las reformas, disminuir la segmentación del mercado laboral, apoyar la igualdad de género y rentabilizar las transiciones laborales" [vid. Comunicación "Agenda de nuevas cualificaciones y empleos: una contribución europea hacia el pleno empleo", COM (2010) 682 final, pp. 2-4]. En esa misma línea vid. "Open, dynamic and inclusive labour markets" [SWD (2012) 97 final], Documento de trabajo de los servicios de la Comisión adjunto a la Comunicación "Hacia una recuperación generadora de empleo", COM (2012), 173 final.

[10] El referido paquete de medidas se encuentra recogido en la Comunicación "Hacia una recuperación generadora de empleo", COM (2012), 173 final.

[11] Vid. las Comunicaciones "Trabajar juntos por los jóvenes europeos. Un llamamiento a la acción contra el desempleo juvenil" [COM (2013), 447 final] y "Promover el empleo juvenil" [COM (2012) 727 final]; así como la Propuesta de Recomendación del Consejo sobre el establecimiento de la Garantía Juvenil [COM (2012) 729 final] y el documento de trabajo adjunto SWD (2012) 409 final.

[12] Vid. Comunicación "Nuevas Capacidades para Nuevos Empleos. Previsión de las capacidades necesarias y su adecuación a las exigencias del mercado laboral", COM (2008) 868 final.

ciones sectoriales y empresariales[13], o servicios públicos de empleo[14], entre otros). En un último nivel de concreción, los planteamientos innovadores en cuanto a la articulación práctica de los derechos sociales de carácter laboral y profesional que derivan del concepto de flexiguridad, se traducen en las orientaciones para las políticas de empleo de los Estados Miembros[15] y las recomendaciones específicas por países que el Consejo de la UE adopta sobre la base de su papel orientador y coordinador de las políticas nacionales. Aquéllas son adaptadas y recibidas por los Estados Miembros en sus planes nacionales de reforma y planes nacionales de empleo para, finalmente, traducirlas en reformas concretas de las regulaciones nacionales en materia de políticas activas de empleo, prestaciones y subsidios por desempleo, condiciones de trabajo, negociación colectiva, formación profesional o seguridad y asistencia social, entre otras materias.

Como intentará exponerse a continuación, algunas de esas reformas ofrecen ya resultados suficientemente representativos de los planteamientos sostenidos por los conceptos y teorías impulsados por la UE con motivo del cambio de siglo. La traducción práctica de aquellos elementos teóricos permite inducir algunos planteamientos innovadores en cuanto a la articulación práctica de los derechos sociales afectados en este ámbito de la política europea. Sin embargo, además de los planteamientos específicos que pueden advertirse en campos materiales concretos, no puede obviarse la influencia complementaria de otras tendencias de alcance transversal que están presentes en cualquier planteamiento reformista que afecte hoy día a la acción nor-

---

[13] Vid. Comunicación "Marco de Calidad de la UE para la Anticipación del Cambio y la Reestructuración", COM (2013) 882 final.

[14] Vid. Decisión n. 573/2014/UE del Parlamento Europeo y del Consejo de 15 de mayo de 2014 sobre una mayor cooperación entre los servicios públicos de empleo (DOUE L 159/34, 28/05/2014).

[15] En el marco de la Estrategia de Lisboa, la flexiguridad fue clara protagonista de las orientaciones para las políticas de empleo (vid. Orientación n. 21) para los períodos 2005-08 (Decisión del Consejo de 12 de julio de 2005, 2005/600/CE) y 2008-10 (Decisión de 15 de julio de 2008, 2008/618/CE); y así ha continuado siendo bajo la estrategia Europa 2020. En efecto, las orientaciones establecidas en 2010 y mantenidas hasta 2014 (vid. Decisiones de 21 de octubre de 2010, 2010/707/UE, y de 6 de mayo de 2014, 2014/322/UE) establecen que los Estados miembros "deberán integrar en sus políticas de mercado laboral los principios de flexibilidad y seguridad laboral («flexiguridad») [...] y aplicarlos aprovechando adecuadamente el apoyo del Fondo Social Europeo y de otros fondos de la UE", así como "introducir una combinación de regímenes contractuales flexibles y fiables, políticas activas del mercado laboral y políticas eficaces de aprendizaje permanente, así como promover la movilidad laboral y unos sistemas adecuados de seguridad social que garanticen las transiciones en el mercado de trabajo, acompañados de una definición clara de los derechos y responsabilidades para que los desempleados busquen trabajo activamente" (Orientación n. 7). Por último, las Orientaciones para las políticas de empleo de los Estados Miembros para 2015, en el marco de las Orientaciones integradas "Europa 2020" (Decisión del Consejo de 5 de octubre de 2015, 2015/1848/UE), reiteran la apuesta por los principios de flexibilidad y seguridad (Orientación n. 7): "Las normas sobre protección del empleo, la legislación laboral y las instituciones deben todas ellas establecer un entorno adecuado para la contratación, a la vez que ofrecen niveles adecuados de protección a todos los que trabajan y los que buscan trabajo".

mativa e intervencionista de las Administraciones Públicas y sus relaciones con los ciudadanos. En tal sentido, deben traerse a colación las propuestas relativas a la "nueva gestión pública" (*New Public Management*), modelos alternativos de gobernanza, transparencia y evaluación de las políticas públicas[16].

Tomando en consideración las diversas aportaciones que derivan de la política europea de empleo y de las teorías y conceptos que le sirven de base, corresponde, llegado a este punto, extraer algunos planteamientos reconfiguradores de la articulación técnica del Estado Social y los derechos sociales que se concretarían al menos en dos momentos o escenarios distintos: el momento de la gestación de las políticas y normas que diseñan los servicios y prestaciones sociales, de un lado, y el momento de su aplicación, ejercicio e implementación, de otro. En el primero de ellos, destacarían los siguientes rasgos característicos:

1. La toma de conciencia sobre la capacidad limitada de los Poderes Públicos para configurar por sí mismos las respuestas idóneas a todas las demandas de carácter social que se plantean. Ello se traduciría al menos en las siguientes consecuencias: a) el cuestionamiento de la capacidad omnicomprensiva de la ley y de la autosuficiencia de la Administración Pública, el consiguiente alejamiento del sistema vertical-jerárquico de regulación tradicional (ley general-reglamento de desarrollo) y un nuevo reparto de roles entre ambas fuentes; b) la apertura hacia nuevos formatos o procedimientos de regulación cooperativos, consensuales, autorregulativos, abiertos a la participación directa de agentes no exclusivamente políticos y presididos por una fuerte exigencia de transparencia; c) el recurso, en su caso, a la utilización de nuevos instrumentos normativos (*soft law*) como códigos de conducta y buenas prácticas, estándares internacionales, etc.

En el ámbito laboral, este planteamiento tendría una evidente concreción en el refuerzo del diálogo social y la implicación de los agentes sociales, no sólo en la implementación sino también en el diseño de las medidas, que la UE postula en sus comunicaciones como condición necesaria para el éxito de las políticas de empleo flexiseguras. En esta línea de aproximación a la realidad de los colectivos afectados y sus demandas concretas, cabría identificar – a título ilustrativo – el reforzamiento de la negociación colectiva a nivel de empresa llevado a cabo en España en 2011[17]; o bien el proceso de consulta y participación de las diversas partes interesadas que ha

---

16 La modernización de las administraciones públicas es también objeto de promoción por parte de la UE, en el marco de la Estrategia Europa 2020, por los efectos que ello tiene en términos de calidad y eficiencia en la prestación de servicios públicos [vid. Comunicación "Semestre Europeo 2014: recomendaciones específicas por país. Cimentar el crecimiento", COM (2014) 400 final]. En este mismo contexto se inscribe la precedente Comunicación "Legislar mejor para potenciar el crecimiento y el empleo en la Unión Europea", COM (2005) 97 final. En el ámbito académico destacan los trabajos sobre modernización del procedimiento administrativo de Barnés, J. (2008, 2012a). Por lo que respecta a la evaluación de las políticas públicas, permítase el reenvío a Pérez Domínguez (2014).

17 Vid. Real Decreto-ley 7/2011, de 10 de junio, de medidas urgentes para la reforma de la negociación colectiva (BOE n. 139, 11/06/2011).

precedido a la aprobación del "Sistema Nacional de Garantía Juvenil[18]" así como de la Estrategia Española de Activación para el Empleo y los Planes Anuales de Política de Empleo[19] (*ex* art. 11 Real Decreto Legislativo 3/2015, de 23 de octubre, Texto Refundido de la Ley de Empleo – TRLE[20]).

2. La necesidad de articular un sistema de servicios y prestaciones que permitan una tutela integral, continuada y adaptable de las situaciones de riesgo social, con el objetivo de evitar la cronificación de los estados de necesidad. Para ello, se postula necesario alcanzar un ajustado equilibrio entre las políticas pasivas y activas de protección social, esto es, entre la lógica tuitiva de carácter paliativo o resarcitorio y la lógica preventiva y proactiva[21].

De nuevo, el ámbito laboral ofrece un escenario especialmente idóneo para ilustrar este planteamiento. Así, asumiendo la premisa de los mercados de trabajo transicionales, se trataría de engranar diversos instrumentos de tutela adecuados para las diversas transiciones (garantía juvenil, contratos formativos, formación profesional en el empleo, orientación e información profesional, prestación por desempleo contributivo, subsidio por desempleo asistencial, renta activa de inserción, cauces flexibles y adaptables de acceso a la jubilación). De acuerdo con las orientaciones de la UE, en cada supuesto los requisitos de activación y la condicionalidad del disfrute de las prestaciones deben modularse dando lugar a un "planteamiento de responsabilidades mutuas[22] que mantenga la incentivación del trabajo y, al mismo tiempo,

---

[18] Real Decreto-ley 8/2014, de 4 de julio, de aprobación de medidas urgentes para el crecimiento, la competitividad y la eficiencia (BOE n. 163, 05/07/2014) y posterior Ley 18/2014, de 15 de octubre (BOE n. 252, 17/10/2014), arts. 87 ss. Según informa el Ministerio de Empleo y Seguridad Social, en ese proceso habrían intervenido las organizaciones empresariales CEOE y CEPYME, las organizaciones sindicales UGT y CC.OO, así como el resto de agentes sociales: asociaciones representativas de la Economía Social y del trabajo autónomo, cámaras de comercio, asociaciones de jóvenes empresarios como CEAJE, y otras entidades de interés entre las que se encuentra el Consejo de la Juventud de España (vid. Plan Nacional de implantación de la Garantía juvenil en España, diciembre 2013).

[19] El plan anual para el año 2014 fue aprobado por Acuerdo del Consejo de Ministros de 5 de septiembre de 2014 (BOE n. 232, 24/09/2014); y para 2015, Acuerdo del Consejo de Ministros de 24 julio (BOE n. 191, 11/08/2015).

[20] BOE n. 255, 24/10/2015.

[21] Las Orientaciones para las políticas de empleo de los Estados Miembros para 2015 son especialmente incisivas en este sentido en el ámbito de la protección social: "Los Estados miembros deben modernizar los sistemas de protección social para ofrecer de manera eficaz y eficiente una protección adecuada a lo largo de todas las etapas de la vida de una persona (...). Complementar los enfoques universales con otros selectivos aumentará la eficacia, mientras que la simplificación mejorará la accesibilidad y la calidad. Es preciso prestar mayor atención a las estrategias preventivas e integradas" (Orientación n. 8).

[22] En tal sentido, de nuevo las Orientaciones para el empleo para 2015 señalan la necesidad de "reforzar las políticas activas del mercado laboral aumentando su eficacia, focalización, alcance, cobertura e interacción con las medidas pasivas, acompañadas de derechos y responsabilidades para que los parados busquen activamente trabajo" (Orientación n. 7).

garantice los ingresos, ofreciendo una ayuda personalizada a la búsqueda de empleo y protección contra el riesgo de pobreza[23]".

Por lo que respecta al momento de la aplicación, ejercicio o implementación de las normas y políticas configuradoras de las estrategias de tutela y protección social, cabe advertir las siguientes tendencias innovadoras en la articulación práctica del Estado Social:

1. La intervención de agentes públicos y privados en un marco de cooperación dirigido a asegurar la interacción positiva entre sistemas sociales diversos como la familia, el mundo económico-empresarial, el sistema formativo y el tercer sector además, obviamente, del Estado.

En esa línea se inscribirían algunas reformas implantadas en España en los últimos años como la apertura de la intermediación laboral a agencias de colocación privada con ánimo de lucro, con posibilidad de prestar servicios de forma tanto autónoma como en régimen de colaboración con los Servicios Públicos de Empleo[24]; la participación de nuevas entidades – como los centros y entidades de formación debidamente acreditados y las organizaciones representativas de los autónomos y las empresas de la economía social – en el diseño y planificación del subsistema de formación profesional para el empleo, más allá del protagonismo tradicional de los sindicatos y asociaciones empresariales[25]; o el entramado de actores participantes en la implementación de la garantía juvenil en España[26].

2. La intervención simultánea de varias administraciones en el diseño de estrategias de tutela efectivas y complementarias; esto es, una cooperación interadministrativa que persiga la conjunción de recursos de todo tipo (financieros, fiscales, formativos, asistenciales y jurídico-laborales) en aras de una estrategia integral y coherente de tutela. Este planteamiento iría más allá de la natural colaboración que corresponde a una organización descentralizada en el marco de una misma política material (como la que debe existir entre el servicio público de empleo estatal y los servicios de empleo

---

23 Vid. COM (2012) 173 final, pág. 12. Para ejemplificar este planteamiento sirve, de nuevo, la reciente implementación en España de la Garantía Juvenil. Ésta ofrece cuatro programas distintos de medidas (mejora de la intermediación, mejora de la empleabilidad, fomento de la contratación y fomento del emprendimiento), a partir de los que se definirá – de forma secuenciada – la atención a prestar a los jóvenes solicitantes, quedando ésta vinculada "a la realización de un perfil con las características de la persona a atender" (art. 90.1.a Ley 18/2014, de 15 de octubre).

24 Vid. art. 33 Real Decreto Legislativo 3/2015, de 23 de octubre, Texto Refundido de la Ley de Empleo (TRLE).

25 Vid. art. 40 TRLE, que recoge las reformas introducidas en el anterior art. 26 Ley 56/2003, de Empleo, por el artículo 12 del R.D.-ley 3/2011, de 18 de febrero, de medidas urgentes para la mejora de la empleabilidad y la reforma de las políticas activas de empleo, y el art. 2 de la Ley 3/2012, de 6 de julio, de medidas urgentes para la reforma del mercado laboral.

26 Vid. art. 88 Ley 18/2014, de 15 de octubre. Según el Plan Nacional de implantación de la Garantía juvenil en España intervendrán: los Ministerios de Empleo y Seguridad Social, Hacienda y Administraciones Públicas, Educación Cultura y Deporte, las Consejerías de empleo, educación, asuntos sociales y juventud de las Comunidades Autónomas, los Entes Locales, agentes sociales y sector privado (pág. 12).

autonómicos). Se trataría de establecer cooperaciones, interacciones y dependencias eficaces entre políticas materiales diversas al servicio de un objetivo común como el acceso al empleo y la evitación de la exclusión social. En ese sentido, se contemplan las interacciones entre la previsión de modalidades contractuales y bonificaciones a la contratación en materia de seguridad social, o bien el desarrollo de programas formativos y de orientación para la movilidad laboral acompañados de incentivos fiscales a la movilidad geográfica, entre otros posibles ejemplos[27].

3. Intervención activa, y no meramente ejecutiva, de la Administración en el diseño último de las estrategias de tutela en cooperación con otros agentes; promoviendo así un nuevo concepto de discrecionalidad positiva y creativa que no estaría exenta de controles *ad hoc*. Esta nueva actitud de las Administraciones prestadoras de servicios y proveedoras de prestaciones deriva del principio de personalización o individualización de las ayudas que preconiza la política europea de empleo[28] en aras de su eficacia, que ya habría sido acogido por la normativa nacional en materia, por ejemplo, de políticas activas de empleo[29].

4. En consonancia con el punto anterior, uno de los medios necesarios para hacer efectiva esa atención individualizada sería el reconocimiento de espacios para la implicación del individuo en la gestión de sus propios riesgos sociales. De esta forma, la tradicional posición de éste frente a las políticas y prestaciones sociales evolucionaría desde su concepción como objeto o mero destinario-peticionario de las mismas – diseñadas por agentes políticos – a la de protagonista en el ejercicio y concreción de su derecho en colaboración con la Administración. Ello se traduce, por un parte, en una configuración flexible y adaptable de los instrumentos públicos de tutela, mediante el reconocimiento de márgenes de configuración autónoma de las prestaciones y de espacios para la iniciativa individual en el diseño de estrategias de ayuda para la inclusión social; y por otra, en la superación del diseño estandarizado de instrumentos de tutela y su sustitu-

---

27 En esa dirección apuntan las Orientaciones para el empleo 2015, cuando en relación con el fomento de la integración social, la lucha contra la pobreza y la promoción de la igualdad de oportunidades (Orientación n. 8) afirma que "es necesario utilizar diversos instrumentos de manera complementaria, de acuerdo con los principios de integración activa, incluidos los servicios de capacitación y activación laboral, los servicios de calidad accesibles y el apoyo adecuado a los ingresos en función de las necesidades individuales".

28 Véanse las referencias constantes a tales tendencias individualizadoras y de personalización de las prestaciones y servicios relacionados con el empleo, la formación y la protección social en las Orientaciones 7 y 8 para la política de empleo para el año 2015.

29 Así, entre los principios generales que presiden el diseño y ejecución de las políticas activas de empleo, se recoge en primer término "El tratamiento individualizado y especializado a las personas en situación de desempleo para mejorar su empleabilidad, así como a las personas ocupadas para contribuir a la calidad y mantenimiento de su empleo" (art. 37.1.a TRLE). Asimismo, las acciones en materia de orientación profesional tienen entre sus objetivos "el diseño y gestión de la trayectoria individual de aprendizaje" del sujeto (art. 10.4.a TRLE). De forma más evidente se manifiesta en relación con las personas desempleadas para las que "la articulación del itinerario individual y personalizado de empleo se configura como un derecho (…) y como una obligación para los Servicios Públicos de Empleo" *ex* arts. 28 y 29 TRLE. Y en términos de objetivos de la política de empleo vid. arts. 2.c, 2.h, todos de la misma norma.

ción por estrategias adaptadas e individualizadas. Paralelamente a dicho planteamiento surge la necesidad de modular los niveles de condicionalidad, cargas o elegibilidad de las prestaciones y servicios en función de la necesidad, riesgo o colectivo concreto a tutelar, como ocurre con el compromiso de actividad que deben suscribir los beneficiarios de prestaciones y subsidios por desempleo[30] o los compromisos de participación activa vinculados a determinadas medidas de activación para el empleo.

Sería éste el terreno de la nueva categoría de los "derechos sociales de giro" antes referida, entre cuyas concreciones podrían identificarse: las sucesivas reformas flexibilizadoras de las formas de percibir la prestación por desempleo y la posibilidad de capitalizar su cobro en un pago único[31]; la previsión de "cheques formativos" –canjeables ante proveedores de formación libremente elegidos – como concreción del derecho individual a la formación profesional tanto de trabajadores activos[32] como de desempleados[33]; las propuestas de reforma del sistema de indemnización por despido inspiradas en el llamado "modelo austríaco", que incluyen la dotación de un fondo de capitalización para cada trabajador a lo largo de toda su trayectoria que podrá ser utilizado libremente para asumir diversas eventualidades[34]; o el diseño de sistemas de créditos/préstamos horarios entre trabajador y empresario para atender necesidades formativas o familiares, entre otras medidas orientadas a posibilitar una gestión individual de la carrera profesional[35].

---

30 Vid. arts. 41 TRLE, 299 y 300 Real Decreto Legislativo 8/2015, de 30 de octubre, por el que se aprueba el texto refundido de la Ley General de la Seguridad Social – TRLGSS (BOE n. 261, 31/10/2015).

31 Vid. art. 296.3 del nuevo TRLGSS y las medidas previstas en la Ley 31/2015, de 9 de septiembre, que modifica y actualiza la normativa en materia de autoempleo y se adoptan medidas de fomento y promoción del trabajo autónomo y de la Economía Social (BOE n. 217, 10/09/2015), además de las precedentes (y ya derogadas) previsiones del Capítulo I del Título I de la Ley 11/2013, de 26 de julio, de medidas de apoyo al emprendedor y de estímulo del crecimiento y de la creación de empleo (BOE n. 179, 27/07/2013).

32 Vid. art. 23.3 del TRET (Real Decreto Legislativo 2/2015, de 23 de octubre. BOE n. 255, 24/10/2015), tras la redacción introducida por la Ley 3/2012, de 6 de julio, de medidas urgentes para la reforma del mercado laboral.

33 El Consejo de Ministros de 5 de septiembre de 2014 anunció una reforma del Sistema de Formación Profesional para el empleo que incluiría un cheque-formación también para desempleados. En coherencia con ello, vid. arts. 6.5.b, 13.3 y DA 2ª Ley 30/2015, de 9 de septiembre, por la que se regula el Sistema de Formación Profesional para el empleo en el ámbito laboral (BOE n. 217, 10/09/2015).

34 Sin que llegara a desarrollarse, la disposición adicional décima de la Ley 35/2010, de 17 de septiembre, de medidas urgentes para la reforma del mercado de trabajo preveía la "constitución de un Fondo de capitalización para los trabajadores, mantenido a lo largo de su vida laboral, por una cantidad equivalente a un número de días de salario por año de servicio a determinar" cuya "regulación reconocerá el derecho del trabajador a hacer efectivo el abono de las cantidades acumuladas a su favor en el Fondo de capitalización en los supuestos de despido, de movilidad geográfica, para el desarrollo de actividades de formación o en el momento de su jubilación".

35 Pueden consultarse diversos ejemplos de medidas "flexiseguras" adoptadas por los Estados Miembros de la UE en los últimos años en el documento SWD (2012) 97 final.

5. Los nuevos roles descritos conceden una renovada importancia a los procesos de relación Administración – Administrado previos a la determinación y reconocimiento de las prestaciones, pues deben promover contextos relacionales de carácter consensual y cooperativo antes que imperativo. En conexión con ello, se subraya la necesidad de adecuar a tales premisas el procedimiento administrativo y, especialmente, los controles intra-administrativos y judiciales, junto con la previsión y fomento de cauces extrajudiciales para la resolución de conflictos.

6. Igualmente, la apertura a agentes privados de la actividad de prestación de servicios relacionados con el mercado de trabajo (agencias de colocación, recolocación, proveedores de formación profesional acreditados, etc.), plantea la necesidad de una regulación detallada de las relaciones entre administrados y agentes privados cuando prestan servicios públicos bajo diversos regímenes de colaboración público-privada o bien de forma autónoma[36].

7. Finalmente, y con carácter transversal a los dos momentos o escenarios señalados (diseño-regulación e implementación-ejercicio de las políticas, servicios o prestaciones), cualquier planteamiento reformista que afecta a las políticas públicas (sociales, en este caso) debe estar presidido por la introducción de mecanismos de control y auditoría de eficiencia del impacto y resultados de las mismas. La realización de tales actividades exigen como premisas transparencia y objetividad, lo que obligaría a dar entrada a agentes externos a los propios poderes públicos, despolitizados, para garantizar una evaluación útil y un efecto "feed-back" enriquecedor.

Para terminar con las referencias a la política de empleo que ha servido de guía en este recorrido, la UE insta a los estados a incluir en sus planes nacionales de empleo procedimientos de evaluación y seguimiento de los mismos; con inclusión de calendarios plurianuales de realización de las reformas previstas y determinación de indicadores que permitan objetivar los avances conseguidos no sólo a nivel interno sino también desde una perspectiva multilateral[37]. En consonancia con ello, los Planes Anuales de Política de Empleo de España[38] establecen los objetivos estructurales y estratégicos a conseguir, con indicación de los programas y medidas dispuestas para ello y, sobre todo, el establecimiento de los indicadores (mesurables) que permitirán la medición del nivel de ejecución de aquéllos y justificar las medidas adoptadas[39].

---

[36] En relación con las agencias de colocación privadas vid. art. 33 TRLE y Real Decreto 1796/2010, de 30 de diciembre, por el que se regulan las agencias de colocación. Una visión más amplia sobre la intervención de agentes privados en sectores de tradicional intervención pública vid. Barnés, 2012b.

[37] Vid. COM (2012) 173 final, pp. 23-25.

[38] Para 2015, vid. BOE n. 191, 11/08/2015.

[39] Si bien la eficacia de estos sistemas de evaluación debe mejorar, no puede obviarse su concreción en los informes anuales que la Comisión Europea realiza para cada Estado sobre el grado de cumplimiento de las Orientaciones para las políticas de empleo, en tanto parte de las orientaciones integradas "Europa 2020". De los resultados advertidos en tales informes pueden derivarse consecuencias en la disponibilidad y ejecución del Fondo Social Europeo y otros fondos de la Unión. A título ilustrativo, el informe sobre España 2015 se hacía eco de las irregularidades

4. Conclusiones

La somera aproximación realizada a la articulación efectiva – esto es, a las "cuestiones sobre procedimientos y técnicas" – de algunos de los derechos socio-laborales recogidos en la CDFUE y en los ordenamientos constitucionales nacionales a la luz de las previsiones de la política europea de empleo, ha sido suficiente para advertir novedades no menores que afectan a la propia estructura y concepto de los derechos sociales. Novedades que, sin embargo, resultan muy difíciles de advertir a partir de su somera proclamación en las cartas de derechos.

Desde el punto de vista subjetivo, ha podido constatarse como los derechos sociales estarían expuestos a un enriquecimiento y diversificación de la posición de los sujetos pasivos. En efecto, así se deriva de la participación de agentes privados en el desempeño de servicios públicos que deben concretarse en la definición de ayudas o tutelas concretas.

Desde el punto de vista de sus contenidos, la definición de los mismos no dependería exclusivamente de la mediación legislativa y reglamentaria, sino que admitiría nuevos espacios o fases sucesivas de determinación, con intervención de las partes interesadas y, en última instancia, del propio titular y sujeto activo.

Por lo que respecta a las facultades y condiciones de ejercicio, la tendencia a la definición individualizada de prestaciones y servicios supone el reconocimiento al titular del derecho de ámbitos de autonomía, libre determinación o libertad positiva en los derechos sociales (Mengoni, 1998: 2, 6-8; Limardo, 2006: 218-219), que dista mucho de su tradicional y limitada concepción como derechos prestacionales sin margen para la autodeterminación, y se postula como una vía paliativa de la crisis de legitimación y racionalidad del Estado Social (Porras Nadales, 1991: 80 ss.). Asimismo, el entramado de relaciones administración/agente privado – administrado, responsabilidades mutuas, regímenes de condicionalidad y elegibilidad que se deriva de ello dibuja un nueva dinámica de "contractualización" de las prestaciones y servicios sociales en aras de su eficacia (Valdés Dal-Ré, 2002).

Finalmente, en el terreno de las garantías, la amplitud y complejidad de los actos y procedimientos en que se articulan en la práctica los derechos sociales, y la diversidad de sujetos intervinientes, generan nuevos espacios y oportunidades para el control de la eficacia y realización de los mismos; control que correspondería no sólo a los órganos judiciales, sino también a instancias administrativas e incluso extrajudiciales.

---

indicadas anteriormente (vid. supra nota 2) sobre el establecimiento del período de prueba de un año en el nuevo contrato de apoyo a emprendedores, y reclamaba al Estado datos que justificasen la implantación y continuidad de esa medida "cuya conformidad jurídica con la Carta de los Derechos Sociales de la UE ha sido cuestionada recientemente" (pág. 50 del Informe, disponible en *http://ec.europa.eu/europe2020/pdf/csr2015/cr2015_spain_es.pdf*).

Referencias bibliográficas

ABRAMOVICH, V. & COURTIS, C. (2004). *Los derechos sociales como derechos exigibles*, Trotta, Madrid.

AGUDO ZAMORA, M. (2014). "Los derechos sociales en la Carta de los derechos fundamentales de la Unión Europea", en TEROL BECERA, M. y JIMENA QUESADA, L., *Tratado sobre protección de derechos sociales*, Tirant lo Blanch, Valencia.

BAR CENDÓN, A. (2014). "La política social de la Unión Europea", en TEROL BECERA, M. y JIMENA QUESADA, L., *Tratado sobre protección de derechos sociales*, Tirant lo Blanch, Valencia.

BARNÉS, J. (ed.) (2012a). *Innovación y reforma en el Derecho Administrativo*, Global Law Press – Editorial Derecho Global, Sevilla, España.

BARNÉS, J. (2012b). "El sujeto privado en la Constitución Económica: de la vertiente de defensa de los derechos y libertades a la dimensión activa de los actores privados en cuanto protagonistas y corresponsables de la vida económica", en VV.AA. *La Constitución Económica*, n. 223, CEPC, Madrid, 33-75.

BARNÉS, J. (ed.) (2008). *La Transformación del Procedimiento Administrativo*, Global Law Press – Editorial Derecho Global, Sevilla, España.

CAAMAÑO DOMÍNGUEZ, F. M. (2007). "Sí pueden: (declaraciones de derechos y Estatutos de Autonomía)", en *Revista Española de Derecho Constitucional*, núm. 79, 33-46.

CASCAJO CASTRO, J.L. (2009). "Los derechos sociales, hoy", en *Revista Catalana de Derecho Público*, n. 38, 21-42.

CASCAJO CASTRO, J.L. (2012). "Derechos Sociales", en VV.AA. *Derechos sociales y principios rectores. Actas del IX Congreso de la Asociación de Constitucionalistas de España*, Tirant lo Blanch, Valencia, 20-44.

DE LA QUADRA-SALCEDO JANINI, T. (2012). "Lisboa, la carta de derechos fundamentales de la Unión Europea y los derechos sociales", en VV.AA. *Derechos sociales y principios rectores. Actas del IX Congreso de la Asociación de Constitucionalistas de España*, Tirant lo Blanch, Valencia, 315-329.

DE LA VILLA GIL, L. E. (2001). "La Carta de los derechos fundamentales de la Unión Europea", en *Revista del Ministerio de Trabajo y Asuntos Sociales*, n. 32, 2001, 13-34.

DE MIGUEL BÁRCENA, J. (2012). "La Constitución antidiscriminatoria y los derechos sociales en la Unión Europea", en VV.AA. *Derechos sociales y principios rectores. Actas del IX Congreso de la Asociación de Constitucionalistas de España*, Tirant lo Blanch, Valencia, 331-343.

DÍEZ-PICAZO PONCE DE LEÓN, L. M. (2006). "¿Pueden los Estatutos de Autonomía declarar derechos, deberes y principios?", en *Revista Española de Derecho Constitucional*, núm. 78, 63-75.

FREIXES SANJUÁN, T. (2005). "Derechos fundamentales en la Unión Europea. Evolución y prospectiva: La construcción de un espacio jurídico europeo de los derechos fundamentales", en *Revista de Derecho Constitucional Europeo*, n. 4, 2005, 43-86.

JIMENA QUESADA, L. (2012). "La tutela de los derechos sociales: el espacio de la Unión y del Consejo de Europa", en VV.AA. *Derechos sociales y principios rectores. Actas del IX Congreso de la Asociación de Constitucionalistas de España*, Tirant lo Blanch, Valencia, 135-163.

LIMARDO, E. (2006). "L'attualità dei diritti sociali", en *Previdenza e Assistenza Pubblica e Privata*, 2.

MANGAS MARTÍN, A. (2008). "Comentario a los Artículos 51 y 52", en *Carta de los derechos fundamentales de la Unión Europea: comentario artículo por artículo*, Fundación BBVA, 809-879. Disponible en *http://www.fbbva.es/TLFU/dat/10_carta_mangas_titVII_disposiciones_art48-54.pdf*.

MARTÍN Y PÉREZ DE NANCLARES, J. (2012). "La adhesión de la Unión Europea al CEDH: algo más que una cuestión meramente jurídica", en *WP IDEIR Papeles de Derecho Europeo e Integración Regional*, n. 14, Instituto de Derecho Europeo e Integración Regional (IDEIR).

MARTÍNEZ-VARES GARCÍA, S. & DE LA QUADRA-SALCEDO JANINI, T. (2014). "La tutela multinivel de los derechos fundamentales", en *XVI Reunión trilateral de los Tribunales Constitucionales de Italia, Portugal y España*, ponencia española, Santiago de Compostela, 16 a 18 de octubre de 2014. Disponible en *http://www.tribunalconstitucional.es/es/actividades.*

MEDINA GUERRERO, M. (2008). "Derechos sociales y financiación autonómica", en AGUDO ZAMORA, M. (coord.): *El desarrollo del Estatuto de Autonomía de Andalucía*, Centro de Estudios Andaluces, Sevilla.

MENGONI, L. (1998). "I diritti sociali", en *Argomenti di Diritto del Lavoro*, I.

PÉREZ DOMÍNGUEZ, F. (2010). "Los mercados de trabajo transicionales: proyección normativa", en VV.AA.: *Los mercados laborales y las políticas sociales en Europa. Volumen I*, MTAS, Madrid, 539-566.

PÉREZ DOMÍNGUEZ, F. (2014). "El control de eficiencia del gasto público en el contexto de la evaluación de las políticas públicas", en MALVÁREZ PASCUAL, L. y RAMÍREZ GÓMEZ, S. (dirs.): *Fiscalidad en tiempos de crisis*, Aranzadi, 83-114.

PISARELLO PRADOS, G. (2007). *Los derechos sociales y sus garantías. Elementos para una reconstrucción*, Trotta, Madrid.

PORRAS NADALES, A.J. (1989). "Desarrollo y transformaciones jurídicas del Estado social en el modelo territorial autonómico español. Balance y perspectivas", en *Revista del Centro de Estudios Constitucionales*, n. 4, 269-291.

PORRAS NADALES, A.J. (1991). "Problemas de configuración jurídica del Estado democrático avanzado", en *Revista del Centro de Estudios Constitucionales*, n. 8.

PORRAS NADALES, A.J. (1991): "Problemas de configuración jurídica del Estado democrático avanzado", en *Revista del Centro de Estudios Constitucionales*, n. 8, 79-97.

PORRAS NADALES, A.J. (1997). "Estado Social Estado Autonómico", en VV.AA.: *Estudios de Derecho Público en homenaje a Juan José Ruiz Rico*, Tecnos, 1229-1255.

RUIZ MIGUEL, C. (2003). "El largo y tortuoso camino hacia la Carta de los Derechos Fundamentales de la Unión Europea", *Revista Europea de Derechos Fundamentales*, núm. 2, 2003, 61-90.

RUIZ MIGUEL, C. (2011). "Los derechos fundamentales en la Unión Europea renovada", en *Revista del Ministerio de Trabajo e Inmigración*, n. 92, 2011, 33-52.

SALINAS DE FRÍAS, A. (2014). "La adhesión de la Unión Europea al Convenio Europeo de derechos Humanos y a la Carta Social Europea", en TEROL BECERA, M. y JIMENA QUESADA, L., *Tratado sobre protección de derechos sociales*, Tirant lo Blanch, Valencia.

SARRIÓN ESTEVE, J. (2014). "Sobre la necesidad de buscar el estándar o nivel más alto de protección de los derechos fundamentales en el sistema multinivel de la Unión Europea", en *CEFLegal. Revista práctica de Derecho*, n. 162, 155-184.

SCHMID, G. & SCHÖMANN, K. (2003). "The concept of transitional labour markets and some policy conclusions: the state of the art", *TLM.NET Working paper*, No. 2003-01.

SCHMID, G. (2006). *Sharing risks: on social risk management and the governance of labour market transitions*, Discussion Paper, n. SP I 2006-101, WZB, Berlín.

SOLOZÁBAL ECHAVARRÍA, J.J. (1999): "El Estado social como Estado autonómico", en *Teoría y realidad constitucional*, n. 3, 61-78.

SOTELO, I. (2010). "El futuro del Estado Social", en *Claves de Razón Práctica*, n. 201, 14-23.

SUPIOT, A. (1998). *Transformation of labour and future of Labour Law in Eu*rope, European Comission, final report.

TOHARIA, L. (2006). *Los mercados de trabajo transicionales. Nuevos enfoques y políticas sobre los mercados de trabajo europeos*, Ministerio de Trabajo y Asuntos Sociales, Madrid.

VALDÉS DAL-RÉ, F. (2002). "Las tendencias de contractualización en el sistema español de protección social", en *Revista de Derecho Social*, n. 20, 13-37.

SVILUPPO SOSTENIBILE, FONTI DI ENERGIA, DIRITTI DELLE GENERAZIONI FUTURE NEL COSTITUZIONALISMO MULTILIVELLO*

Ida Nicotra

Professore Ordinario di Diritto costituzionale
Università di Catania

Sommario: Premessa - 1. La progressiva affermazione del concetto sviluppo sostenibile nel diritto internazionale 2... nel Protocollo di Kyoto 3... e nel diritto dell'Unione Europea. 4. Il principio di precauzione 5. "Europa 2020": il pacchetto clima - energia. – 6. Sviluppo sostenibile, generazioni future e questione energetica: uno sguardo alla prospettiva comparata. 7. L'energia nell'ordinamento giuridico italiano.

Premessa

La centralità nel dibattito internazionale della questione ambientale ha accompagnato la nascita di elaborazioni giuridiche incentrate sull'enucleazione di una nuova tipologia di beni collegata all'esigenza di approntare idonei strumenti di tutela all'ambiente e all'ecosistema. Così, gli interessi al godimento delle utilità ambientali non sono tutelati sotto forma di diritti, in quanto non sono appropriabili in via esclusiva. Si tratta cioè di beni extraindividuali che pertengono non alla singola persona ma alla collettività organizzata cui spetta il compito di conservazione e mantenimento di essi anche in vista del loro trasferimento alle generazioni future[1]. I beni ambientali vanno annoverati tra i potenziali oggetti della proprietà pubblica demaniale la cui titolarità spetta allo Stato comunità che ha il dovere di tramandarla in buono stato di conservazione alle successive generazioni[2].

Vi è la consapevolezza di dover modellare nuove figure in vista della tutela di interessi non disponibili da parte di qualsiasi titolare, in quanto risultano intimamente

---

* Il presente lavoro è anche destinato agli studi in onore di Gaetano Silvestri.

1 In proposito, si può legge un mio risalente scritto, Nicotra, 1997, passim.

2 Maddalena, 2011, 3; Salanitro, 2013, 25 ss.

connessi alla conservazione del nucleo sociale in se considerato, incidendo sulle esigenze di vita e di sopravvivenza delle persone e delle comunità sociali.

Il principio di responsabilità in ordine alla protezione e al miglioramento dell'ambiente davanti alle generazioni future, sancito nella Dichiarazione finale di Stoccolma e poi in quella di Rio, si collega proprio alla regola fondamentale di equità intergenerazionale relativa alla "conservazione della qualità", attraverso cui imporre ai cittadini e alle istituzioni del presente di mantenere lo stato del pianeta nelle medesime condizioni in cui è stato ricevuto, in modo di garantire ai futuri abitanti una qualità di vita paragonabile a quella goduta dalle precedenti. Come dire che rispetto ai beni ambientali cittadini e decisori pubblici devono comportarsi come amministratori fiduciari per evitare alle generazioni future di sottostare ad un peggioramento delle condizioni di vita rispetto a quelle presenti.

Ma il problema della responsabilità intergenerazionale non coinvolge soltanto i diritti delle prossime generazioni ma impone una riflessione in ordine ai criteri che sottendono la formazione della decisione legislativa e dell'azione amministrativa. I temi della limitatezza delle risorse energetiche convenzionali e del cambiamento climatico richiedono riforme strutturali e nello stesso tempo urgenti in quanto non coinvolgono soltanto le generazioni future ma anche gli interessi del presente. Un nuovo modello di sviluppo economico passa attraverso la realizzazione di uno sviluppo sostenibile, incentrato su un uso accorto e razionale delle risorse naturali, prima fra tutte l'energia.

I. La progressiva affermazione del concetto sviluppo sostenibile nel diritto internazionale

Ogni attività umana giuridicamente rilevante deve conformarsi al principio dello sviluppo sostenibile al fine di garantire che il soddisfacimento dei bisogni delle generazioni presenti non possa compromettere la qualità della vita e le possibilità delle generazione future. Per il diritto internazionale contemporaneo siffatta definizione rappresenta il punto di avvio per il riconoscimento e la garanzia dell'ambiente e dell'ecosistema. Il concetto di sviluppo sostenibile nasce nell'ambito della Conferenza di Stoccolma sull'Ambiente Umano ed è frutto della consapevolezza della comunità internazionale che "*difendere e migliorare l'ambiente per le generazioni presenti e future è divenuto un fine imperativo per l'umanità*". La dichiarazione finale dell'United Nations Conference on Human Environment ha segnato l'inizio della presa di coscienza a livello globale delle problematiche connesse all'ambiente e all'ecosistema: "*siamo arrivati ad un punto della storia in cui dobbiamo regolare le nostra azione verso il mondo intero* –si legge– *tenendo conto, innanzitutto, delle loro ripercussioni sull'ambiente*". Gradualmente l'attenzione si è concentrata anche sui risvolti sociali della questione ambientale, evidenziando in maniera sempre maggiore le criticità di modelli di sviluppo incentrati solo sugli aspetti marcatamente economici. La Dichiarazione ha affermato tra i 26 principi sui diritti e le responsabilità dell'uomo in relazione all'ambiente quello di utilizzare le risorse non rinnovabili in modo accorto per evitarne l'esaurimento futuro e assicurare che i benefici del loro sfruttamento siano condivisi da tutta l'umanità. Ed ancora l'adozione da parte degli Stati di un approccio allo sviluppo capace di assicurare una pianificazione razionale in modo da conciliare i diversi bisogni dello sviluppo sociale e dell'ambiente naturale.

Ma soprattutto la Dichiarazione Onu sull'Ambiente Umano mira alla ricerca di un nuovo ordine internazionale basato sul diritto dei Paesi in via di sviluppo di ricevere assistenza di ordine tecnico e finanziario per la loro crescita economica dalle organizzazioni internazionali, nonché attraverso la partecipazione paritaria dei Paesi poveri alle relazioni economiche internazionali.

Coerentemente con tale nuovo approccio alle problematiche ambientali, il concetto di sviluppo sostenibile viene ulteriormente approfondito nel Rapporto "Our Common F"tureİ, elaborato dalla Commissione indipendente sull'ambiente e lo sviluppo, presieduta da Gro Harlem Brundtland. Per la prima volta il Rapporto analizza il concetto di sviluppo in un'ottica diacronica di conservazione delle risorse ambientali indispensabili per la continuazione della specie umana. Nello stesso tempo il documento di Brundtland sottolinea la necessità di uno sviluppo equilibrato anche con riferimento alle zone più depresse del pianeta. L'importanza del rapporto Our Common Future risiede proprio nell'aver posto in correlazione due concetti che, per loro naturale vocazione, sembravano porsi in una posizione confliggente: sviluppo economico e tutela dell'ambiente. L'elaborazione del principio di sviluppo sostenibile ha consentito l'emersione di concetti rimasti fino ad allora inesplicitati e collegati, entrambi, al principio di equità sociale sia nella dimensione intergenerazionale che infragenerazionale (Lanza, 2002, 15). Se guardato da tale angolazione lo sviluppo sostenibile assume valore tanto con riferimento "temporaleİ ai diritti delle generazioni future, quanto ai diritti di quelle presenti, in una prospe"tiva "spazialeİ. Quest'ultimo angolo visuale impone ai singoli Stati l'obbligo di assicurare che le attività svolte nell'ambito della loro giurisdizione o che ricadono sotto il loro controllo non causino danno all'ambiente di altri Stati o di aree poste al difuori di qualsiasi giurisdizione nazionale.

La sensibilità verso la dimensione sociale delle tematiche ambientali prende forma nell'esigenza di individuare nuove soluzioni di ampio respiro, capaci di trascendere il livello locale e in grado di realizzare un processo di sviluppo sostenibile. Di tal che, nel 1992, con il Summit di Rio de Janeiro su Ambiente e Sviluppo, il principio dello sviluppo sostenibile trova ulteriore consolidamento. Elemento fondamentale per perseguire uno sviluppo compatibile è il principio di cooperazione tra il Nord e il Sud del mondo. La Conferenza di Rio ha portato all'elaborazione di principi importanti, facendo maturare nelle Nazioni industrializzate la consapevolezza di dover prevenire, con maggiore impegno, i fenomeni di inquinamento. Nel terzo principio della Declaration on Environment and Development si afferma espressamente che il diritto al progresso va esercitato compatibilmente con uno sviluppo sostenibile che non trascuri le esigenze attuali e quelle future. La predisposizione dell'Agenda

21 contiene un dettagliato programma internazionale di azione per uno sviluppo globalmente sostenibile. Esso risulta incentrato sull'esigenza di armonizzare le varie politiche in materia economica, sociale ed ambientale e di responsabilizzare gli operatori economici in modo da rendere il progresso compatibile con la protezione delle risorse naturali anche nell'interesse delle prossime generazioni. Su questa scia sono nate numerose Agende 21, predisposte a livello nazionale da numerosi Stati e più di 6000 città hanno istituito la lo"o "Agende 21 localeİ[3].

La Declaration on the Responsibilities of the present generation towards future generations del 1997 segna una nuova svolta per l'implementazione del principio di sviluppo sostenibile; in tale documento, adottato a Parigi dalla conferenza generale della Organizzazione delle Nazioni Unite per l'educazione, la scienza e la cultura, si afferma la necessità di realizzare un progresso economico compatibile con uno sviluppo che sia sostenibile e che soddisfi i bisogni attuali senza porre in pericolo quelli dell'umana progenie. In tale prospettiva si ragiona in termini di responsabilità delle generazioni attuali nei confronti di quelle future; si tratta di un nuovo modello di etica pubblica in cui il concetto di solidarietà si declina in una dimensione di vero e proprio statuto dei diritti delle generazioni future alla fruizione del patrimonio naturale. Il tema della razionale gestione delle risorse naturali diviene centrale nel dibattito pubblico, di talché le ragioni della produzione e dello sviluppo economico vanno ripensate in termini non soltanto quantitativi ma, in primo luogo, qualitativi, misurate in termini di impatto che possono produrre sul patrimonio ambientale e sulla vita delle persone[4]. Il tema dei diritti e delle responsabilità verso le generazioni future da realizzare attraverso forme di sviluppo sostenibile approda per primo a livello globale e costituisce l'anticipazione di modelli di tutela giuridica più stringenti che troveranno cittadinanza nell'ordinamento dell'Unione europea e nelle Costituzioni degli Stati (Bifulco – D'Aloia, 2008).

2. ...Nel protocollo di kyoto

Il Protocollo di Kyoto approvato nel dicembre 1997, applicativo della Conferenza quadro Onu sul cambiamento climatico, costituisce il primo trattato globale legalmente vincolante. Si tratta di un accordo con cui la comunità mondiale si è determinata nel fissare il risultato di ridurre l'emissione di anidride carbonica e degli altri gas che provocano il cd. effetto serra (riduzione delle emissioni di CO2 di 5,2% rispetto alle emissioni del 1990). Si tratta di applicare il principio precauzionale al c.d. effetto serra per poter intervenire preventivamente, contro minacce anche solo potenziali, laddove non vi è una prova incontrovertibile in merito alla possibilità che si verifichi il disastro ecologico. Il più grave problema legato all'effetto serra è il cambiamento climatico dovuto al surriscaldamento terrestre causato da una concentrazione eccessiva di gas, tra i quali in particolare l'anidride carbonica nell'atmosfera.

---

3 ANTICH.

4 Mezzetti, 2011, 21; Chiaramonte, 2010, 199.

Recenti ricerche dimostrano che l'attività economica e in special modo l'utilizzo di fonti di energia ha aumentato nel corso degli ultimi due secoli i tassi di emissione dei gas serra causa dell'aumento della temperatura media del pianeta.

Con la firma dell'Accordo di Kyoto i Paesi sviluppati e quelli ad economia in transizione si sono impegnati ad elaborare strategie specifiche al fine di ad incrementare l'efficienza energetica e ad elevare le capacità di assorbimento dei gas serra rilasciato nell'atmosfera, attraverso, ad esempio, azioni di forestazione. In alcuni settori ritenuti di particolare interesse a tali fini come energia, agricoltura, processi industriali e rifiuti sono state avviate una serie di riforme preordinate alla ricerca e l'adozione di nuove forme di energia rinnovabile. Tuttavia, il modo migliore per ridurre le emissioni rimane quello di utilizzare minore energia.

A rallentare il processo virtuoso inaugurato con il Protocollo di Kyoto resta la posizione contraria alla firma degli Stati Uniti che contribuiscono con oltre il 36% delle emissioni globali e rallentano il raggiungimento degli obiettivi fissati nell'accordo.

3. ...E nel diritto dell'Unione Europea

Il modello europeo di sviluppo sostenibile si fonda su una politica comune commerciale ed industriale equilibrata. Una svolta significativa alla politica europea in tema di ambiente è avvenuta nel 1986 con l'Atto Unico Europeo, il cui titolo VII è dedicato all'ambiente. In particolare, l'art.130 R riconosce "un'azione comuni"aria in campo ambientaleÌ con gli obiettivi di salvaguardare, proteggere e migliorare la qualità dell'ambiente, nonché di contribuire alla protezione della salute umana e di garantire un'utilizzazione accorta e razionale delle risorse naturali. Qualche anno più tardi nel 1992, gli Stati firmano il Trattato di Maastricht che rafforza la protezione dell'ambiente, riconoscendole un ruolo prioritario ed integrato con le altre politiche anche attraverso la previsione di azioni comuni in materia ambientale sul piano internazionale. A tal fine vengono individuate puntuali misure di armonizzazione fondate su una nozione di sviluppo sostenibile, compatibile con i bisogni dell'uomo e della natura.

Tale concetto viene ribadito qualche anno più tardi nel Trattato di Amsterdam in cui si conferma l'esigenza di apprestare una politica incisiva nel settore della protezione ambientale. Si evidenzia la stretta connessione tra tutela ambientale e sviluppo sostenibile, che impone la ricerca di uno sviluppo equilibrato attraverso l'uso razionale delle risorse naturali.

Successivamente, con la Carta dei Diritti Fondamentali dell'Unione Europea, firmata a Nizza nel 2001, la Comunità si impegna a realizzare uno svilu"po "equilibrato e sostenibileÌ e segnatamente, nell'art. 37 sottolinea la necessità che "*un livello elevato di tutela dell'ambiente e il miglioramento della sua qualità devono essere integrati nelle politiche dell'Unione e garantiti conformemente al principio dello sviluppo sostenibile*". Il principio di integrazione esige che la protezione ambientale non venga considerata come una politica settoriale, quanto piuttosto un denominatore comune di tutte le politiche pubbliche (Nicotra, 2003, 132).

Con il Trattato di Lisbona, in vigore dal 1 dicembre 2009, l'art. 174 del Trattato sull'Unione Europea (ex art. 130 R) viene trasfuso nell'art. 191 in cui si ribadisce che la politica dell'Unione in materia ambientale è fondata sui principi della precauzione e dell'azione preventiva, sul principio della correzione in via prioritaria alla fonte dei danni causati all'ambiente, nonché sul principio del chi inquina paga.

4. Il principio precauzionale

Il principio di precauzione trova il suo ingresso ufficiale in un testo normativo con la Conferenza sull'Ambiente e lo Sviluppo tenutasi a Rio de Janeiro in cui si legge "*Al fine di proteggere l'ambiente, gli Stati applicheranno largamente, secondo le loro capacità, il metodo precauzionale. In caso di rischio di danno grave e irreversibile l'assenza di certezza scientifica assoluta non deve servire da pretesto per rinviare l'adozione di misure adeguate ed effettive, anche in rapporto ai costi dirette a prevenire il degrado ambientale*". Ne consegue che la regola di precauzione impone l'adozione dei necessari provvedimenti allo scopo di prevenire i pericoli, anche meramente potenziali, alla sicurezza, all'ambiente e alla salute. Qualora "le informazioni scientifiche siano insufficienti, non conclusive o incerte e vi siano indicazioni che i possibili effetti sull'ambiente e sulla salute degli esseri umani, degli animali e delle piante possano essere potenzialmente pericolosi e incompatibili con il livello di protezione prescelto"[5] l'ordinamento comunitario appresta una serie di strumenti capaci di scongiurare il verificarsi di un evento dannoso. Il principio di precauzione trova la sua origine tra le pagine dell'opera che Hans Jonas dedica, nel 1979, al Prinzip Verantwortung. Jonas, fautore della dottrina naturalistica, manifesta la necessità di affidare la gestione del pianeta ad un'elite di istituzioni dotati di un forte senso etico e perciò capaci di assumersi precise responsabilità non soltanto nei confronti delle generazioni presenti ma anche delle future (Fortuna, 2013, 205). Se da un lato, dunque, è necessario garantire lo sviluppo tecnologico e scientifico, dall'altro, risulta parimenti indispensabile tutelare la società dalle minacce che incombono sulla stessa (Nicotra, 2010, 14). E' fondamentale raggiungere un punto di equilibrio tra i vantaggi del progresso e dello sviluppo e i rischi che ne derivano. Il principio di precauzione si sviluppa intorno agli anni '"0 e l'idea del "preoccuparsi primaİ si afferma, in un primo momento, nei documenti internazionali concernenti la protezione del mare e dei corsi d'acqua per ricomprendere via via le altre tematiche ambientali. Con particolare riferimento alla questione energetica fra gli accordi che assumono maggior rilievo vanno richiamati il Trattato sulla Carta dell'energia il quale, insieme al Protocollo sull'efficienza energetica e i connessi aspetti ambientali è entrato in vigore il 6 aprile 1998. Di partico-

---

[5] Così si legge nella Comunicazione della Commissione sul principio di precauzione, Bruxelles, 2 febbraio 2000.

lare interesse anche il Protocollo sull'efficienza energetica che –pur non esplicitando l'azione precauzionale– mira ad incentivare un utilizzo più efficiente e più sano dell'energia e a promuovere politiche in materia di efficienza energetica compatibili con lo sviluppo sostenibile e ad incoraggiare la cooperazione nel settore delle fonti energetiche.

5. "Europa 2020": il pacchetto clima – energia

Fin dalla prima crisi petrolifera degli anni 70 il fabbisogno di energia dell'Unione Europea cresce in maniera rilevante a fronte di risorse interne non adeguate a soddisfarlo. Ciò rende l'Europa vulnerabile sia all'aumento dei prezzi che alla riduzione degli approvvigionamenti. Di qui la necessità di razionalizzare i consumi di energia e diversificarne le fonti. Il diritto comunitario fin dal 1997 ha mostrato particolare sensibilità rispetto al tema dell'individuazione di nuove forme energetiche. A tal fine la Commissione europea ha adottato il "libro bianco per una strat"gia e un piano di azione della Comunitàİ e nel 2000 l'Unione Europea ha adottato il Libro Verde sull'energia, in cui si evidenziava l'esigenza di garantire la sicurezza negli approvvigionamenti energetici anche attraverso una politica energetica basata sulla diversificazione delle fonti. L'Unione europea ha dato attuazione al Protocollo di Kyoto in un primo periodo con le direttive 2001/77/Ce e 2003/30/Ce e più da recente con la direttiva 2009/28/Ce, a tutt'oggi in vigore. La direttiva del 2001 si prefigge l'obiettivo di promuovere l'energia elettrica prodotta in via prioritaria da fonti energetiche rinnovabili. In premessa si afferma che l'Unione riconosce la necessità di incoraggiare l'uso di fonti energetiche rinnovabili "*poiché queste contribuiscono alla protezi"ne dell'ambiente e allo sviluppo sostenibile*İ (1° considerando). Ciò in quanto "*la promozione dell'elettricità prodotta da fonti energetiche rinnovabili è un obiett"vo altamente prioritario a livello della Comunità*İ. Infatti –si legge nel 3°considerando– "*il maggiore uso di elettricità prodotta da fonti energetiche rinnovabili è una parte importante del pacchetto di misure necessarie per conformarsi al protocollo di Kyoto della Convenzione quadro delle Nazioni Unite sui cambiamenti climatici*". A fine del raggiungimento di tali obiettivi, la direttiva 2001/77 impone a ciascuno Stato membro di adeguare l'assetto normativo vigente alla realizzazione degli obiettivi previsti dalla legislazione sovranazionale, "*riducendo gli ostacoli normativi e di altro tipo all'aumento della produzione di elettricità da fonti energetiche rinnovabili, razionalizzare e accelerare le procedure all'opportuno livello amministrativo e garantire che le norme siano oggettive, trasparenti e non discriminatorie e tengano pienamente conto delle particolarità delle varie tecnologie per le fonti energetiche rinnovabili*".

Coerentemente l'Europa in osservanza dell'impegno assunto con il Protocollo di Kyoto, si è impegnata a diminuire dell'8% le sue emissioni di CO2 rispetto ai livelli del 1990, nel periodo 2008-2012. Con la direttiva 2006/32/Ce e ancor prima con il Libro Verde del 2005 sull'efficienza energetica l'Unione Europea ha esortato le istituzioni, le imprese e i cittadini ad un maggiore senso di responsabilità in merito alle questione inerenti al risparmio energetic". In particolare, il Libro Verde "fare di più con menoÌ si delinea un percorso per la promozione dell'efficienza energetica. Infatti una politica energetica efficiente costituisce il presupposto per realizzare obiettivi specifici per il miglioramento delle condizioni di vita della società europea: miglioramento della competitività e dell'occupazione, miglioramento della qualità dell'aria, soprattutto nelle aree densamente popolate. Ma l'aspetto più interessante è costituito dalla sicurezza nell'approvvigionamento energetico. Secondo stime attendibili l'Europa dipenderà al 90% dalle importazioni per coprire il suo fabbisogno di petrolio. Si prevede che da qui al 2030 la dipendenza europea delle importazioni potrebbe salire per il petrolio al 93% e per il gas all'84%. Tale *trend* è determinato, in primo luogo, dalla richiesta da parte del settore terziario e delle famiglie di elettricità, trasporto e riscaldamento.

Le vicende di carattere internazionale e segnatamente la crisi libica svelano, in tutta la sua drammaticità, la forte dipendenza dell'Europa e dell'Italia dalle fonti combustibili fossili, destinate, oltretutto, ad esaurirsi. D'altra parte, la catastrofe verificatasi in Giappone nel marzo del 2011, pone seri interrogativi sulla effettiva affidabilità degli impianti nucleari.

Proprio alla luce di tale preoccupante scenario, negli ultimi anni, l'Unione Europea ha rafforzato il suo impegno per il rilancio di una politica climatica ed energetica integrata e finalizzata a promuovere lo sviluppo sostenibile. Lo sforzo è diretto a ridurre la dipendenza energetica e a combattere il cambiamento climatico. La nuova politica europea mira a realizzare un risparmio energetico del 20% al 2020 e una riduzione delle emissioni pari al 60-80% nel 2050. Il fine è quello di ottenere il massimo potenziale di risparmio, con la predisposizione di misure richieste al ogni Stato membro. Si tratta di stabilire un obiettivo nazionale di risparmio da attuarsi tramite servizi energetici ed altre misure di miglioramento dell'efficienza energetica. L'efficienza deve essere realizzata negli usi finale dell'energia nel settore pubblico anche attraverso l'uso di nuove metodologie per le diagnosi energetiche e la disponibilità di strumenti finanziari per il risparmio di energia.

Con la direttiva 2009/28/Ce del 23 aprile 2009 il Consiglio Europeo ha posto l'attenzione soprattutto sulla individuazione di misure per l'uso dell'energia da risorse rinnovabili attraverso Piani di Azione Nazionali contenenti targets per i trasporti, l'elettricità, riscaldamento e raffreddamento. Così viene richiesto agli ordinamenti nazionali di provvedere all'allacciamento alla rete dell'elettricità prodotta da fonti di produzione di energia rinnovabile.

La nuova strategia "Europa 2020" elaborata nel marzo del 2010 mira a promuovere una crescita intelligente, inclusiva e sostenibile. Il volto "intelligente" della crescita consiste nel perseguire uno sviluppo economico basato sulla conoscenza e sull'innovazione, incidendo sulla riduzione delle emissioni di anidrite carbonica e sulla drastica riduzione, a parità di prestazioni, del consumo totale di energia e parimenti aumentando la percentuale di energia consumabile consumata.

6. Sviluppo sostenibile, generazioni future, energia: uno sguardo alla prospettiva comparata

Il diritto di vivere in un ambiente equilibrato e armonico e il diritto allo sviluppo realizzato in modo da soddisfare le esigenze delle natura trovano esplicita protezione in numerose Costituzioni degli Stati nazionali.

Segnatamente nel costituzionalismo ibero a"ericano l'obiettivo di perseguire un "desarollo sostenibileİ e rispettoso della salute e dell'ambiente trova esplicita menzione nei documenti fondamentali di diversi Stati. I padri Costituenti di molti Paesi di matrice latino americana hanno richiamato il concetto dello sviluppo sostenibile in Costituzione, consapevoli dell'importanza strategica di tale scelta politica. L'articolo 50 della Costituzione del Costa Rica afferma che "Toda pers"na tiene derecho a un ambiente sano y ecologicamente equilibradoİ. L'art. 47 della Costituzione dell'Uruguay impone un dovere di astensione delle generazioni presenti di arrecare nocumento all'ambiente e all'ecosistema, precisando che "La proteccion del medio ambiente es de interés generale. Las personas deberàn abstenerse de cualquier acto que cause depredaciòn, destrucciòn o contaminaciòn graves al medio ambiente. La ley reglame"tarà esta disposiciòn y podrà prever sanciones para los transgresoresİ. Analogamente la Costituzione del Costa Rica afferma che "El Estado, las municipalidades y los habitantes del territorio nacional estàn obligados a propiciar ed desarollo social, econòmico y tecnològico qu" prevenga la contaminaciòn del ambiente y mantenga el equilibrio ecològicoİ. Ment"e la Costituzion" argentina u"ilizza termini più generici, come "sviluppo umanoİ, "qualità della vitaİ e "ambiente sano", Colombia e Salvador adottano, nelle loro Costituzioni, il concetto di "desarollo sostenibileİ. In particolare l'art. 117 della Costituzione salvadoregna recita "es deber del Estado proteger los recursos natural"s, asì como la diversidad e integridad del medio ambiente, para garantizar el desarollo sostenibileİ. L'art.225 della Costituzione brasiliana fa riferimento ad un "a"biente ecològicamente equilibrado, bien de uso comùn del pueblo y esencial para una sana calidad de vitaİ.

E' facile osservar" come molte Costit"zioni di Stati in via di sviluppo hanno inteso legare il concetto di "sviluppo sostenibileİ e di "ambiente salubreİ a vicende che riguardano aspetti territorialmente circostanziati al loro ambito nazionale, anziché considerare la questione ambientale nella sua globalità. Le formulazioni di alcune disposizioni costituzionali dimostrano l'attitudine a declinare lo sviluppo sostenibile, al fine di combattere fenomeni interni come il degrado, la corruzione, la criminalità ambientale. I testi delle Costituzioni di molti Paesi africani (Nepal, Burundi, Burkina Faso, Sudan, Angola) si soffermano a sottolineare la stretta relazione esistente tra sviluppo sostenibile, da un lato, e pianificazione economica e doveri pubblici (Cordini – Fois – Marchisio, 2008).

Nel panorama europeo spicca il modello francese che ha conferito copertura costituzionale alla Carta dell'Ambiente con la legge n. 2005 -205 del 1 marzo 2005. Nel Preambolo della Costituzione del 1958 vi è un rinvio ai diritti contenuti nella Carta dell'Ambiente, che a proposito dello sviluppo sostenibile garantisce le esigenze della progenie, che non devono essere compromesse dall'egoistico soddisfacimento dei bisogni attuali. La Costituzione francese riconosce, così, espressamente il diritto all'ambiente salubre e impone ai pubblici poteri l'obbligo di assicurarne la salvaguardia ed enuncia il principio di precauzione e prevenzione, di responsabilità dei soggetti che provocano inquinamento, ponendo, in modo espresso, l'obiettivo dello sviluppo sostenibile. Nel *Grundgesetz* è richiamata direttamente la responsabilità dello Stato, in quanto responsabile anche nei confronti delle generazioni future, della tutela dell'ambiente. In particolare, con la novella introdotta nel 1994, l'art. 20a, afferma che lo Stato "( ) *protegge i fondamenti naturali della vita mediante la legislazione nell'ambito dell'"rdinamento costituzionale e mediante il potere esecutivo e quello giurisdizionale conformemente alla legge e al diritto*İ. Parimenti la Polonia, nella parte introduttiva del Testo costituzionale, sancisce l'obbligo di "trasmet"ere alle generazioni future tutto ciò che la millenaria eredità tramandata dai progenitori ha lasciato di prezioso nel mondoİ. Più precisamente la Costituzione polacca ricollega all'art. 73 la sicurezza ecologica alla tutela della posterità.

Un riferimento espresso al concetto dello sviluppo sostenibile è contenuto nella Costituzione portoghese secondo cui spetta prioritariamente allo Stato promuovere l'incremento del benessere sociale ed economico e della qualità della vita delle persone specialmente meno favorite, nel quadro di una strategia di sviluppo sostenibile. La Spagna con la Costituzione del 1978 prevede il diritto degli individui ad "n ambiente adeguato allo sviluppo della persona. Similmente, la Costituzione svizzera dedica l'art. 73 allo "sviluppo sostenibileİ ed affida alla Confederazione e ai Cantoni il compito di operare in f"vore "*di un rapporto durevolmente equilibrato tra la natura, la sua capacità di rinnovamento e la sua utilizzazione da parte dell'uomo*İ. Più di recente, nel 2009, la Svezia ha modificato il proprio Testo Fondamentale introducendo la norma secondo cui "*le istituzioni pubbliche devono promuovere lo sviluppo sostenibile che conduca ad un ambiente sano per la presente e le future generazioni*".

7. L'Energia nell'ordinamento giuridico italiano

Secondo una parte della dottrina pubblicistica italiana[6] il diritto all'energia andrebbe annoverato tra i diritti fondamentali, tutelati dalla Costituzione. Esso, infatti, troverebbe sistemazione all'interno delle previsioni contenute negli artt. 2 e 3, 2 co°, rappresentando lo strumento per la realizzazione di un adeguato livello di benessere, al di sotto del quale sarebbe lesa la stessa dignità della persona. Il diritto all'energia sembra trovare collocazione specifica all'interno della Costituzione italiana nella Parte I, titolo III dedicato ai rapporti economici.

Del resto, già nel 1948 il Costituente italiano ha riconosciuto al tema dell'energia una posizione di rilievo, laddove ha previsto, nell'art. 43, che legge "a fini di utilità generale può riservare originariamente o trasferire, mediante espropriazione e salvo

---

6 Dell'Agli, 2007, 713 ss; Parente, 2010.

indennizzo, allo Stato ad enti pubblici o a comunità di lavoratori o di utenti determinate imprese o categorie di imprese, che si rife"iscano a servizi pubblici essenziali o a fonti di energia o a situazioni di monopolio ed abbiano carattere di preminente interesse generaleİ. Nell'intento originario la disposizione appena richiamata ha inteso delineare un modello economico influenzato strettamente dal principio di solidarietà[7].

Con l'espansione del diritto comunitario gli spazi di intervento pubblico nell'economia hanno subito un notevole ridimensionamento e l'art. 43 ha finito per assumere un significato del tutto residuale. Infatti, il principio di parità di trattamento tra imprese pubbliche e private e la creazione di un mercato comune fondato sul principio di libera concorrenza rende assolutamente eccezionale il regime di deroga che consente il conferimento di diritti speciali ed esclusivi ad uno o più operatori (NAPOLITANO, 2004, 806). A tal proposito basti ricordare che il decreto legge n. 21 del 15 marzo 2012, convertito dalla legge 11 maggio 2012 ha apportato modifiche alla normativa italiana in materia di poteri speciali dello Stato al fine di adeguarla ai principi del diritto dell'Unione europea. I nuovi poteri speciali non si applicano più a specifiche società controllate dallo Stato, nominativamente individuate, ma solo alle società che detengono asset di rilevanza strategica per l'interesse nazionale. In estrema sintesi, i nuovi poteri speciali consistono, in primo luogo, nel diritto di veto o nel potere di imporre specifiche prescrizioni sulle operazioni che riguardano asset strategici che possano dar luogo ad una situazione, non disciplinata dalla normativa nazionale ed europea di settore, di minaccia di grave pregiudizio per gli interessi pubblici relativi alla sicurezza delle reti e degli impianti e alla continuità degli approvvigionamenti. Inoltre, la nuova disciplina conferisce allo Stato il potere di applicare condizioni o opporsi all'acquisizione del controllo della società che detiene attivi strategici da parte di un soggetto esterno all'Unione Europea, in tutti quei casi in cui tale acquisizione può determinare un pericolo di grave nocumento per gli interessi essenziali della Nazione. La normativa sui poteri speciali prevede comunque una clausola generale sulla base della quale l'acquisto a qualsiasi titolo, da parte di un soggetto esterno all'Unione europea di partecipazioni in società che detiene attivi strategici è consentito a condizione di reciprocità, nel rispetto degli accordi internazionali sottoscritti dall'Italia e dall'Unione Europea.

Prima della riforma del Titolo V della Costituzione l'energia non era menzionata tra le materie di competenza concorrente, sicché la sua disciplina legislativa e i poteri amministrativi in materia energetica spettavano in via esclusiva allo Stato.

---

7 LUCARELLI, 2006, 883 ss. In attuazione al disposto costituzionale, la legge 6 dicembre 1962 ha trasferito ad un ente pubblico, appositamente costituito, l'Enel alcune imprese fornitrici dielettricità. La Corte Costituzionale chiamata a pronunciarsi sulla legittimità costituzionale di tale normativa, con la sentenza n. 14 del 1964, ha affermato che, ferma restando la discrezionalità del legislatore con riferimento agli interessi da soddisfare e ai mezzi da imporre, l'utilità generale deve corrispondere all'interesse unitario della collettività. Al riguardo, MARTINES, 2005, 582 e 583.

Con la novella costituzionale, avvenuta nel 2001, è stato disegnato un sistema di competenze multilivello, in cui allo Stato " alle Regioni viene conferita una competenza legislativa concorrente in materia di "pro"uzione, trasporto e distribuzione nazionale dell'energiaǐ e di "ricerca scientifica e tecnologica e sostegno all'innovazione per i settori produttiviǐ. Lo Stato è chiamato ad intervenire con i suoi principi fondamentali e la Regione con la propria normazione di dettaglio, nel rispetto del principio di leale collaborazione.

Malgrado le buone intenzioni del legislatore della revisione costituzionale del 2001 che ha cercato di delineare un quadro di cooperazione leale tra i differenti livelli di governo, per consentire una partecipazione ampia e scelte condivise in materia di fonti energetiche rinnovabili, gli esiti sono apparsi alquanto deludenti[8].

Infatti, il Parlamento nazionale ha adottato le Linee guida con grave ritardo precludendo, così, l'approvazione della normativa statale di principio. Le linee guida, finalmente adottate, sono racchiuse nel d.m. 10 settembre 2010 e la normativa statale di principio in materia di fonti energetiche rinnovabili è contenuta nel d. lgs. n. 387 del 2003, così come modificato dal d. lgs. n. 28 del 2011. Di conseguenza le Regioni hanno potuto esercitare la competenza loro attribuita solo successivamente all'entrata in vigore delle linee guida nazionali.

La Corte costituzionale chiamata a pronunciarsi ha, in diverse occasioni, affermato il medesimo orientamento secondo cui le normative regionali in materia energetica sono da considerarsi illegittime se emanate prima dell'approvazione della legislazione esclusiva statale di riferimento. Il giudice delle leggi ha più volte ribadito, in materia di disciplina degli impianti eolici e fotovoltaici, la prevalenza dell'interesse allo sviluppo delle fonti di energia alternativa anche rispetto alla tutela dell'ambiente e del paesaggio (Battiato, 2014). La giurisprudenza costituzionale si colloca in linea di continuità con il disegno normativo di contenere l'uso di energia, attraverso un uso razionale della stessa e di diffondere tecnologie innovative per l'impiego massiccio di fonti rinnovabili.

Analogamente, anche nelle pronunce più recenti (cfr. sent. n. 166 del 2014), la Corte italiana ha affermato che lo sviluppo del settore delle energie alternative risulta prevalente rispetto all'interesse della produzione agricola. Essa ribadisce il principio secondo cui le Regioni non possono introdurre limitazioni alle localizzazioni di impianti da fonti energetiche, anche con specifico riguardo alle zone agricole. Nel bilanciamento tra interessi costituzionalmente garantiti la Corte costituzionale ha ancora una volta scelto di far prevalere le esigenze connesse alla produzione di energia da fonti rinnovabili, quale ambito di importanza strategica per lo sviluppo economico del Paese. La Corte assegna centralità alla gestione delle fonti energetiche in vista di un efficiente approvvigionamento presso i diversi ambiti territoriali, anche al cospetto di interessi rilevanti come la tutela dell'ambiente e del paesaggio. Ed invero, l'energia prodotta da impianti eolici e fotovoltaici è ascrivibile al novero delle

---

[8] Il progetto di revisione costituzionale (A. C. 2613) attualmente all'esame delle Camere prevede di attribuire la Materia dell'energia alla competenza esclusiva dello stato.

fonti rinnovabili, come si evince dalla lettura dell'art. 2 della direttiva 2001/77/Ce e dall'art. 2 comma 1, lett. a) del decreto legislativo n. 387 del 2003. D'altra parte il trattamento legislativo di favore per le fonti energetiche rinnovabili è chiaramente desumibile dai diversi livelli di normativa, internazionale, comunitaria e nazionale. Anche la direttiva n. 2009/28/Ce ha confermato la preferenza per l'utilizzo dell'energia da fonti rinnovabili[9].

Bibliografia

ANTICH F., *Origine ed evoluzione del diritto internazionale ambientale. Verso una governance globale dell'ambiente*, in *www.ambienteediritto.it*.

BATTIATO C., *Regioni ed energie rinnovabili: ancora una volta la scure della Corte Costituzionale si abbatte su norme regionali relative alla localizzazione di impianti di energia da fonti rinnovabili,* in *Consultaonline* 2014.

BIFULCO R., D'ALOIA A., *Le generazioni future come nuovo paradigma del diritto costituzionale, in Un diritto per il futuro. Teorie e modelli della responsabilità intergenerazionale*, Napoli, 2008.

CHIARAMONTE L., *L'ambiente come valore fra interpretazione costituzionale ed evoluzione comunitaria: profili normativi e giurisprudenziali,* in *Il danno ambientale tra prevenzione e riparazione*, (a cura di I. Nicotra- U. Salanitro), Torino 2010.

CORDINI G., FOIS P., MARCHISIO S., *Diritto ambientale, profili internazionali europei e comparati*, Torino, 2008.

DELL'AGLI L., *L'accesso all'energia elettrica come diritto umano fondamentale per la dignità della persona umana,* in *Rivista Giuridica dell'Ambiente*, n. 5/2007.

FORTUNA T., *Inquinamento elettromagnetico vs diritto alla salute: il rimedio nell'approccio precauzionale,* in *Principi europei e illecito ambientale* (a cura di) A. D'Adda, I. Nicotra, U. Salanitro, Torino, 2013.

LANZA S., *Lo sviluppo sostenibile*, Il Mulino, 2002.

LUCARELLI A., *Commento sub art. 43 Cost.*, in *Commentario alla Costituzione* a cura di R. Bifulco, A. Celotto, M. Olivetti, vol. I, Milano, 2006.

MADDALENA P., *L'ambiente e le sue componenti come beni comuni in proprietà collettiva della presente e delle future generazioni,* in *www.federalismi.it*, n. 25, 2011.

MARTINES T., *Diritto costituzionale, undicesima edizione interamente riveduta da Gaetano Silvestri*, Milano, 2005.

MEZZETTI M., *La tutela dell'ambiente nella giurisprudenza costituzionale,* in *Il danno ambientale tra prevenzione e riparazione*, a cura di NICOTRA-SALANITRO, Torino, 2010.

NAPOLITANO G., *I servizi pubblici, in Dieci anni di riforme amministrative. Il diritto amministrativo tra XX e XXI secolo,* in *Giornate di diritto amministrativo*, 2004.

NICOTRA I., *Vita e sistema dei valori nella Costituzione*, Milano 1997.

— *Principio di prevenzione e tutela delle generazioni future nel diritto ambientale europeo,* in *Rassegna dir. pubbl. eur.*, 2003.

---

[9] Probabilmente il favor manifestato per le energie rinnovabili andrebbe maggiormente ponderato alla luce di interessi diversi come la tutela della biodiversità e dello sviluppo agricolo, come anche sembra consigliare lo stesso diritto comunitario. In proposito, la direttiva 2009/28/Ce afferma che "*occorre sorvegliare l'impatto della coltivazione della biomassa, dovuto ad esempio a modifiche della destinazione dei terreni, incluso lo spostamento, l'introduzione di specie esotiche invasive ed altri effetti sulla biodiversità e gli effetti sulla produzione alimentare e sulla prosperità locale*".

— *Relazione introduttiva,* in *Il danno ambientale tra prevenzione e riparazione*, (a cura di) I. Nicotra, U. Salanitro, Torino, 2010.

PARENTE A., *Il diritto umano all'energia,* in *Diritti dell'uomo*, n.1/2010.

SALANITRO U., *Tra diritto pubblico e diritto privato: l'estensione della disciplina della responsabilità ambientale al danno al paesaggio,* in *Principi europei e illecito ambientale*, a cura di A. D'Adda, I. A. Nicotra, U. Salanitro, Torino, 2013.

Parte III

Organización territorial

LA DIMENSIÓN TERRITORIAL DE LA UNIÓN EUROPEA: UNA PREMISA PARA SU CONSTRUCCIÓN JURÍDICA

Antonio Pérez Miras

Profesor Colaborador Asociado
Universidad Pontificia Comillas

1. La premisa: la base territorial para la construcción europea

El territorio es uno de los tres elementos clásicos con los que tradicionalmente se ha abordado el estudio del Estado[1]. Según Jellinek, el territorio es "[la] tierra sobre [la] que se levanta la comunidad Estado, [que] considerada desde su aspecto jurídico, significa el espacio en que el poder del Estado puede desenvolver su actividad específica, o sea la del poder público." (1905/2000: 385) Ello implica, desde una vertiente negativa, una prohibición de cualquier poder no autorizado por el Estado sobre su territorio (ídem: 385). Pero desde una vertiente positiva, implica la vinculación de las personas que se encuentren en ese territorio al poder del Estado (ídem: 386).

Estas ideas pueden aplicarse fácilmente a la Unión Europea: el Ordenamiento europeo se aplica a todos los ciudadanos europeos que se encuentren en la Unión con independencia de su nacionalidad y tiene una posición de supremacía respecto de los

[1] Vid. Jellinek (1905/2000). Este notable autor estudió dentro del Libro III de su *Teoría General del Estado*, en el cap. 13, la situación jurídica de los tres elementos que configuran el Estado moderno: territorio, población y poder (pp. 385-426).

Ordenamientos estatales en sus respectivos territorios –en tanto en cuanto que poder autorizado por el Estado (miembro)[2]–. Sin embargo, el territorio como tal no ha sido un elemento definidor de la construcción europea, es decir, no se está realizando sobre la sola base geográfica sino sobre condiciones jurídico-políticas.

Efectivamente, no cualquier Estado europeo podrá formar parte de la Unión porque, de acuerdo con el art. 49 TUE[3], solamente podrán adherirse a la Unión los Estados europeos que respeten y promuevan los valores mencionados en el art. 2 TUE[4]. Todos esos valores implican necesariamente de una democracia constitucionalmente consolidada como ha demostrado hasta el momento la práctica de las sucesivas ampliaciones[5].

Por tanto, podríamos afirmar que la definición territorial de la Unión Europea, a pesar de lo que pudiéramos pensar, no es tan sencilla. Pudiera parecer que el territorio es un hecho ajeno y extraño a la Unión que no condiciona, *a priori*, su configuración. Y ello porque la Unión no es un agente estático, sino que, desde la creación en los años 50 de las primeras Comunidades europeas, la unión política del *viejo continente* ha sido una constante evolución hacia una meta, a veces, incierta. Pero nadie puede negar que dicha meta exista, aunque a veces la carrera y la dirección parezcan respectivamente un duelo de tortugas con marcha atrás. (Vid. Pérez Miras, 2015: 414) En definitiva, podemos decir que el carácter dinámico de la Unión se evidencia principalmente en sus distintas ampliaciones territoriales[6].

---

[2] Esta idea de la autorización se encuentra, por ejemplo, en el art. 93 CE, que es la base constitucional de la participación de España en la UE.

[3] Art. 49 TUE *ab initio*: "Cualquier Estado europeo que respete los valores mencionados en el artículo 2 y se comprometa a promoverlos podrá solicitar el ingreso como miembro en la Unión."

[4] Art. 2 TUE: "La Unión se fundamenta en los valores de respeto de la dignidad humana, libertad, democracia, igualdad, Estado de Derecho y respeto de los derechos humanos, incluidos los derechos de las personas pertenecientes a minorías. Estos valores son comunes a los Estados miembros en una sociedad caracterizada por el pluralismo, la no discriminación, la tolerancia, la justicia, la solidaridad y la igualdad entre mujeres y hombres."

[5] Cfr. Díez-Picazo (2002: 141). Este autor encuentra en las distintas adhesiones dos extremos claros de esa democracia constitucionalmente consolidada: "Por un lado, la adhesión a la Unión Europea requiere tener un régimen democrático en consonancia con lo que se suele entender por tal en Europa y, más en general, en Occidente; es decir, quedan excluidos aquellos países que, aun autocalificándose de democracia, lo hacen mediante adjetivos (popular, orgánica, etc.) que mutan la naturaleza misma del régimen. Por otro lado, debe tratarse de países cuyo funcionamiento efectivo global es respetuoso de los principios de la democracia constitucional." (pp. 141-142).

[6] Nunca está de más recordar las distintas fases de ampliación: 1) países fundadores: Alemania, Bélgica, Francia, Italia, Luxemburgo y los Países Bajos; 2) primera ampliación dos décadas después: Dinamarca, Irlanda y el Reino Unido; 3) en los 80 dos ampliaciones: 1981, Grecia; 1986, España y Portugal; 4) cuarta ampliación, en los años 90: Austria, Finlandia y Suecia; 5) con el siglo XXI se produce la mayor ampliación en 2004 con 10 nuevos países: Chipre, Eslovaquia, Eslovenia, Estonia, Hungría, Letonia, Lituania, Malta, Polonia y Chequia; en 2007 se incorporan Bulgaria y Rumanía; 6) la última ampliación se ha producido en 2013 con la adhesión de Croacia.

El horizonte de esa meta se encuentra hoy desdibujado, sin embargo, por dos motivos: el primero, que reproduce un problema o debate (de largo y de fondo) sobre la delimitación geográfica del Continente europeo, pues como se preguntaba Díez-Picazo (2002: 141) "¿hasta dónde se extiende Europa?, ¿es Europa un concepto meramente geográfico?" El segundo motivo tiene que ver con el reciente referéndum en Reino Unido sobre su salida de la Unión Europea. Sobre estas dos líneas va girar el presente trabajo pues nos parecen que son las grandes cuestiones a las que se enfrenta el proceso de integración europea desde el punto de vista del territorio. De las mismas intentaremos delimitar ese espacio sobre el que la Unión quiere que florezcan sus valores.

La base territorial de la Unión Europea es importante porque supone un espacio que transciende lo meramente físico, un espacio donde tienen cabida los valores y derechos que el Ordenamiento europeo proporciona; un lugar de encuentro para las aspiraciones de la paz sobre el terreno que en el pasado ha estado abonado de sangre fraterna. Baste aquí recordar que el art. 3.2 TUE señala que "La Unión ofrecerá a sus ciudadanos un espacio de libertad, seguridad y justicia sin fronteras interiores, en el que esté garantizada la libre circulación de personas conjuntamente con medidas adecuadas en materia de control de las fronteras exteriores, asilo, inmigración y de prevención y lucha contra la delincuencia." Por tanto, la desaparición de las fronteras interiores, con permiso de las naturales, y la delimitación de fronteras exteriores –con lo que implica en la adopción de políticas específicas al respecto[7]– sin duda ayudan a crear esa imagen de *tierra sobre la que se levanta una comunidad política*, que nos puede acercar a una visión federal, y por tanto estatal, de la Unión Europea. Podemos decir que uno de los propósitos de este trabajo es asentar esa visión territorial unitaria de Europa que coadyuve al entendimiento federal de su naturaleza jurídica.

2. La delimitación territorial: entre el elemento geográfico y la base axiológica

Una Europa unida implica necesariamente un concepto geográfico. Sin embargo, se antoja complicada dicha conceptualización puesto que las características físicas de nuestro planeta, sin tener en cuenta las placas tectónicas, hacen difícil una delimitación clara del continente europeo: no es tan evidente una separación nítida con Asia.

A esta cuestión geográfica natural debemos añadir la perspectiva de la geografía política en tanto que existen países que se extienden por ambos continentes –pensemos en el caso de Rusia o, más especialmente, en el de la controvertida Turquía–. Además, desde una perspectiva histórica, y sobre el fundamento romano de Europa, toda la ribera del Mar Mediterráneo comparte una tradición común que quizá se aparta de vivencias más netamente continentales.

En consecuencia, la Unión Europea se enfrenta a una indefinición territorial clara que no puede ser salvada por las distintas perspectivas geográficas.

---

7 Sobre la acción exterior de la Unión se recomienda García Andrade (2014 y 2015).

2.1. De los territorios de los Estados miembros y de la organización territorial de la Unión Europea

Debemos convenir, entonces, que se trata de una definición mediata, de acuerdo con el territorio de los Estados miembros que la componen. Es decir, el territorio de la Unión viene determinado por el territorio de sus Estados miembros, conforme establece el art. 52 TUE, que nombra a los 28 Estados miembros[8]. Sin embargo, debemos tener presente que el territorio de varios de los Estados miembros se extiende más allá o fuera de lo que convencionalmente entendemos por continente europeo. Pensemos, así y sin ánimo de exhaustividad, en las zonas de África como la francesa isla Reunión o las ciudades españolas de Ceuta y Melilla; o en América, la Guayana francesa y las islas de Martinica y Guadalupe. Asimismo, podríamos incluir los archipiélagos atlánticos de la Macaronesia (de España y Portugal), aunque quizá estos últimos se pueden enmarcar dentro del marco geográfico europeo, como ocurre con las islas del Mediterráneo, por la plena incorporación de estos archipiélagos en la estructura estatal de ambos países de la Península ibérica.

Esta realidad ha llevado a la creación de las denominadas regiones ultraperiféricas, que de acuerdo con lo establecido en el art. 349 TFUE estarían caracterizadas por su gran lejanía, insularidad, reducida superficie, relieve y clima adversos y dependencia económica de un reducido número de productos, todos ellos factores cuya persistencia y combinación perjudican gravemente a su desarrollo. El mismo artículo las predetermina y las enumera: Guadalupe, la Guayana Francesa, Martinica, Mayotte[9], la Reunión, San Martín, las Azores, Madeira y las islas Canarias.

Esta consideración tiene su transcendencia jurídica en el hecho de que se deben articular una serie de medidas específicas[10], con el límite de que tales medidas no pongan en peligro la integridad y coherencia del Ordenamiento jurídico europeo,

[8] Art.52.1. TUE: "Los Tratados se aplicarán al Reino de Bélgica, a la República de Bulgaria, a la República Checa, al Reino de Dinamarca, a la República Federal de Alemania, a la República de Estonia, a Irlanda, a la República Helénica, al Reino de España, a la República Francesa, a la República de Croacia, a la República Italiana, a la República de Chipre, a la República de Letonia, a la República de Lituania, al Gran Ducado de Luxemburgo, a la República de Hungría, a la República de Malta, al Reino de los Países Bajos, a la República de Austria, a la República de Polonia, a la República Portuguesa, a Rumanía, a la República de Eslovenia, a la República Eslovaca, a la República de Finlandia, al Reino de Suecia y al Reino Unido de Gran Bretaña e Irlanda del Norte." Bajo la idea del ámbito espacial de aplicación de los Tratados, este art. 52 TUE viene a configurar los elementos territoriales que componen la Unión, pudiéndose ver en esa enumeración una base para un entendimiento federativo de la Unión.

[9] Vid. la Decisión 2012/419/UE del Consejo Europeo por la que la isla francesa de Mayotte, al haberse convertido en Departamento de Ultramar francés, ha cambiado su estatus dentro de la Unión al de región ultraperiférica, de acuerdo con lo establecido en el art. 355.6 TFUE.

[10] El pr. 2º del art. 349 TUE concreta las siguientes: las políticas aduanera y comercial, la política fiscal, las zonas francas, las políticas agrícola y pesquera, las condiciones de abastecimiento de materias primas y de bienes de consumo esenciales, las ayudas públicas y las condiciones de acceso a los fondos estructurales y a los programas horizontales de la Unión.

su mercado interior y las políticas comunes (art. 349 TUE *in fine*). Especialmente llamativo nos resulta aquí el empleo de la idea de integridad, tan ligado al ámbito territorial, puesto que parecería que el hecho diferencial ultraperiférico pudiera suponer un riesgo para la Unión. Es evidente, por tanto, que la *normalidad* del territorio vendría marcada por la continentalidad. Pero el carácter ultraperiférico goza de una especialidad por la idiosincrasia constitucional de los Estados miembros a los que pertenecen dichas regiones.

Esta idea parece oportuna para poder entender entonces las siguientes clasificaciones que va a realizar el art. 355 TFUE. Recordemos que el art. 52 TUE realiza una remisión a dicho artículo para especificar el ámbito territorial de aplicación de los Tratados.

Este art. 355 TFUE es largo y complejo con lo que merece la pena analizarlo por partes. Lo primero que destacaremos es que el art. 355.1 TFUE viene a apoyar lo antedicho sobre las regiones ultraperiféricas porque de su dictado es claro que las disposiciones de los Tratados les son de aplicación, con las especificidades ya vistas del art. 349 TFUE.

Distintas de estas regiones ultraperiféricas, y por tanto con ellas no deben confundirse, conforme el art. 355.2 TFUE, son los países y territorios de ultramar. La diferencia entre ambos es la aplicación de los Tratados: mientras los primeros, a pesar de la lejanía, forman parte total de la Unión, los segundos mantienen un estatus diferente, que a su vez podemos diferenciar en dos subgrupos en función de la aplicación parcial o no aplicación de los Tratados. Respectivamente, los primeros serían aquellos países y territorios de ultramar que figuran en el anexo II TFUE, que quedan sometidos al régimen especial de asociación definido en la cuarta parte del TFUE[11]. En el segundo subgrupo se encuadran los países y territorios de ultramar no mencionados en la lista antes citada y que mantienen relaciones especiales con el Reino Unido, en cuyo caso, como ya hemos adelantado, los Tratados no se aplicarán. Es evidente que esta configuración cambiará tras la salida del Reino Unido de la Unión, pero resulta obvio que esta circunstancia en nada afectará a esos territorios de ultramar porque, aun dentro de la esfera de un Estado miembro, no formaban parte de la Unión. A estos debemos añadir los territorios especificados en el art. 355.5 TFUE: las Islas Feroe y las zonas de soberanía del Reino Unido de Akrotiri y Dhekelia en Chipre[12].

Hechas las clasificaciones territoriales, conviene aún que nos centremos brevemente en el art. 355.6 TFUE[13] puesto que se observa de su redacción que la media-

---

[11] Por Decisión 2010/718/UE del Consejo Europeo, de 29 de octubre de 2010, de acuerdo con el art. 355.6 TFUE, se modifica el estatuto respecto de la Unión de la isla francesa de San Bartolomé, que ha pasado a elencarse en el anexo II y, por tanto, ha dejado de figurar entre las regiones ultraperiféricas del art. 349 TFUE, como inicialmente estaba incluida. Un caso similar ya ocurrió en 1985 con el archipiélago francés de San Pedro y Miquelón, en América del Norte.

[12] Actualmente el mismo artículo establece la salvedad de acuerdo con el Protocolo relativo a las zonas de soberanía del Reino Unido de Gran Bretaña e Irlanda del Norte en Chipre. Sin duda, está peculiar situación se abordará tras la salida del Reino Unido de la UE.

[13] "El Consejo Europeo, por iniciativa del Estado miembro de que se trate, podrá adoptar una decisión que modifique el estatuto respecto de la Unión de alguno de los países o territorios

tez territorial sobre la que hemos establecido nuestro presupuesto, no implicaría un automatismo en lo referente al Ordenamiento europeo porque el cambio de estatus de un territorio de ultramar necesita de una decisión del Consejo europeo, si bien es cierto que a iniciativa del Estado miembro. Por tanto, aquí observamos que la Unión sí tiene un cierto poder de configuración sobre su elemento territorial. Aquí estamos ante un cambio en relación con el antiguo art. 299 TCE, que no preveía una medida similar. De hecho, como hemos tenido la oportunidad de ver en los casos en los que se ha actuado este art. 355.6 TFUE existe una cierta correspondencia entre el cambio de configuración interna en el Estado miembro (Francia) y su adecuación *también* a la diferente clasificación de aplicación territorial de los Tratados. Por tanto vemos que la Unión sí tiene que pronunciarse cuando a la alteración territorial afecta a la configuración interna de la Unión –que supone también una alteración previa en el Estado miembro–.

Esta dimensión *ad intra* no tiene, sin embargo, una correspondencia *ad extra*. Efectivamente, la Unión no tiene poder para pronunciarse en la configuración territorial de los Estados miembros. Esto debe entenderse en un doble sentido: por un lado, existe una garantía de la autonomía local y regional como parte de la identidad nacional conforme al art. 4.2 TUE[14]; por otro, que las alteraciones sustanciales de los territorios de los Estados miembros afectan de manera directa al alcance territorial de la Unión. En estos supuestos sí que existe, además de mediatez, un claro automatismo, por aplicación directa del art. 52 TUE.

Ello no quiere decir, sin embargo, que estas alteraciones no tengan incidencia para la Unión, pues una cosa es que no tenga competencia para delimitar esta cuestión interna de los Estados, y otra distinta, que ante este fenómeno la pertenencia a la Unión no signifique que jurídicamente deba tenerse en cuenta el Ordenamiento europeo de cara a las repercusiones que la reconfiguración territorial imponga. Como afirma De Miguel Bárcena: "No puede afirmarse con total rotundidad que la independencia de una parte del territorio de un Estado miembro no afecte a la Unión en su conjunto, y que por lo tanto sea una cuestión interna. El territorio que se declara soberano, bien por vías consensuales o unilaterales, es un ámbito donde opera el mercado supranacional y existen ciudadanos con derechos y obligaciones otorgados por la UE." (2014: 214)

2.2. *De las alteraciones territoriales acaecidas hasta la fecha*

Ello puede corroborarse teniendo en cuenta los hechos históricos que hasta el momento se han sucedido. Se trata de una variada casuística que responde a cuestiones diversas, lo que da al análisis un carácter de referente, aunque bien es cierto que los

daneses, franceses o neerlandeses a que se refieren los apartados 1 y 2. El Consejo Europeo se pronunciará por unanimidad, previa consulta a la Comisión."

14 Art. 4.2 *ab initio*: "La Unión respetará la igualdad de los Estados miembros ante los Tratados, así como su identidad nacional, inherente a las estructuras fundamentales políticas y constitucionales de éstos, también en lo referente a la autonomía local y regional."

distintos casos conforman ejemplos singulares y únicos que no responden, por tanto, a un criterio sistemático y unívoco. Veámoslos brevemente:

El primer caso por orden temporal que nos encontramos es el producido por la independencia de Argelia de Francia en 1961. Hasta ese momento Argelia formaba parte de la Unión en tanto que parte del territorio de un Estado miembro como Francia. Su independencia evidentemente afectaba a la población y territorio de la entonces Comunidad Europea. Sin embargo, no hubo pronunciamiento expreso por parte de las Comunidades y de sus Estados miembros ante el hecho de la efectiva independencia, tan sólo un consentimiento tácito por parte de los Estados. Por tanto, no hubo ninguna modificación de los Tratados para recoger este hecho[15]. No fue hasta la aprobación del Tratado de Maastricht en 1992 cuando desapareció la mención a Argelia, hasta entonces recogida en el art. 227.2 TCE –lo que la asimilaba a los departamentos de ultramar franceses–. Este dato nos parece relevante porque creemos que diferentes hubieran sido las consecuencias si en vez de Argelia, el territorio que se hubiera independizado hubiera sido, por ejemplo, la isla de Córcega, que, sin estar tampoco en el continente, es más fácil de enmarcarla geográficamente dentro de Europa. Esa aquiescencia del resto de Estados ante el hecho de la independencia quizá no hubiera sido tal. Con ello queremos resaltar que el caso argelino no es quizá paradigmático para poder determinar la delimitación territorial de la Unión, porque cuando incluso formaba parte de Europa la aplicación de los Tratados no era plena (vid. Ortega & De Areilza, 2000), pues su régimen jurídico equiparable a los departamentos de ultramar franceses –asimilable a lo que en la actualidad se aplica a las ya mencionadas regiones ultraperiféricas– así como su exclusión de la CECA ya nos venían a demostrar que desde el inicio la continentalidad es un factor determinante en el proceso de integración. Y ello a pesar de que Argelia podría englobarse dentro del marco romano de los orígenes europeos.

El siguiente caso de interés ocurrió con Groenlandia, que en 1984 abandonaba las Comunidades Europeas, pero sin dejar de estar bajo la soberanía danesa. Si en el caso de Argelia la independencia justificó su salida, en el caso de Groenlandia la salida no va acompañada de una secesión (cfr. Ortega & De Areilza, 2000). Efectivamente, en un principio Groenlandia entró a formar parte de Europa con la adhesión del Reino de Dinamarca en 1973, si bien ya existían reticencias sobre la oportunidad de la inclusión groenlandesa y su repercusión en su sector económico principal como es la pesca –que como sabemos es una de las principales políticas comunitarias–. A este dato debemos añadir que durante la negociación de la adhesión de Dinamarca, las Islas Feroe quedaron desde el inicio excluidas de su ingreso en el club comunitario[16].

---

15 Como apunta De Miguel Bárcena (2014: 226), lo que sí se produjo fue un régimen transitorio de aplicación del art. 227.2 TCE sobre las especiales disposiciones que se aplicaban a Argelia hasta su total abandono de la Comunidad Europea.

16 Así lo dispuso el art. 227 TCE tras la inclusión de un nuevo apartado 5 en el que se excluía la aplicación de los Tratados para las Islas Feroe, si bien se añadía que en el plazo de tres años se podía sumar este territorio si así lo manifestaban a través del Gobierno danés. Sin embargo, no

En este caso, antes de la adhesión ya contaban con una amplia autonomía desde 1948, a diferencia de Groenlandia que no la obtuvo hasta el año 1979. Fue sólo después de alcanzar ese estatuto de autonomía que Groenlandia solicitó un referéndum sobre su permanencia dentro de Europa, cuyo resultado arrojó una mayoría a favor de la salida. Ello llevó a una negociación de reforma de los Tratados, que dio como resultado el Tratado de 1984 por el que se modificaban los Tratados para expresar que los mismos no serían de aplicación en Groenlandia[17]. Pero ello no implicó una ruptura con Europa puesto que su estatus pasó a ser el de territorio de ultramar, incluido actualmente en el Anexo II TFUE, que ya hemos visto. Por lo tanto, en este caso nos encontramos que una parte de un Estado miembro expresa su deseo de salirse de la Unión pero sigue permaneciendo bajo la soberanía del Estado miembro, y ello da como respuesta jurídica una necesaria reforma de los Tratados constitutivos para excluir su aplicación a esa parte del territorio. En consecuencia, una primera idea conclusiva que nos puede surgir es que este caso no sería asimilable a los supuestos de secesión de partes de Estados miembros[18]. Y en el supuesto de que quisiéramos extraer alguna idea comparativa podría ser que los Estados miembros que reconocen amplias autonomías a sus territorios podrían incluir dentro del contenido de esa autonomía el derecho a decidir si formar parte ese territorio de la Unión o quedar al margen de la aplicación de los Tratados o buscar un acuerdo de especial asociación.

Con esta idea se estaría reforzando la premisa sostenida desde el principio de que el territorio de la Unión viene condicionado por la voluntad del Estado miembro. Sin embargo, considero que esta idea vendría siempre matizada por el hecho de la continentalidad, porque hasta el momento todos los supuestos vistos, tanto las especialidades ultraperiféricas y de ultramar como las dos salidas apenas relatadas, siempre responden a hechos insulares o de otros continentes y de distintas latitudes geográficas. Realicemos un breve ejercicio de imaginación con España: no es lo mismo que, por ejemplo, a Andalucía –que además hace frontera con otro Estado miembro– se le reconociera dentro de su autonomía un derecho a decidir salirse de la Unión y ésta lo ejerciera so pretexto de una lejanía del centro de Europa unida a una mayor vocación hacia las otras orillas atlántica y mediterránea, que el mismo derecho se le concedie-

---

ejercieron dicha potestad con lo que nunca han pertenecido a la Unión. Actualmente, para las Islas Feroe hay que estar a lo dispuesto en el art. 355.5 TFUE como ya se ha dicho.

17 El Tratado incluyó un Protocolo específico para disposiciones especiales del Acuerdo de asociación, en especial en materia de pesca.

18 Díez-Picazo (2002: 156) considera que la solución que se dio a Groenlandia no es una excepción a "la regla del automatismo" por el que las modificaciones territoriales de los Estados miembros automáticamente repercuten en el orden comunitario –con Argelia y Alemania como ejemplos, por dos motivos: por un lado, porque "existía una voluntad de regular los problemas prácticos derivados de la salida de la esfera comunitaria. Por otro lado, la retirada de Groenlandia respondió sólo a la voluntad de sus habitantes, sin que mediara cambio alguno en su estatuto político-administrativo interno [como ocurriría en 1985 con la isla francesa de San Pedro y Miquelón]: era antes y ha seguido siendo después un territorio bajo soberanía danesa, dotado de autonomía interna."

ra a la autonomía que disfrutare el archipiélago canario. El primer supuesto ficticio no dejaría de causarnos una harta perplejidad su sola insinuación; en el segundo, en cambio, sí podría reflexionarse seriamente atendiendo a las especiales circunstancias socioeconómicas, que ya hoy justifican su estatus de región ultraperiférica –que como ya hemos apuntado, creemos que tal configuración responde a las especiales idiosincrasias constitucionales de los Estados miembros que la acogen–.

El tercer caso paradigmático al abordar esta cuestión nos muestra una situación diferente, como es la de la ampliación del territorio de un Estado miembro y, por tanto, de acuerdo con lo que se está sosteniendo hasta el momento, ampliación también del territorio de la Unión. Nos referimos al caso de Alemania, que el 3 de octubre de 1990 se reunificaba después de la división ocasionada tras la II Guerra Mundial. En esta ocasión debe tenerse en cuenta que el factor de la continentalidad sí que nos parece determinante para las decisiones que se tomaron, puesto que estamos hablando de uno de los Estados fundadores y en el mismo corazón geográfico, además del significado político que la división de ese Estado suponía para todo el orden mundial del momento. Además del factor de la continentalidad, el caso alemán también nos muestra la importancia del orden constitucional interno en tanto en cuanto que su aplicación puede afectar a la propia configuración de la Unión. Así, en la Ley Fundamental de Bonn se preveía una doble alternativa ante la previsión de una futura reunificación en el marco de la RFA: por un lado, el antiguo art. 23 LFB preveía su aplicación a otras partes de Alemania; por otro, el antiguo art. 146 LFB preveía la aprobación por el conjunto del pueblo alemán, reunificado, de una nueva Constitución. Aunque en ambos casos el resultado final era el de una Alemania unida bajo un mismo orden constitucional, sin embargo, una u otra opción sí que tenía incidencia en las entonces Comunidades Europeas[19]. Aunque es verdad que el caso alemán demuestra que el ámbito espacial de la Unión se puede ensanchar sin proceder a una revisión de los Tratados constitutivos (cfr. Díez-Picazo, 2002: 154-155), sin embargo, también consideramos que ello fue posible gracias a que la vía del art. 23 LFB permitía que se aplicara el art. 227 TCE (hoy art. 52 TUE, ya visto) pues del mismo no surgía un nuevo Estado miembro, sino que el existente –y por tanto, el firmante de los Tratados– continuaba siendo el mismo, evitándose así tener que entrar a las normas de derecho internacional sobre sucesión de Estados. Ello no hubiera pasado si se hubiera abierto un proceso constituyente conforme a las previsiones del art. 146 LFB porque en ese supuesto nos hubiéramos encontrado ante un nuevo Estado, que en puridad debería de haber solicitado nuevamente su reingreso en la Unión (cfr. De Miguel Bárcena, 2014: 227). Por tanto, la doble alternativa del orden constitucional interno tenía consecuencias para la Unión, pero no podemos obviar el hecho de que la voluntad del club comunitario y, en especial, la de sus socios, también jugaba un papel a la hora de adoptar una u otra vía. En este sentido, es muy esclarecedor de la necesaria visión politológica del asunto el "Documento sobre la unificación alema-

[19] Sobre esta cuestión puede profundizarse en castellano con Arnold (1993).

na" que se aprobó en el Consejo europeo de abril de 1990 celebrado en Dublín por el que los Estados miembros aceptaban la vía del art. 23 LFB, de manera que la reunificación escapaba a la tutela internacional y no necesitaría de una renegociación ni del consentimiento del resto de Estados miembros (cfr. Ortega & De Areilza, 2000). Así, desde el momento de la reunificación todo el Derecho comunitario pasaría a aplicarse en el antiguo territorio de la RDA, ya dentro de una RFA ampliada, sin que la composición y funcionamiento de las instituciones europeas se vieran afectadas[20].

2.3. De las alteraciones territoriales que vendrán

Estos tres supuestos paradigmáticos vistos hasta el momento no nos sirven por sí solos para el objeto de este trabajo. Por su parte, si obviamos las situaciones geográficas externas al continente y nos centramos en ese espacio físico, conforme a las ideas que llevamos manejando de indefinición geográfica y de proceso dinámico, podríamos decir que el límite territorial de la Unión no vendrá definido en tanto en cuanto sigan abiertos procesos de adhesión de nuevos países.

Tras la retirada de la candidatura de Islandia, en lo que parecía que iba a ser una adhesión exprés, todos los procesos abiertos responden a la cuestión de la extensión continental. Actualmente existen 5 países candidatos: Albania, la antigua República Yugoslava de Macedonia, Montenegro, Serbia y Turquía, pero solamente con estos tres últimos están en marcha las negociaciones de adhesión. Geográficamente, parece claro que el único caso controvertido sería el de Turquía, cuya alma europea, por otro lado, parece innegable. Por su parte, se consideran candidatos potenciales Bosnia-Herzegovina y Kosovo. Incluso sin una lectura atenta de estos países, vemos que en su mayoría se trata de los Estados resultantes de la desaparición de Yugoslavia. El hecho de que otros Estados ex-yugoslavos ya formen parte de la Unión evidencia la necesidad de alcanzar un estándar democrático para poder ingresar en el club europeo, sin que baste el hecho geográfico físico u otros criterios de oportunidad para sobrellevar los escollos y cicatrices de las tragedias cercanas.

La existencia de todos estos candidatos, en sus distintas categorías, parece indicarnos que la Unión tiene en principio una aspiración de complitud geográfica, en consonancia con lo establecido en el art. 1 pr. 2 TUE cuando establece como finalidad crear una unión cada vez más estrecha entre los pueblos de Europa[21]. Al respecto, observamos que no se realiza ninguna distinción en el concepto 'pueblos de Europa' con lo que se refuerza esa idea de que el límite territorial de Europa se encuentra en lo que convencionalmente entendamos dentro del Continente. Por tanto, podríamos llegar a ponernos de acuerdo en el límite físico al que debe aspirar la Unión, o, dicho de otro modo, es cuantificable e

---

[20] Debe tenerse en cuenta que esa igualdad inicial en la composición de las instituciones duró solamente hasta la entrada en vigor del Tratado de Maastricht, que ya sí reconocía el aumento de población que había experimentado Alemania, lo que se tradujo en un aumento de la representación alemana frente a los otros grandes Estados.

[21] "El presente Tratado constituye una nueva etapa en el proceso creador de una unión cada vez más estrecha entre los pueblos de Europa…"

identificable el número de pueblos de Europa con los que se quiera tener esa vinculación más estrecha. Además, con esta terminología no se está cerrando el carácter dinámico del proceso de integración a la existencia estática de Estados, verdaderos sujetos potenciales de pertenecer a la Unión. Es decir, la Unión está abierta a todos los pueblos de Europa, cualesquiera que éstos sean, si bien es fácilmente entendible que sólo pertenecerán al club comunitario en tanto en cuanto alcancen la categoría de Estado.

Además, ese término de pueblos de Europa sería respetuoso con la existencia de distintos sentimientos de corte nacionalista o regionalista dentro de los Estados miembros, puesto que su alcance amplio permite englobar a los pueblos con aspiraciones identitarias diferenciadoras –tengan o no estructura política propia conforme al orden constitucional interno– en el proceso creador de una Europa más estrecha. De hecho, estos elementos de singularización de las partes de la Unión están en su génesis como demuestra a la perfección su divisa de 'unida en la diversidad' o la idea de la Europa de las Regiones o incluso un elemento institucional como es el Comité de Regiones[22]. Pero al tiempo, no se les da base o estructura por parte de la Unión para entrar al cuestionamiento de la integridad territorial de los Estados.

En cualquier caso, nos parece oportuno resaltar esa vocación amplia en la terminología del art. 1 TUE, porque no podemos olvidar que en el seno de Europa existen otras instituciones europeas de un mayor espectro y alcance territorial: nos referimos al Consejo de Europa, con una membresía de 47 Estados. Así, la dimensión geográfica del Consejo de Europa podría parecer la aspiración máxima a la que tendría que llegar una unión de Europa total, teniendo en cuenta, además, de que el Consejo de Europa es también una comunidad de derechos, principios y valores.

Hasta el momento, siguiendo una concepción tradicional, hemos abordado este tema desde un sentido sumativo. Sin embargo, salvo por la adhesión de Croacia, parece que esta segunda década del siglo XXI va a venir marcada por el freno o ralentización de las ampliaciones y, especialmente, por el receso y la marcha atrás. Por vez primera, un Estado miembro va a abandonar la Unión y la Europa de los 28 va a volver a ser la Europa de los 27. El simbolismo que la salida del Reino Unido está ya implicando para el devenir de la Unión va a marcar un antes y un después en la construcción europea, con consecuencias todavía insospechadas (efecto contagio, depresión económica, nuevas relaciones internacionales…). Detengámonos un momento en el denominado *Brexit*[23].

---

[22] Sobre el regionalismo europeo y cuestiones nacionalistas, me permito remitir a otro trabajo mío (Pérez Miras, 2015). Con mayor profundidad Jiménez-Piernas García (2015) aborda el tema de los nacionalismos en Europa, o Cerruti (2015) que aborda las distintas tensiones independentistas dentro de Estados miembros. Por su parte, un análisis de las relaciones entre Regiones y Unión Europea tras el Tratado de Lisboa puede verse en Frosina (2014), partiendo de una óptica de gobernanza multinivel. Al respecto y a modo ejemplificativo, se recomienda los interesantes trabajos desde una óptica italiana de Vimercati (2015) y Fanotto (2015).

[23] Nos permitimos remitir al interesante estudio de Romano (2015) acerca las consecuencias de la crisis en la relación entre el Reino Unido y la Unión Europea, como base justificativa de, entonces, un posible *brexit*.

Una de las principales novedades que introdujo el Tratado de Lisboa en la arquitectura constitucional europea fue el reconocimiento de separación de un Estado miembro conforme a un procedimiento de naturaleza pacticia regulado en el art. 50 TUE. Con este artículo se resolvía en principio una duda que cabía en la doctrina en torno a la efectiva posibilidad de separación de un Estado miembro en tanto en cuanto ello entroncaba directamente con la naturaleza misma de la Unión. Efectivamente, antes de este sustancial cambio no podía hablarse de un incondicionado derecho de secesión de la Unión Europea (vid. Díez-Picazo, 2002: 128-131)[24]. Desde una posición federal de la Unión, siguiendo a De Miguel Bárcena, "algunos vieron en la Sentencia *Costa vs. ENEL* del Tribunal de Justicia (1964), que definía al proyecto de integración como una Comunidad de Derecho de duración ilimitada, una doctrina similar a la del Tribunal Supremo de los Estados Unidos en la que se negaba la existencia de la cláusula de secesión como consecuencia del carácter perpetuo de la Unión norteamericana (*Texas vs. White* 1869). Esta perspectiva," añade, "venía reforzada por el hecho de que en los Tratados comunitarios no se preveía una base jurídica específica para permitir la salida unilateral de los Estados miembros de la Organización" (2014: 223). Por tanto, de estas ideas extraemos que no cabía una separación por decisión unilateral del Estado, pero podía caber la posibilidad de que la misma se produjera –incluso desde una perspectiva federal (cfr. Díez-Picazo, 2002: 99-149)[25]– siempre que mediara un pacto entre todas las partes.

Estas ideas del pacto y de la imposibilidad de salida unilateral, parecen que han sido acogidas en el nuevo art. 50 TUE, a pesar de que una rápida lectura de su párrafo 1, cuando dice que "todo Estado miembro podrá decidir, de conformidad con sus normas constitucionales, retirarse de la Unión", nos pudiera llevar a pensar lo contrario. Como muy bien señala Nasso (2015: 482), se está reconociendo a cada Estado miembro *ex novo* la capacidad de decidir su permanencia en la Unión puesto que a título originario carecían de dicha potestad.

Continuando con el análisis de este párrafo, no deja de ser llamativo la referencia a la conformidad de las normas constitucionales internas, puesto que con ello parece que se está habilitando a la Unión para controlar si el Estado solicitante ha cumplido su propio ordenamiento constitucional (vid. Nasso, 2015: 482-483). Se puede entender entonces que cabe la posibilidad de denegar abrir el procedimiento que se describe en los párrafos siguientes.

Este procedimiento comienza cuando, según el párrafo 2, el Estado miembro que decida retirarse *notifique su intención* al Consejo Europeo. Sólo a partir de ese mo-

---

[24] Este Autor concluía que "de acuerdo con el derecho internacional, la única forma lícita de secesión de un Estado miembro de la Unión Europea sería aquélla que se produjera con el previo consentimiento de todas las partes. Ni que decir tiene que semejante eventualidad entrañaría una compleja negociación, así como probablemente el cumplimiento de algunas condiciones para la aceptación de la retirada" (Díez-Picazo, 2002: 131).

[25] Siguiendo los razonamientos de este Autor, que realiza un estudio de las constituciones federales que prevén la posibilidad de separación, podríamos pensar que la inclusión del art. 50 TUE no impide que se siga manteniendo la naturaleza federal de la Unión Europea.

mento –como está resultando en la práctica inédita que estamos viviendo y conforme a las declaraciones que están realizando los mandatarios– y a la luz de las orientaciones del Consejo Europeo, la Unión negociará y *celebrará con ese Estado un acuerdo*, conforme al art. 218.3 TFUE[26], en el que se establecerá la forma de su retirada. El acuerdo será celebrado por el Consejo en nombre de la Unión, por mayoría cualificada[27], y previa aprobación del Parlamento Europeo. Del espíritu del párrafo segundo, entendemos que ese acuerdo debe procurar especialmente un marco idóneo para las relaciones futuras entre la Unión y el Estado solicitante. Es decir, se aprecia la voluntad de mantener las mejores relaciones posibles, no siendo por tanto este procedimiento entendido como un momento de ruptura.

Quizá una de las claves de este procedimiento, y que ya ha mostrado una gran importancia por las inmediatas reacciones que se produjeron tras el resultado del referéndum del Reino Unido, es el tiempo que debe durar el proceso de desconexión: dos años salvo prórroga decidida por unanimidad del Consejo Europeo. Efectivamente el párrafo 3 señala que "los Tratados dejarán de aplicarse al Estado de que se trate a partir de la fecha de entrada en vigor del acuerdo de retirada o, en su defecto, a los dos años de la notificación a que se refiere el apartado 2, salvo si el Consejo Europeo, de acuerdo con dicho Estado, decide por unanimidad prorrogar dicho plazo." De su redacción se deduce, por tanto, que salvo que el acuerdo se realice en un plazo inferior, a los dos años desde la notificación los Tratados dejarán de aplicarse en el Estado miembro inmediatamente, salvo la prórroga antedicha, que sólo se entendería en el contexto de dar mayor margen para la negociación: tanto si va bien, precisamente para perfilar bien esas *buenas* relaciones futuras; como si surgen problemas en ese periodo y se quiere evitar que por el estricto cumplimiento del plazo encallen aún más en un difícil entendimiento.

Durante todo este procedimiento, el Estado miembro solicitante no participará ni en las deliberaciones ni en las decisiones del Consejo Europeo o del Consejo que le afecten. Esta cláusula establecida en el párrafo 4 nos parece del todo oportuna, al tiempo que evidencia que desde el momento de la notificación comienza efectivamente el proceso de desconexión. Luego toda reunión de jefes de Estado y de Gobierno de los Estados miembros sin el del Estado afectado antes de la notificación debería entenderse siempre de manera informal.

En este tiempo en que se prepara la salida, nos puede surgir la duda de si el Estado tiene derecho a retractarse; es decir, si finalmente puede decidir no salir de la Unión. Sin duda el art. 50 TUE no nos aclara esta circunstancia. Ante el silencio, se puede pensar que caben las dos opciones posibles: que pueda al final decidir quedarse o que una vez notificada su decisión el procedimiento inexorablemente debe acabar con la salida del Estado. En ambos casos dependerá de las circunstancias que rodeen el con-

[26] Este artículo se encuentra ubicado en la Quinta Parte del Tratado, sobre acción exterior de la Unión, en su Título V, de acuerdos internacionales.

[27] Habrá que estar por remisión del art. 50.4 pr.2 TUE a los dispuesto en el art. 238.3 b) TFUE.

texto y, por tanto, dependerá mucho de la voluntad y la oportunidad de los acontecimientos que aprecien los Estados miembros, esperemos que en pos de lo mejor para Europa. Pero quizá nos inclinamos más a pensar que del artículo se desprende que no existe la posibilidad de retracto, o al menos pesan más las razones que a continuación se aducen para mostrar la fortaleza de la Unión y la solidez del proyecto europeo. Reconocer tácitamente que dentro del margen de negociación del acuerdo de salida cupiera un derecho de retracto y de no continuar con la desconexión sería una forma de dar un gran poder de chantaje al Estado saliente, que podría llegar a iniciar el procedimiento del art. 50 TUE para conseguir no un acuerdo jurídico sobre las futuras relaciones sino un acuerdo político para conseguir una ventaja mediante la revisión de los Tratados a su favor. Cosa distinta es que durante el proceso de desconexión un cambio político sustancial en el Estado solicitante conllevara un cambio de rumbo de la política anti-europeísta del anterior gobierno, en cuyo caso no creemos que existan dificultades para paralizar el proceso. Además, retomando las razones de la negativa, al empezar a contar el plazo desde la notificación, queda en realidad un margen de tiempo, que aún se jugaría a nivel estatal, donde sí habría un margen para la reculación. Por ejemplo, siguiendo el caso británico, es claro que desde que se conocieron los resultados del referéndum del 23 de junio de 2016, la voluntad del conjunto del pueblo británico fue, por poco, mayoritaria a favor del abandono de la Unión (un 52%). Sin embargo, hasta que la nueva Primera Ministra no notifique oficialmente su deseo de salir de la Unión, que no hay plazo, cabe que el Reino Unido reconsidere ese deseo expresado en urnas (por ejemplo, mediante la repetición del referéndum, dada la escasa diferencia de votos para tan transcendente decisión, o porque la cuestión escocesa o norirlandesa entrasen en unos derroteros que no hiciera oportuno abrir otro frente de enjundia al Gobierno de su Majestad). Así, podríamos decir que el momento para que el Estado recule su deseo es antes de la notificación. En ese tiempo, manifestaciones políticas sobre el alcance de los futuros acuerdos podrían aconsejar que el Estado solicitante recapacitara sobre las ventajas e inconvenientes que le iban a suponer las nuevas relaciones con la Unión y sus Estados miembros.

Continuando aún con la reflexión de la negativa al retracto, el hecho de que el mismo art. 50 TUE prevea en su párrafo 5 la posibilidad de que de que el Estado saliente vuelva a solicitar la adhesión no es sino una confirmación de que la voluntad de la Unión es que en su seno sólo se esté porque se crea en el proceso integrador. O, dicho de otro modo, mejor continuar con una unión entre creyentes o semi creyentes que incorporar a escépticos declarados. Sólo así se explica que dicho párrafo 5 expresamente declare que la solicitud de adhesión de un Estado que hubiera abandonado la Unión se someta el procedimiento ordinario establecido en el art. 49 TUE. Podría haber cabido esperar que dentro de la regulación de la retirada de un Estado se previera la opción de una reentrada con mayores facilidades o que se dejara una puerta abierta a encontrar fórmulas ágiles para que el hijo pródigo retornara a casa. Sin embargo, la remisión al art. 49 TUE debe entenderse más bien como un signo de fortaleza de la Unión, que precisamente trata de evitar que el Estado saliente juegue a su antojo con el serio destino de una Europa unida. Se evita así, con todos estos argumentos, que el capricho oportunista de la política interna afecte al devenir bienintencionado de los socios europeos y que todo el proyecto europeo dependa hobbesianamente de unos pocos.

Analizado este procedimiento del art. 50 TUE, más que hablar de un derecho de escisión parece que sería más oportuno referirse al mismo como la posibilidad de separarse de la Unión, y nunca de manera unilateral. De hecho, como apunta Nasso (2015: 483), "ninguna transformación jurídica, extintiva o siquiera modificativa, se produce por el solo hecho de formalizar la decisión estatal de abandonar la Unión: así no es extraño pensar que el Estado saliente dé lugar, más que a una manifestación de voluntad que baste por sí misma, a una expresión de deseo"[28].

Con todo, la disposición del art. 50 TUE y el hecho de que efectivamente se vaya a poner en marcha dicho proceso para el Reino Unido, confirman que el espacio territorial sobre el que se asienta la Unión descansa sobre un *espacio movedizo*. Es decir, que la adhesión no muta el carácter dinámico del proceso de integración y que, por tanto, éste no responde sólo a un fenómeno extrospectivo, sino que deja abierta la puerta introspectiva para el cuestionamiento constante del proceso, su evolución y finalidad.

En íntima relación con este tema de la salida de un Estado miembro debemos conectar también la secesión de partes de Estados miembros y el problema de su asunción como nuevos Estados. Es decir, problemas *internos* de secesión de Estados que, sin duda, tienen transcendencia para la Unión, ya sea simplemente por abordar las consecuencias de la salida en el ordenamiento europeo, ya sea por las aspiraciones de seguir formando parte del club. Con Cerruti (2015), podemos remarcar los casos especialmente de Escocia, Cataluña o del Véneto, por ser los más candentes, pero tensiones territoriales de entes infraestatales se suceden a lo largo y ancho de los Estados miembros de la Unión. En cualquier caso, en la mayoría de los supuestos se trata de hipótesis, salvo el caso de Escocia, donde se llegó a celebrar el 18 de septiembre de 2014 un referéndum sobre su independencia del Reino Unido. Su resultado fue favorable a la permanencia con el 55% de los votos. La salida de la Unión Europea en el caso de que se independizara fue uno de los temas más recurrentes de la campaña electoral y una de las bazas más esgrimidas por los defensores del NO.

Sin duda, esta cuestión es la que quizá suscita el mayor interés en la doctrina, porque como se puso de manifiesto en Escocia, y porque es una cuestión que se esgrime también para el caso de Cataluña, el tema europeo no puede verse ya como algo ajeno a la idiosincrasia de cualquier comunidad que pertenezca a la Unión[29]. Como

---

[28] Traducido del italiano: "Nessuna trasformazione giuridica, estintiva o anche soltanto modificativa, è prodotta per il solo fatto della formalizzazione della decisione statuale di fuoriuscire dall'U.E.: di talché non è stravagante ritenere che lo Stato recedente dia corso, più che ad una manifestazione di volontà (che basti a se stessa), ad una espressione di desiderio." (Nasso: 2015: 483)

[29] Al respecto, vid. Mangas Martín (2013). Desde un punto de vista constitucional, De Miguel Bárcena (2014: spec. 241-245); De carreras (2014)

manifiesta De Miguel Bárcena (2014: 242), "la posible secesión de una región en la UE se tendría que realizar mediante la coordinación de los dos niveles constitucionales puestos en conexión, lo que implica que los actores separatistas deben encauzar sus aspiraciones políticas en los límites que consagran no solo las Constituciones nacionales, sino los Tratados comunitarios." Siguiendo con este razonamiento, este autor encuentra en el principio de lealtad federal un límite para la secesión de partes de Estados miembros tanto si las autoridades regionales llevan a cabo una declaración unilateral de independencia, como si los Estados miembros permiten que esa parte de su territorio alcance la independencia de acuerdo a sus normas constitucionales internas, pero sin tener en cuenta las normas e intereses de la Unión (Ídem: 243). Así, considera que "[el] respeto por la autonomía institucional nacional (art. 4.2 TUE) no puede justificar la ruptura unilateral de la unidad del mercado y del euro, la suspensión de la eficacia de los derechos y obligaciones derivados del acervo jurídico de la Unión y la retirada de la ciudadanía europea a los nacionales que viven en el territorio independizado." (Ídem: 243). Siguiendo a Weiler (2012)[30], expresa con razón que "[el] hecho de que suela mostrarse una voluntad expresa de los movimientos separatistas por seguir formando parte del proyecto comunitario no soluciona el problema planteado, solo demuestra que tales movimientos consideran a la Unión como un ente instrumental para tratar de ocultar su propia incapacidad para integrarse en sus comunidades políticas de origen." (Ibídem: 243)

En un sentido similar se muestra De carreras (2014: 281), cuando, sobre la base del respeto a los principios de identidad nacional e integridad territorial del art. 4.2 TUE, considera que su vulneración no afecta sólo a los Estados miembros sino, en igual o mayor medida, a la propia Unión. En este sentido, considera que se deben tomar medidas "que impidan jurídicamente que aquellos nuevos estados separados de su Estado matriz sepan fehacientemente que les será muy difícil volver a formar parte de la Unión. Que en cierta manera se convenzan de que, dado que la UE es un ámbito de libertad, igualdad y progreso social como no se ha dado nunca en la historia gracias a que es mucho más que un simple organismo internacional, quiere ser también, al modo de EEUU, una unión indestructible compuesta de estados indestructibles con el objetivo de seguir permaneciendo unida para así cumplir las finalidades que se ha propuesto." (Ídem: 281-282)

---

[30] Referencia obtenida De Miguel Bárcena (2014: 243, nota 72). De carreras también hace mención a unas lúcidas palabras del Prof. Weiler, las cuales reproduzco a continuación: "¿Por qué habría de resultar de interés incluir en la Unión a una comunidad política como sería una Cataluña independiente, basada en un ethos nacionalista tan regresivo y pasado de moda que aparentemente no respeta la lealtad y solidaridad que uno esperaría que tuviera hacia sus conciudadanos en España? La propia petición de independencia de España, una independencia de la necesidad de gestionar las diferencias políticas, sociales, económicas y culturales dentro de la comunidad política española, independencia de la necesidad de resolver diferencias y trascender el momento histórico, descalifica moral y políticamente como futuros Estados miembros de la Unión Europea a Cataluña y a otros casos parecidos" (leído en De carreras, 2014: 278).

Para finalizar este epígrafe sobre las alteraciones que vendrán, es cierto que los últimos supuestos estudiados no tienen una base práctica o histórica como en otras situaciones que hemos visto hasta el momento. Sin embargo, su trascendencia teórica y su actualidad política nos han hecho aconsejable una somera referencia a estas hipótesis. En cualquier caso nos queda claro que, de acuerdo con las posturas del derecho internacional dominantes (De Miguel Bárcena, 2014: 241), sería muy probable que, en el caso de producirse la independencia de parte de un Estado, el nuevo Estado quedaría fuera de la Unión y debería entonces solicitar la adhesión conforme al art. 49 TUE, con las dificultades que ha expresado De Carreras. Esto tiene bastante sentido por analogía con el art. 50.5 TUE, que ya hemos estudiado. En todo caso, a nuestro entender, si ya nos resulta complicado comprender que los lazos entre los pueblos de Europa tarden tanto en estrecharse más fuerte, más insólito nos parece que se quieran multiplicar los nudos, que en el fondo no conducen a una Europa más unida. O dicho de un modo más gastronómico, si se nos permite el símil, no es necesario crear un queso gruyer cuando se quiere un queso compacto como el parmesano.

2.4. Del territorio de la Unión como espacio de valores

Todo lo visto hasta ahora no termina de responder al objeto de este trabajo acerca de la delimitación territorial de la Unión. Este punto nos lleva entonces a tener que buscar otras categorías que configuren el elemento territorial de la Unión, es decir, que complementen el hecho geográfico. Admitido, pues, que la Unión se extiende por territorios de otros continentes y que la delimitación oriental de Europa es, al menos, cuestionable, debemos entender que el canon integrador se encuentra más en los valores con que se funda la Unión, que en el solo dato físico (vid. Pérez Miras, 2015: 415-416).

Efectivamente, como ya apuntábamos en la introducción, no cualquier Estado europeo podrá formar parte de la Unión puesto que de acuerdo con el art. 49 TUE, solamente podrán adherirse a la Unión los Estados europeos que respeten y promuevan unos valores que bien podríamos calificar de humanos, y que se encuentran reunidos en el art. 2 TUE (vid. *supra*). En definitiva, lo que queremos decir es que a estas cuestiones que hemos abordado hasta el momento acerca del espacio físico territorial que puede llegar a ocupar la Unión, con especial énfasis en la idea de continentalidad –incluido su entorno más próximo–, se debe añadir una perspectiva axiológica en tanto en cuanto los Estados miembros deben compartir el fundamento de la Unión basado en los valores de libertad, democracia, igualdad, Estado de Derecho y respeto de la dignidad humana y de los derechos humanos[31]. Esto ya se ha ido apun-

---

[31] Esto se evidencia, por ejemplo, en el hecho de que los documentos que publica la Comisión europea para comprender las políticas de la Unión Europea, el relativo a la ampliación tiene como subtítulo "Hacer llegar a más países las normas y los valores europeos" y en su texto queda clara la finalidad de la ampliación es propiciar la paz, la prosperidad y los valores del continente,

tando irremediablemente en los epígrafes anteriores, ahora queremos conceptualizar este espacio territorial axiológico.

En este sentido, el caso de Marruecos nos sirve para ilustrar esta situación. Marruecos pidió el ingreso a las entonces Comunidades Europeas en julio de 1987. El país norafricano, poco después del ingreso de España y Portugal, solicitó ser un socio más de la entonces Europa de los 12. Bien es cierto que Marruecos ha tenido siempre una estrecha relación con Francia y con la Península Ibérica. Pero su localización geográfica y, especialmente, su falta de democracia, hacían inviable aquella solicitud –que sin embargo tuvo efectos positivos para una mayor cooperación económica posterior–. La excusa geográfica –ni siquiera formaba parte del Consejo de Europa– fue una fácil solución para que las relaciones diplomáticas no tuvieran que enfrentarse al hecho del déficit democrático, que es lo que consideramos que realmente frenaría una posible adhesión de un país de la otra orilla del Mediterráneo[32]. Ni siquiera la innegable herencia común que tenemos con el conjunto de países bañados por el Mediterráneo, gracias a los orígenes romanos de expansión por el *Mare Nostrum* –orígenes sobre los que esa idea de una unión en Europa se justificaría– es suficiente para salvar la necesidad de ser un Estado democrático de Derecho. Grecia, España y Portugal, los países del Este, todos saben de dicha necesidad[33].

Al hilo de ello, el dilatado tiempo para la adhesión de Turquía es quizá la mejor muestra de que los valores fundamentales de la Unión son requisito *sine qua non* para aspirar de verdad seriamente al club europeo. De hecho, las reacciones que el Gobierno de Erdogan, tras el fallido golpe de Estado, no hacen sino cuestionar una vez más la idoneidad de la entrada de Turquía en la Unión: mucho más importante se nos antoja el que el Gobierno turco se plantee siquiera la reintroducción de la pena de muerte en el ordenamiento turco por el clamor popular como reacción del golpe de Estado, que el hecho de que una amplia mayoría del territorio se adentre indiscutiblemente en suelo asiático.

Con el ejemplo de estos dos últimos países, podemos dar un paso más en la búsqueda de la delimitación territorial de la Unión profundizando en esa base axiológica que ya estamos apuntando. Efectivamente, creemos que la inspiración, parafraseando el Preámbulo del TUE, con que los Estados miembros desean constituir la Unión,

---

con referencias expresas al art. 2 TUE. Por tanto, en esta publicación, destinada al conjunto de la ciudadanía europea, se vincula claramente la configuración territorial de la Unión –mediante las ampliaciones– con la compartición de los valores en los que se fundamenta la Unión. El documento, en cualquiera de las lenguas oficiales, está disponible *on line* en *http://bookshop.europa.eu/es/ampliaci-n-pbNA0215516/?CatalogCategoryID=sciep2OwkgkAAAE.xjhtLxJz* (01/04/16).

32 De hecho, desde 2008 existe una organización intergubernamental promovida en la Cumbre del Mediterráneo de París de aquel año como un reforzamiento del Proceso de Barcelona iniciado en 1995. La Unión por el Mediterráneo, con sede en Barcelona, está integrada por 43 países de ambos lados del Mediterráneo, incluyéndose los 28 Estados miembros de la UE. Más información sobre este organismo puede consultarse en su web *http://ufmsecretariat.org/* (01/04/16).

33 Llama la atención de una posible regresión y advierte de una degeneración populista de Europa a raíz de un interesante estudio sobre los recientes cambios constitucionales de Hungría, Vecchio (2015).

basada en una herencia cultural, religiosa y humanista de Europa, debe tornarse en una efectiva aspiración para poder alcanzar, siguiendo con la paráfrasis, el fin de la división del continente europeo[34].

Es desde este prisma donde podemos enfocar la delimitación territorial de la Unión. Y es que ese territorio es sólo la base sobre la que se asienta un espacio marcado por la cultura. En definitiva, el aspecto cultural es el elemento integrador de la Unión Europea. Pero una cultura jurídica[35], pues como ha asentado Häberle (2004) "el proceso de constitucionalización de Europa debe ser comprendido desde su pluralidad y unidad como cultura. No sólo los textos CE/UE contienen derecho constitucional cultural, también en Europa en sentido amplio, la cultura es un tema aglutinador y unificador." Siguiendo su teoría, el patrimonio cultural europeo se nutre de la pluralidad municipal, regional y nacional, y por tanto, desde este espacio cultural se puede construir un espacio público europeo. Y es que, como muy bien señala "[el] territorio, el espacio, no es simplemente la naturaleza, la planicie o el espacio de la tierra; es un territorio configurado culturalmente." (Häberle, 2008: 350)

En ese sentido, este espacio público europeo no debe por qué coincidir con el elemento fáctico territorial del continente, no obstante la consideración de que su equiparación es una aspiración de la Unión. De ahí que se establezca entre los criterios de Copenhague para la ampliación, unos de carácter político, que impongan en el Estado candidato instituciones estables que garanticen la democracia, el Estado de Derecho, los derechos humanos y el respeto y la protección de las minorías[36]. Al respecto, aquí consideramos que el carácter dinámico que hemos estado observando en el proceso de integración no debe afectar al núcleo de esos valores. Sin llegar a definir este aspecto desde una visión estática, que iría contra la necesaria adaptación de los valores y principios al tiempo histórico al que deben servir de fundamento, sí creemos que éstos deben entenderse como permanentes, en el sentido de que su observancia es un requisito para la continuación en el proyecto europeo; es decir, la adhesión no agota el compromiso de asunción de los valores fundamentales de la Unión[37]. Ello viene avalado por las

---

34 "[...] INSPIRÁNDOSE en la herencia cultural, religiosa y humanista de Europa, a partir de la cual se han desarrollado los valores universales de los derechos inviolables e inalienables de la persona, así como la libertad, la democracia, la igualdad y el Estado de Derecho,

RECORDANDO la importancia histórica de que la división del continente europeo haya tocado a su fin y la necesidad de sentar unas bases firmes para la construcción de la futura Europa, [...]"

35 Häberle (2004) ha determinado que los elementos que configuran la cultura jurídica europea son la historicidad, el carácter científico y la dogmática jurídica, la independencia jurisdiccional y el Estado de Derecho, la libertad religiosa y la neutralidad confesional e ideológica del Estado y las ideas de pluralidad y unidad y de universalidad y particularidad.

36 Al respecto, nos permitimos remitir al interesante trabajo de Ana Tomás López (2015) sobre la protección de las minorías durante los procesos de ampliación de la Unión. Véase también al respecto de la protección de las minorías y su relación con la integridad territorial, De Miguel Bárcena (2014).

37 Vid. Bar Cendón (2014), que sobre esta premisa se pregunta por la vulnerabilidad de los valores y derechos de la Unión en los Estados miembros y los mecanismos para su control.

previsiones del art. 7 TUE en torno a los riesgos claros de violación o existencias de violaciones graves y persistentes de los valores del art. 2 TUE por parte de un Estado miembro.

Nos encontramos pues en un territorio sobre el que se ha ido construyendo a lo largo de los milenios un espacio cultural, que hoy en día está dando lugar a un espacio constitucional donde sus pueblos viven, por decirlo en corto, en una comunidad de Derecho. En este sentido, los Derechos Fundamentales son pieza clave de este nuevo –aunque quede poco para su sexagésimo aniversario– espacio constitucional (vid. Teruel Lozano, 2015).

Quizá, la idea más expresiva dela Unión como territorio en el que se construye un espacio común, más allá de lo económico, sea la idea del Espacio de Libertad y Justicia, pues es seguramente una de las construcciones más útiles –y necesarias– para superar los viejos campanilismos. Y ello a pesar de que la crisis de los refugiados está tensando la capacidad de actuación de la Unión, que se debate entre la impotencia a la hora de administrar la avalancha –y la impotencia a veces saca lo peor de uno mismo– y el mantenimiento de la creencia de que la dignidad todavía es un sello distintivo europeo.

Con todo, el espacio europeo puede extenderse por todo territorio donde sus habitantes compartan los valores de la Unión. Pero ese espacio necesita de un efectivo intercambio y es por ello que la idea de continuidad territorial va pareja a toda construcción teórica que queramos realizar. Esa continuidad territorial bien se puede identificar con cuanto se ha dicho acerca de la continentalidad de la Unión, al tiempo que es lo suficiente flexible como para que otras zonas del globo puedan sentirse parte del proyecto, aunque sea de manera mediata por un Estado miembro.

Este espacio axiológico transciende, por tanto, el solo espacio estatal, y por ello precisamente debe articular entre sus valores el respeto a las diferencias lógicas que surgen en un vasto territorio. Es por ello que creemos necesario una buena articulación del valor de la autonomía territorial para con la cultura jurídico-constitucional europea (Häberle, 2008: spec. pp. 350 ss.), adoptando una perspectiva federal[38].

Una apuesta por la construcción federal europea es un compromiso por una mayor unidad, y por tanto un reforzamiento de los valores fundamentales, que en última instancia redunda en beneficio de todos y cada uno de nosotros como ciudadanos europeos. La ciudadanía europea está necesitada de cercanía política y ésta sólo se puede conseguir mediante estructuras y formas descentralizadas de poder[39].

[38] De acuerdo con Häberle (2008: 352) "La autonomía es un pedazo de la división de poderes desde una perspectiva federal y conduce a un incremento del Estado de Derecho y las prestaciones sociales que resultan de la actividad cotidiana de los municipios. Sin duda, han existido ciudadanos del mundo –como Kant o Goethe–, pero los ciudadanos ordinarios necesitamos un pedazo de tierra para sostener nuestra identidad. Finalmente, la autonomía está al servicio del interés general, que comprendido desde una perspectiva pluralista, se configura de manera procesual a partir de las directrices constitucionales. En conclusión, el pluralismo territorial es un logro para la comunidad política y el ciudadano."

[39] Al respecto me permito remitir al fabuloso estudio de Kotzur (2004)

Para finalizar este epígrafe, no podemos sino volver a los elementos estatales de JELLINEK (vid. *supra*) para razonar la Unión desde ese punto de vista estatal, de manera que debemos entender los tres elementos de manera inescindible los unos de los otros, y así se entiende que un territorio unido solamente es posible mediante una ciudadanía comprometida. Y para ello, es necesario siempre avanzar en los puntos que han abierto el camino hacia una mayor experimentación por parte de la ciudadanía del significado de la Unión. Por ejemplo, como señala HÄBERLE (2008), "[la] Europa de Schengen ha relativizado el espacio estatal, de modo que éstos se definen como espacios jurídicos culturales. Hoy, tan sólo cuentan las fronteras externas de la Unión." Pues bien, cuando hemos sido ya capaces de definir esas fronteras externas, nos debería ser más fácil no volver a llenar de colores esa unidad azul, y que entonces ese mapa nos permita volver a ver brillar la luz de nuestras estrellas. En definitiva, una unión política compacta sólo podrá conseguirse mediante una sólida construcción jurídica.

3. A MODO DE CONCLUSIÓN: ¿TIENE EL TERRITORIO EUROPEO UNA BASE IDENTITARIA?

Europa es más que un concepto geográfico. Su delimitación territorial no es que venga marcada por los Estados miembros, con las particularidades establecidas por la distinta aplicación de los Tratados a según qué zonas, sino que en realidad el espacio físico europeo viene mediatizado por la comunidad de derechos, principios y valores que se asiente sobre el mismo, que irremediablemente será sobre un territorio concreto y determinado. Puede ser del continente, en sus partes más claras o en las más difusas, en sus islas cercanas o en sus archipiélagos más lejanos, incluso en suelo continental diverso, pero al final lo importante es que el respeto a los valores de la Unión sea hecho inequívoco.

Esta es la verdadera importancia de la delimitación territorial de la Unión: no se puede construir jurídicamente una nueva comunidad sin saber cuál es el espacio sobre el que queremos edificar nuestros faros de dignidad y nuestra ágora de encuentro. Al final, los criterios de Copenhague que se fiscalizan en el proceso de adhesión no son sino la constatación de que un territorio puede entrar a formar parte del espacio europeo. O visto de otro modo, de que el espacio cultural europeo casa bien con el territorio de un potencial Estado miembro.

De este modo, creemos que se puede responder a la pregunta de este epígrafe: todos los casos que se han estudiado (adhesiones, ampliaciones, secesiones, independencias…) tenían en común una base identitaria. Así, no podía entenderse una Alemania reunificada que pudiera quedar fuera de la Unión por aplicación estricta de las normas comunitarias e internacionales; o una Argelia que se quisiera independizar de Francia para subsumirse en Europa; o una Groenlandia que por sus características siempre Europa le va a ser lejana; pues no es lo mismo ver que la posición geográfica en nada va a mejorar tu vida diaria a que, por ejemplo, una frontera natural como puede ser el río Guadiana entre Andalucía y Portugal deje de ser un elemento que separa para ser un accidente geográfico que se salva con un puente.

Es en definitiva esa cultura constitucional europea la identidad que marca el espacio que se expande por el territorio de la Unión. Pero no se trata de construir un edificio de cartón piedra que nos engañe la vista, un territorio yermo de valores y trufado de maniquíes sin alma. Los territorios de Europa son un lugar de encuentro, son el ágora donde nuestros Derechos Fundamentales se dan la mano. Por ello, aunque su definición sea mediata de acuerdo con los Estados miembros, su protección, promoción y garantía coadyuva a que el conjunto territorial de la Unión salga fortalecido, y por ende, nuestra comunidad de Derecho.

El desafío lanzado por los británicos debe entenderse desde esta óptica identitaria. Su euroescepticismo no es sino la lucha entre su propia identidad y la compartición de unos valores superiores. Una escasa mayoría no ha apostado por ir más allá. Es cierto que su decisión puede poner en jaque a toda la Unión, porque en cierto modo se rompe ese espacio cultural común.

Sin embargo, puede que tan solo estemos ante un redimensionamiento de nuestro espacio cultural: quizá la pérdida de un territorio no es sino la oportunidad para afianzar aún más el proyecto federal que desde el continente tiende a preconizarse con mayor énfasis. Al fin y al cabo, el Reino Unido siempre ha sido reticente a un proyecto federal pleno, siempre ha querido mantener las distancias jurídicas que metafóricamente la geografía de manera natural le ha dado. En cualquier caso, este capítulo no está más que su fase incipientérrima, con lo que aún es pronto para extrapolar unas conclusiones al respecto.

A pesar de ello, y de las tensiones independentistas en el seno de Europa, la Unión tiene el deber de cuidar y promover sus valores por todos los rincones sobre los que los Tratados le permiten actuación. Su vocación debe ser integradora al tiempo que respeta la autonomía. Su finalidad no es otra que dibujar una sola frontera: la que dibuja la costa del mar y la que en la tierra viene marcada por la voluntad de vivir en paz.

Referencias bibliográficas

ARNOLD, Rainer (1993), *La unificación alemana: estudios sobre derecho alemán y europeo*, Madrid: Cívitas.

BAR CENDÓN, Antonio (2014), "La Unión Europea como unión de valores y derechos: Teoría y Realidad", *Teoría y Realidad Constitucional*, nº 33, pp. 99-140.

CERRUTI, Tanja (2015), "Le istanze indipendentiste nell'Unione Europea", en G. M. TERUEL LOZANO, A. PÉREZ MIRAS, E.C. RAFFIOTTA, *Desafíos del constitucionalismo ante la integración europea*, Murcia: EDITUM, pp. 449-468.

DE CARRERAS SERRA, Francesc (2014), "Unión Europea y secesión de Estados miembros. ¿Deben intervenir las instituciones europeas?", *Teoría y Realidad Constitucional*, nº 33, pp. 271-282.

DE MIGUEL BÁRCENA, Josu (2014), "La cuestión de la secesión en la Unión Europea: una visión constitucional", *Revista de Estudios Políticos*, nº 165, pp. 211-245.

DÍEZ-PICAZO GIMÉNEZ, Luis María (2002), *Constitucionalismo de la Unión Europea*, Madrid: Cívitas.

FANOTTO, Luca (2015), "Le Regioni a statuto speciale nel quadro dei rapporti con l'Unione Europea", en G. M. TERUEL LOZANO, A. PÉREZ MIRAS, E.C. RAFFIOTTA, *Desafíos del constitucionalismo ante la integración europea*, Murcia: EDITUM, pp. 531-548.

FROSINA, Laura (2014), "Regiones y Unión Europea tras el Tratado de Lisboa. El Comité de las Regiones, los Parlamentos regionales y el desafío de la «Multilevel Governance»", *Revista de Derecho Constitucional Europeo*, nº 22, en *http://www.ugr.es/~redce/*; traducido del italiano por Augusto Aguilar Calahorro.

GARCÍA ANDRADE, Paula (2015), "El principio de subsidiariedad en la acción exterior de la Unión Europea", en G. M. TERUEL LOZANO, A. PÉREZ MIRAS, E.C. RAFFIOTTA, *Desafíos del constitucionalismo ante la integración europea*, Murcia: EDITUM, pp. 155-176.

— (2014), *La acción exterior de la Unión Europea: un problema de reparto de competencias*, Valencia: Tirant lo Blanch.

HÄBERLE, Peter (2008), "El valor de la autonomía como elemento de la cultura constitucional común europea", *Revista de Derecho Constitucional Europeo*, nº 10, pp. 347-354; traducido del alemán por Miguel Azpitarte Sánchez.

— (2004), "Europa como comunidad constitucional en desarrollo", *Revista de Derecho Constitucional Europeo*, nº 1, en *http://www.ugr.es/~redce/*; traducido del alemán por Francisco Balaguer Callejón.

JELLINEK, Georg (1905/2000), *Teoría general del Estado*, 2ª ed. alemana; traducido del alemán por Fernando de los Ríos Urruti; edición a cuidado de José Luis Monereo Pérez, Granada: Comares.

JIMÉNEZ-PIERNAS GARCÍA, Alberto (2015), "Retos de los nacionalismos en la Europa de las Regiones", en G. M. TERUEL LOZANO, A. PÉREZ MIRAS, E.C. RAFFIOTTA, *Desafíos del constitucionalismo ante la integración europea*, Murcia: EDITUM, pp. 425-448.

KOTZUR, Markus (2004), "Federalismo, regionalismo y descentralización local como principios estructurales del espacio constitucional europeo", *Revista de Derecho Constitucional Europeo*, nº 1, en *http://www.ugr.es/~redce/*; traducido del alemán por Miguel Azpitarte Sánchez.

MANGAS MARTÍN, Araceli (2013), "La secesión de territorios en un Estado miembro: efectos en el derecho de la Unión Europea", *Revista de Derecho de la Unión Europea*, nº 25, pp. 47-68.

NASSO, Ilario (2015), "Il recesso degli Stati dall'Unione: effettiva possibilità o previsione meramente… ansiolitica?", en G. M. TERUEL LOZANO, A. PÉREZ MIRAS, E.C. RAFFIOTTA, *Desafíos del constitucionalismo ante la integración europea*, Murcia: EDITUM, pp. 469-490.

ORTEGA KLEIN, Andrés; DE AREILZA Y CARVAJAL, José María (2000), "Escisión y permanencia en la Unión Europea. Aproximación a un marco teórico sin precedentes", *Claves de Razón Práctica*, nº 100, pp. 31-37.

PÉREZ MIRAS, Antonio (2015), "Las tensiones territoriales en la Unión Europea", en G. M. TERUEL LOZANO, A. PÉREZ MIRAS, E.C. RAFFIOTTA, *Desafíos del constitucionalismo ante la integración europea*, Murcia: EDITUM, pp. 413-422.

ROMANO, Andrea (2015), "Towards a Brexit? Il rapporto tra il Regno Unito e l'Unione Europea di fronte alle sfide della crisi economico-finanziaria", en F. BALAGUER CALLEJÓN; M. AZPITARTE SÁNCHEZ; E. GUILLÉN LÓPEZ; J. F. SÁNCHEZ BARRILAO, *The impact of the economic crisis on the EU institutions and member States*, Cizur Menor: Aranzadi, pp. 297-318.

TERUEL LOZANO, Germán M. (2015), "Los derechos fundamentales en el espacio constitucional europeo", en G. M. TERUEL LOZANO, A. PÉREZ MIRAS, E.C. RAFFIOTTA, *Desafíos del constitucionalismo ante la integración europea*, Murcia: EDITUM, pp. 631-640.

TOMÁS LÓPEZ, Ana (2015), "La protección de las minorías étnicas y nacionales en el proceso de ampliación y constitucionalización de la Unión Europea", en G. M. TERUEL LOZANO, A. PÉREZ MIRAS, E.C. RAFFIOTTA, *Desafíos del constitucionalismo ante la integración europea*, Murcia: EDITUM, pp. 139-154.

VECCHIO, Fausto (2015), "*Quo vadis* Europa? La degenerazione populistica ungherese tra crisi economica e crisi costituzionale", en G. M. TERUEL LOZANO, A. PÉREZ MIRAS, E.C. RAFFIOTTA, *Desafíos del constitucionalismo ante la integración europea*, Murcia: EDITUM, pp. 69-84.

VIMERCATI, Benedetta (2015), "L'Unione Europea e il ruolo delle assemblee legislative regionali e locali", en G. M. TERUEL LOZANO, A. PÉREZ MIRAS, E.C. RAFFIOTTA, *Desafíos del constitucionalismo ante la integración europea*, Murcia: EDITUM, pp. 491-510.

WEILER, Joseph H. H. (2012), "Catalonian Independence and the European Union", editorial del *European Journal of International Law*, Vol. 23, nº 4, pp. 909-913.

SECESIONISMO Y SENTIMIENTO ANTIEUROPEO: LOS DESAFÍOS DEL FEDERALISMO EN EUROPA[1]

Francesca Minni

Alma Mater Studiorum - Universidad de Bolonia

1. Introducción

Desde sus primeras intenciones, el proyecto subtendido a la creación de las Comunidades europeas en los años 50 del '900 se proponía la progresiva constitución de los Estados Unidos de Europa, una organización federal con un común proyecto político, para garantizar no sólo el bienestar de la economía del territorio, sino también la paz y el gozo uniforme de los derechos por sus ciudadanos.

El proyecto político de los padres fundadores de la Europa unida se basaba en el objetivo común a todos los actores de evitar la recurrencia de los conflictos entre Estados que habían llevado a las dos guerras mundiales, garantizando al viejo continente una situación de paz duradera y, al mismo tiempo, reconstruyendo una economía destruida por las dos guerras. El instrumento económico, que en ese momento de la historia era más potente y menos traumático para los estados involucrados, sólo tenía que ser el medio para lograr una unión política sólida y productiva de los pueblos (Cartabia, Weiler, 2000, 267). A través de los años, sobre todo en las dos últimas décadas, esa idea de unión política parece que haya ido desvaneciendo junto con el recuerdo de las razones de esta decisión. La ausencia de un proyecto político común ha determinado, es decir, la falta de cohesión y coherencia también de las políticas financieras, cuyos límites son ahora evidentes para todos.

---

[1] Este trabajo es una actualización de la ponencia que la autora presentó en el Congreso Iberoamericano de Bogotá en septiembre de 2015 y que fue publicado con el mismo título en *Annuario italo-iberoamericano di Diritto costituzionale*, Editoriale Scientifica Napoli, 2015.

Hoy en día la Unión Europea está pasando un momento difícil. La crisis económica y financiera de los últimos años puso de manifiesto todas las debilidades de un sistema que, a pesar de sus primeras intenciones, nunca ha logrado alcanzar un tamaño federal animado por una visión política común, sino que, en cada momento, el interés, las peticiones y las necesidades de cada Estado miembro han ido prevaleciendo. Las dificultades del viejo continente provienen de varios frentes (Lamy, 2015, 370): no hay duda que los problemas obvios de crecimiento económico conectados a la crisis hayan destapado la caja de Pandora, en la que habían sido encerrados todos los temas relacionados con la obvia falta de gobernanza europea; esta complicada situación, junto con la falta de medios para tratar de solucionarla, han ido agravando los problemas de identidad y pertenencia de los "pueblos europeos" a Europa, cargando aún más su estructura de problemas.

Esta difícil situación, las medidas impopulares tomadas por la UE y sus efectos sobre los Estados Miembros han determinado además la aparición por un lado del crecimiento exponencial del euroescepticismo y de instintos anti-europeos, por otro lado de la exacerbación en algunos países (tal como España, Reino Unido, Italia) de fuertes solicitudes de mayor autonomía (sobretodo financiera) e incluso de sentimientos de secesión de territorios y de Europa (como demuestra el reciente referéndum sobre el *Brexit*). Todo esto, junto al asunto de la fuerte crisis de Grecia, que aparte de poner en riesgo la estabilidad de toda Europa y de las cuentas de los Estados, plantea también dudas con respeto al futuro de la misma Unión, pone a Europa frente a una encrucijada: ¿seguir juntos con un mismo proyecto político hacia una federación de Estados, o volver a una situación de total autonomía nacional?

2. Qué es lo que ha pasado

Hacía diez años en Europa se discutía sobre la Constitución Europea, que, aunque no fuese una constitución clásica que iba a llevar de pronto a un sistema federal como aquello de los Estados Unidos de América, sin duda constituía un paso adelante en ese sentido. El proyecto, a parte ordenar las normas de los distintos tratados sobre los que se fundaba la Unión, se proponía el alcance de síntesis ética colectiva en la que condensar el marco moral, político y jurídico de cada realidad nacional y, a la vez, fortalecer una común identidad política europea. El proceso constitucional hubiera favorecido por un lado la participación e inclusión en la estructura Europa de todas las fuerzas políticas en torno a un proyecto común que iba más allá de los territorios de pertenencia nacional, y, por otro lado, y gracias a eso, hubiese sentado las bases de la construcción discursiva de una conciencia pública a nivel europeo (Ypi, 2006, 1).

Sin embargo, a pesar de los esfuerzos para completar el proyecto de Constitución Europea, en las negociaciones prevalecieron el egoísmo nacional y los intereses partidistas. Esos sentimientos euroescépticos y el rechazo expresado por algunos Estados (Francia y Holanda) llevaron a decidir posponer el propósito Federal, tomando a la vez conciencia de que todavía no existía una población europea que legitimara las instituciones políticas y la estructura jurídica de ese espacio territorial más allá de los asuntos comerciales y económicos alrededor de los que la Unión había ido creciendo.

Mientras tanto, estallaba en Europa, como en el resto del mundo, la crisis económico-financiera, y con esa, la idea de una Unión política fue matizándose aún más ya que las instituciones tuvieron que abandonar del todo los proyectos constitucionales e intervenir, en algunos casos frenéticamente, para evitar el riesgo de *default* bajo la presión de los mercados y de la especulación financiera.

Esa crisis económica que desde 2007 afecta Europa puso de manifiesto la ineficacia de los instrumentos de la Unión también para los asuntos económicos, las debilidades de un sistema basado en una asimetría entre la política monetaria y fiscal, así como la incapacidad de los procedimientos de garantizar la coordinación efectiva de las políticas presupuestarias de los Estados Miembros (Giupponi, 2014, 73).

Para hacer frente a estas faltas del sistema, la Unión Europea en los últimos años fue adoptando una serie de medidas, no siempre coherentes entre sí (Canepa, 2015, 3), para fortalecer la gobernanza económica y aumentar la coordinación, conforme a los tratados, entre las políticas económicas de los Estados miembros. Así, en 2010, se introdujo el procedimiento del Semestre europeo, que vincula las leyes presupuestarias de los Estados miembros a un control generalizado por parte de las instituciones europeas. Posteriormente se procedió a través del pacto *Euro plus* para fortalecer los objetivos del Pacto de Estabilidad y Crecimiento, garantizando la sostenibilidad de las finanzas públicas y poniendo un freno al endeudamiento estatal. El refuerzo de estas políticas a través del *six pack* y del *two pack*, junto con la introducción del Mecanismo Europeo de Estabilidad, son medidas que permiten dar forma a la dirección tomada por la UE (Raffiotta, 2013, 82). Se trata, pues, de un camino que lleva a una reducción del espacio de soberanía de los Estados miembros, que ya no tienen libertad en decidir sus políticas económico-financieras. Pero es evidente que, al no tener libertad de cuentas ni de gastos, los Estados van encontrando problemas también en la posibilidad de seguir garantizando a sus ciudadanos los derechos, sobre todo aquellos sociales que conllevan la exigencia de inversión de dinero público. Y como frente a sus ciudadanos los gobiernos nacionales siguen siendo responsables de las políticas realizadas (o no), las restricciones consecuentes a los vínculos europeos generan descontento entre la población y alimentan el sentimiento antieuropeo de los Estados (Cerniglia, 2013, 105).

En la práctica, la crisis ha demostrado que no sólo Europa no está unida desde un punto de vista político, sino que no lo es tampoco en materia financiera y monetaria que hasta ahora parecía el campo europeo más sólido. Pero hay más: esa crisis nos ha mostrado que los principios de solidaridad, subsidiariedad e integración que deberían caracterizar a la Unión Europea, están muy lejos no sólo de su pleno desarrollo, sino también muy distantes del verdadero propósito de cada Estado miembro. Somos europeos sólo cuando las cosas van bien, si no regresan a cabo los nacionalismos y, tal vez, el particularismo territorial.

3. Qué es lo que está pasando

Las estrictas obligaciones financieras que Europa impuso a los Países miembros, con una fuerte demanda de contención de costes y de reducción de la deuda pública, hasta la constitucionalización del principio del "equilibrio presupuestario", produjeron dinámicas de re-centralización interna de los poderes a los Estados, también y sobre todo aquellos con estructuras de tradición regionalista o autonómica (tal como Italia o España) que han puesto en crisis el proceso federal desarrollado hasta entonces por estas Naciones. Efectivamente los vínculos europeos a las economías nacionales, y, especialmente el Fiscal Compact, produjeron una inevitable reducción de la autonomía de las políticas económicas nacionales. La falta de autonomía presupuestaria, junto tal vez al poco tiempo para realizar reformas para hacer frente a la crisis, llevaron a unas políticas de recortes masivos de los recursos utilizables por las realidades territoriales, cuya misma función en ciertos casos ha sido puesta en duda (Scaccia, 2014, 7). Así, en Italia, los recursos económicos regionales fueron cortados y se redujo la autonomía financiera que tenían los territorios, hoy casi desaparecida y, es más, el Parlamento aprobó una reforma constitucional que, si los ciudadanos la confirmarán en otoño de 2016 con el referéndum constitucional, reducirá hasta sus competencias legislativas[2].

La crisis ha puesto en cuestión la sostenibilidad del nivel estatal o regional federal, especialmente cuando éste último trata de una estructura muy compleja (como Italia) y, aún más, cuando la demanda de federalismo sirve para ocultar casos de división política.

Y no simplemente nos enfrentamos a un cambio radical en comparación con las aspiraciones federales anteriores, que fueron devolviendo muchos espacios de autonomía, si no que estas políticas centrípetas en muchos casos han ido levantando problemas de secesión de territorios desde los Estados. Los tres casos de Cataluña, Escocia y el más recién de la Región italiana Véneto, aunque tengan raíces diferentes, estallaron todos por razones económicas amplificadas por la crisis. Aunque los tres territorios hubiesen manifestado su intención de salir del Estado, el plan no miraba a salirse de la Unión europea, sino a empezar a dialogar directamente con las instituciones como estado miembro autónomo. Pero en este sentido los organismos europeos se expresaron claramente: salir de un Estado miembro equivale a salir de la Unión y esto por no disminuir la soberanía de un Estado miembro, ni crear un peligroso precedente.

Junto a ellos, el junio de 2016 otro fenómeno de secesión se fue desarrollando de una forma del todo imprevista: el *Brexit*, es decir la decisión de los ciudadanos británicos de salir de la Unión europea. Esta votación plantea aún más las dudas sobre el camino de integración europea, poniendo de manifiesto las incertidumbres sobre el futuro de la Unión misma.

---

[2] Véase el proyecto de ley constitucional "*Disposizioni per il superamento del bicameralismo paritario, la riduzione del numero dei parlamentari, il contenimento dei costi di funzionamento delle istituzioni, la soppressione del CNEL e la revisione del titolo V della parte II della Costituzione*" aprobado por ambas Camaras del Parlamento italiano y publicado en la Gazzetta Ufficiale de la Repubblica italiana el día 15 de abril de 2016 (C. 2613-D).

Los acontecimientos relativos a los tres Países, se reconstruyen brevemente a continuación.

3.1. España: Cataluña

La cuestión de la independencia de Cataluña del resto de España tiene unas raíces muy lejanas tanto culturales, como sociales y políticas; se trata de una de las Comunidades históricas (junto con País Vasco y Navarra) donde el sentimiento autonomista de sus ciudadanos desde hace siempre es muy profundo y arraigado (F. Biagi, 2011, 63). Sin embargo, la madre del cordero, en el caso que estalló en los últimos años y que parecía concluido – de momento – con el "referéndum" celebrado el 9 noviembre de 2014, tiene más bien pinta económico-financiera.

En breve, el sistema de financiación de las Comunidades Autónomas se basa en una sustancial autonomía de gastos, posible gracias a unas entradas aseguradas a través de la entrega de cuotas o de la totalidad de los ingresos de algunos impuestos por parte del Estado central, que, a lo largo de los años, ha mantenido, conforme a lo que dice el art. 133 CE, la competencia exclusiva en materia tributaria. Esa autonomía, según lo que queda expresado en el art. 156 CE, tiene que ser desarrollada en consonancia con "los principios de coordinación con la Hacienda estatal y de solidaridad entre todos los españoles". La ley orgánica estatal tiene que garantizar "un nivel mínimo en la prestación de los servicios públicos fundamentales en todo el territorio español"; para ello existe un Fondo de Compensación para "corregir desequilibrios económicos interterritoriales y hacer efectivo el principio de solidaridad". Desde un punto de vista legislativo, pues, la financiación autonomía está disciplinada por la Ley Orgánica de Financiación de las Comunidades Autónomas (LOFCA), que se ocupa de definir un marco normativo dentro del que los Estatutos de cada Comunidad pueden desarrollar el ámbito de detalle. Según esta disciplina el Estado recauda los impuestos y luego distribuye parte de los ingresos entre las Comunidades, quedando por sí una parte para financiar los gastos generales. Quedan fuera de este sistema el País Vasco y Navarra, que, conforme a una tradición histórica, están sujetos al régimen de financiación foral, que les permite tener plena potestad para mantener, establecer y regular su propio régimen tributario. En estos dos casos son los territorios que se encargan directamente de todo el proceso de recaudación de los impuestos, y, después, las dos Comunidades contribuyen a la financiación de las cargas generales de la Nación, contratando cada año con el Estado una cantidad de financiación denominada "cupo".

El asunto catalán surgió cuando la *Generalitat* aprobó un *Estatut* que contenía unas normas que no encajaban ni con la Constitución ni con la LOFCA. Entre otras cosas, el proyecto miraba a modificar del todo el sistema de financiación para que Cataluña pudiera quedarse con el 100% de los ingresos de su territorio y contratar con el Estado la cantidad de cupo cada año, tal como las otras dos Comunidades históricas.

En espera de la decisión de inconstitucionalidad sobre el Estatuto catalán por parte del Tribunal Constitucional, que llegó solo en 2010, el gobierno central decidió modificar la LOFCA en 2009, otorgando a las Comunidades, y por eso también a Cataluña, más ingresos para hacer frente a los servicios públicos trasferidos por el centro a sus competencia: es decir el 50% del impuesto a la renta y del IVA y una cuota significativa (del 40 al 58%) de los impuestos especiales, junto a unos recursos adicionales que el Estado facilita para abordar las exigencias de gastos. Aunque se tratara de una mayor devolución de recursos, el gobierno catalán no se quedó contento ya que su pretensión era muy diferente. Además, la crisis produjo un claro cambio de tendencia, reduciendo la cantidad de los recursos y, en consecuencia, la capacidad financiera de las Comunidades. El gobierno español, para cumplir con el Fiscal Compact, modificó, con mucha rapidez, el art. 135 CE, introduciendo el principio de la estabilidad presupuestaria (Medina Guerrero, 2015, 53). El nuevo artículo, con su ley orgánica de actuación no. 2/2012, hizo que se consideraran legítimos por el Tribunal Constitucional unos límites a la autonomía de las Comunidades introducidos por el Estado para hacer frente a las crisis, enfriando de esta manera el proceso de devolución de competencias y de recursos hacia la periferia (sent. 182/2013 y 119/2014). Esta re-centralización de las decisiones, sobretodo presupuestarias, empeoró las relaciones con las CCAA y, en el caso de Cataluña, fue una oportunidad para reivindicar las demandas de una mayor autonomía, sobretodo financiera, incluso hasta el punto de amenazar la independencia del Estado central a través de un referéndum (Bilancia, 2014, 987).

El Tribunal Constitucional español suspendió el referéndum convocado para preguntar a los catalanes si fuesen de acuerdo con la independencia de su CA o si quisieran quedarse en España, pero con mayor autonomía, pero aún así el gobierno catalán convocó para el 9 de noviembre de 2014 una "elección plebiscitaria" para escuchar de todas formas la opinión de los ciudadanos. A pesar de un 80% de votos favorables a la secesión, al no ser autorizado el referéndum y a causa del bajo porcentaje de población que fue a votar (tan solo el 31%), la decisión catalana no fue tomada en cuenta así que, de momento, Cataluña se queda en España, sin que el gobierno central produjera cambios en su autonomía. Y, es más, el Presidente de la Generalitat y los promotores de la consulta fueron puestos bajo investigación por parte del Tribunal Superior de Justicia de Cataluña por el papel desempeñado en la promoción del referéndum. Las recientes elecciones catalanas del 27 de septiembre de 2015, en las que los partidos independentistas (*Junts pel Sì* y *Cup*) ganaron la mayoría de escaños en el parlamento de la comunidad (pero no la mayoría de los votos), ponen el tema de la independencia otra vez al centro del debate político español: el riesgo de la secesión de Cataluña se va haciendo más concreto aún y habrá que ver qué soluciones escogerán España y Europa para solucionar el problema.

3.2. Reino Unido: Escocia y Brexit

El 18 de septiembre de 2014 se celebró el referéndum por la independencia de Escocia. La demanda de secesión escoces se radica en cuestiones históricas muy lejanas en el tiempo. Pero no caben dudas que, también en este caso, el problema de la independencia territorial fue creciendo a lo largo de los últimos años por razones sobre todo económicas.

El sistema de la financiación pública del Reino Unido siempre ha sido muy centralizado, con transferencias a los territorios calculadas cada año por el Estado central siguiendo la "Fórmula Barnett". A partir de los años Noventa empezó un proceso de devolución de competencias y recursos financieros hacia los territorios periféricos, que en Escocia se realizó con el *Scotland Act* de 1998. Gracias a esta actividad los *constituent countries* (Escocia, Galles e Irlanda del Norte) gozaron de mayor autonomía. La devolución permitió a los escoceses decidir de manera independiente sobre los asuntos de educación, la salud, gobernanza local y transportes, dejando a Londres el control sobre la política exterior, las cuestiones energéticas y los asuntos fiscales (Wright, 2013, 567). Además, Escocia se vio garantizar la posibilidad, aunque reducida, de variar hasta las alícuotas de las tasas. Durante los años de la "prosperidad" no se produjeron fuertes quejas a este sistema, sin embargo, los territorios, y sobretodo él escoces, pidieron mayor autonomía cuando estalló la crisis económica en Europa, que comprometió también la situación financiera británica. De hecho, a raíz de la recesión del País, el Estado empezó a reducir las transferencias de dinero a los *constituent countries*, re-centralizando toda decisión sobre los asuntos fiscales y presupuestarios (Magarò, 2014, 47).

El sentimiento secesionista, alimentado por el *Scottish National Party* (SNP), quería la independencia de Escocia para permitirle recuperar más democracia, mayor nivel de Welfare State y riqueza (Bianchi, 2014, 977). Pero sobretodo las razones que llevaron al referéndum se referían a la capacidad fiscal de Escocia y a los recursos conectados con el petróleo del Mar del Norte, cuyas ganancias, según los independentistas, hubiesen tenido que quedarse en el territorio escoces (Leyland, 2014, 860).

La decisión de convocar un referéndum para preguntar a los residentes en Escocia (no simplemente a los escoceses) mayores de 16 años si estaban de acuerdo con la secesión de Reino Unido llegó en 2012 y fue aceptada por el Gobierno británico y la Corona de manera muy democrática. La realidad es que el éxito del SNP en las elecciones de 2011, que obligó los laboristas a formar en el Parlamento escoces un gobierno de coalición con aquel partido, convenció el Primer Ministro Cameron y su mayoría de gobierno a apostar por la solución menos mala entre conceder el referéndum, poniéndolo dentro de un proceso democrático interno al Estado británico, corriendo el riesgo de una secesión en caso de victoria de los sí, o bien negar su consentimiento a la consulta, produciendo quizá una fractura aún mayor, alimentando el sentimiento independentista y favoreciendo el crecimiento de la fuerza política del SNP (P. Leyland, 2014, 861).

Los laboristas ganaron las apuestas, pero sí es verdad que prevaleció el no a la salida de Escocia del Reino Unido con un porcentaje del 55% de los votos de más del 84% de los ciudadanos residentes en el territorio, y, de esta forma, se evitaron trastornos constitucionales para la Nación, esto no quiere decir que la cuestión de la autonomía escoces quede cerrada (Frosini, 2014, 925). Todo lo contrario: de hecho, tras los resultados de la consulta, *Westminster* ha re-empezado el procedimiento de *devolution*, tomando muy en serio las instancias reivindicadas y aceptando conceder más espacios de autonomía a las realidades territoriales. En particular, a Escocia se le garantirían, entre otras cosas, unas competencias fiscales casi plenas. El Parlamento, todavía, está esperando las elecciones del otoño de 2015 para aprobar la reforma y mientras tanto va debatiendo para solucionar otros temas (tal como la *Lothian Question*, es decir la anomalía según que solo el parlamento escoces vota los asuntos de su territorio, sin embargo, los parlamentarios escoceses de *Westminster* votan también sobre los asuntos ingleses) que se van produciendo junto al proceso de *devolution*.

Mientras que en Reino Unido se sigue debatiendo sobre una devolución más amplia de poderes legislativos y financieros a los territorios, tras el empuje del referéndum escoces, el País tiene que enfrentarse hoy en día con otra problemática secesionista: es decir la que resultó tras el referéndum por el *Brexit*.

En este caso, sin embargo, la cuestión afecta no tanto a las relaciones internas a un Estado, sino que pone de manifiesto que incluso a nivel de integración europea hay problemas que minan a la base misma del proyecto europeo, o sea, el quedarse juntos para alcanzar algún día el *federalising process*.

Respeto a eso, no caben dudas que la participación del Reino Unido a la Unión Europea siempre se ha caracterizado por un régimen de especialidad: en varias ocasiones logró obtener la no aplicación de ciertas cláusulas y tratados específicos. Ya con su entrada en los Setenta los ingleses fueron negociando condiciones especiales con las instituciones comunitarias. En 1992 durante la negociación del Tratado de Maastricht, los británicos consiguieron eliminar los términos "federal" (para el carácter de la Unión) y "legislativo" para los actos de la UE; se quedaron en principio fuera del Protocolo social (aceptado años más tarde por Tony Blair) y con el *opt-out* no participaron en la tercera fase de la Unión Monetaria, es decir, la del Euro como moneda única. De la misma forma, no entraron del todo en la comunitarizacion del convenio de *Schengen*, operada por el Tratado de Ámsterdam, acerca de la plena libre circulación de personas y de las normas de asilo (Mangas Martín, 2016, 3). Los bloqueos de Reino Unido al proceso de integración europea siguieron a lo largo de los últimos años[3], en los que, además, la creciente popularidad de las fuerzas políticas abiertamente anti-europeas, y la afirmación de posiciones "euroescépticas" incluso dentro de los principales partidos políticos británicos (y en particular el Partido Conservador) fueron poniendo las condiciones políticas para proponer a los electores la consulta sobre la permanencia del Reino Unido a la UE[4]. En este contexto, por lo

---

[3] por ejemplo, véase el informe sobre el estado de crisis de la zona euro y el fiscal compact, redactado por la Cámara Alta: *House of Lords, European Union Committee, 25th report of session 2010-2012, the euro area crisis*. Vid. Capriglione, 2016, 11.

[4] En particular, en 2015, durante su campaña para reelegirse como Primer Ministro, David Cameron se comprometió a realizar el referéndum por el Brexit antes de 2017. Eso para recuperar parte de los votos que los conservadores habían ido perdiendo a favor de los movimientos

tanto, el Parlamento británico aprobó una ley para celebrar el referéndum que preguntase a los ciudadanos británicos si quisieran quedarse en la Unión europea o no (*European Union Referendum Act 2015*[5]). Según la ley, el referéndum hubiese tenido que celebrarse antes del 31 de enero de 2017 con la simple pregunta: ¿debería el Reino Unido quedarse miembro de la Unión Europea o dejar a la Unión europea? Como se sabe, el 23 de junio de 2016, más del 72% de los ciudadanos británicos fue a votar y de ellos, el 51,89% votó a favor de la salida (*Leave*) de la Unión. Aunque la ley no prevé que el referéndum tenga carácter vinculante, ya que es –legalmente– un referéndum "consultivo", los estudiosos y observadores están de acuerdo en considerar poco probable que las instituciones británicas puedan divergir en sus decisiones futuras del resultado de la consulta (Curti Gialdino, 2016, 15)[6].

El primer resultado del referéndum ha sido la dimisión del primer ministro, David Cameron y mucha confusión en los principales partidos políticos del Reino Unido. Tras unos días de incertidumbre, Theresa May salió como nueva líder del partido Conservador y, a continuación, nueva primera ministra del País a partir del 13 de julio de 2016. Desde sus primeras declaraciones, ya parece claro que el gobierno británico no dará curso al proceso de salida de la Unión según el art. 50 del Tratado sobre la Unión europea antes de enero de 2017[7].

Otra consecuencia inmediata nace de la distribución desigual de los votos en el Reino Unido (con la prevalencia del voto para quedarse en la UE en el territorio escocés y de Irlanda Norte, así como en la ciudad de Londres): no caben dudas que esto reabrió las reivindicaciones separatistas y de independencia de Irlanda del Norte y de Escocia (Curti Gialdino, 2016, 5). Esta última además podría negarse a ratificar el voto del referéndum, bloqueando de hecho el proceso de salida de la Unión.

Además de todo esto hace falta destacar que el proceso de salida de la Unión Europea nunca fue utilizado antes de ahora, y eso conlleva problemas para su actuación y pone en duda la claridad de los escenarios futuros sobre la salida de Reino Unido.

---

nacionalistas tal como Ukip, cuyo tema principal de programa político iba acerca dela salida británica de la UE. Se vea Referéndum del Reino Unido sobre su permanencia o salida de la Unión Europea, Brexit, Nota informativa de 23 de junio de 2016 del Centro de Estudios de las Finanzas Públicas, 1.

[5] Conforme al art. 1 de la ley de 17 diciembre de 2015 "*A referendum is to be held on whether the United Kingdom should remain a member of the European Union*".

[6] Como además confirmado por el secretario de Estado de Asuntos Exteriores Philip Hammond, el 25 de febrero de 2016: "*The Government's position is that the referendum is an advisory one, but the Government will regard themselves as being bound by the decision of the referendum and will proceed with serving an article 50 notice". Ed aveva aggiunto, in risposta ad analogo quesito, che "The propositions on the ballot paper are clear, and I want to be equally clear today. Leave means leave, and a vote to leave will trigger a notice under article 50. To do otherwise in the event of a vote to leave would represent a complete disregard of the will of the people. No individual, no matter how charismatic or prominent, has the right or the power to redefine unilaterally the meaning of the question on the ballot paper*". Contrario Martinico, 2016.

[7] Véase http://www.independent.co.uk/news/uk/politics/brexit-theresa-may-article-50-activated-uk-approach-eu-referendum-scotland-sturgeon-a7138971.html

Muchas son las opciones: desde la salida seca hasta la posibilidad de quedarse, pasando por modulaciones de acuerdos entre la UE y Westminster según el estilo de Suiza o de Noruega (Savastano, 2016, 12). Lo que es cierto es que el impacto de esta decisión no afectará simplemente el País que decidió salirse, sino que, sobre todo bajo un perfil financiero y por respeto a los asuntos acerca de la libera circulación de ciudadanos, servicios, bienes habrá cambios por todos los Países miembros.

3.3. Italia: Véneto

La cuestión secesionista italiana es un poco diferente de las dos que se acaban de analizar. En primer lugar, mientras al extranjero el asunto fue tratado con cierta cautela, no sólo por los medios de comunicación, sino por los gobiernos centrales ya que la cuestión de la secesión toca las bases del pacto constitucional Nacional, en Italia la reacción ha sido la casi total indiferencia, permaneciendo el caso del Véneto más bien ajeno a cualquier tipo de debate público. Así, mientras en el Reino Unido se discute sobre la concesión de una mayor autonomía del territorio escocés y España está tomando medidas contra el Presidente y otros ministros del gobierno autonómico (bajo investigación por el Tribunal Superior de Justicia de Cataluña por el papel desempeñado en promover el referéndum del 9 de noviembre de 2014), en Italia, el intento de secesión de Véneto pasó bajo silencio, sin que el parlamento debatiera sobre la cuestión, además ignorada por los medios de comunicación, incluso después de la decisión de la Corte Constitucional (Fasone, 2015, 1).

Con referencia pues, a los motivos que animaron las reivindicaciones de autodeterminación de Escocia, Cataluña y de Véneto si hay que reconocer que los tres territorios manifestaron claramente el deseo de convertirse en un estado autónomo, al mismo tiempo no caben dudas que las situaciones difieren en lo que se refiere al contexto concreto, y a las raíces culturales, históricas y de realización que llevaron a cabo las tres decisiones. En el caso del Véneto, la razón económica que llevaron a las dos leyes no. 15 y 16 del 2014 destacan de forma aún más evidente y se radican en los problemas del regionalismo italiano, que se agravaron durante la crisis.

Por eso, para tratar este tercer caso de "secesión", primero hay que recapitular en breve cómo funciona el regionalismo italiano y que ha pasado para que el sentimiento de independencia de un territorio que no tiene ni una tradición de nación autónoma, ni se basa en una población definida con la misma identidad cultural, deviniera tan fuerte.

En breve, en Italia existen dos tipologías de regiones: aquellas digamos "ordinarias", y aquellas "especiales". Las primeras, es decir la mayoría de las regiones – incluso el Véneto – gozan de autonomías legislativas, administrativas y financieras establecidas por la Constitución. Las segundas, que son cinco, reciben sus propias atribuciones en sus estatutos de autonomía, aprobados con ley constitucional y quedan fuera de la disciplina constitucional. Esta diferencia de trato depende de razones territoriales (como las dos islas de Cerdeña y Sicilia) y lingüístico-culturales (como Trentino Alto Ádige, Friuli Venecia Julia y Valle de Aosta) que después de la segunda guerra mundial en los años '40 del siglo pasado, merecían una disciplina especifica. El aspecto que sin duda produce más diferencias y polémicas se refiere a la recaudación, distribución y gestión de los recursos. El Estado tiene competencia tributaria exclusiva por lo que ataña las regiones ordinarias, mientras que los estatutos especiales prevén la posibilidad de crear tributos propios. Aunque esta opción básicamente nunca haya sido utilizada, pues el sistema tributario en Italia es derivado, las cinco regiones siempre han gozado de una recaudación en muchos casos del 100% de los recursos pagados en sus territorios y de una autonomía mucho mayor en la gestión y en el gasto de los mismos. Al contrario, las regiones ordinarias se ven devolver solo una parte de la recaudación pagada por sus ciudadanos según lo que el legislador estatal decide; el dinero con el que se queda el Estado sirve, entre otras cosas, para razones de reparto equitativo de los recursos en todo el territorio nacional, según las lógicas del federalismo cooperativo. Esto, para decirlo en breve y de manera muy sencilla, porque la situación nacional ve muchas diferencias entre las "regiones ricas" (básicamente las del norte) y aquellas que no arrancan (el sur y las islas).

En 2001 hubo una importante reforma constitucional que parecía haber otorgado más poderes a las regiones, con aparentes mayores competencias legislativas y más autonomía de entradas y gastos. A las regiones ordinaria se les permitía además pedir y contratar más autonomía con el Estado según lo que prevé el art. 116 Cost. Sin embargo, después de casi quince años, no simplemente nadie utilizó dicho artículo para acrecer sus competencias, sino que también hoy en día se puede concluir que la reforma hasta restringió la autonomía regional: esta queda de hecho vinculada tanto por la aplicación legislativas de los principios constitucionales, especialmente en lo que respecta a la autonomía financiera, que, sobre todo desde que comenzó la crisis, ha tendido a una mayor re-centralización del control y gestión de los recursos. Además, las decisiones de la Corte, contribuyeron al mantenimiento de un arreglo de gestión centralizado, y, es más, en los últimos años, a pesar de que el legislador nunca haya cambiado la disciplina ya anticuada de las cinco regiones, las pronuncias de los jueces constitucionales están a poco a poco desmantelando el sistema de especialidad, pidiendo a ellas también de contribuir a los vínculos de presupuesto con los que tiene que cumplir el Estado (*ex multis*, sent. 119/2015).

Ahora bien, el Véneto es una región ordinaria y rica y hay que recordar que no es la primera vez que intenta utilizar el medio del referéndum para legitimar su demanda de más espacio de autonomía. El primer episodio se remonta a la resolución legislativa aprobada por el Consejo Regional de 5 de mayo 1992, declarada inconstitucional con la sentencia no. 470 de 1992. En ese caso, la Corte señaló que el proceso de formación de las leyes del Estado "se caracteriza por una singularidad que no permite introducir, en la fase de la iniciativa del Consejo Regional, elementos adicionales que no están cubiertos por la Constitución y probablemente "agravar", a través de formas de consulta popular distintas de una región a otra, el mismo procedimiento". Y esto aún más, si dentro de una iniciativa regional para activar un procedimiento de revisión constitucional, que ya prevé un referéndum que requiere la participación de todo el electorado (Conte, 2015, 760). Unos años más tarde (8 de octubre 1998), el Consejo Regional del Véneto aprobó otra resolución legislativa, que resultó también ilegitima (sent. 496/2000). En este caso la Corte, reafirmó la prohibición de que el "electorado regional" pueda convertirse en "el portador de enmiendas constitucionales" ya que la decisión sobre la revisión constitucional tiene que ser política y parlamentaria y el referéndum, aparte de ser siguiente a la decisión según el marco constitucional, no puede ser reservado a una fracción de electorado, sino que tiene que dirigirse a todo el pueblo que es único y da forma a la unidad política de la nación". Pero ni estos tentativos de más autonomía, ni mucho menos el contenido del Estatuto regional del 2012, que prevé la "preexistencia política y jurídica de una población regional", pueden ser suficientes para fundar la identidad política y cultural del Véneto o concederle autonomía y soberanía que, de ninguna manera, pueden pertenecer en Italia a otro sujeto diferente del Estado mismo (Morrone, 2012, 617).

Los acontecimientos que llevaron a la demanda de secesión empezaron con la decisión del Consejo Regional de Véneto de aprobar la resolución n. 44/2012, con la que su Presidente se comprometió a consultarse con la UE y las Naciones Unidas para organizar un referéndum "con el fin de determinar la intención del pueblo del Véneto de expresar su libre determinación, incluso hasta la declaración de independencia". Tras una consulta "informal" online a la población regional, hecha en marzo de 2014 a este respecto, el Consejo Regional aprobó dos leyes, la 15 y la 16 de 2014: la primera disciplinaba la celebración de un referéndum con el fin de conocer la voluntad de los electores de la región para lograr mayores formas y condiciones de autonomía, de quedarse con un porcentaje muy alto de la recaudación territorial (el 80%) y reducir los vínculos para los gastos. La segunda ley establecía directamente un referéndum sobre la posibilidad de que el Véneto se convirtiera en una República independiente y soberana.

Con referencia a la ley 16/2014, tratándose de una legislación *ad hoc*, del todo fuera no simplemente de las competencias de la región, sino también y sin dudas del mismo marco constitucional, el resultado de la decisión de la Corte no podía que ser una declaración categórica de inconstitucionalidad (Ferraiuolo, 2014, 705): de hecho la pregunta, proponiendo la secesión de Italia de un nuevo sujeto soberano, producía una agitación institucional radicalmente incompatible con los principios fundamentales de unidad e indivisibilidad de la República expresados por el art. 5 Const. Estos son elementos tan esenciales para el ordenamiento constitucional que ni siquiera quedan sujetos al poder de revisión constitucional (sent. 1146/1988). Y a pesar de que el Estado reconozca también el pluralismo social y de las instituciones y también la autonomía de los territorios, esto no quiere decir que las regiones puedan declararse soberanas ni que sus órganos de gobierno puedan ser asimilados a los de representación nacional (sent. 118/2015, punto 7.2). También la ley no. 15 fue declarada inconstitucional casi del todo ya que simplemente queda autorizado tan sólo el referéndum para averiguar si los electores regionales quieren que al Véneto se reconozca mayor autonomía. Esta pregunta es legitima porque no interferiría con el procedimiento del art. 116 Const., sucesivo a la consulta y no vinculado por la decisión tomada por los ciudadanos. Al revés, la Corte declaró inconstitucionales las demás preguntas de más autonomía en la recaudación y gestión de los recursos ya que la región no puede substituirse en la disciplina tributaria al Estado, que es competente exclusivo en dicha materia, ni puede ponerse en contra de los principios de la autonomía financiera, del art. 119 Const.

A pesar de la intención seria, especifica y particularmente grave del gobierno regional del Véneto de separarse del resto del País, a esta iniciativa no se le dio peso, quizá para evitar echar leña al fuego, dejando que la cuestión fuese resuelta según los criterios de legitimidad constitucional por la Corte Constitucional, quedándose del todo ajena al debate político y casi totalmente ignorada por la opinión pública. Además, tras la decisión de la Corte, no parece que la población ni el Gobierno regional vayan insistiendo para hacer de todas formas una consulta como, por ejemplo, pasó en Cataluña. Lo que va a ser posible es que, siguiendo los criterios del art. 116 Const., la región empiece un proceso para obtener más espacios de autonomía, pero dentro del marco constitucional y según los principios de unidad e indivisibilidad nacional. Y, por supuesto, de solidaridad económica y social entre ciudadanos y territorios italianos.

4. Qué es lo que va a pasar

En este contexto se han hecho muy claros todos los problemas que siguen impidiendo la realización del *federalizing process europeo*. En primer lugar, las instituciones europeas son débiles frente a la fuerza de los gobiernos de los Estados, y esto se refleja en el método intergubernamental, fuera del sistema comunitario, utilizado para tomar las decisiones cruciales (por ejemplo, todo lo que afecta las decisiones presupuestarias de los últimos años). Son evidentes además las debilidades de un sistema basado en una asimetría entre la política monetaria y la política fiscal, con procedimientos ineficaces para garantizar la coordinación efectiva entre las políticas presupuestarias. En segundo lugar, es evidente que existen dos Europas con dos distintas velocidades: hay unos Países cuyas economías no arrancan, y que necesitaron de ayudas financieras, quedando sometidos a los controles para el cumplimiento con las obligaciones de rembolso de los prestamos (básicamente aquellos del sur del continente: Grecia, Italia, España y Portugal); hay otros que, al revés, tienen economías más estables; estos echan la culpa de la crisis a la actitud irresponsable de los primeros en la gestión de sus políticas presupuestarias y aquellos se quejan de la excesiva intransigencia de los segundos. La suma es que nunca se mira a una solución para la Federación, sino que el propósito sigue siendo particular, y, como de esta manera no se pueden satisfacer los intereses de todos, al final se producen efectos beneficiosos para algunos y al mismo tiempo problemáticos para otros.

Todo esto, junto a una actuación desordenada del proceso de integración europeo, está causando un rápido crecimiento del "sentimiento antieuropeo" a raíz del que se va poniendo cada día más en cuestión el propio proceso de integración, en el nombre de un retorno a una soberanía plena y exclusiva de los Estados (lo que, evidentemente, llevaría al fracaso del proyecto federal europeo): el voto por el Brexit es un alarme muy significativo, ya que fuertes de esta decisión, otros movimientos políticos de otros Países miembros van planteando hipótesis de salida de la UE. Y, además, ya que siempre llueve sobre mojado, al mismo tiempo hay otro problema al que se enfrentan los Países europeos y que viene de dentro: es evidente que también los Estados están pasando un momento de crisis de soberanía, ya que muchos son los tentativos de secesión registrados en los últimos años. Pero es evidente que todos los problemas están conectados entre sí y que a los acontecimientos internos de secesión no se les puede considerar un problema sólo nacional. Ni Europa ni los Estados han demostrado ser capaces, tal y como está la situación, de comprender las necesidades de los territorios (Europa hacia sus Estados miembros, los Estados hacia sus regiones) ni, tampoco, traducirlas en medidas y reformas que resolvieran las crisis.

¿Que hacer, pues?

En un momento en el que lo Estados clásicos viven una crisis de soberanía, hace falta que Europa coja nueva fuerza para reunificar el territorio. Una Europa para todos los ciudadanos *europeos*. Está claro que no se puede seguir solo con vínculos económicos, sino que hay que hacer un esfuerzo más y empezar de verdad a producir políticas comunes, pues "La fuerza de nuestros padres fundadores era la fuerza de sus convicciones, la idea de que lo que estaban haciendo para sentar las bases de la integración europea no era sólo un hecho económico o técnico. Era algo necesario para dar prioridad a ciertos valores. El mundo ha cambiado, pero la idea de que el proceso de integración europea sigua fundamentalmente ligado a la afirmación, la promoción, tal vez a la defensa de los valores sigue siendo cierto" (Lamy, 2015, 379). Por esto, hay que sacar coraje y seguir con la ambición de unificar Europa, porque hasta que no haya una unión social y colectiva entre ciudadanos, no habrá ni cohesión, colaboración, ni, mucho menos, los Estados Unidos de Europa.

Referencias bibliográficas

Biagi F. (2011), "Estatut de Catalunya e la crisi di legittimazione del Tribunal constitucional", en *Quaderni Costituzionali*, Bologna: Il Mulino, n. 1, pp. 63-88.

Bianchi D.G. (2014), "Il meglio dei due mondi. La scozia resta nel Regno Unito", en *Il Mulino*, Bologna: Il Mulino, n. 6, pp. 975-983.

Bilancia F. (2014), "Il "derecho a decidir" catalano nel quadro della democrazia costituzionale", en *Istituzioni del federalismo*, Rimini: Maggioli Editore, n. 4, 985-997.

Canepa A. (2015), "Crisi dei debiti sovrani e regolazione europea: una prima rassegna e classificazione di meccanismi e strumenti adottati nella recente cisi economico-finanziaria", en *Rivista AIC*, n. 1, pp. 1-23, Disponible en: http://www.rivistaaic.it.

Cartabia M., Weiler J.H.H. (2000), *L'Italia in Europa*, Bologna: Il Mulino, p. 267.

Cerniglia F. (2013), "L'euroscetticismo in tempo di crisi", en *Il Mulino*, Bologna: Il Mulino, n. 1, pp. 104-113.

CONTE F. (2015), "I referéndum del Veneto per l'autonomia (e l'indipendenza). Non c'è due senza tre. Anche se...", en *Quaderni Costituzionali*, Bologna: Il Mulino, n. 3, pp. 759-761.

CURTI GIALDINO C. (2016), "Oltre la Brexit: brevi notesulle implicazioni giuridiche e politiche per il futuro prossimo dell'Unione europea", en *Federalismi*, 29 de junio, n. 13.

FASONE C. (2015), "Il tentativo secessionista "all'italiana" e la semi-indifferenza della politica nazionale", disponible en *www.diritticomparati.it*.

FERRAIUOLO G. (2014), "Due referendum non comparabili", en *Quaderni Costituzionali*, Bologna: Il Mulino, n. 3, pp. 703-707.

FROSINI J. (2014), "C'è chi dice no: la Scozia non abbandona l'Unione", en *Quaderni Costituzionali*, Bologna: Il Mulino, n. 4, pp. 922-925.

GIUPPONI T.F. (2014), "Il principio costituzionale dell'equilibrio di bilancio e la sua attuazione", en *Quaderni Costituzionali*, Bologna: Il Mulino, n. 1, pp. 51-77.

LAMY P. (2015), "Un'ambizione per l'Europa", en *Il Mulino*, Bologna: Il Mulino, n. 2, pp. 370-379.

LEYLAND P. (2014), "The Scottish Referendum, the funding of territorial governance in the United Kingdom and the legislative role of the Westminster Parliament", en *Istituzioni del federalismo*, Rimini: Maggioli Editore, n. 4, pp. 857-884.

MAGARÒ P. (2014), "Only devolution can save the unión: unità e separatismo nel Regno Unito all'indomani del referéndum sull'indipendenza scozzese", en VIPIANA P. (a cura di), *Tendenze centripete e centrifughe negli ordinamenti statali dell'Europa in crisi*, Torino: Giappichelli Editore, pp. 43-78.

MANGAS MARTÍN A. (2016), "Los dilemas del Reino Unido y de la UE: ¿salir o cambiar la Unión?", en *Dossier sobre Brexit/Bremain*, Real Instituto Elcano, 31 de mayo.

MARTINICO G. (2016), "La confusione regna "sovrana": riflessioni sul Brexit a pochi giorni dal voto del 23 giugno", en *diritticomparati.it*, 27 de junio.

MEDINA GUERRERO M. (2015), "L'equilibrio presupuestario nell'esperienza spagnola", en MORRONE A. (a cura di), *La Costituzione finanziaria. La decisione di bilancio dello Stato costituzionale europeo*, Torino: Giappichelli Editore, pp. 51-75.

MORRONE A. (2012), "Avanti popolo... regionale", en *Quaderni Costituzionali*, Bologna: Il Mulino, n. 3, pp. 615-618.

RAFFIOTTA E.C. (2013), *Il governo multilivello dell'economia: studio sulle trasformazioni dello Stato costituzionale in Europa*, Bologna: BUP, p. 317.

SAVASTANO F. (2015), "Brexit: un'analisi del voto", en *Federalismi*, 29 de junio, n. 13.

SCACCIA G. (2014), "L'ente regionale fra mitologia federale e realtà costituzionale", en *Rivista AIC*, n. 1, pp. 1-7, Disponible en: http://www.rivistaaic.it.

WRIGHT C. (2013), "Scozia. La battaglia per l'indipendenza questa volta è elettorale", en *Equilibri*, Bologna: Il Mulino, n. 3, pp. 567-572.

YPI L. (2006), "Costituzione europea", en *Enciclopedia Treccani*, Roma.

LE ISTANZE INDIPENDENTISTE NELL'UNIONE EUROPEA

Tanja Cerruti

Ricercatore di Diritto pubblico
Università di Torino

Sommario: 1. Il risveglio di moti secessionisti in Europa.- 2. La definizione dei rapporti fra l'Unione europea e gli Stati risultanti dalla disgregazione di un suo Stato membro.- 3. La rappresentanza degli Stati e dei cittadini nell'Unione europea. Riferimenti bibliografici.

1. Il risveglio di moti secessionisti in Europa

Nei mesi scorsi l'Unione europea ha assistito alla riproposizione di istanze autonomistiche più o meno forti in alcuni suoi Stati membri.

Scampato il rischio della secessione della Scozia dal Regno Unito, che s'interroga intanto sul suo destino europeo, il vecchio continente è rimasto nella trepidante attesa di conoscere gli esiti della consultazione popolare indetta dalla Catalogna nel novembre 2014, nella quale gli elettori della Regione avrebbero dovuto esprimere la loro volontà sul fatto che la Catalogna fosse uno Stato e, in caso affermativo, che fosse indipendente. L'indizione del referendum ha costituito uno dei momenti di più alta tensione nei rapporti fra Madrid e Barcellona dopo l'incrinatura originata negli stessi, nel 2010, dalla bocciatura dello Statuto catalano da parte del *Tribunal constitucional* (Famiglietti, 2013: 436-437; Vagli, 2014). A meno di un mese dalla sua celebrazione, probabilmente anche a fronte delle reazioni degli organi centrali, il referendum catalano, così come originariamente previsto, è stato annullato. Gli elettori sono stati comunque chiamati a pronunciarsi sui due quesiti che ne costituivano oggetto, ma a titolo puramente consultivo. L'esito della votazione è andato nel senso di una schiacciante vittoria della soluzione più forte, cioè dell'opzione dello Stato catalano indipendente (Bilancia, 2014; Galán Galán, 2014).

Accostando inevitabilmente le vicende di Scozia e Catalogna e sottolineando la comune rivendicazione di un destino europeo da parte di entrambe le Regioni, la dottrina non ha mancato di mettere in luce la sostanziale diversità fra le due esperienze nel contesto istituzionale dei rispettivi ordinamenti, dal momento che le scelte scozzesi derivano da un processo di concertazione, mentre quelle catalane segnano una rottura (Mastromarino, 2014; sulla Scozia, Caravale, 2014: 13-18; Leyland, 2014: 857-859)[1].

Pur su un piano istituzionalmente diverso, anche l'Italia ha assistito alla manifestazione d'istanze autonomiste.

Nel giugno del 2014, infatti, facendo seguito ad altre iniziative[2], il Consiglio regionale del Veneto ha adottato due leggi che prevedono la consultazione dei cittadini, attraverso referendum, sull'opportunità che la Regione ottenga maggiori forme di autonomia (legge n. 15) e che diventi indipendente (legge n. 16).

In particolare, il referendum consultivo disposto dalla legge 15 comprende cinque quesiti concernenti il godimento, da parte della Regione, di ulteriori forme e condizioni di autonomia (1); la possibilità di mantenere nel proprio territorio una certa percentuale dei tributi che vengono pagati dai cittadini veneti all'amministrazione centrale o che vi vengono riscossi (2 e 3); l'assenza di vincoli di destinazione sul gettito derivante da fonti di finanziamento della Regione (4); la trasformazione del Veneto in Regione a Statuto speciale (5).

L'indizione del referendum deve avvenire previa ricerca dell'accordo con il Governo ma non può essere impedita dal mancato raggiungimento dello stesso. Nel caso in cui alla consultazione prenda parte la maggioranza degli aventi diritto e si raggiunga la maggioranza dei voti validamente espressi, il Consiglio, in accordo con il Presidente della Regione, presenta una proposta di legge statale volta al conseguimento di maggiori forme di autonomia per il Veneto.

Pur sintomatica della volontà di allentare alcuni legami con il resto dello Stato la legge 15 non si pone in un'ottica di rottura con Esso. Di diverso tenore è invece la successiva legge 16 che prevede l'indizione di un referendum consultivo sul quesito: "Vuoi che il Veneto diventi una Repubblica indipendente e sovrana? Sì o no?", l'approvazione della cui proposta è di nuovo determinata dal raggiungimento dei due quorum.

Entrambe le disposizioni, oltre a risultare in parziale contraddizione fra loro, presentano evidenti profili d'illegittimità costituzionale.

---

1 Frosina ricorda che il tema del futuro europeo della Catalogna indipendente viene contemplato da uno dei sei pareri pubblicati dal Consiglio di transizione nazionale (2014: 15).

2 Il riferimento è alla Deliberazione n. 145/2012 con la quale il Consiglio regionale, accogliendo la Risoluzione n. 44/2012, impegnava il Presidente del Consiglio e quello della Giunta ad avviare al più presto delle relazioni con l'Unione europea e le Nazioni Unite per consentire l'indizione di un referendum volto ad accertare la volontà del popolo veneto sulla propria autodeterminazione. Nel marzo del 2014 si è svolta in Veneto una consultazione telematica che avrebbe accordato l'80% dei sì alla domanda sulla trasformazione della Regione in una Repubblica federale indipendente e sovrana. Sul referendum v. *amplius* www.plebiscito.eu. Sulle perplessità suscitate dalla sua conduzione e sul valore che vi si può attribuire Trabucco, 2014. Con riferimento ad un'altra realtà italiana, il Sudtirolo, Bocci s'interroga sull'utilizzo di temi nazionalistici identitari come elemento di separazione in un'Europa unita (2011).

Per la legge 15, il primo quesito, concernente l'ottenimento di maggiori forme di autonomia, delineerebbe un quadro apparentemente compatibile con la Costituzione italiana solo se il referendum regionale ivi previsto venisse inteso come la fase prodromica, di carattere consultivo, di quell'iniziativa regionale cui fa riferimento la Carta fondamentale prevedendo il procedimento che porta al regionalismo differenziato (art. 116, c. 3). La compatibilità però sembrerebbe venire meno in quanto l'art. 116 contempla la possibilità di richiedere maggiori forme di autonomia non *tout court*, ma solo per alcune materie di competenza legislativa esclusiva statale o per quelle di competenza concorrente.

In riferimento alla possibilità che il Veneto diventi una Regione speciale è evidente che tale trasformazione potrebbe essere disposta solo da una legge di revisione costituzionale (e dalla conseguente approvazione dello Statuto regionale con legge costituzionale). In proposito, non risulterebbe però conforme alla Costituzione neanche l'interpretazione che veda nel referendum una fase consultiva finalizzata al successivo esercizio dell'iniziativa da parte degli organi regionali, dal momento che la Corte costituzionale ha già escluso la proponibilità, da parte delle Regioni, di referendum, anche se di carattere consultivo, su quesiti concernenti "scelte fondamentali di livello costituzionale" (Corte cost. sent. 496/2000; Trabucco, 2014: 4; Cappuccio, 2014: 12).

In più evidente rottura con il quadro costituzionale si pone la legge n. 16, che si scontra innanzitutto con il principio di unitarietà della Repubblica di cui all'art. 5.

I profili d'incostituzionalità delle due disposizioni sono stati prontamente colti dal Governo (che ha impugnato la legge 15 per la violazione degli artt. 3, 5, 116, 117, 119, 138 Cost. e degli artt. 26 e 27 dello Statuto veneto[3] e la legge 16 per la violazione degli artt. 5, 81 c. 3, 114, 138, 139 Cost.[4]) e parzialmente condivisi dalla Corte costituzionale, che si è pronunciata in proposito (sent. 118/2015).

La legge n. 16 è stata infatti dichiarata integralmente incostituzionale per violazione dell'art. 5 Cost. mentre della n. 15 è stato, forse inaspettatamente, fatto salvo il primo quesito, relativo alle maggiori forme e condizioni di autonomia. La Consulta ha infatti ritenuto che tale disposizione, riproducendo il testo dell'art. 116, c. 3, debba essere interpretata nel senso che le "ulteriori forme e condizioni particolari di autonomia" si possano applicare solo alle materie previste da tale disposizione. Il referendum non viola l'art. 116 c. 3 neanche dal punto di vista procedurale, in quanto viene a collocarsi "in una fase anteriore ed esterna" rispetto all'iter ivi previsto, che si potrà svolgere inalterato dopo la sua celebrazione. Gli altri quattro quesiti proposti

---

[3] Gli articoli 25-27 dello Statuto della Regione Veneto disciplinano, rispettivamente, il referendum in generale, quello abrogativo e quello consultivo e i limiti cui sono sottoposti. Sulla violazione dei limiti imposti dallo Statuto da parte della legge 16 v. anche Ferraiuolo (2014: 704). Riteneva invece che la proposta delle due consultazioni avesse più un ruolo di campagna elettorale per le successive elezioni regionali che di confronto con Roma Clementi (2014).

[4] Le leggi regionali del Veneto n. 15 del 19.6.2014 e n. 16 del 19.6.2014 sono state impugnate con ricorsi iscritti rispettivamente ai n. 67 e 68 del Registro Ricorsi 2014. Sulle sostanziali differenze fra la vicenda veneta e quella catalana Abat i Ninet (2014: 46).

(tre sui profili finanziari e uno sulla trasformazione del Veneto in regione a Statuto speciale) vengono invece dichiarati incostituzionali in quanto concernono ambiti materiali che lo Statuto regionale sottrae alla consultazione popolare, violando così l'art. 123 Cost.

Data la vittoria del no ad Edimburgo, la rinuncia al referendum "istituzionale" di Barcellona e la declaratoria d'incostituzionalità della legge veneta n. 16/2014 (che inibisce definitivamente un'ulteriore evoluzione del già incerto quadro che ne emergeva), il rischio di secessioni sembra per ora scongiurato ma lo scenario che si sarebbe creato, se gli eventi avessero preso una piega diversa, induce a riflettere sull'impatto che la disgregazione di uno Stato membro potrebbe produrre rispetto all'Unione europea.

In proposito occorre innanzitutto rilevare che Bruxelles non ha dimostrato un grande coinvolgimento nelle vicende sopracitate.

In una certa misura, questo atteggiamento trova conferma nei Trattati, secondo i quali l'Unione europea è tenuta a non intromettersi nelle questioni relative all'organizzazione territoriale dei suoi Stati membri. Garantendo che "l'Unione rispetta l'eguaglianza dei suoi Stati membri davanti ai Trattati e la loro identità nazionale, insita nella loro struttura fondamentale, politica e costituzionale", l'art. 4 c. 2 TUE precisa infatti che in questa è "compreso il sistema delle autonomie locali e regionali"[5].

Altrettanto vero, però, è che l'UE da tempo esercita un condizionamento più o meno implicito sull'organizzazione territoriale infrastatuale, favorendo l'introduzione o l'accentuazione di forme di decentramento nei suoi Stati membri e richiedendola come una sorta di parametro non codificato ai Paesi candidati[6]. Si pensi, in proposito, sia alla spinta europea nei confronti dei processi di decentramento che si sono sviluppati in alcuni Stati membri nella seconda metà degli anni 90, sia all'attenzione che è stata posta sull'assetto territoriale degli aspiranti componenti nella preparazione del quinto allargamento.

Se avessero avuto esiti diversi, le vicende scozzese e catalana non avrebbero però riguardato solo il carattere più o meno accentrato degli Stati membri, ma gli Stati membri stessi, che, per effetto della secessione di una parte del loro territorio, sarebbero risultati in qualche modo "diversi" da com'erano prima, ponendo alcuni problemi anche rispetto alla propria appartenenza all'Unione.

Fra questi, due saranno qui oggetto di riflessione: la ridefinizione dei rapporti fra l'Unione europea e i (nuovi?) Paesi che dovessero sorgere per effetto della disgregazione di un suo Stato membro (problema che potrebbe riproporsi in futuro) e la ne-

---

[5] A commento dell'art. I-5 del Trattato che adotta una Costituzione per l'Europa, da cui l'attuale art. 4 TUE deriva, Pèrez Tremps e Violini ricordano come esso esprimesse originariamente una teoria antiseparatista, per evitare che contrasti interni agli Stati membri potessero essere risolti nell'Unione (2004: 1454).

[6] Sull'evoluzione dell'atteggiamento dell'Unione nei confronti degli enti infrastatuali v., *ex plurimis*, Gozi (2003: 351), Patroni Griffi (2004: 950), Frosina (2013: 1098-1103). Sempre a proposito delle modifiche introdotte a Lisbona, Monjal rileva come nel testo del Trattato il livello locale venga menzionato molto più frequentemente che nelle precedenti versioni (2011: 348-350).

cessità di assicurare a tutte le componenti dell'Unione e, soprattutto, ai suoi cittadini, una pari rappresentanza (problema che andrebbe forse preso in considerazione anche *rebus sic stantibus*).

2. La definizione dei rapporti fra l'Unione europea e gli Stati risultanti dalla disgregazione di un suo Stato membro

La disciplina dei rapporti fra l'Unione europea e gli Stati nati dalla disgregazione di un suo Stato membro non può essere fondata su riferimenti normativi né ricavata da precedenti esperienze in quanto è priva degli uni e delle altre.

I Trattati non menzionano l'ipotesi della secessione di parti di territorio di uno Stato e non disciplinano, quindi, le conseguenze che questa comporterebbe. La scelta è ovvia: in primo luogo, i Trattati sono stati sottoscritti dagli Stati membri, nella composizione e struttura che essi avevano in quel momento e che, naturalmente, non intendevano variare; in secondo luogo, e soprattutto, se i Trattati avessero contemplato tale ipotesi nel proprio testo, l'avrebbero in certo qual modo legittimata[7].

Per quanto riguarda i precedenti occorre constatare che tutti i casi in cui l'Unione europea ha subito delle alterazioni del proprio territorio, pur essendo risultati significativi di una certa flessibilità nell'approccio di Bruxelles (Baratta, 2014: 79), hanno costituito fattispecie diverse da quella che si prefigurerebbe nel caso in cui una Regione, parte di uno Stato membro, diventasse un nuovo Stato. Con la riunificazione tedesca, infatti, l'Unione europea è venuta ad includere una nuova parte di territorio per effetto della sua incorporazione in uno Stato membro, ma non un nuovo Stato. La Groenlandia (pur non facente parte del continente europeo) si è trovata invece in una situazione diametralmente opposta a Scozia e Catalogna in quanto ha optato per la propria fuoriuscita non dallo Stato di cui era membro, ma dall'Unione europea. L'unico caso analogo a quello in esame è rappresentato dall'Algeria ma il dato geografico vieta di poterlo considerare un precedente a tutti gli effetti, non trattandosi appunto di un Paese europeo (Galán Galán, 2013: 111-112; Díez-Picazo, 2002: 662-663).

Considerati quindi con i dovuti distinguo gli episodi sopracitati, il fenomeno della secessione non si è mai verificato nel "cuore" dell'Europa.

Un caso in cui l'Unione europea si è dovuta misurare con la ridefinizione di una cartina politica si è avuto però nell'ambito della politica di allargamento, in riferimento a Paesi che, al momento dei fatti, erano coinvolti in un programma finalizzato all'avvicinamento a Bruxelles (il Processo di Stabilizzazione e Associazione), ma non avevano ancora lo status di candidati.

Il riferimento è alla ex Jugoslavia che, già privata dei territori di Slovenia, Croazia, Bosnia Erzegovina e Macedonia, proclamatesi indipendenti nei primi anni novanta,

---

[7] Sull'opportunità d'introdurre la previsione della secessione nelle stesse Costituzioni degli Stati e sui relativi aspetti di problematicità Mancini (2014).

ha assistito, dieci anni dopo, alla manifestazione della volontà secessionista anche da parte del Montenegro. In quell'occasione, l'Unione europea è intervenuta attivamente nella regione, proponendo una soluzione di compromesso che ha portato all'istituzione di una sorta di Unione fra Serbia e Montenegro, la cui durata non è andata però oltre i tre anni previsti dall'accordo. Il mosaico dei piccoli Stati balcanici è reso inoltre più complesso dalla situazione del Kosovo, che ha portato, di fatto, alla formazione di un nuovo Stato indipendente all'interno dei confini serbi, sotto l'egida della Comunità internazionale.

In riferimento ai Balcani l'Unione, accettando che prevalesse il diritto all'autodeterminazione dei popoli, ha improntato la propria politica all'inclusione e all'integrazione non solo della regione nel suo complesso ma anche dei singoli Stati, richiedendo però loro con particolare enfasi la cooperazione regionale, che include il miglioramento dei rapporti reciproci.

In assenza di riferimenti normativi e di precedenti analoghi, se la Catalogna o la Scozia dovessero proclamarsi indipendenti, il loro destino rispetto all'Unione andrebbe quindi scritto per la prima volta.

Le principali soluzioni prospettate per un'eventualità del genere fanno leva su due diverse disposizioni dei Trattati e muovono da presupposti diametralmente opposti.

La prima, sostenuta dalla dottrina maggioritaria e (seppur laconicamente) dalle Istituzioni europee (Galán Galán, 2013: 115-131), parte dalla premessa per cui il Paese resosi indipendente è, rispetto all'Unione europea, uno Stato terzo, la cui eventuale adesione deve avvenire seguendo il procedimento previsto all'art. 49 TUE.

La seconda, sostenuta ad esempio dai fautori dell'indipendentismo scozzese (Mainardi, 2014: 25), considera invece il nuovo Stato autonomo come un componente a pieno titolo dell'Unione, nei confronti della quale il suo status non è cambiato per effetto della divisione dallo Stato di appartenenza. La nuova condizione di tale ordinamento deve quindi essere semplicemente formalizzata nei Trattati con la procedura di revisione di cui all'art. 48 TUE.

Nessuna delle due opzioni sembra rispondere perfettamente al caso *de quo* ma la prima suscita maggiori perplessità. Entrambe, poi, soggiacendo alla regola dell'unanimità, espongono l'ente secessionista al rischio di vedersi procrastinata *sine die* la nuova entrata nell'Unione.

In particolare, la tesi dell'art. 49 distingue la posizione del c.d. "Stato madre" (cioè dello Stato che ha subito il distacco), la cui *membership* europea non sarebbe messa in discussione né tantomeno valutata, da quella degli eventuali "Stati figli" che, per aderire, dovrebbero invece seguire il procedimento di cui all'art. 49. Questo prevede che gli aspiranti membri possano entrare nell'UE, previo l'esperimento dell'apposita procedura, solo se ottemperano a tre ordini di parametri: politici, economici e giuridici.

Benchè fondata sulle regole del diritto internazionale in materia di successione fra Stati, la distinzione fra Stato madre e Stati figli può risultare in questo caso parzialmente iniqua. Non è infatti matematicamente certo che i Paesi già membri, qualora subiscano la perdita di una parte del loro territorio, e quindi della popolazione e delle risorse a questo relativi, rispettino tutti i parametri in relazione ai quali verrebbero valutati se fossero considerati come candidati. Se è vero che la secessione di una sua parte difficilmente può incidere sul rispetto dei parametri politici o di quelli giuridici di uno Stato, essa potrebbe invece influire in modo anche rilevante su quelli economici (si pensi al caso ipotetico in cui le Regioni più ricche d'Italia si dichiarassero indipendenti) non rendendolo quindi più idoneo, almeno nell'immediato, all'ammissione nell'UE. In replica a questa obiezione occorre però riconoscere che i parametri della sfera economica, benchè importanti, in talune situazioni hanno un peso inferiore rispetto agli altri. In caso di loro mancato rispetto da parte degli Stati già membri, i Trattati prevedono dei rimedi, ma non la stessa procedura imposta dall'art. 7 per i casi di violazione dell'art. 2 e anche nei confronti dei Paesi candidati le Istituzioni europee hanno ribadito la priorità dei requisiti di carattere politico (v. le Conclusioni del Consiglio europeo di Lussemburgo del 1997; Cerruti, 2010: 52; 336). Quand'anche si considerasse quindi lo Stato madre come candidato all'adesione, difficilmente la sua riammissione nell'Unione sarebbe pregiudicata dalla non ottemperanza ai soli requisiti economici.

Diverso è il caso dello Stato secessionista, che si dota di un nuovo sistema politico e normativo e di un proprio bilancio che devono risultare conformi agli standard europei.

Se è quindi logico che esso subisca una forma di valutazione, che porti alla sua riammissione, sarebbe però opportuno pensare a un procedimento diverso da quello previsto per gli Stati che non hanno mai fatto parte dell'Unione.

Come già anticipato, seguendo l'iter di cui all'art. 49, la posizione del Paese disgregato ed aspirante membro dell'UE sarebbe inoltre esposta al probabile rischio che lo Stato madre, forte di ovvi rancori per la recente secessione, ponga il veto, condizionandone così il percorso verso l'Unione.

Si pensi, in proposito, alla recente esperienza della Croazia, i cui negoziati di adesione sono rimasti bloccati per mesi per effetto del veto della Slovenia, dovuto alla mancata soluzione di questioni bilaterali fra i due Paesi risalenti alla disgregazione della Jugoslavia e non strettamente connesse al futuro europeo di Zagabria. Sempre in riferimento alla Croazia, si pensi ancora al fatto che uno degli elementi utilizzati nella campagna elettorale dai sostenitori del sì al referendum sull'adesione all'UE faceva leva sul fatto che, una volta entrati in Europa, i croati avrebbero potuto decidere delle sorti degli altri Paesi balcanici.

La via dell'art. 49, pur dettata anche dal comprensibile intento di non incentivare fenomeni secessionisti, non pare quindi del tutto adatta in quanto impone un trattamento eccessivamente difforme fra lo Stato che subisce e quello che si rende autore della secessione, esponendo quest'ultimo al rischio di un veto permanente da parte del primo.

La seconda soluzione proposta si basa sull'art. 48, cioè sulla revisione dei Trattati che permetterebbe al nuovo –ma in realtà vecchio– membro, resosi indipendente, di rientrare con la sua nuova veste in Europa senza dover dimostrare la propria ammissibilità[8]. Secondo questa teoria, che si fonda sul fatto che sino ad allora quel Paese aveva fatto parte dell'Unione, rispettandone i parametri, sarebbe sufficiente adeguare i Trattati alla nuova composizione dell'UE, che non diventerebbe più di ventotto ma di ventinove, trenta o più Stati membri. Ammesso però che la decisione di emendare i Trattati sia recepita da tutti i componenti dell'Unione (Stato disgregato compreso), alcune delle disposizioni che occorrerebbe modificare, come quelle sulla composizione degli organi comunitari, porrebbero delle difficoltà non indifferenti, in quanto rispondono ad equilibri molto delicati, come ha confermato da ultimo l'esperienza di Lisbona.

Da un punto di vista non meramente istituzionale, ma più incentrato sulla tutela dei diritti, l'applicazione dell'art. 48, per quanto problematica, pare fornire maggiori garanzie sia nei confronti dei cittadini dello Stato figlio, sia –e soprattutto– nei confronti dei cittadini di altri Stati membri dell'UE che in esso risiedano. Se infatti i primi, optando per la secessione dallo Stato madre, scelgono di uscire anche dall'Unione e di perdere i relativi diritti, i secondi si trovano a subire una decisione altrui che li priva del godimento di quelle posizioni giuridiche soggettive di cui sino a quel momento avevano beneficiato (Baratta, 2014: 78). In realtà, poi, l'esperienza scozzese prefigura uno scenario ancora diverso, in cui il voto a favore dell'indipendenza avrebbe potuto corrispondere alla possibilità di permanere all'interno dell'Unione europea a fronte del paventato rischio di recesso da parte dello Stato madre.

Per quanto non lineare, questa seconda soluzione sembra più equa di quella che prevede l'applicazione dell'art. 49 ma ripropone il problema della possibilità del veto da parte del Paese che subisce il distacco e di altri ordinamenti che vedrebbero un rischio per la propria unità (Frosini, 2013: 445), accentuando poi il pericolo di "Euro-tribalismi" (Weiler, 2012 e 2014).

La necessità di modifica dei Trattati in riferimento alla composizione degli organi istituzionali introduce la seconda delle questioni cui si è accennato in apertura e cioè quella relativa alla rappresentanza, nell'UE, degli Stati, delle Regioni e dei cittadini.

3. La rappresentanza degli Stati e dei cittadini nell'Unione europea

Nonostante i ripetuti (e in parte riusciti) tentativi di avviare un *federalizing process*, l'Unione europea continua notoriamente e, forse, anacronisticamente, ad avere due anime, quella c.d. comunitaria –che s'incarna *in primis* nella Commissione– e quella intergovernativa che, complice la crisi, negli ultimi tempi ha anzi guadagnato ulteriore terreno (Morrone, 2014).

Per evitare allora che proprio l'aspirazione a contare in Europa costituisca, per quelle realtà demografiche e/o territoriali già inclini verso prospettive di tipo autonomistico, un incentivo ulteriore ad anelare all'indipendenza, sarebbe opportuno rivedere alcuni meccanismi interni all'Unione europea, procedendo, in particolare, in

[8] Anche la strada dell'art. 49 porterebbe, in un secondo momento, alla modifica dei Trattati.

tre direzioni. La prima consiste nella riduzione al ricorso a soluzioni e schemi basati prevalentemente sull'accordo fra gli Stati; la seconda nella correzione di alcuni criteri di rappresentanza dei cittadini europei negli organi e nelle Istituzioni dell'UE; la terza nel recupero del ruolo degli enti infrastatuali.

Tralasciando il primo aspetto, le cui dinamiche subiscono sicuramente il condizionamento dell'attuale congiuntura economica, sul secondo si può osservare che se in alcuni organi istituzionali il fatto che ogni Stato conti per uno risponde alla logica governativa, meccanismi diversi dovrebbero guidare ad esempio la composizione della Commissione europea che, pur essendo l'Istituzione comunitaria per eccellenza, continua invece ad essere formata da un numero di membri corrispondente a quello degli Stati. In proposito non si è mancato di sottolineare come questo risponda a logiche ben precise, rispondenti alla volontà di dare una voce agli Stati non in quanto tali ma in quanto espressione dell'interesse generale (Mattera, 2003: 7-11; 2009: 5-10; Ponzano, 2009: 217). La vicenda irlandese sull'approvazione del Trattato, con la centralità della questione del numero dei commissari europei, depone invece a favore del fatto che presenziare in Commissione venga per ora avvertito più come una forma di rappresentanza del proprio Stato che dell'interesse generale[9].

Lo stesso Parlamento europeo, in cui la distribuzione dei seggi fra i Paesi avviene sostanzialmente in base al numero di abitanti, sembra rispondere per ora più ad istanze nazionalistiche che di rappresentanza politica generale[10]. Pur riconoscendo che il Trattato di Lisbona prevede dei meccanismi di votazione che si basano anche sul calcolo di determinate percentuali di popolazione, la sensazione che si ricava dalle dinamiche politiche dell'Unione è che l'Europa sia governata dagli Stati e che siano solo gli Stati a contare.

Pur nella consapevolezza che certi meccanismi di carattere intergovernativo non dovranno mai essere sradicati dal sistema europeo, si ritiene che altri potrebbero invece trovare un'adeguata correzione nella direzione di una più equa rappresentanza tra tutti i suoi cittadini, che si trovano invece in questo momento a pesare in modo piuttosto disomogeneo.

Quanto al terzo aspetto, cioè il ruolo degli enti infrastatuali, non si può non rilevare che per alcune realtà territoriali del vecchio continente, caratterizzate magari da una situazione economica più florida di quella del Paese di cui fanno parte (Baldi, 2014: 972) risulterebbe allora ben più conveniente, ai fini del proprio peso nell'Unione, dichiarare la secessione dallo Stato di appartenenza e ri-aderire come membri a pieno titolo all'UE. Se come Regioni, infatti, tali realtà non hanno molte

---

[9] Gianfrancesco osserva in proposito che la nomina di un commissario è un momento politicamente sensibile per qualunque esecutivo (2012: 24).

[10] Sulla tendenziale prevalenza degli interessi nazionali su quelli sovranazionali all'interno del Parlamento europeo così come sul fatto che l'assenza di una normativa elettorale uniforme per i parlamentari europei comporti una disparità di trattamento fra i cittadini (Laudani, 2011: 6-9). Sul tipo di omogeneità da ricercare nel redigere una legge elettorale europea (cioè su quali elementi debbano risultare comuni) per rendere il sistema realmente rappresentativo v. Razza (2013).

possibilità d'incidere sulle decisioni dell'Unione, essendo i meccanismi di concertazione e raccordo fra Stati membri ed enti infrastatuali rimessi alla discrezionalità degli Stati membri stessi, come piccoli Stati indipendenti esse avrebbero la certezza che nessuna decisione dell'Unione possa essere presa senza "passare sul loro tavolo". Pur non volendosi qui riproporre l'idea, ormai superata, dell'"Europa delle Regioni" (De Fiores, 2013: 62, 87-93), sarebbe allora auspicabile il riconoscimento agli enti infrastatuali di un ruolo di maggiore influenza, al di là di quello che attualmente esercitano attraverso gli appositi organi dell'Unione[11].

Il rischio di secessioni che l'Europa ha appena evitato deve insomma costituire un monito per rivedere una situazione che, pur fondata su equilibri delicatissimi e faticosamente raggiunti, presenta degli elementi di criticità per quanto concerne, in particolare, il diritto dei cittadini dell'Unione a non "pesare" in modo così differenziato, a seconda del fatto che abitino in uno Stato membro di grandi o piccole dimensioni, e il ruolo delle Regioni.

Se l'UE è la sede o la meta in vista della quale anche situazioni geopolitiche molto complesse riescono a trovare una forma di soluzione, come sta rivelando l'esperienza dei Balcani, occorre evitare che la prospettiva della *membership* e delle prerogative che essa offre costituisca un incentivo alla formazione di nuovi Stati e fare sì che l'appartenenza all'UE dia la possibilità di contare nello stesso modo a tutti i suoi cittadini.

Riferimenti bibliografici

ABAT I NINET, Antoni (2014), (Risposta al questionario), CAPPUCCIO Laura, FERRAIUOLO Gennaro (a cura di), *Il futuro politico della Catalogna, federalismi.it*, p. 35-49.

BALDI, Brunetta (2014), *Federalismo e secessionismi, Le Istituzioni del federalismo*, p. 963-983.

BARATTA, Roberto (2014), *L'appartenenza all'UE della Scozia in caso di secessione dal regno Unito, Il Diritto dell'Unione europea*, p. 75-80.

BILANCIA, Francesco (2014), *Il* "derecho a decidir*" catalano nel quadro della democrazia costituzionale, Le Istituzioni del federalismo*, p. 985-997.

BOCCI, Veronica E. (2011), *La strumentalizzazione delle autonomie identitarie. Considerazioni e provocazione a margine del 6°* Eunomiamaster *su* "Quale federalismo?", *forumcostituzionale.it.*

CAPPUCCIO, Laura (2014), *Introduzione. La lunga e accidentata marcia della Catalogna verso una consultazione popolare sull'indipendenza*, CAPPUCCIO Laura, FERRAIUOLO Gennaro (a cura di), *Il futuro politico della Catalogna, federalismi.it*, p. 3-32.

CARAVALE, Giulia (2014), *Il referendum del 18 settembre 2014: Scotland chooses the best of both worlds, federalismi.it*, p. 1-36.

CERRUTI, Tanja (2010), L'Unione europea alla ricerca dei propri confini. I criteri politici di adesione e il ruolo dei nuovi Stati membri. Torino: Giappichelli.

CLEMENTI, Francesco (2014), *Quel filo di Scozia nel vestito della democrazia europea, confronticostituzionali.eu.*

DE FIORES, Claudio (2013), *"Remettre les Régions a leur place". Dall'Europa delle regioni alle Regioni senza Europa?, Le Istituzioni del Federalismo*, p. 57-94.

[11] In proposito, spostandosi dal piano della rappresentanza, si può ricordare che una delle rivendicazioni dei Catalani concerne l'inserimento della loro lingua fra quelle dell'Unione, negato sulla base del fatto che non si tratta della lingua ufficiale di uno Stato membro. La situazione cambierebbe però se Andorra, che conta solo duecentomila abitanti, aderisse all'UE (Pop: 2014).

DÍEZ-PICAZO, Luis M. (2002), *What does it mean to be a State within the European Union?*, Rivista italiana di Diritto pubblico comunitario, p. 651-671.

FAMIGLIETTI, Gianluca (2013), *Lo spettro del referendum secessionista catalano, Quaderni costituzionali*, p. 435-438.

FERRAIUOLO, Gennaro (2014), *Due referendum non comparabili, Quaderni costituzionali*, p. 703-707.

FROSINA, Laura (2013), *Regioni e Unione europea dopo il Trattato di Lisbona. Il Comitato delle Regioni, i Parlamenti regionali e le sfide della multilevel governance, Diritto pubblico comparato ed europeo*, p. 1097-1128.

FROSINA, Laura (2014), *Il c.d. derecho a decidir nella sentenza n. 42/2014 del Tribunale costituzionale spagnolo sulla dichiarazione di sovranità della Catalogna, federalismi.it*, p. 1-21.

FROSINI, Justin O. (2013), *L'indipendenza della Scozia: l'uscita da due unioni?, Quaderni costituzionali*, p. 442-445.

GALÁN GALÁN, Alfredo (2013), *Secesión de Estados y pertinencia a la Unión Europea: Cataluña en la encrucijada, Le Istituzioni del federalismo*, p. 95-135.

GALÁN GALÁN, Alfredo (2014), *Del derecho a decidir a la independencia: la peculiaridad del proceso secesionista en Cataluña, Le Istituzioni del federalismo*, p. 885-907.

GIANFRANCESCO, Eduardo (2012), *La Commissione nel quadro istituzionale dell'Unione: una ricognizione, forumcostituzionale*.it, p. 1-45.

GOZI, Sandro (2003), *Regioni europee e processi decisionali dell'Unione: quale equilibrio? I casi di Belgio, Spagna, Germania e Regno Unito, Rivista Italiana di Diritto Pubblico Comunitario*, p. 351-358.

LAUDANI, Fabrizio (2011), *Rappresentanza europea, gruppi parlamentari e deficit democratico, forumcostituzionale.it*, p. 1-20.

LEYLAND, Peter (2014), *The Scottish Referendum, the funding of territorial governance in the United Kingdom and the legislative role of the Westminster Parliament, Le Istituzioni del federalismo*, p. 857-884.

MAINARDI, Eleonora (2014), *Il referendum in Scozia: tra devolution e indipendenza, federalismi.it*, p. 1-35.

MANCINI, Susanna (2014), *Costituzionalismo, federalismo e secessione, Le Istituzioni del federalismo*, p. 779-805.

MASTROMARINO, Anna (2014), *L'Unione europea à rebours: integrazione e processi di secessione in Europa, Centro Studi sul Federalismo.*

MATTERA, Alfonso (2003), *Les zones d'ombre du projet de Constitution dans l'architecture de l'Union: la composition de la Commission. La Convention touche au coeur du "projet européen", Revue du droit de l'Union européen*, p. 5-12.

MATTERA, Alfonso (2009), *Une composition de la Commission telle que prévue par la traité de Nice conduirait vers un affaiblissement de l'autorité de l'Institution et une fragilisation de sa légitimité populaire, Revue du droit de l'Union européen,* p. 5-11.

MONJAL, Pierre-Yves (2011), *Collectivités territoriales françaises et droit de l'Union européenne: quelques remarques sur la portée de la reconnaissnce "di niveau local" par les textes européens, Revue de droit de l'Union Européenne*, p. 347-359.

MORRONE, Andrea (2014), *Una costituzione per l'Europa? Per uno Stato costituzionale europeo, federalismi.it*, p. 1-9.

PATRONI GRIFFI, Andrea (2004), *Il ruolo delle Regioni nella vita democratica dell'Unione, Rassegna parlamentare*, p. 945-957.

PÈREZ TREMPS, Pablo e VIOLINI, Lorenza (2004), *La Costituzione europea e l'organizzazione territoriale degli Stati membri, Rivista italiana di diritto pubblico comunitario*, p. 1431-1455.

PONZANO, Paolo (2009), *Brèves considérations sur le rôle de la Commission européenne*, *Revue de Droit de l'Union européenne*, p. 217-220.
POP, Valentina (2014), *Scotland, Catalonia boost independence movements in Europe*, *euobserver.com*.
RAZZA, Andrea (2013), *Liste transnazionali e procedura elettorale uniforme: verso una "legge elettorale europea"*, *Rassegna parlamentare*, p. 881-908.
VAGLI, Giovanni (2014), *Spagna: l'ipotetico referendum sull'indipendenza della Catalogna*, *forumcostituzionale.it*.
TRABUCCO, Daniele (2014), *La regione del Veneto tra referendum per l'indipendenza e richiesta di maggiori forme di autonomia*, *Amministrazioneincammino.it*, p. 18.
WEILER, Joseph H.H. (2012), *Catalonian Independence and the European Union*, *ejiltalk.org*, 20 december.
WEILER, Joseph H.H. (2014), *Scotland and the EU: a Comment by Joseph H.H. Weiler*, *Verfassungsblog.eu*, 8 september.

LA NECESARIA JUSTIFICACIÓN DEL PRINCIPIO DE SUBSIDIARIEDAD EN LA ACCIÓN EXTERIOR DE LA UNIÓN EUROPEA

Paula García Andrade

Profesora Colaboradora Asistente del Área de Derecho Internacional Público y Relaciones Internacionales, Facultad de Derecho, Universidad Pontificia Comillas, Madrid

1. Introducción

Toda actuación de la Unión Europea en ámbitos pertenecientes a competencias no exclusivas exige justificar la insuficiencia de la acción de sus Estados miembros, la mayor eficacia de la acción común y la dimensión o efectos de la acción pretendida a escala de la Unión, mostrando así el respeto por los criterios constitutivos del principio de subsidiariedad, consagrado en el art. 5.3 TUE. La justificación de este principio constitucional de la UE se observa sistemáticamente en todos y cada uno de los actos legislativos que, en ámbitos de competencia compartida, adoptan las instituciones de la Unión en el plano interno, procediéndose a motivar su cumplimiento tanto en las propuestas de la Comisión como en los actos definitivos adoptados por el Parlamento europeo y el Consejo. No es posible, sin embargo, sostener la misma afirmación respecto de las actuaciones de alcance internacional de la Unión. Así, las decisiones del Consejo por las que se autoriza la firma y conclusión, en nombre de la UE, de un acuerdo internacional con un tercer Estado u Organización internacional y las propuestas previas de la Comisión no suelen justificar, por regla general, la observancia del principio de subsidiariedad en los casos en que tales actos implican el ejercicio de una competencia externa no exclusiva.

La presente contribución pretende, por tanto, examinar en profundidad lo que parece constituir una anomalía en el Derecho de las relaciones exteriores de la UE, a través del análisis de las reglas del Derecho Originario aplicables, de la jurisprudencia del TJUE en la materia y de la práctica internacional de la Unión. De esta manera, podremos determinar si la no justificación del principio de subsidiariedad en la acción exterior europea responde a una incorrecta actuación institucional o si, de lo contrario, dicho principio rector del ejercicio de competencias no ha de aplicarse en virtud de alguna particularidad propia de la actuación internacional de la UE.

A estos efectos, resultará necesario interrogarse acerca de los posibles obstáculos a la aplicación del principio de subsidiariedad a la acción exterior de la UE, en concreto a una de las manifestaciones de su personalidad jurídica internacional consistente en la conclusión de acuerdos internacionales con Estados terceros o con otras Organizaciones Internacionales en base al art. 218 TFUE. Para ello, tras observar algunos ejemplos de la práctica convencional de la UE (2), examinaremos si los eventuales obstáculos a la debida justificación del principio de subsidiariedad podrían derivarse bien de la propia configuración de dicho principio y su regulación en el Derecho Originario (3), bien de las particularidades que caracterizan al ejercicio de las competencias externas de la UE (4). Nuestro análisis no estaría completo si no analizásemos también una parte de la acción exterior de la UE, la Política Exterior y de Seguridad Común, la cual, por sus especificidades, podría constituir una excepción válida a la exigencia de justificación formal del principio de subsidiariedad (5). Finalmente, presentaremos unas reflexiones finales en las que podamos concluir si este principio debe ser o no fiscalizado cuando la Unión hace uso de sus competencias en el plano internacional (6).

2. Presentación de la práctica convencional de la UE

En base al estudio realizado de la práctica convencional de la UE, puede afirmarse que las decisiones del Consejo relativas a la firma y conclusión, en nombre de la UE, de acuerdos internacionales relativos a materias pertenecientes a competencias no exclusivas de la Unión no contienen, con carácter general, referencias al principio de subsidiariedad en sus considerandos. Las propuestas de la Comisión correspondientes a tales decisiones tampoco suelen justificar el cumplimiento del principio de subsidiariedad. A modo de ejemplo, podríamos mencionar las propuestas y subsiguientes decisiones relativas a la celebración de acuerdos de readmisión de inmigrantes en situación irregular entre la Unión Europea y determinados países terceros[1], acuerdos

---

[1] Véanse, por ejemplo, la Decisión del Consejo nº 2014/252, de 14 de abril, relativa a la celebración del Acuerdo entre la Unión Europea y la República de Turquía sobre readmisión de residentes ilegales, DO L 134 de 7.5.2014, p. 1, y la correspondiente propuesta de la Comisión, COM (2012) 239, de 22.06.2012; la Decisión del Consejo nº 2011/118, de 18 de enero, relativa a la celebración del Acuerdo entre la Unión Europea y Georgia sobre la readmisión de residentes en situación ilegal, DO L 52 de 25.2.2011, p. 45, y la correspondiente propuesta de la Comisión, COM (2010) 200, de 5.05.2010; o la Decisión del Consejo nº 2010/649, de 7 de octubre, relativa a la celebración

cuya conclusión se funda en la competencia externa expresa prevista en el art. 79.3 TFUE y cuya naturaleza es concurrente con los poderes de los Estados miembros. También cabría citar determinados convenios en materia de medio ambiente cuya celebración, en nombre de la UE, responde a una competencia externa concurrente derivada de los art. 191 y 192 TFUE[2].

Hallamos, sin embargo, algunas excepciones, especialmente en el ámbito del transporte aéreo. Así, por ejemplo, la propuesta de la Comisión relativa a la firma, en nombre de la UE, y la aplicación provisional del Acuerdo Euromediterráneo de aviación con Israel sí motiva la observancia del principio de subsidiariedad[3]. Tras recordar que la propuesta no forma parte de las competencias exclusivas de la Unión[4], la Comisión justifica cómo los objetivos de la misma no pueden ser alcanzados de manera suficiente por los Estados miembros, explicando asimismo que la Unión cumplirá mejor tales objetivos. El mismo tipo de justificación puede observarse en la propuesta de decisión de firma y aplicación provisional del Acuerdo sobre una zona de aviación común con Moldavia[5]. Asimismo, encontramos una motivación –un tanto escueta– del cumplimiento del principio de subsidiariedad en el ámbito de la educación, en el cual la competencia externa de la UE se funda en los art. 165 y 166 TFUE y presenta una naturaleza de carácter complementario o de apoyo[6]. Nos referimos concretamente a las propuestas de firma de los Acuerdos por los que se instituyen marcos de cooperación en materia de enseñanza, formación y juventud con Canadá y Estados Unidos[7].

---

del Acuerdo entre la Comunidad Europea y la República Islámica de Pakistán sobre la readmisión de personas que residan sin autorización, DO L 287 de 4.11.2010, p. 50, y la correspondiente propuesta de la Comisión, COM (2009) 106, 6.03.2009.

2 Decisión del Consejo nº 96/191, de 26 de febrero de 1996, relativa a la celebración del Convenio para la protección de los Alpes (Convenio de los Alpes), DO L 61, de 12.03.1996, p. 31, y la correspondiente propuesta de la Comisión, COM (1994) 336, de 7.09.1994; la Decisión del Consejo nº 2005/923, de 2 de diciembre, relativa a la firma en nombre de la Comunidad Europea del Protocolo sobre la protección de los suelos, del Protocolo sobre la energía y del Protocolo sobre el turismo, del Convenio de los Alpes, DO L 337, de 22.12.2005, p. 27 y la correspondiente propuesta de la Comisión, COM (2006) 80, de 2.03.2006, o la Decisión del Consejo nº 2000/706, de 7 de noviembre, sobre la conclusión en nombre de la Comunidad del Convenio sobre la protección del Rin, DO L 289, de 16.11.2000, p. 30 y la correspondiente propuesta de la Comisión, COM (2000) 61, de 7.02.2000.

3 Propuesta de Decisión del Consejo relativa a la firma, en nombre de la Unión Europea, y la aplicación provisional del Acuerdo Euromediterráneo de aviación entre la Unión Europea y sus Estados miembros, por una parte, y el Estado de Israel, por otra, COM (2012) 688, de 22.11.2012.

4 La base jurídica sustantiva se halla en el art. 100.2 TFUE.

5 Propuesta de Decisión del Consejo relativa a la firma, en nombre de la Unión Europea, y la aplicación provisional del Acuerdo sobre una zona de aviación común entre la Unión Europea y sus Estados miembros, por una parte, y la República de Moldavia, por otra, COM (2012) 19, de 27.01.2012.

6 Art. 6.e) TFUE.

7 Propuesta de la Comisión de Decisión del Consejo relativa a la firma del Acuerdo entre la Comunidad Europea y el Gobierno de Canadá por el que se instituye un marco de cooperación en materia de enseñanza superior, formación y juventud, COM (2006) 274, de 7.06.2006 y

Estos ejemplos demuestran cómo la justificación del principio de subsidiariedad en el ejercicio de competencias externas por parte de la Unión resulta excepcional y, en los pocos casos en que dicha justificación se lleva a cabo, son las propuestas de la Comisión para la adopción de las decisiones de celebración por parte del Consejo los únicos actos que contienen esta motivación[8]. Resulta llamativo, sin embargo, que algunas propuestas de la Comisión relativas a la conclusión de acuerdos internacionales correspondientes a ámbitos de competencia externa exclusiva de la UE sí mencionen el principio de subsidiariedad con la única finalidad de especificar que dicho principio no resulta de aplicación por tratarse de una competencia exclusiva de la Unión[9]. Si bien es cierto que los actos relacionados con el ejercicio de competencias externas exclusivas no deben respetar los requisitos inherentes al principio de subsidiariedad, parece adecuado, en nuestra opinión, que se incluya este tipo de referencia, por concisa que sea, por motivos de transparencia y seguridad jurídica.

Una vez que hemos podido aproximarnos a la práctica convencional de la UE y constatar en términos generales la falta de motivación del cumplimiento del principio de subsidiariedad en dicha práctica, procedamos con el análisis de la configuración del principio de subsidiariedad con el fin de determinar si su regulación en el Derecho Originario impide la aplicación de este principio a la acción exterior de la UE.

3. La configuración del principio de subsidiariedad y su posible aplicación a la acción exterior de la UE

La relevancia de la subsidiariedad como principio regulador del ejercicio de competencias por parte de la UE no necesita ser subrayada. Esta noción, implícita en el proceso de integración europea desde sus orígenes[10], fue consagrada en el Derecho Originario con la reforma de Maastricht y se presenta como el parámetro a tener en cuenta cada vez que la Unión se plantea ejercer sus competencias normativas de carácter no

---

Propuesta de Decisión del Consejo relativa a la firma del Acuerdo entre la Comunidad Europea y los Estados Unidos de América por el que se renueva el programa de cooperación en materia de enseñanza superior y de enseñanza y formación profesionales, COM (2006) 180, 27.04.2006.

[8] Si bien escapa del objeto de nuestra atención en este trabajo, procede hacer notar igualmente que la justificación del cumplimiento del principio de proporcionalidad, consagrado en el art. 5.4 TUE, recibe la misma suerte que la subsidiariedad. Los limitados ejemplos de propuestas de la Comisión en que se hace referencia a la subsidiariedad incluyen también mención al principio de proporcionalidad.

[9] Véase, por ejemplo, la Propuesta de decisión del Consejo relativa a la firma y celebración del Acuerdo entre la Comunidad Europea y el Gobierno de la República Popular China sobre los precursores de drogas y las sustancias frecuentemente utilizados en la fabricación ilícita de estupefacientes o sustancias psicotrópicas, COM (2008) 437, de 8.07.2008, que se fundamenta en la competencia exclusiva de la política comercial común.

[10] Louis, 2009: 518. Para un estudio de los antecedentes, presentación histórica y significado del principio de subsidiariedad, nos remitimos, entre otros muchos, a Louis, 2009 y a Bribosia, 1992.

exclusivo, sin alterar, por tanto, la atribución de competencias[11]. Si bien lo habitual es identificar su dimensión negativa por la que el poder supranacional no deberá intervenir allí donde la actuación estatal sea suficiente, tan importante resulta su dimensión positiva, por la que es obligado recurrir a la acción de la UE cuando los Estados miembros no sean capaces por sí solos de lograr la realización de los objetivos comunes[12].

La regulación del principio de subsidiariedad, contenida en el actual art. 5.3 TUE[13], exige demostrar la insuficiencia de la acción estatal, la mayor eficacia de la acción común, así como la dimensión supranacional de la acción pretendida. Nótese que el segundo de los criterios ha de interpretarse en tanto que eficacia comparativa, vinculada a los criterios primero y tercero, evitando así que un criterio exclusivo de eficacia incline la balanza generalmente hacia el nivel de acción de la Unión[14]. Como es sabido, estos criterios de suficiencia, eficacia comparativa y dimensión serán objeto de control, tanto político, a través del mecanismo de alerta temprana, como judicial, a través del control de legalidad ejercido por el TJUE[15].

En línea con los objetivos del presente trabajo, nuestro interés reside evidentemente en clarificar el ámbito de aplicación del principio de subsidiariedad. Así, *a priori* puede afirmarse que el art. 5.3 TUE está redactado de manera lo suficientemente general para que se entiendan incluidos los acuerdos internacionales que celebre la UE, al emplear los términos "la Unión intervendrá"[16]. Cierto es que este precepto hace referencia, desde la reforma de Lisboa, a los niveles regional y local como parámetros a incluir en la valoración de la insuficiencia de la acción estatal[17],

---

11 En la versión anterior del Protocolo sobre la aplicación de los principios de subsidiariedad y proporcionalidad, se especificaba que "el principio de subsidiariedad no pone en tela de juicio las competencias conferidas a la Comunidad Europea por el Tratado, conforme las ha interpretado el Tribunal de Justicia".

12 Bribosia, 1992 : 166. Respecto de la acción exterior, véase Bourgeois, 1997 : 89.

13 "En virtud del principio de subsidiariedad, en los ámbitos que no sean de su competencia exclusiva, la Unión intervendrá sólo en caso de que, y en la medida en que, los objetivos de la acción pretendida no puedan ser alcanzados de manera suficiente por los Estados miembros, ni a nivel central ni a nivel regional y local, sino que puedan alcanzarse mejor, debido a la dimensión o a los efectos de la acción pretendida, a escala de la Unión".

14 Mangas Martín & Liñán Nogueras, 2014: 81; Bribosia, 1992: 79-80.

15 Para un desarrollo de estos controles, véanse Louis, 2009: 536 y ss.; Martín y Pérez de Nanclares, 2008. Véanse, por ejemplo, la Sentencia del TJCE de 10 de diciembre de 2002, asunto C-491/2001, *British American Tobacco*, Rec. 2002, p. I-11453, apdos. 173-185; Sentencia del TJ de 8 de junio de 2010, asunto C-58/08, *Vodafone*, Rec. 2010, p. I-4999, apdos. 72-80; Sentencia del TJ de 12 de mayo de 2011, asunto C-176/09, *Gran Ducado de Luxemburgo c. Parlamento Europeo y Consejo*, Rec. 2011, p. I-3727, apdos. 76-84.

16 El art. 5.3 TUE exige la justificación de este principio "en los ámbitos que no sean de su competencia exclusiva". El art. 2 TFUE, precepto que explica la naturaleza de las competencias de la Unión, se refiere a las acciones de "legislar y adoptar actos jurídicamente vinculantes", por lo que ha de interpretarse igualmente en el sentido de abarcar tanto la actuación legislativa interna como la acción exterior de la UE.

17 Como señala Martín y Pérez de Nanclares, presenta "escasa relevancia para la Unión el que dentro del Estado en cuestión el ente llamado a ejercitar esa competencia [...] hubiera sido

pero no parece que tales términos puedan reducir la interpretación de la disposición al ejercicio del poder legislativo.

El Protocolo nº 2 relativo a los principios de subsidiariedad y proporcionalidad tampoco contiene, por su parte, referencia alguna a la acción exterior de la UE[18]. Bien al contrario, aunque su versión original parecía lo bastante genérica al aludir al ejercicio de competencias comunitarias o a acciones de la Comunidad[19], el mismo Protocolo en la redacción aportada por la reforma de Lisboa se refiere en todo momento a "proyectos de actos legislativos"[20]. La Comisión, en los informes anuales que elabora sobre la aplicación de los principios de subsidiariedad y proporcionalidad en base a la obligación impuesta por el art. 9 del Protocolo nº 2[21], se limita también a un análisis de dichos principios en el marco del proceso legislativo[22]. Por motivos evidentes, no podemos considerar como actos legislativos a las decisiones relativas a la apertura de negociaciones y de firma y conclusión de acuerdos internacionales[23].

La razón por la que el Protocolo nº 2 menciona únicamente los proyectos de actos legislativos puede residir en el hecho de que el Protocolo en cuestión, reformado por el Tratado de Lisboa, tiene por fin asegurar la participación de los Parlamentos nacionales en el control político del principio de subsidiariedad[24]. En efecto, el acento en la reforma del Protocolo sobre los principios de subsidiariedad y proporcionalidad

---

el nivel central, el regional o, en su caso, el local. Esa sería una cuestión interna de cada Estado": Martín y Pérez de Nanclares, 2004: 105.

18 Tampoco se halla ninguna referencia en otros documentos de relevancia para la aplicación del principio de subsidiariedad como las Conclusiones de la Presidencia, Consejo Europeo de Edimburgo, 11-12 de diciembre de 1992, y anexo 1 de la Parte A: "Enfoque general de la aplicación por el Consejo del principio de subsidiariedad y del artículo 3 B del Tratado de la Unión Europea" o el Acuerdo Interinstitucional entre el Parlamento Europeo, el Consejo y la Comisión sobre los procedimientos para la aplicación del principio de subsidiariedad, 25 de octubre de 1993, DO C 329, de 6.12.1993, p. 135.

19 Protocolo nº 30 sobre la aplicación de los principios de subsidiariedad y proporcionalidad, introducido por el Tratado de Ámsterdam de 1997.

20 Protocolo nº 2 sobre la aplicación de los principios de subsidiariedad y proporcionalidad anejo al Tratado de Lisboa. En el mismo sentido se expresa el Protocolo nº 1 sobre el cometido de los Parlamentos nacionales en la Unión Europea.

21 El informe deberá presentarse al Consejo Europeo, Parlamento Europeo, Consejo y Parlamentos nacionales y será también remitido al Comité Económico y Social y al Comité de las Regiones.

22 Véanse los últimos informes adoptados por la Comisión Europea: "Informe Anual de 2014 sobre la subsidiariedad y la proporcionalidad", COM (2015) 315, de 2.07.2015 e "Informe Anual 2013 sobre la subsidiariedad y la proporcionalidad", COM (2014) 506, de 5.08.2014.

23 Por una parte, el art. 218 TFUE por el que se regula el procedimiento de celebración de acuerdos internacionales no responde a los trámites del procedimiento legislativo ordinario (art. 294 TFUE) y, por otra, por su propia naturaleza jurídico-política, no puede ser tampoco considerado un procedimiento legislativo especial (art. 289.2 TFUE).

24 Véase Convención Europea, "Conclusiones del Grupo I sobre el principio de subsidiariedad", CONV 286/02, de 23.09.2002.

recayó en los aspectos procedimentales[25], en el control de su respeto a través, fundamentalmente, del nuevo mecanismo de alerta temprana que permite a los Parlamentos nacionales ocuparse de la fiscalización política del respeto de la subsidiariedad.

Si los Parlamentos nacionales no siempre participan en el procedimiento de celebración de acuerdos internacionales en el plano estatal, entendemos que no habría razón para permitirles participar cuando sea la Unión quien celebre acuerdos internacionales[26]. El control democrático de la acción internacional de la UE se ve garantizado, en este caso, por el Parlamento Europeo, cuya aprobación o consulta será exigida antes de la conclusión de acuerdos por parte de la Unión[27]. Si la Unión vulnera el principio de subsidiariedad mediante la legislación propuesta, serán los Parlamentos nacionales los que se verán perjudicados directamente por cuanto que a éstos habría pertenecido la función legislativa en caso de corresponder el ejercicio de la competencia compartida a los Estados miembros. Por el contrario, la conducción de la acción exterior y, en particular, la celebración de acuerdos internacionales es una tarea constitucionalmente atribuida en esencia a los Ejecutivos, en la que la participación de los Parlamentos sólo se da en determinados tratados para cuya ratificación internacional es necesaria su previa autorización[28]. Por todo ello, parece coherente que el mecanismo de alerta temprana se limite, en su aplicación, a los proyectos de actos legislativos sin extenderse al procedimiento de celebración de acuerdos internacionales, lo que resulta positivo, en opinión de Díez-Hochleitner, en vista de que la conclusión de acuerdos internacionales requiere de procedimientos más ágiles[29]. Eso no significa, sin embargo, que el control judicial *a posteriori* del principio de subsidiariedad no pueda llevarse a cabo por parte del TJUE, a través de un recurso de anulación basado en el art. 263 TFUE respecto de la decisión del Consejo relativa a la celebración del acuerdo internacional o de una cuestión prejudicial de validez sobre la base del art. 267 TFUE.

Por todo lo anterior, podrá afirmarse que no hay obstáculo en el Derecho Originario para exigir la conformidad del ejercicio de competencias externas no exclusivas

---

25 Louis, 2009: 525, 532.

26 En contra, véase Kaddous, 2010: 75.

27 Art. 218.6 TFUE.

28 La inclusión de referencias expresas únicamente a los proyectos de actos legislativos por parte del Protocolo nº 2 no sólo supone obviar la acción exterior de la UE, sino también la adopción de actos no legislativos con base en competencias de ejecución de la Comisión o del Consejo. No parece, sin embargo, que pueda justificarse el no respeto del principio de subsidiariedad en la adopción de este tipo de actos, si bien habría sido positivo un mayor grado de claridad por parte del Derecho Originario. Véase al respecto Hinojosa Martínez, 2004: 807, nota 53. No obstante, cabría tener en cuenta también que, tanto en el caso de los actos delegados como en los actos de ejecución que puede adoptar, por regla general, la Comisión, son el Parlamento Europeo y el Consejo los que realizan dicha atribución de poderes en el acto legislativo de base. Será este último, por tanto, el que demuestre la necesidad de que la modificación de elementos no esenciales del acto no pase por el mismo procedimiento legislativo o justifique ya la necesidad de condiciones uniformes de ejecución.

29 Díez-Hochleitner, 2003: 75.

por parte de la UE en relación con el principio de subsidiariedad[30]. La fiscalización del cumplimiento del principio de subsidiariedad por parte de la acción exterior de la UE queda excluida únicamente en relación con el control de carácter político representado en el mecanismo de alerta temprana, el cual se reserva para los actos legislativos[31]. Ello no excluye, por supuesto, la aplicabilidad del control judicial, ni, por supuesto, la necesidad de justificación del cumplimiento de los requisitos que este principio implica por parte de las instituciones afectadas en el procedimiento decisorio. Por consiguiente, la Comisión, responsable de recomendar la apertura de negociaciones y de presentar las propuestas para la adopción de decisiones de firma y conclusión de los acuerdos resultantes de las mismas[32], estaría obligada a motivar el cumplimiento del principio de subsidiariedad en tales propuestas, mientras el Consejo se vería impelido a justificar también su observancia en las decisiones de firma y conclusión de los acuerdos[33], con la intervención del Parlamento europeo a través del poder de aprobación o consulta que le atribuye, según los casos, el art. 218.6 TFUE.

4. Las particularidades del ejercicio de competencias externas de la UE y sus efectos sobre la aplicación del principio de subsidiariedad

Si la regulación del principio de subsidiariedad que el Derecho Originario acoge no presenta obstáculos para que su aplicación sea requerida en el ejercicio de competencias externas, es necesario analizar entonces si los eventuales impedimentos para su exigencia pueden inferirse de las características propias de la acción exterior de la UE.

Uno de los requisitos para la aplicación del principio de subsidiariedad es que nos hallemos ante competencias no exclusivas de la Unión, como exige expresamente el art. 5.3 TUE. Por ello, es necesario confirmar que las competencias externas de la UE pueden ser compartidas o concurrentes con los poderes convencionales de los Estados miembros. A nuestro entender, las competencias externas de la Unión pueden ser clasificadas, en función de su naturaleza, en competencias exclusivas y no exclusivas[34]. A su vez, la exclusividad exige distinguir entre la exclusividad originaria, derivada de la propia naturaleza de la materia[35], y la exclusividad derivada de la *pre-emption*, consecuencia, por tanto, de la ocupación de terreno realizada por la Unión.

---

30 Véase, en este sentido, Bribosia, 1992: 182, nota 81, donde argumenta que debe evaluarse el ejercicio de competencias externas implícitas a la luz de la subsidiariedad. También se pronuncia a favor de la aplicación general del principio de subsidiariedad a las relaciones exteriores de la UE HOLDGAARD, 2008: 75.

31 Véase Schütze, 2015: 94.

32 Art. 218, apartados 3, 5 y 6, TFUE.

33 Art. 218, apartados 5 y 6, TFUE.

34 García Andrade, 2015: 145 y ss. La clasificación que proponemos obedece a las peculiaridades de las competencias externas, las cuales justifican el planteamiento de ciertas subcategorías respecto de la ordinaria categorización de las competencias internas en exclusivas, compartidas y de apoyo, que se deriva de los art. 2 y ss. TFUE.

35 Es el caso de los ámbitos recogidos en el art. 3.1 TFUE.

Esta última requiere diferenciar entre la exclusividad *AETR*, fundamentada en la posible "afectación" de normas comunes internas adoptadas previamente por la UE y que excluye toda acción estatal futura en el ámbito en cuestión[36], y la exclusividad derivada del ejercicio de la competencia externa, basada también en el principio de cooperación leal pero que únicamente despoja a los Estados de sus poderes en la medida ocupada por la Unión en el plano internacional. Por su parte, las competencias externas no exclusivas podrán ser concurrentes o paralelas, descartando el Tratado los efectos de *preemption* de la actuación de la UE en éstas últimas.

En los casos en que la competencia externa de la Unión es exclusiva por naturaleza, resulta evidente que el ejercicio de la misma no dependerá de ninguna apreciación jurídica por parte de las instituciones europeas, debiendo únicamente acordar la oportunidad política de la acción. Lo mismo ocurre, en nuestra opinión, cuando nos hallamos ante una exclusividad *AETR*. Entendemos que esta categoría competencial constituye una exclusividad *a priori*, puesto que, antes de ejercer la competencia externa, la UE ya es consciente de su naturaleza exclusiva[37]. Por ello, el análisis de la subsidiariedad no resulta exigible. Lo único que deberá justificar la Unión es la oportunidad política de su actuación, cuestión que no corresponde al jurista valorar. De ahí que, como destacábamos anteriormente, sorprenda constatar cómo la Comisión, no justificando el cumplimiento del principio de subsidiariedad a la hora de ejercer competencias externas no exclusivas, sí se refiera en ocasiones a dicho principio para descartarlo cuando se trata de ejercer competencias exclusivas[38]. No obstante, como también indicábamos, esta práctica no nos parece criticable pues aporta transparencia y seguridad jurídica al ejercicio de los poderes externos de la Unión.

Sin embargo, en los supuestos de competencias externas no exclusivas, parece claro que el ejercicio de dicha competencia deberá justificarse en el marco de la subsidiariedad, tal y como sucede en el caso de las competencias internas de carácter compartido[39]. Así, la Unión tendrá que justificar que el acuerdo internacional

---

[36] Exclusividad consagrada en la Sentencia del TJCE de 31 de marzo de 1971, asunto 22/70, *Comisión c. Consejo* (*AETR*), Rec. 1971, p. 263, apdo. 17, y asentada en jurisprudencia posterior, destacando, en particular, el Dictamen del TJCE 1/03, de 7 de febrero de 2006, Rec. 2006, p. I-1145.

[37] Cierto es que también cabe argumentar que se trata de una exclusividad por ejercicio, ya que es el ejercicio exhaustivo de la competencia interna el que provoca la exclusividad de la competencia externa. No obstante, creemos más conveniente valorar su naturaleza propiamente en el plano externo.

[38] Además del ejemplo indicado en el apartado 9 *supra*, véanse también las propuestas de Decisión de celebración de los Protocolos de Palermo contra el tráfico de migrantes y la trata de seres humanos, COM (2005) 503, de 17.10.2005, p. 4. En ellas, la Comisión fundamentaba la competencia externa exclusiva de la Comunidad en una exclusividad *AETR* derivada de las normas comunes adoptadas en materia de control de fronteras y lucha contra la inmigración irregular.

[39] Cierto es que la jurisprudencia del TJUE no exige una mención expresa al principio de subsidiariedad en los actos adoptados por las instituciones, pero sí requiere que se deduzca de su texto que se han cumplido los criterios que lo conforman. En este sentido, Díez de Velasco & Sobrino Heredia, 2003: 586. Véanse la Sentencia del TJCE de 9 de octubre de 2001, asunto

es necesario y que puede alcanzar mejor el objetivo previsto que la acción bilateral de los Estados miembros[40]. La justificación procederá, además, tanto en el caso de competencias externas concurrentes como paralelas, siempre que estas últimas impliquen también el ejercicio de una competencia normativa por parte de la UE. Si se limitan a apoyar o complementar la acción estatal, podría argumentarse la no aplicación del principio de subsidiariedad como ocurriría también en el plano interno respecto de las competencias de apoyo[41]. ¿Qué motivación puede entonces explicar que las instituciones de la UE no realicen dicha apreciación al ejercer competencias externas? En este sentido, procede analizar sucesivamente diversos argumentos que podrían ser presentados en contra de la aplicación del principio de subsidiariedad a la acción exterior de la UE, si bien cada uno de ellos puede ser también descartado.

4.1. La confusión entre existencia y naturaleza de las competencias externas implícitas

En primer lugar, hemos de detenernos en examinar si la confusión entre la existencia y la naturaleza de las competencias externas implícitas se encuentra en el origen de esta aparentemente injustificada diferencia de tratamiento entre el ejercicio de las competencias internas y externas de la Unión. Dicha confusión, generada por la jurisprudencia inicial del TJUE en el asunto *AETR* y sustentada durante cierto tiempo por parte de la doctrina, hizo pensar que la entonces Comunidad Europea sólo gozaba de competencias externas de carácter exclusivo[42]. En efecto, parecía deducirse del asunto *AETR* que las competencias externas implícitas sólo podían ser exclusivas, dado que se generaba la impresión de que la afectación de normas internas fundaba no sólo la exclusividad sino también la propia existencia de la competencia[43]. Sin embargo, resulta evidente que el criterio de "afectación" de normas internas justifica únicamente la exclusividad de la competencia externa, sin que el Derecho Derivado pueda hacer nacer una competencia externa implícita cuya existencia no pueda deducirse previamente del propio Derecho Originario[44]. Será el efecto útil de este último, esto es, la necesidad o facilitación de la realización de los objetivos asignados a la UE por las disposiciones que le atribuyen una competencia interna, lo que permita afirmar la existencia de una competencia externa implícita.

C-377/98, *Países Bajos c. Parlamento Europeo y Consejo*, Rec. 2001, p. I-7079, apdo. 33; Sentencia del TJCE de 13 de mayo de 1997, asunto C-233/94, *Alemania c. Parlamento Europeo y Consejo*, Rec. 1997, p. I-2405, apdo. 28.

40 En este sentido, véase Bourgeois, 1997: 89; Dashwood, 1997: 96; Helikoski, 2001: 40-41.

41 Pues el apoyo o complemento supranacional de las actuaciones estatales siempre cumpliría con el principio de subsidiariedad: Bribosia, 1992.

42 Sentencia del TJCE de 31 de marzo de 1971, asunto 22/70, apdos. 16-17 y 30-31.

43 Para una clarificación al respecto, véase Dashwood & Helikoski, 2000: 8-9.

44 Louis, 2005: 72; Cremona, 2008: 58-59.

Los pronunciamientos del Tribunal de Justicia en asuntos posteriores, como el Dictamen *1/03* o la sentencia dictada en el asunto *MOX*, aclaran que las competencias implícitas pueden ser bien exclusivas, bien compartidas[45]. No obstante, cierto es que la codificación de la doctrina jurisprudencial de las competencias externas implícitas, operada por el Tratado de Lisboa, ha reavivado la mencionada confusión al replicar en términos casi idénticos algunos de los supuestos contemplados en el art. 216.1 TFUE relativos a la existencia de competencias externas, por una parte, y en el art. 3.2 TFUE respecto de las competencias externas exclusivas, por otra[46]. Sin embargo, uno de los supuestos incluidos en el art. 216.1 no se repite en el art. 3.2 TFUE, aquel que consagra la doctrina general de la existencia de competencias implícitas fundada en la necesidad de la acción internacional para alcanzar los objetivos de los Tratados. Dicho supuesto, unido al art. 2.2 TFUE que, con carácter general, define las competencias compartidas, permite afirmar que las competencias externas de la Unión pueden no ser exclusivas[47]. Habrán de recibir, por tanto, el mismo tratamiento que cualquier otro poder de tal naturaleza, incluida la necesidad de justificación del principio de subsidiariedad con carácter previo a su ejercicio.

4.2. El criterio de necesidad

Un segundo argumento que podría plantearse en contra de la aplicación del principio de subsidiariedad a la acción exterior de la UE se relaciona con la necesidad, criterio definitorio del principio de subsidiariedad que, a la vez, está muy presente en la configuración de toda la doctrina jurisprudencial de las competencias externas implícitas. Ahora bien, el sentido o la interpretación que haya de darse a este criterio de necesidad varían notablemente en uno y otro caso, por lo que procederá su apreciación por separado.

La necesidad entendida en el sentido de efecto útil de los Tratados fundamenta la existencia de competencias externas implícitas, pues éstas podrán ser deducidas del precepto que atribuya a la Unión una competencia interna para alcanzar un objetivo

---

[45] Dictamen del TJCE 1/03, de 7 de febrero de 2006, apdos. 115-117; Sentencia del TJCE de 30 de mayo de 2006, asunto C-459/03, *Comisión c. Irlanda* (*Mox*), apdos. 94-95.

[46] En este sentido, véanse Dony, 2009: 139 y García Andrade, 2015: 95 y ss. Conforme al art. 216.1 TFUE, "la Unión podrá celebrar un acuerdo con uno o varios terceros países u organizaciones internacionales cuando así lo prevean los Tratados o cuando la celebración de un acuerdo bien sea necesaria para alcanzar, en el contexto de las políticas de la Unión, alguno de los objetivos establecidos en los Tratados, bien esté prevista en un acto jurídicamente vinculante de la Unión, o bien pueda afectar a normas comunes o alterar el alcance de las mismas", mientras que el art. 3.2 TFUE indica que "la Unión dispondrá también de competencia exclusiva para la celebración de un acuerdo internacional cuando dicha celebración esté prevista en un acto legislativo de la Unión, cuando sea necesaria para permitirle ejercer su competencia interna o en la medida en que pueda afectar a normas comunes o alterar el alcance de las mismas".

[47] Passos & Marquardt, 2007: 894.

cuya realización se verá facilitada por la celebración de acuerdos internacionales[48]. Además, la necesidad ha sido empleada también por el Tribunal de Justicia como criterio reforzado en el seno de la que podemos denominar "doctrina del Dictamen 1/76"[49]. Pese a ser presentada generalmente como un modo de exclusividad, en la interpretación que defendemos de esta doctrina [50], la necesidad de la acción internacional respecto de la acción interna de la UE –entendida no como facilitación, sino como condición indispensable– permite justificar el ejercicio de competencias externas implícitas de carácter concurrente en ausencia de normas comunes internas susceptibles de verse afectadas en el sentido *AETR*[51]. En este contexto, la necesidad de la celebración de un acuerdo internacional se configura entonces como el único modo de realizar el objetivo asignado a la UE en la atribución de una competencia interna determinada. Por el contrario, la necesidad que está presente en la justificación del principio de subsidiariedad es la necesidad de la acción de la UE respecto de la acción estatal, la cual se revela insuficiente para alcanzar los objetivos del Tratado. Cuestión distinta es que la propia concepción de la subsidiariedad haya influido en la reconfiguración de la doctrina del Tribunal de Justicia sobre las competencias externas implícitas y su alcance[52], introduciendo criterios restrictivos en su jurisprudencia de los años noventa tal y como se ejemplifica en el Dictamen 2/92, el Dictamen 1/94 o los asuntos de *cielos abiertos*[53].

Volviendo a los términos de la comparación del criterio de necesidad, éstos son, por tanto, bien diferentes: mientras en la doctrina de las competencias externas implícitas, la necesidad de la acción exterior de la UE – sea bien para justificar su exis-

---

[48] Véanse la Sentencia del TJCE de 31 de marzo de 1971, asunto 22/70, apdo. 27; Dictamen del TJCE 1/76, de 26 de abril de 1977, Rec. 1977, p. 741, apdo. 3 o el Dictamen 1/03 de 7 de febrero de 2006, apdo. 114, así como el segundo supuesto previsto en el art. 216.1 TFUE.

[49] Iniciada con el Dictamen 1/76 del TJCE, pero fundamentalmente consagrada a partir de la interpretación que al mismo aportó el propio TJ en su jurisprudencia posterior. Véanse, por ejemplo, el Dictamen del TJCE 1/94, de 15 de noviembre de 1994, Rec. 1994, p. I-5267, apdos. 83-86; Dictamen del Tribunal de Justicia 2/92, de 24 de marzo de 1995, Rec. 1995, p. I-521, apdo. 4 o Dictamen 1/03 de 7 de febrero de 2006, apdo. 115. En este último, puede leerse que "por lo que respecta a una competencia exclusiva, el Tribunal de Justicia ha declarado que el supuesto contemplado en el dictamen 1/76, antes citado, es aquel en que la competencia interna únicamente puede ejercitarse adecuadamente al mismo tiempo que la competencia externa (...), de modo que la celebración del acuerdo internacional sea necesaria para realizar los objetivos del Tratado que no puedan alcanzarse mediante el establecimiento de normas autónomas".

[50] García Andrade, 2015: 170 y ss.

[51] En un sentido similar al que defendemos, véase Eeckhout, 2011: 79-81.

[52] Para Martinache, no se producía una aplicación literal del antiguo art. 3B, párrafo 2, TUE en materia de relaciones exteriores, pero entiende que la subsidiariedad estaba presente en la inspiración que orienta las soluciones del TJ y en la puesta en práctica de dichas soluciones: Martinache, 1998: 62 y 64.

[53] Véase la jurisprudencia citada *supra* nota 49. Respecto de los asuntos de cielos abiertos, citamos, por todos, la Sentencia del TJCE de 5 de noviembre de 2002, asunto C-476/98, *Comisión c. Alemania*, Rec. 2002, p. I-9855, apdos. 83-87.

tencia, bien para justificar su ejercicio – es evaluada respecto de la acción interna de la propia Unión, la necesidad en el marco de la subsidiariedad opone la acción supranacional a la acción estatal. Son criterios diferentes que, en el caso de las competencias externas implícitas, deberán ser cumplidos cumulativamente. Dado que la primera acepción del criterio de necesidad no conlleva necesariamente la segunda[54], hemos de concluir que, a la hora de ejercer una competencia externa no exclusiva, la UE deberá justificar el cumplimiento del principio de subsidiariedad, esto es, que su actuación es necesaria respecto de la acción estatal. Si además esa competencia externa es implícita, la Unión deberá probar, para ejercerla, que es el único modo de realizar el objetivo de la competencia interna atribuida en la línea de la interpretación que defendemos de la "doctrina del Dictamen 1/76". En este sentido, Cremona afirma que "*if an international agreement is envisaged, it needs to be shown that neither autonomous EC action nor bilateral Member State action will fullfill the relevant objectifs*"[55], admitiendo así la obligación de justificar ambos parámetros. Por nuestra parte, suscribimos esta última consideración, dado que el carácter indispensable del ejercicio de la competencia externa implícita respecto del ejercicio de una competencia interna de la UE no supone necesariamente que la acción de los Estados miembros no sea suficiente[56].

4.3. El excesivo recurso a la figura de los acuerdos mixtos

Un último argumento susceptible de ser empleado para negar la aplicabilidad del principio de subsidiariedad a la acción exterior de la UE podría provenir del recurso excesivo a la celebración de acuerdos mixtos en ámbitos en que la competencia externa de la UE no es exclusiva. Ciertamente, los Estados miembros suelen abusar de este tipo de acuerdos en que son Partes conjuntamente con la UE frente a uno o varios Estados terceros[57], una práctica que parece haber sido bendecida por la jurisprudencia favorable del TJUE al respecto[58].

Cuando la Unión celebra un acuerdo junto a sus Estados miembros, esto es, un acuerdo mixto, resulta evidente que el cumplimiento de los requisitos de la subsidiariedad no será exigible. Aun no siendo obligatorios los acuerdos mixtos en ámbitos de competencias no exclusivas, lo cierto es que la UE no ejerce sus competencias concurrentes cuando participa en un acuerdo mixto[59]. Al participar en él, la Unión sólo ejerce sus competencias externas de carácter exclusivo, mientras que los Estados miembros, en tanto que Partes autónomas en el acuerdo, ejercitan sus propios

---

54 Parcialmente en contra, Neframi, 2007: 102 y Martinache, 1998 : 63.

55 Cremona, 2011: 84.

56 Aunque la Profª. Cremona no comparta nuestra visión del criterio de necesidad reforzado derivado del Dictamen 1/76 como criterio de ejercicio de competencias externas implícitas de carácter concurrente.

57 Rosas, 1998: 147.

58 Martinache considera que la inspiración de la subsidiariedad puede también explicar la jurisprudencia del TJ en favor de los acuerdos mixtos: Martinache, 1998: 65.

59 Véase nuestro desarrollo de esta cuestión en García Andrade, 2015: 283 y ss.

poderes en relación con las restantes materias cubiertas por el acuerdo, incluyendo aquellas no exclusivas de la Unión[60]. Una de las razones por las que éstos insisten en participar es precisamente evitar que la actuación internacional de la UE tenga efectos de *preemption* sobre los poderes estatales.

Dado que los acuerdos mixtos limitan, por tanto, el ejercicio de los poderes de la Unión y teniendo en cuenta las complicaciones que se derivan de ellos, resulta importante exigir que el recurso a esta figura se limite únicamente a aquellos casos en que sea jurídicamente obligatorio. En efecto, la UE puede ejercer sus competencias externas no exclusivas en solitario sin que la figura del acuerdo mixto resulte obligatoria o jurídicamente necesaria[61]. Así, en línea con lo defendido en páginas anteriores, el ejercicio, por parte de la Unión, de una competencia externa de carácter concurrente exigirá la siguiente justificación: si se trata de una competencia expresa, la Unión habrá de probar que su ejercicio cumple con los requisitos del principio de subsidiariedad, mientras que, si nos hallamos ante una competencia externa implícita, será necesario justificar la necesidad de la acción exterior de la Unión tanto en relación con el ejercicio de sus competencias internas como en relación con la acción estatal.

La práctica internacional de la UE permite observar, en efecto, que es posible celebrar acuerdos internacionales con países terceros por los que la Unión ejerce en solitario sus competencias externas de carácter no exclusivo. Es el caso, por ejemplo, de la totalidad de los acuerdos celebrados por la UE con terceros países sobre readmisión de inmigrantes en situación irregular y de ciertos acuerdos concluidos en materia de medio ambiente, arriba mencionados[62], y pertenecientes a ámbitos de competencias concurrentes. Cabría también referirse a acuerdos en el ámbito de la cooperación judicial y policial penal[63], materia igualmente de competencia concurrente. Asimismo, los acuerdos que celebra la UE sobre cooperación al desarrollo, ámbito de competencia paralela, demuestran dicha posibilidad de ejercicio en solitario[64]. De ello se deriva que la UE deberá justificar que su actuación cumple con las exigencias que el principio de subsidiariedad impone cada vez que ejerza en solitario sus competencias externas no exclusivas, exigencia que, sin embargo, no siempre respeta en la práctica.

---

60 Helikoski, 2001: 46-47.

61 Helikoski, 2001: 42; Eeckhout, 2011: 216-217.

62 Véase el apartado 2 del presente trabajo.

63 Véanse, por ejemplo, la Decisión del Consejo nº 2012/472, de 26 de abril de 2012, relativa a la celebración del Acuerdo entre los Estados Unidos de América y la Unión Europea sobre la utilización y la transferencia de los registros de nombres de los pasajeros al Departamento de Seguridad del Territorio Nacional de los Estados Unidos, y el correspondiente Acuerdo, DO L 215 de 11.08.2012, p. 4.

64 Véase, por ejemplo, la Decisión del Consejo nº 2001/332, de 26 de febrero, relativa a la celebración del Acuerdo de cooperación entre la Comunidad Europea y la República Popular de Bangladesh sobre colaboración y desarrollo, DO L 118, de 27.04.2001, p. 47. La competencia externa de la UE en materia de cooperación al desarrollo deriva del art. 209 TFUE.

Ahora bien, resulta interesante hacer notar que al menos la configuración política de la acción exterior de la UE en los ámbitos de Justicia e Interior parece tener en cuenta las consideraciones que subyacen al principio de subsidiariedad. Así, el Consejo especifica que, a la hora de establecer las prioridades de la actuación exterior de la Unión en el espacio de libertad, seguridad y justicia, resulta necesario que la acción europea ofrezca un valor añadido respecto de la actuación de los Estados miembros, concepto que es puesto directamente en relación con el principio de subsidiariedad[65]. Dentro de este ámbito político, se emplea también el concepto de valor añadido de la acción supranacional como un criterio a tener en cuenta a la hora de determinar los terceros países con los que celebrar un acuerdo de readmisión[66]. Por consiguiente, el valor añadido podría equipararse a la justificación del principio de subsidiariedad en el momento de ejercer esta competencia externa en cada caso concreto, pero faltaría en todo caso la motivación formal del mismo a la hora de celebrar cada acuerdo por parte de la Unión.

En definitiva, estamos en condiciones de concluir que ninguna de las particularidades que rodean al ejercicio de las competencias externas de la UE en relación con sus competencias internas permite considerar que la acción exterior deba escapar al control de este principio clave del sistema competencial de la UE.

5. El caso particular de la PESC

El análisis acometido hasta el momento se ha centrado en la acción exterior de la UE basada en las disposiciones pertinentes del TFUE, esto es, las relaciones exteriores desarrolladas en ámbitos políticos que, antes del Tratado de Lisboa, correspondían al antiguo primer pilar, dejando a un lado, por tanto, el único componente de la acción exterior europea cuyo fundamento se halla en el TUE: la Política Exterior y de Seguridad Común (PESC). Habiendo concluido que el principio de subsidiariedad resulta aplicable a los ámbitos de competencia no exclusiva de la acción exterior de la UE, resta entonces por determinar si la subsidiariedad será exigible también cuando la Unión celebre acuerdos internacionales en los ámbitos comprendidos en la PESC. No obstante, las particularidades propias de esta política hacen que nuestro interrogante no deba ceñirse a los acuerdos internacionales celebrados sobre la base del art. 37 TUE, sino que haya de ampliarse también a la adopción de actos internos de la PESC, pues ni siquiera en ellos queda clara la necesidad de justificar la observancia del principio de subsidiariedad. En la práctica, ni los actos internos ni las decisiones

---

65 Consejo, "Prioridades y objetivos de la Unión Europea para las relaciones exteriores en el ámbito de la justicia y los asuntos de interior", doc. nº 7653/00, de 6.06.2000, p. 6, presentado al Consejo Europeo de Feira, junio 2000.

66 Véanse las Conclusiones del Consejo "Criterios para la determinación de los países terceros con los que deben negociarse nuevos acuerdos de readmisión", doc. nº 7990/02, 16.04.2002, p. 3.

de celebración de acuerdos internacionales en el ámbito de la PESC contienen referencia alguna a este principio.

La situación anterior al Tratado de Lisboa permitía argumentar con relativa facilidad la no aplicación del principio de subsidiariedad a la PESC por limitarse dicho principio a los ámbitos de actuación de la Comunidad Europea. Como señala WESSEL, los términos del art. 2 TUE y del art. 5 TCE favorecían dicha interpretación, en el sentido de que, de acuerdo con el primero, los objetivos de la Unión deberían ser alcanzados respetando el principio de subsidiariedad tal y como se define en el art. 5 TCE, mientras éste último definía la subsidiariedad por referencia únicamente a la Comunidad Europea y sus ámbitos de acción[67]. Sin embargo, WESSEL también nos recuerda que la postura contraria recibía más apoyos, al considerar el principio de subsidiariedad como un principio de aplicación a toda la Unión, por lo que los actos de la PESC deberían motivar si resulta más adecuada la acción de la UE que la acción estatal[68]. El fundamento de la aplicabilidad del principio de subsidiariedad a la PESC se hallaría en el preámbulo del TUE y en su art. 1, dado que ambos se refieren a una unión en la que las decisiones se tomen de la forma más próxima a los ciudadanos, mencionándose incluso de manera explícita el principio de subsidiariedad en el preámbulo. En todo caso, WESSEL defiende la aplicación del test de la subsidiariedad únicamente durante el proceso decisorio y no antes, con el fin de respetar las obligaciones procedimentales del TUE[69].

Si nos centramos, no obstante, en las disposiciones de los Tratados actuales, la respuesta al interrogante tampoco parece sencilla. Ciertamente una exégesis del TUE y el TFUE permitirían confirmar la aplicabilidad del principio de subsidiariedad a toda actuación de la Unión, incluida en el ámbito de la PESC. El art. 5.3 TUE, por el que se define este principio, se halla bajo el Título I dedicado a las Disposiciones Comunes, por lo que deberá entenderse que los mandatos contenidos en dichas disposiciones son de aplicación general tanto a las políticas desarrolladas en el TFUE como a la PESC regulada en el TUE. Tampoco resulta complicado justificar que la PESC constituye un ámbito en el que la Unión goza de "competencias" cuyo ejercicio deba regirse por el principio de subsidiariedad. En efecto, tras definir las competencias exclusivas y las competencias compartidas y antes de referirse a las competencias de apoyo, el art. 2 TFUE dedica un apartado a la PESC para afirmar que "la Unión dispondrá de competencia, de conformidad con lo dispuesto en el Tratado de la Unión Europea, para definir y aplicar una política exterior y de seguridad común, incluida la definición progresiva de una política común de defensa". Queda claro, por tanto, que estamos ante "una competencia" atribuida a la Unión por los Estados

---

[67] WESSEL, 2007: 184. Para Wessel, las Conclusiones del Consejo Europeo de Edimburgo de 1992 y el hecho de que el Protocolo sobre la aplicación de los principios de subsidiariedad y proporcionalidad fuera un anexo del TCE únicamente y no del TUE permitían apoyar esta visión.

[68] *Ibid.*, p. 185.

[69] *Ibid.*

miembros[70], siendo evidente también que no se trata de una competencia de carácter exclusivo, por lo que una interpretación literal del art. 5.3 TUE nos llevaría a incluir la PESC entre los ámbitos competenciales cuyo ejercicio requiere del cumplimiento del principio de subsidiariedad.

Sin embargo, si así fuera, la PESC quedaría excluida – al igual que el resto de la acción exterior de la UE – del control político susceptible de realizarse a través del mecanismo de alerta temprana, puesto que se descarta la adopción de actos legislativos en este ámbito[71]. Tampoco sería de aplicación el control judicial del principio de subsidiariedad en los actos de la PESC debido a la falta de competencias del TJUE respecto de esta política, con las únicas salvedades del control del respeto de la cláusula de no afectación mutua del art. 40 TUE y del control de legalidad de las decisiones de la PESC por las que se adoptan medidas restrictivas frente a personas físicas o jurídicas[72]. Respecto de estas últimas, las remisiones cruzadas entre el art. 263 y 275 TFUE no parecen limitar los motivos de nulidad de estos actos de la PESC, de modo que no habría obstáculos en los Tratados al control del respeto del principio de subsidiariedad.

Sin embargo, la concreta determinación de la naturaleza de las competencias de la UE en materia de PESC en tanto que presupuesto de la aplicación del principio de subsidiariedad no resulta tan evidente. Una interpretación sistemática del Título I del TFUE nos llevaría a la conclusión de que las competencias en PESC son de carácter compartido respecto de los poderes de los Estados miembros, en virtud de la naturaleza residual del art. 4 TFUE, según el cual las competencias que no correspondan a ámbitos mencionados en los art. 3 (exclusivas) y 6 (complementarias o de apoyo) serán compartidas[73]. Para otros, la definición de la PESC en el art. 2.4 TFUE indicaría que la PESC no tiene cabida en ninguna de las categorías competenciales definidas en dicho precepto[74]. En todo caso, puede que sea el art. 2.6 TFUE el que aporte la clave de interpretación a seguir, al disponer que "el alcance y las condiciones de ejercicio de las competencias de la Unión se determinarán en las disposiciones de los Tratados

---

70 El art. 24.1 TUE también se refiere a "la competencia de la Unión en materia de política exterior y de seguridad común"

71 Art. 24.1, segundo párrafo, y art. 31.1 TUE.

72 Art. 24.1, segundo párrafo, TUE y art. 275 TFUE. Cabe defender, no obstante, que los actos relativos a la celebración de un acuerdo internacional en materia de PESC sí están sometidos al control del TJUE por cuanto que son actos adoptados parcialmente sobre la base del art. 218 TFUE, aunque su base jurídica sustantiva se halle en el TUE: Hillion, 2014: 55-58

73 Para LOUIS, la lógica del Tratado hace de la PESC una competencia compartida: Louis, 2009: 507. No obstante, nótese que ni siquiera ha sido calificada la PESC de competencia compartida especial en la que se excluirían los efectos de *preemption* de la actuación de la Unión, tal y como sucede en los ámbitos de la investigación, desarrollo tecnológico, espacio, cooperación al desarrollo y ayuda humanitaria de conformidad con los art. 4.3 y 4.4 TFUE.

74 De Baere, 2008: 110. Resulta interesante el argumento de Schütze, por el que se remite al art. 40 TUE, precepto que realiza una clara distinción entre las competencias de la Unión en materia de PESC y el resto de competencias de la Unión mencionadas en los art. 3 a 6 del TFUE: Schütze, 2015: 88, nota 53.

relativas a cada ámbito". Por consiguiente, la categorización de las competencias de la Unión en materia de PESC vendrá determinada por las características propias de esta política tal y como las define el Capítulo 2 del Título V del TUE. Según este último, la PESC "se regirá por reglas y procedimientos específicos"[75], especificidades que, junto al texto de las Declaraciones nº 13 y 14 al TUE, podrían llevarnos a calificar las competencias de la UE en materia de PESC de compartidas con un régimen jurídico *sui generis*[76], o directamente como competencias de naturaleza especial[77], en tanto que la categoría de compartida no parece casar con la distribución de poderes entre la UE y sus Estados miembros en esta política[78]. Todo ello podría servir para confirmar que la PESC se erige en el único ámbito de actuación cuya división de poderes particular permite no tener que justificar el cumplimiento de los criterios de insuficiencia de la acción estatal y mayor eficacia de la acción de la Unión, contenidos en el principio de subsidiariedad. Ello no significa, sin embargo, que el ejercicio por parte de la UE de las competencias en materia de PESC pueda sobrepasar tales criterios, sino que la propia configuración de la PESC y los procedimientos decisorios aplicables en ella ya tomarían en consideración el espíritu de la subsidiariedad.

6. Conclusiones

Desde su consagración oficial en el Tratado de Maastricht, la subsidiariedad se configura como un principio rector del ejercicio de competencias no exclusivas atribuidas a la Unión y se erige, por tanto, en un principio clave del reparto de poder entre ésta y sus Estados miembros. Por consiguiente, resulta difícil justificar su no aplicación a la acción exterior de la UE, manifestación de su personalidad jurídica internacional cuya relevancia política se viene situando al mismo nivel que su acción legislativa.

Del análisis acometido en este trabajo, se infiere que nos hallamos ante una incorrecta actuación institucional, pues, por una parte, la esencia del principio de subsidiariedad y su regulación en el Derecho Originario no permiten excluir de su alcance al ejercicio de competencias normativas externas. En efecto, dicha regulación contenida en el art. 5.3 TUE es lo suficientemente general como para entender comprendida en su ámbito de aplicación a la acción exterior de la Unión. Si bien el Protocolo anejo a los Tratados sobre la aplicación de los principios de subsidiariedad y proporcionalidad se centra en la fiscalización de los proyectos de actos legislativos, hemos podido comprobar que ello se debe al acento puesto por el Protocolo en especificar los mecanismos de control de la subsidiariedad y, especialmente, a la participación en ellos de los Parlamentos nacionales, a los cuales no resulta necesario asociar a la

---

75 Art. 24.1, segundo párrafo, TUE.

76 Hinojosa Martínez, 2006: 279.

77 Cremona, 2003: 1354 y Schütze, 2015: 89.

78 De Baere, 2008: 111.

fiscalización de la celebración de acuerdos internacionales por parte de la UE. La exclusión de la aplicación del mecanismo de alerta temprana implicará, por tanto, un menor grado de control político del principio de subsidiariedad en la acción exterior de la UE, el cual puede justificarse a la vista de que el margen de apreciación de la necesidad de la acción supranacional frente a la acción estatal habrá de ser mayor por tratarse del desarrollo de la acción exterior. Sin embargo, ello no permite explicar la falta de motivación, al menos formal, del principio de subsidiariedad en las propuestas de la Comisión y en las subsiguientes decisiones del Consejo relativas a la celebración de acuerdos internacionales por parte de la Unión.

Por otra parte, el estudio de ciertas particularidades que caracterizan al ejercicio de las competencias externas de la UE por oposición a sus competencias internas tampoco hace posible concluir que se justifique la no aplicación del principio de subsidiariedad a la actuación convencional de la Unión. Así, en primer lugar, cabe afirmar que las competencias externas de la UE, tanto expresas como implícitas, pueden ser de carácter exclusivo o no exclusivo, debiendo especificarse, a la hora de ejercer estas últimas, que la acción estatal resulta insuficiente y que la acción supranacional será más eficaz para la realización de los objetivos perseguidos en virtud de la dimensión europea de la actuación o de sus efectos. En segundo lugar, si bien la necesidad se configura como un criterio central tanto en la aplicación de la doctrina de las competencias externas implícitas como en la justificación de la subsidiariedad, los parámetros de la comparación de dicho criterio difieren. Si para la primera la necesidad ha de probarse en relación con la acción interna de la Unión, la necesidad en el marco de la segunda opone la acción supranacional a la acción estatal, por lo que resulta obligado probar que se cumplen ambos criterios cumulativamente antes de ejercer una competencia externa implícita de carácter no exclusivo. Por último, la constatación de que el recurso a la figura del acuerdo mixto en ámbitos de competencia no exclusiva no resulta jurídicamente obligatorio nos permite confirmar que la UE puede ejercer dichas competencias en solitario, mediante la firma de un "acuerdo puro" que deberá justificar el respeto del principio de subsidiariedad. Dicha justificación, sin embargo, resulta más difícil de sostener en relación con la celebración de acuerdos internacionales, por parte de la Unión, en materia de PESC. Este ámbito competencial de la UE presenta unas particularidades específicas, derivadas de su peculiar división de poderes entre la Unión y los Estados miembros, que parecen convertir a la PESC en una excepción a la necesidad de motivación formal del principio de subsidiariedad en la acción exterior de la UE.

En suma, la no justificación por parte de las instituciones europeas del principio de subsidiariedad en el ejercicio de competencias externas constituye una anomalía en el Derecho de las relaciones exteriores de la UE y, por consiguiente, una infracción de uno de los principios rectores del sistema de competencias en la Unión que, en tanto que vulneración del Derecho Originario, es necesario remediar. Para ser creíble, eficaz y coherente, la acción internacional de la UE necesita demostrar, también frente a sus propios Estados miembros, que se somete a las mismas exigencias jurídicas que el resto de las actuaciones supranacionales.

Referencias bibliográficas

BOURGEOIS, J. (1997), "Mixed agreements: a new approach?", en Bourgeois, J. H.-J., Dewost, J.L., Gaiffe, M.H. (coord.), *La Communauté européenne et les accords mixtes: quelles perspectives?*, Bruges, Collège d'Europe, pp. 83-91.

BRIBOSIA, H. (1992), "Subsidiarité et répartition des compétences entre la Communauté et ses États membres. Commentaire sur l'article 3B du traité de Maastricht", *Revue du Marché Unique Européen*, nº 4, pp. 165-188.

CREMONA, M. (2003), "The draft Constitutional Treaty: External Relations and External Action", *Common Market Law Review*, 40/6, pp. 1347-1366.

CREMONA, M. (2008), "Defining competence in EU external relations: lessons from the Treaty reform process", en Dashwood, A., Maresceau, M. (ed.), *Law and Practice of EU External Relations, Salient Features of a Changing Landscape*, Cambridge University Press, Cambridge, pp. 34-69.

CREMONA, M. (2011), "EU External Action in the JHA Domain. A Legal Perspective", en Cremona, M., Monar, J., Poli, S. (eds.), *The External Dimension of the European Union's Area of Freedom, Security and Justice*, College of Europe Studies, Peter Lang, Brussels, pp. 77-118.

DASHWOOD, A. y HELIKOSKI, J. (2000), "The classic authorities revisited", en Dashwood, Hillion (ed.), *The General Law of E.C. External Relations*, Sweet&Maxwell, London, pp. 3-19.

DASHWOOD, A. (1997), "Why continue to have mixed agreements at all?", en Bourgeois, J. H.-J., Dewost, J.L., Gaiffe, M.H. (coord.), *La Communauté européenne et les accords mixtes: quelles perspectives?*, Collège d'Europe, Bruges, pp. 93-99.

DE BAERE, G. (2008), *Constitutional Principles of EU External Relations*, Oxford University Press, Oxford.

DÍEZ DE VELASCO, M. y SOBRINO HEREDIA, J. M. (2003), "El control jurisdiccional del principio de subsidiariedad en la Unión Europea", en Colneric, N. [et al.], *Une Communauté de droit. Festschrift für Gil Carlos Rodríguez Iglesias*, BWV, Berlin, pp. 581-589.

DÍEZ-HOCHLEITNER, J. (2003), "El sistema competencial comunitario ante la CIG'04: los trabajos de la Convención", en Liñán Nogueras, D. J. (dir.), López-Jurado, C. (coord.), *La reforma de la delimitación competencial en la futura Unión Europea*, Universidad de Granada, Granada, 2003, pp. 27-81.

DONY, M. (2009), "The EU's external relations and their evolving legal framework", en Telò, M. (ed.), *The European Union and Global Governance*, Routledge, London, pp. 131-156.

EECKHOUT, P. (2011), *EU External Relations Law*, Oxford University Press, Oxford, 2nd ed., 2011.

GARCÍA ANDRADE, P. (2015), *La acción exterior de la Unión Europea: un problema de reparto de competencias*, Valencia, Tirant lo Blanch.

HELIKOSKI, J. (2001), *Mixed Agreements as a Technique for Organizing the International Relations of the European Community and its Member States*, Kluwer Law International, The Hague.

HILLION, C. (2014), "A Powerless Court? The European Court of Justice and the Common Foreign and Security Policy", en Cremona, M., Thies, A. (eds.), *The European Court of Justice and External Relations Law. Constitutional Challenges*, Hart Publishing, Oxford, pp. 47-70.

HINOJOSA MARTÍNEZ, L.M. (2004), "La regulación del principio de subsidiariedad en el Tratado Constitucional: espejismos y realidades", *Revista de Derecho Comunitario Europeo*, año 8, nº 19, pp. 787-827.

HINOJOSA MARTÍNEZ, L. M. (2006), *El Reparto de Competencias entre la Unión Europea y sus Estados miembros*, Tirant lo Blanch, Valencia.

HOLDGAARD, R. (2008), *External Relations of the European Community. Legal Reasoning and Legal Discourses*, Kluwer Law International, The Netherlands.

KADDOUS, C. (2010), "Un nouveau cadre pour la dimension externe de l'espace de liberté, de sécurité et de justice", en Kaddous, C., Dony, M. (eds.), *D'Amsterdam à Lisbonne. Dix ans d'espace de liberté, de sécurité et de justice*, Bruylant, Bruxelles, pp. 61-79.

LOUIS, J.-V. (2005), "La compétence de la CE de conclure des accords internationaux", en Louis, J.-V., Dony, M. (dir.), *Relations Extérieures, Commentaire J. Mégret. Le Droit de la CE et de l'Union Européenne*, vol. 12, Éd. de l'Université de Bruxelles, Bruxelles, pp.57-75.

LOUIS, J.-V. (2009), "Las competencias de la Unión Europea (II)", en Beneyto Pérez, J.M., (dir.), *Tratado de Derecho y Políticas de la Unión Europea*, Tomo I. Navarra, Aranzadi, pp. 487-569.

MANGAS MARTÍN, A. y LIÑÁN NOGUERAS, D.J., *Instituciones y Derecho de la Unión Europea*, Tecnos, Madrid, 6ª ed., 2014.

MARTÍN Y PÉREZ DE NANCLARES, J. (2008), "La nueva regulación del régimen de competencias en el Tratado de Lisboa: especial referencia al control del principio de subsidiariedad", en Martín y Pérez de Nanclares, J. (coord.), *El Tratado de Lisboa: la salida de la crisis constitucional*, Madrid, Iustel, pp. 273-294.

MARTÍN Y PÉREZ NANCLARES, J. (2004), "El nuevo sistema de competencias en el proyecto de Constitución Europea", *Cuadernos europeos de Deusto*, nº 30, pp. 75-114.

MARTINACHE, A. (1998), "Une application de la subsidiarité: la Cour de Justice et les compétences externes", *Revue des Affaires Européennes*, nº 1/2, pp. 62-66.

NEFRAMI, E. (2007), *Les accords mixtes de la Communauté Européenne: aspects communautaires et internationaux*, Bruylant, Bruxelles.

PASSOS, R. y MARQUARDT, S. (2007), "International Agreements – Competences, Procedures and Judicial Control", en Amato, G., Bribosia, H., De Witte, B. (eds.), *Genesis and Destiny of the European Constitution, Commentary on the Treaty establishing a Constitution for Europe in the light of the travaux préparatoires and future prospects*, Bruylant, Brussels, pp. 875-915.

ROSAS, A. (1998), "Mixed Union - Mixed Agreements", en Koskenniemi, M. (ed.), *International Law Aspects of the European Union*, Kluwer Law International, The Hague, pp. 125-148.

SCHÜTZE, R. (2015), "EU Competences: Existence and Exercise", en Arnull, A., Chalmers, D. (eds.), *The Oxford Handbook of European Union Law*, Oxford University Press, pp. 75-102.

WESSEL, R. A. (2007), "The Multilevel Constitution of European Foreign Relations", en Tsagourias, N. (ed.), *Transnational Constitutionalism. International and European Perspectives*, Cambridge University Press, Cambridge, pp. 160-206.

LA CRISI COSTITUZIONALE POLACCA, LA «BIELORUSSIZZAZIONE» DELL'EUROPA ORIENTALE E IL PROCESSO DI DISINTEGRAZIONE EUROPEA

Fausto Vecchio

Professore Associato di Diritto costituzionale
Università Kore di Enna

Sommario: 1. Premessa. I diversi volti dell'Europa in crisi: dalla drammatica congiuntura economica alle tensioni costituzionali.- 2. I timori di Platforma Obywatelska e la controversa modifica alla procedura di nomina dei giudici costituzionali.- 3. L'immediata reazione di Prawo i Sprawiedliwość e le questioni sollevate dalla nuova legge sull'organizzazione della Corte costituzionale.- 4. Gli interventi della Corte costituzionale e il mancato ripristino dell'ordine costituzionale turbato.- 5. La legge del 22 dicembre 2015 e il "colpo di grazia" alla Corte costituzionale.- 6. L'intervento delle istituzioni europee e l'apertura di un nuovo fronte di crisi.- 7. Conclusioni. L'integrazione europea e i rischi di una "bielorussizzazione" dell'Europa orientale.

1. Premessa. I diversi volti dell'Europa in crisi: dalla drammatica congiuntura economica alle tensioni costituzionali

Con ogni probabilità, gli eventi che hanno connotato gli ultimi anni della storia del processo di integrazione europea verranno in futuro ricordati come alcuni dei momenti più drammatici vissuti dall'Europa del secondo dopoguerra. Infatti, un pericoloso intreccio tra gravissime crisi di natura eterogenea sta minando alla base la legittimazione di un quadro istituzionale che, per la sua incapacità di offrire risposte effettive alle questioni dei cittadini, rischia di esplodere e di lasciare il vecchio continente in balia di vecchi fantasmi (Sarmiento, 2016).

Sotto questo profilo rilevano innanzitutto i problemi sollevati dalla devastante crisi economica. Per un verso, nonostante la generosità con cui, seppur fra mille difficoltà, il Governatore della Banca centrale europea è intervenuto in difesa della stabilità finanziaria dei mercati e a sostegno delle finanze statali, non si può fare a meno di menzionare le contraddizioni dell'*austerity* che ha caratterizzato la complessiva linea di politica economica dettata dalla *governance* sovranazionale: pur essendo dichiaratamente orientata a stabilizzare i sistemi in difficoltà, l'azione delle istituzioni europee è stata, a torto o a ragione, ritenuta responsabile di aver privato le fasce sociali più deboli dei sussidi dello stato sociale, di aver colpito gli operatori economici (indeboliti dalle difficoltà di acquisto dei più poveri), di aver paradossalmente finito con il ridurre le entrate fiscali (in conseguenza dell'impoverimento dei ceti produttivi) e quindi di riversare i suoi effetti negativi proprio su quei bilanci nazionali che avrebbe voluto contribuire a risanare. Per un altro, al di là del perverso meccanismo a spirale che le politiche di austerità hanno innestato un po' su tutto il territorio europeo, l'insipienza politica con cui sono state gestite le vicende relative al dramma della Grecia merita una menzione particolare perché, anche se appare ispirata dalla stessa linea che, in generale, ha caratterizzato l'azione europea, è addirittura arrivata a mettere in discussione la moneta unica: i continui tentennamenti di fronte all'assunzione dei costi di salvataggi economici non procrastinabili hanno generato negli operatori economici un sentimento di sfiducia che, anche se non dovesse arrivare a mettere in discussione la tenuta di uno dei simboli dell'attuale processo di integrazione, si è comunque tradotto in una crisi della valuta e in un impoverimento reale dei cittadini greci e degli altri cittadini europei.

In secondo luogo, altrettanto rilevanti per la delegittimazione delle istituzioni continentali hanno mostrato di essere le questioni sollevate dall'immane crisi umanitaria che si sta producendo come conseguenza dell'incapacità del quadro istituzionale europeo di gestire i massicci flussi migratori degli ultimi anni. In un pericoloso mix tra l'inconsistenza di un'Unione incapace di imporre la sua voce e la miopia di governi nazionali che hanno visto nei migranti solo costi di integrazione da scaricare sugli altri stati, l'Europa, abbandonando in mare le moltitudini di disperati che cercano di approdare sul suo territorio per sfuggire alla guerra e alla miseria, ha dimostrato tutti i limiti dell'attuale "spazio di libertà, sicurezza e giustizia" e ha tradito la sua reclamizzata vocazione umanitaria. In ragione della rilevanza che le notizie di possibili revisioni degli accordi di Schengen hanno avuto sui mezzi di comunicazione di queste ultime settimane, è appena il caso di puntualizzare che c'è davvero il pericolo che, lungi dall'esaurire i suoi nefasti effetti solo sugli extracomunitari, questo stato di cose possa finire con lo spezzare uno dei pilastri su cui poggia il processo di integrazione: la libertà di circolazione dei cittadini europei rischia seriamente di essere travolta, o per lo meno di essere snaturata, dall'egoismo nazionale e dalla debolezza europea.

A quanto rilevato occorre poi aggiungere che, come conseguenza della drammatica congiuntura economica e dei drammi umani prodotti dall'incapacità di gestire i flussi migratori, un po' su tutto il territorio europeo, si sono registrati segnali di crisi politica. Tanto dall'analisi dei risultati delle elezioni europee, quanto dall'analisi delle competizioni elettorali interne agli stati membri, si evince lo sgretolamento delle tradizionali famiglie politiche e l'emersione di nuovi soggetti partitici che spesso hanno natura demagogica e che comunque complicano notevolmente la formazione di esecutivi stabili e legittimati ad assumere le difficili decisioni da adottare: se da una parte le ultime elezioni del parlamento europeo hanno imposto la formazione di un'inedita coalizione tra socialisti e popolari, le vicende connesse alle recenti difficoltà incontrate dal neo eletto parlamento spagnolo o i risultati dei partiti tradizionali alle elezioni regionali francesi mostrano come, anche all'interno degli stati membri, emergano importanti segni di una situazione caratterizzata da un processo di disgregazione politica.

A fronte di un contesto complessivo in cui le difficoltà economiche si intersecano con una situazione di difficoltà nella composizione del quadro politico e con una società incattivita dalle restrizioni alla spesa sociale e dalla cattiva gestione dei flussi migratori non meraviglia che, sul piano costituzionale, si sia aperto un quarto e assai inquietante versante di crisi che (per il momento) ha riguardato soltanto alcune specifiche istituzioni nazionali: in una fase in cui, per fronteggiare le tensioni, la maggior parte dei paesi membri ha intrapreso il cammino delle riforme dell'organizzazione costituzionale, in alcuni stati si registrano tentativi, più o meno velati, di stravolgere alcune delle strutture basiche dello stato costituzionale. In particolare, agli onori della cronaca sono finiti il caso ungherese (Csink – Schanda – Zs. Varga, 2012; Ferrari, 2012; Toth, 2012; Vecchio, 2013, Von Bogdandy - Kottmann - Antpöhler - Dickschen - Hentrel - Smrkolj, 2012) e quello rumeno: mostrando un assoluto disprezzo delle regole di base della liberal democrazia costituzionale, i governi di questi paesi hanno messo sotto attacco le rispettive corti costituzionali che, in qualità di soggetti che svolgono una funzione contromaggioritaria di garanzia, sono state demagogicamente additate come nemiche della democrazia e, seppur con modalità (e con esiti) differenti, sono state in qualche modo forzate ad allinearsi alla volontà del potere esecutivo (Blokker, 2016; Selejan – Guțan, 2016).

Peraltro, per quanto grave, questo fenomeno di destabilizzazione delle strutture basiche dello stato costituzionale non pare destinato ad arrestarsi. Anzi, l'impotenza delle istituzioni europee di fronte a fenomeni di questo tipo e i successi elettorali delle formazioni che li alimentano si traducono in potenti incentivi per tentare di esportare gli attacchi alle democrazie costituzionali anche in altri scenari. Così, nel corso degli ultimi mesi anche in Polonia si sono registrati provvedimenti orientati al fine di impedire l'esercizio della funzione contromaggioritaria e di rompere gli equilibri costituzionali in favore del potere esecutivo. Pertanto, con l'obiettivo di cercare di capire meglio le dinamiche di un fenomeno che rischia di allargarsi ulteriormente, il presente contributo, dopo aver ripercorso le ultime evoluzioni del sistema polacco e le reazioni dell'Europa, proverà ad interrogarsi sui possibili effetti che questa nuova crisi costituzionale può avere sul sistema europeo.

2. I timori di Platforma Obywatelska e la controversa modifica alla procedura di nomina dei giudici costituzionali

La crisi ha inizio nel 2013, quando, su iniziativa del Presidente della Repubblica Bronislaw Komorowski, in Polonia viene inaugurato un peculiare processo di riforma della legge dell'agosto del 1997 relativa all'organizzazione della consulta. Sebbene l'intento originariamente dichiarato sia quello di introdurre regole che garantiscano l'imparzialità del collegio, la procedura di riforma pensata per riscrivere le regole di una corte costituzionale appare immediatamente problematica e, da subito, si accendono le prime polemiche. Più precisamente, ad essere oggetto di critica è la previsione di un attivo coinvolgimento di alcuni dei magistrati costituzionali nel procedimento legislativo: al di là delle considerazioni relative al mancato rispetto della separazione dei poteri, ai fini del nostro ragionamento è importante segnalare che a lasciare perplessi è l'immagine di giudici che possono essere chiamati a pronunciarsi su un provvedimento che, in qualche modo, hanno contribuito a far adottare (Radwan, 2016). Tale circostanza è ulteriormente aggravata dal fatto che i nomi dei tre componenti coinvolti sono inizialmente tenuti segreti e che, solo in seguito ad una pronuncia della giurisprudenza amministrativa, la corte costituzionale si decide a rivelarli[1].

La situazione si aggrava quando, come conseguenza di alcuni importanti scandali, la maggioranza parlamentare di centro destra guidata dal partito *Platforma Obywatelska* (Piattaforma civica) inizia ad intravedere la possibilità di una sconfitta elettorale alle elezioni di fine 2015 e cerca di approfittare della riforma in corso per garantire un'immunità *de facto* ai propri esponenti e per tentare di mantenere una certa forma di controllo sulla vita istituzionale del paese. Nello specifico, la circostanza per cui, nelle settimane a cavallo della competizione elettorale dell'autunno 2015, cinque giudici vanno in scadenza di mandato appare come un'occasione perfetta per intervenire sugli equilibri della corte. Pertanto, la maggioranza parlamentare di centro destra, dopo aver depurato il testo del disegno di legge dalle previsioni di garanzia contenute nelle prime bozze, con l'approvazione della legge del 25 giugno del 2015 commette una prima violazione delle regole basilari dello stato di diritto e, creando una situazione che per certi versi ricorda quella del famoso caso *Madison vs. Marbury* (Śledzińska-Simon, 2016), introduce una norma transitoria destinata ad innescare la violenta reazione dell'estrema destra nazionalista guidata da *Prawo i Sprawiedliwość* (Diritto e giustizia): secondo l'articolo 137 del provvedimento in questione, i parlamentari della settima legislatura, oltre a nominare i tre giudici che vanno in scadenza prima della convocazione dei rappresentanti dell'ottava legislatura, sono autorizzati anche ad anticipare la nomina dei due giudici che avrebbero dovuto essere scelti dopo l'insediamento del nuovo parlamento. Sulla base di questa discutibilissima norma autorizzativa l'ultima seduta parlamentare della settima legislatura si conclude con la nomina unilaterale dei cinque giudici che, dopo il giuramento nelle mani del Presidente della Repubblica richiesto dall'articolo 21 del regolamento della Corte, progressivamente prenderanno il posto dei loro colleghi in scadenza di mandato[2].

---

1 In questo senso la pronuncia della Corte amministrativa di Varsavia (II SA/Wa 1510/15).

2 Dalla lettera presentata da una serie di organizzazioni non governative alla Commissione di Venezia si evince che, pur terminando il mandato di tutti e cinque i giudici dopo la data delle elezioni del 25 ottobre (più precisamente, tre il 6 novembre, uno il 2 dicembre e uno l'8 dicem-

Sulla base della vicende appena riferite, *Prawo i Sprawiedliwość*, il 23 ottobre, presenta un ricorso contro la contestata legge.

Ai fini del ragionamento che si intende sviluppare è molto importante sottolineare che le ragioni per una reazione di questo tipo non mancano di certo: grazie al grossolano intervento politico di *Platforma Obywatelska* si produce il risultato per cui la maggioranza di centro destra eletta nel 2011, invece di nominare i tre giudici di sua competenza, sceglie in maniera unilaterale cinque giudici (cioè un terzo del collegio[3]) e danneggia la futura maggioranza di estrema destra che, in ragione del successo elettorale del 25 ottobre 2015, avrebbe avuto pieno titolo per potere scegliere autonomamente due giudici (Radwan, 2016).

3. L'immediata reazione di Prawo i Sprawiedliwość e le questioni sollevate dagli emendamenti alla nuova legge sull'organizzazione della Corte costituzionale

Se la presentazione del ricorso appare perfettamente giustificata dagli eventi, occorre però precisare immediatamente che la reazione di *Prawo i Sprawiedliwość* al torto subito non si è limitata all'ordinario intervento istituzionale di richiesta di controllo da parte della Corte costituzionale. Piuttosto, sulla base di un'articolata strategia di politica costituzionale, essa si è basata sulla circostanza politicamente favorevole che il neo eletto Presidente della Repubblica, Andrzej Duda, è allineato all'ampia maggioranza parlamentare (235 seggi sui complessivi 460 della Camera bassa) ottenuta dall'estrema destra alle elezioni di ottobre.

Il primo passo da compiere dunque è quello di impedire che l'azione di *Platforma Obywatelska* consegua i risultati sperati. Così, dopo che, per evitare eventuali censure del giudice costituzionale sulle successive iniziative, il ricorso costituzionale presentato contro la legge del 2015 viene strategicamente fatto ritirare, il partito usa in maniera spregiudicata i poteri del capo dello stato per impedire che i cinque giudici nominati (ma non ancora formalmente immessi in servizio) possano effettivamente intraprendere la loro nuova attività (Śledzińska-Simon, 2016): trascurando il fatto che al momento della convocazione del nuovo parlamento già tre giudici hanno esaurito il loro mandato, la mancata attivazione del Presidente viene utilizzata per paralizzare l'immissione dei nuovi soggetti investiti della responsabilità di sostituire i colleghi in uscita.

Il secondo passo prevede la modifica di un quadro normativo ritenuto fastidioso. Giustificando l'iniziativa con la volontà di risolvere lo stato di impasse, la nuova

bre), l'elezione dei primi tre (cioè quelli in scadenza il 6 novembre) resta comunque di competenza della settima legislatura perché l'ottava si insedia il 12 novembre.

[3] Secondo l'articolo 194 della Costituzione polacca «La Corte costituzionale polacca è composta da quindici giudici scelti individualmente dalla Camera dei deputati per nove anni, tra le persone notoriamente competenti in materia giuridica. Nessuno può essere rieletto alla carica di giudice costituzionale».

maggioranza parlamentare sfrutta la prima seduta della legislatura per avviare l'iter di riforma del provvedimento contestato e, indifferente all'iniziativa con cui, con atteggiamento opportunisticamente contraddittorio, il 17 novembre *Platforma Obywatelska* ha ripresentato ricorso (identico a quello appena ritirato da *Prawo i Sprawiedliwość*) alla Corte costituzionale contro la sua legge del 25 giugno 2015, propone alcuni emendamenti strategici alla legge. Pertanto, per cercare di creare le basi legali per l'azione successiva, le modifiche proposte dalla maggioranza prevedono l'introduzione di un articolo 137A che annulla l'articolo 137, autorizza il parlamento a nominare altri cinque giudici, stabilisce un termine per il giuramento nelle mani del Presidente e introduce un nuovo limite temporale relativo all'esercizio della funzione di presidente e di vice presidente della Corte costituzionale (Radwan, 2016). Il 19 novembre 2015, dopo appena tre giorni di dibattito, il progetto viene approvato nelle due camere del Parlamento e viene inviato al presidente per la promulgazione del giorno successivo (Śledzińska-Simon, 2016). Effetto dell'entrata in vigore del provvedimento è quello di spingere i deputati di opposizione a presentare un nuovo ricorso per denunciare l'incostituzionalità di un provvedimento che, oltre a riprodurre a parti invertite le questioni sollevate dalla legge del 25 giugno, ha l'effetto di mandare arbitrariamente in scadenza il presidente e il vicepresidente della corte entro tre mesi dalla sua entrata in vigore. Ricorso di costituzionalità contro il provvedimento viene sollevato anche dal Difensore per i diritti umani e dal Consiglio nazionale per il potere giudiziario[4].

Una volta cancellate le basi legali per le vecchie nomine, il terzo e ultimo passo prevede l'intervento diretto a nominare i nuovi giudici. In questo senso, durante il dibattito parlamentare del 25 novembre, i parlamentari di maggioranza, dopo aver accusato la corte di politicizzazione e dopo aver espressamente difeso l'intervento sui giudici in nome della necessità di portare avanti il programma di governo, approvano una serie di provvedimenti con cui dichiarano prive di forza legale le nomine precedenti (Radwan, 2016). Per nulla intimoriti dal provvedimento d'eccezione con cui il 30 novembre la Corte costituzionale interviene cautelativamente e ingiunge di astenersi dall'adottare successivi provvedimenti che possano rendere ineffettive le decisioni sui ricorsi pendenti (Koncewicz, 2016b), il 2 dicembre la maggioranza parlamentare, senza tenere in considerazione che la mancata entrata in vigore degli emendamenti del 19 novembre priva l'intervento di ogni base legale, procede con la selezione dei cinque nuovi soggetti investiti della responsabilità giudicante (Radwan, 2016). Nella notte tra il 2 e il 3 dicembre, il Presidente della repubblica, in attesa che l'8 dicembre vada in scadenza anche il quinto giudice e si possa provvedere all'immissione dell'ultimo dei nominati del 25 novembre, procede con il giuramento dei primi quattro giudici.

[4] È quanto si evince dalla lettera inviata dalle organizzazioni non governative alla Commissione di Venezia (si veda *supra*, nota 2).

4. Gli interventi della Corte costituzionale e il mancato ripristino dell'ordine costituzionale turbato

La fretta che induce la maggioranza a procedere con le nomine prima dell'entrata in vigore della legge e che spinge il Presidente Duda a celebrare il giuramento in una seduta notturna non è ovviamente frutto del caso. La ragione che si cela dietro questa premura è abbastanza semplice da intuire e risponde alla necessità di anticipare le pronunce della Corte costituzionale sui ricorsi contro la legge del 25 giugno e contro gli emendamenti del 19 novembre: già per il 3 dicembre è prevista la decisione sulla costituzionalità del primo provvedimento normativo e, ovviamente, la maggioranza di estrema destra è perfettamente consapevole del fatto che non manchino gli appigli per un provvedimento idoneo a bloccare i suoi piani di colonizzazione istituzionale.

In effetti, come era facile prevedere, il 3 dicembre il tribunale costituzionale interviene per cercare di mettere ordine in questa ingarbugliata vicenda (Śledzińska-Simon, 2016). Secondo questo disegno, dopo aver preso atto del fatto che i tre giudici che hanno partecipato all'istruttoria del provvedimento normativo impugnato possono essere oggetto di ricusazione e che diventa, quindi, inevitabile affidare il caso ad un collegio di soli cinque magistrati, la Corte, salomonicamente, censura l'inazione del neoeletto Presidente e dichiara che l'articolo 137 della legge del 25 giugno è incostituzionale (solo) nella parte in cui consente la nomina in sostituzione dei due togati in scadenza dopo la convocazione inaugurale dell'ottava legislatura. L'intenzione alla base del provvedimento è, con ogni evidenza, quella di ripristinare l'ordine costituzionale turbato attraverso il salvataggio di tre dei cinque giudici nominati durante la settima legislatura e il riconoscimento della possibilità che l'ottava proceda alla nomina dei due magistrati mancanti.

Nonostante le buone intenzioni e nonostante l'equilibrio della soluzione individuata, il provvedimento giudiziario resta però inattuato. Infatti, ai sensi della Costituzione polacca, le decisioni della Corte producono i loro effetti a partire dal momento della loro pubblicazione sulla gazzetta ufficiale. Così, per evitare di dover far saltare tre delle cinque nomine effettuate il 2 dicembre, l'esecutivo di *Prawo i Sprawiedliwość*, sfrutta il suo controllo sugli uffici competenti alla redazione della gazzetta e, per alcune settimane, impedisce la pubblicazione del provvedimento giudiziario: seppure è vero che la composizione ridotta del collegio giudicante contrasta con l'articolo del regolamento della Corte secondo cui i casi più delicati debbono essere trattati dalla seduta plenaria e seppure è vero che si potrebbe quindi in qualche maniera argomentare in favore dell'idea di una decisione giuridicamente non esistente[5], non si può fare a meno di rilevare la gravità di una situazione in cui il governo di fatto trasforma un potere ausiliario in un potere di revisione di una decisione della

[5] Secondo il primo comma, lettera f, dell'articolo 44 della legge sull'organizzazione della Corte costituzionale del 25 giugno 2015, i «casi che sono particolarmente complessi o significativi» devono essere giudicati dalla composizione plenaria della Corte.

consulta e si autoattribuisce la possibilità di impedire la produzione di effetti giuridici certamente non graditi (Radwan, 2016).

Per nulla intimidita dalla mancata osservanza della sua ingiunzione e dalla mancata pubblicazione della decisione del 3 dicembre, la Corte, in ragione dei ricorsi pendenti contro gli emendamenti approvati il 19 novembre, cerca nuovamente di bloccare l'inquietante progetto di colonizzazione istituzionale portato avanti dalle forze di maggioranza. Con una decisione del 9 dicembre 2015 (Koncewicz, 2016b), un collegio di cinque giudici statuisce all'unanimità che il provvedimento normativo è contrario alla Costituzione: l'applicazione retroattiva delle modifiche ai termini del mandato del Presidente e del vice Presidente della Corte, il margine di discrezionalità che la nuova procedura di nomina dei giudici riserva al capo dello stato e la nomina dei tre giudici di competenza della settima legislatura sono dichiarate in contrasto con l'articolo 194 e l'articolo 173 della Costituzione. È il caso di segnalare che malgrado questa decisa presa di posizione, non diversamente da quanto accaduto in relazione alla pronuncia del 3 dicembre, anche gli effetti del provvedimento giudiziario del 9 dicembre restano congelati in attesa della pubblicazione in gazzetta ufficiale.

5. La legge del 22 dicembre 2015 e il "colpo di grazia" alla Corte costituzionale

Le tensioni registrate non accennano a diminuire e nelle settimane successive alla seconda decisione della Corte si registra un nuovo e più violento attacco da parte della maggioranza. A questo proposito non devono trarre in inganno le decisioni con cui il 16 e il 18 dicembre si provvede finalmente a pubblicare in gazzetta i provvedimenti giudiziari di inizio mese.

Infatti, già il 15 dicembre, in Parlamento è iniziata la discussione di un progetto di legge che segna una nuova fase nella tragica storia di questa crisi costituzionale. Animato dallo spirito vendicativo che ha caratterizzato i precedenti interventi, l'impianto normativo proposto dal progetto sulla "riparazione" della Corte ribalta la precedente impostazione e prevede innanzitutto che, salvo alcune eccezioni marginali, la composizione plenaria sia la regola ordinaria per il funzionamento dell'istituzione giudiziaria. È facile immaginare che l'effetto immediato di questa modifica sarà l'estensione dei casi che debbono essere decisi dalla composizione plenaria e che quindi si produrrà un grave rallentamento della capacità di risposta dell'istituzione (Koncewicz, 2016a).

Come se ciò non bastasse, in secondo luogo il progetto prevede l'innalzamento del numero legale per la valida composizione della seduta plenaria. Quasi a voler ribadire l'infondatezza delle decisioni giudiziarie adottate con cinque componente, la vecchia previsione di undici giudici viene sostituita da una più impegnativa richiesta di tredici membri. Anche in questo caso non sembra difficile prevedere gli effetti negativi che un simile emendamento può produrre sull'ordinario lavoro della Corte: al di là del fatto che in un quadro in cui occorre integrare cinque giudici la previsione finisce con il bloccare l'istituzione (perché richiede tre giudici in più dei dieci al momento attivi), anche in una situazione ordinaria può diventare effettivamente difficile riuscire a garantire il funzionamento del sistema (RADWAN, 2016).

In terzo luogo occorre aggiungere che la volontà di bloccare un attore scomodo come una Corte costituzionale viene resa manifesta dall'intervento sulle regole che governano il processo decisionale dell'istituzione. Con una norma del tutto inconsueta nel panorama dei sistemi di giustizia costituzionale, si dispone che, in tutti i casi in cui la Corte deve decidere in composizione plenaria (cioè, viste le proposta di modifica, quasi sempre), essa può dichiarare l'incostituzionalità di un provvedimento solo con una maggioranza dei due terzi. Come è stato opportunamente rilevato, una simile quota è tuttaltro che causale, perché, oltre a potersi tradurre in un'ulteriore causa di rallentamento (KONCEWICZ, 2016a), coincide con il numero di giudici su cui, alla fine di questo braccio di ferro, *Prawo i Sprawiedliwość* conta di poter fare in qualche modo affidamento e quindi si può tradurre in una sorta di potere di veto del partito di governo (RADWAN, 2016).

Infine, al di là di altri profili problematici sollevati dal progetto (KONCEWICZ, 2016a), occorre segnalare che esso prevede che la legge entri in vigore al momento della sua promulgazione. Anche in questo caso si tratta di una disposizione studiata a tavolino per intrappolare la Corte in un circolo vizioso (RADWAN, 2016): la mancanza di un periodo di *vacatio legis* è pensata per impedire che la Corte possa giudicare sulla validità delle modifiche seguendo le vecchie regole di procedura e per imporle l'utilizzo delle nuove regole di procedura che, per lo meno allo stato attuale, rendono praticamente impossibile una pronuncia. Si tratta in sostanza di un tentativo mascherato di escludere la possibilità di un qualsivoglia intervento della giurisprudenza costituzionale.

Alla luce di quanto riportato si capisce perché l'approvazione del progetto di legge e la firma del Presidente della Repubblica del 22 dicembre siano stati accolte dalla stampa e dall'opinione pubblica come una nuova fase dello scontro di potere in atto e di fatto abbiano segnato l'inizio della completa paralisi del sistema di giustizia costituzionale polacco.

6. L'INTERVENTO DELLE ISTITUZIONI EUROPEE E L'APERTURA DI UN NUOVO FRONTE DI CRISI

A fronte di una Corte costituzionale ormai paralizzata, iniziano le pressioni per un intervento europeo. In maniera abbastanza sorprendente, però, il primo passo verso il coinvolgimento delle istituzioni sovranazionali viene compiuto dal ministro degli affari esteri polacco. Tuttavia, per quanto difficilmente prevedibile, questo passo non può certo essere sopravvalutato ed è anzi stato interpretato come un tentativo volto a sfruttare la legittimazione delle istituzioni europee (KONCEWICZ, 2016c). In primo luogo, può essere opportuno sottolineare che, per quanto autorevoli, le opinioni della Commissione non hanno nessuna conseguenza pratica e non portano all'irrogazione di sanzioni. In secondo luogo, è necessario precisare che con la sua domanda, il ministro sottopone all'attenzione della Commissione di Venezia due proposte di emendamento alla legge sulla Corte costituzionale che, oltre a non essere state poi approvate, risultano essere molto meno radicali del testo definitivo. Infine, ad allontanare definitivamente qualsiasi ipotesi di redenzione delle forze politiche di maggioranza, interviene un discusso provvedimento normativo con cui, dopo un nuovo pericoloso *blitzkrieg* parlamentare (l'iter complessivo della proposta è durato solo quattro giorni), si infrange un altro dei capisaldi dello stato di diritto: in seguito all'entrata in vigore della legge del 31 dicembre 2015, si mette sotto controllo governativo una parte importante del sistema polacco di informazione e, in sfregio a qualsiasi idea di indipendenza dei media, si attribuisce al ministro del tesoro la possibilità di nominare e di rimuovere i responsabili del settore televisivo e radiofonico pubblico.

Stimolate da queste nuove polemiche, anche le istituzioni dell'Unione europea si pongono il problema di un'eventuale presa di posizione. L'intervento in questione è reso particolarmente problematico da un certo corporativismo degli esecutivi europei e da un quadro normativo che non è certo stato pensato per facilitare l'irrogazione di sanzioni da parte delle istituzioni sovranazionali. Infatti, ai sensi dell'articolo 7 del Trattato sull'Unione europea, gli eventuali strappi ai valori dell'Unione possono portare all'attivazione di due distinte procedure: secondo il primo comma della disposizione in questione, una prima procedura, per giungere alla semplice dichiarazione di un «evidente rischio di violazione grave», prevede l'adozione di una deliberazione a maggioranza di quattro quinti in Consiglio e l'approvazione del Parlamento europeo; il secondo e il terzo comma invece dispongono un articolato procedimento con cui, per arrivare alla sospensione dei diritti derivanti dalla partecipazione all'Unione per violazione di uno dei valori dell'Unione, occorre passare da una votazione unanime (meno lo stato soggetto a giudizio) del Consiglio, dall'approvazione del Parlamento europeo e da una seconda votazione a maggioranza qualificata in seno al Consiglio. È evidente quindi che, in presenza di un simile impianto normativo, le istituzioni sovranazionali hanno sostanzialmente le mani legate: per un verso, il primo ministro ungherese, desideroso di creare all'interno dell'Unione un fronte di stati illiberali e autocratici e preoccupato dalla possibilità che simili provvedimenti vengano adottati nei confronti del suo paese, ha già dichiarato che opporrà il suo veto all'attivazione della procedura punitiva nei confronti della Polonia, per un altro l'esperienza passata mostra che non si possono nutrire molte aspettative nemmeno nei confronti del primo comma dell'articolo 7 perché molti esecutivi nazionali, timorosi di vedere compressa la loro sovranità, qualora si dovesse decidere di dare effettivamente seguito alla previsione, si opporrebbero anche all'attivazione della più blanda procedura dichiarativa e, pur senza prendere apertamente posizione in favore della Polonia, impedirebbero il raggiungimento dell'alta soglia di maggioranza prevista.

Ciononostante, non sono mancati gli sforzi per cercare di utilizzare le istituzioni europee come argine per frenare una pericolosa deriva. Sul fronte dottrinale, autorevoli studiosi hanno sostenuto che, in presenza di veti incrociati all'attivazione della procedura sanzionatoria *ex* articolo 7, si potrebbe pensare all'attivazione di una procedura congiunta nei confronti di Ungheria e Polonia in maniera da escludere i due paesi dalla sessione del Consiglio e da poterli privare della possibilità di difendersi reciprocamente (Scheppele, 2016). Sul fronte istituzionale, invece la Commissione, consapevole del fatto che non è solo l'esecutivo ungherese che si oppone all'utilizzo dell'articolo 7, ha cercato di battere una via differente: per tentare di aggirare i problemi connessi all'attivazione dell'articolo 7, essa, dopo una discussione collegiale, il 13 gennaio 2016 ha deciso di attivare la nuova procedura "pre articolo 7" prevista dalla sua Comunicazione al Consiglio e al Parlamento europeo dell'11 marzo 2014 (von Bogdandy – Antpoehler – Ioannidis, 2016). Si tratta certamente di un passo dal grande valore simbolico perché il procedimento, originariamente pensato per tentare di risolvere la crisi costituzionale ungherese senza passare dalle forche caudine dell'articolo 7, fin qui non era mai stato attivato. Tuttavia, occorre anche precisare che, al di là dell'importanza simbolica della scelta dei commissari europei, molti dubbi sono stati sollevati in ordine alla legittimità e all'opportunità di una simile scelta. Innanzitutto, molte questioni sono state poste in ordine al fondamento giuridico del documento del 2014: pur senza fare esplicito riferimento al caso polacco, un parere del servizio di consulenza legale del Consiglio del 27 maggio 2014 segnala la violazione del principio di attribuzione delle competenze da parte della decisione con cui, nel silenzio dei trattati, la Commissione, al fine di avere un quadro chiaro per poter decidere sull'attivazione del quadro sanzionatorio previsto dall'articolo 7 del Trattato sull'Unione europea, si è autoattribuita il potere di raccogliere le informazioni necessarie alla fase istruttoria, di attivare un dialogo con le istituzioni nazionali al fine di cercare una soluzione ai possibili problemi rilevati, di formulare raccomandazioni e di monitorare le misure adottate[6]. Inoltre, si è sottolineato il rischio che un'eventuale intervento procedurale della Corte di giustizia possa complicare la situazione: l'eventuale richiesta di intervento ai sensi dell'articolo 269 del Trattato sul funzionamento dell'Unione europea potrebbe portare i giudici del Lussemburgo a censurare eventuali scorrettezze procedurali dell'intervento europeo e, causando non pochi danni all'immagine dell'istituzione giudiziaria, potrebbe quindi finire con il diffondere nell'opinione pubblica polacca l'errata convinzione della legittimità dell'azione del governo (Sarmiento, 2016). Da ultimo, si è pure rilevato come la decisione possa essere inopportuna perché implicitamente sembra suggerire l'idea che non ci siano nemmeno gli estremi per la dichiarazione di un «evidente rischio di violazione grave», perché, in un contesto in cui il governo non sembra minimamente intenzionato a collaborare, l'attivazione di una semplice procedura dialogica ha il solo effetto di rallentare gli interventi di correzione e, infine, perché di fatto, in ragione della presa di posizione del governo ungherese, preclude il ricorso all'articolo 7 (Kochenov, 2016).

[6] Si fa riferimento all'opinione 102961 del 27 maggio 2014 del servizio di consulenza legale del Consiglio.

7. Conclusioni. L'integrazione europea e i rischi di una «bielorussizzazione» dell'Europa orientale

Il rapido deteriorarsi del sistema polacco di garanzie e l'incapacità dell'Europa di reagire in maniera efficiente e tempestiva alle pesanti sfide poste dall'avanzata di esecutivi illiberali e (a prescindere da ciò che dichiarano pubblicamente) radicalmente contrari alla partecipazione democratica, impediscono di continuare a far finta che all'interno dell'Unione europea non esista un serio problema relativo alla capacità di proteggere i delicati schemi di funzionamento dello stato costituzionale. Infatti, se forse può ancora essere possibile sostenere che la regressione autocratica dell'Ungheria e le fibrillazioni della Romania rappresentino dei meri incidenti di percorso dettati da una non perfetta assimilazione della cultura democratica e da una congiuntura economica drammaticamente sfavorevole, non c'è più spazio per alibi dopo la drammatica crisi del paese tradizionalmente più affine alla cultura democratica europea e più brillante nell'affrontare le recenti difficoltà economiche (Sawicki, 2016). Per quanto può essere doloroso occorre ammettere che, spezzando i sogni degli ultimi venticinque anni, molti stati dell'Europa orientale stanno vivendo una fase involutiva di progressiva «bielorussizzazione» (Belavusau, 2013) in cui gli ordinamenti nazionali si allontanano dai binari del costituzionalismo liberale e democratico e, sulla base di legittimazioni plebiscitarie, avviano processi di concentrazione del potere e cancellano le principali garanzie contromaggioritarie delle minoranze (Kochenov, 2016).

Di fronte ad un simile processo, è tuttaltro che remoto il pericolo che il progetto europeo possa rimanere coinvolto in una spirale viziosa. Difatti, se si tiene a mente come sono pensati i meccanismi decisionali delle istituzioni sovranazionali che governano il territorio europeo, ci si rende facilmente conto che i provvedimenti dell'Unione che ogni giorno hanno applicazione prevalente sulle norme nazionali (anche di rango costituzionale) sono adottati sotto l'impulso di un Consiglio europeo e con il concorso di un Consiglio dei ministri europei in cui stanno aumentando i rappresentanti di governi autocratici. In una situazione in cui l'esecutivo del sesto paese d'Europa manifesta la sua volontà di avvicinarsi ai modelli autoritari tutte le alternative sono più o meno drammatiche. Se i rappresentanti polacchi e ungheresi vengono isolati, oltre ad alimentare rappresentazioni vittimistiche che possono rafforzarli all'interno dei loro paesi, si corre il rischio di paralizzare organi in cui ancora domina la regola dell'unanimità o delle supermaggioranze. Se al contrario si cerca di coinvolgerli, magari attraverso la ricerca di difficili compromessi, si contribuisce a rendere un po' più concreta la paventata possibilità che provvedimenti europei possano essere ispirati da principi contrari alle regole basiche del costituzionalismo liberale e democratico. Una simile opzione, a sua volta comporta un'altra alternativa drammatica: o gli ordinamenti nazionali accettano di dare ingresso a misure evidentemente problematiche, oppure, nel legittimo desiderio di porsi al riparo, si 'chiudono' e fanno saltare il principio cardine della primazia applicativa del diritto dell'Unione europea. Naturalmente, sia l'ipotesi della paralisi, sia l'ipotesi del contagio, sia l'ipotesi dell'implosione minacciano una struttura istituzionale che si è rivelata fin qui preziosa per garantire la stabilità politica del continente e, rafforzando quelle forze politiche antidemocratiche che, in ragione delle gravissime situazioni di crisi attualmente vissute, si stanno consolidando anche nei paesi dell'Europa occidentale, possono finire con l'ampliare le fila dei governi autocratici e quindi con l'offrire un decisivo rafforzamento del processo di disintegrazione in corso.

In ragione della gravità della situazione, l'Europa non può restare indifferente a queste minacce e, anche al costo di rimettere in discussione la filosofia che ha guidato l'integrazione nel corso degli ultimi anni, deve intraprendere le azioni necessarie per garantire che siano rispettati i valori di democrazia su cui essa si fonda. Preso atto del fatto che l'insufficienza degli strumenti attualmente previsti è largamente documentata dagli insuccessi di questi ultimi anni e in considerazione del fatto che la situazione complessiva minaccia di peggiorare, non si può fare a meno di introdurre nel quadro sovranazionale quegli strumenti necessari per rendere effettive le buone intenzioni europee. Da questo punto di vista, un buon passo in avanti può certamente essere costituito da una riforma dell'articolo 7 del Trattato che renda più flessibile ed efficace un quadro sanzionatorio che ad oggi si è rivelato troppo rigido e assolutamente ineffettivo. Tenendo in considerazione che, a meno di non volersi avventurare in pericolose rotture del quadro giuridico esistente (come certi ipotizzati interventi eroici della Corte di giustizia), un simile passaggio oggi impone una modifica dei trattati istitutivi, si capisce perché esso appare sostanzialmente precluso dalla necessità di coinvolgere nel processo di trasformazione quegli stessi esecutivi nazionali che dalla riforma subirebbero conseguenze negative. Per uscire da questo paradosso si può immaginare di intraprendere la strada dolorosa, ma forse non più evitabile di un coinvolgimento di quei paesi in cui ancora oggi le forze democratiche sono maggioritarie in un nuovo e più ambizioso progetto di integrazione che, facendo tesoro degli errori dell'esperienza pregressa, sappia salvaguardare quanto di buono fin qui fatto dall'Unione e sia in al contempo in grado di colmare alcune pericolose lacune esistenti nell'attuale quadro giuridico sovranazionale. Altrimenti, c'è il serio rischio che i nuovi contesti di crisi costringano il continente a confrontarsi con i suoi vecchi fantasmi.

Bibliografia

Belavusau U., *On age discrimination and beating dead dogs: Commission v. Hungary*, in *Common Market Law Review*, 2013, 4, 1145–1160.

Blokker P., *Romanian Constitutionalism: Form without Content?*, in *http://ssrn.com*, consultato il 10 marzo 2016.

Csink L. – Schanda B. – Zs. Varga A., *The Basic Law of Hungary. A First Commentary*, Dublino, Clarus Press, 2012 Ferrari G., *La nuova legge fondamentale ungherese*, Torino, Giappichelli, 2012.

Kochenov D., *The Commission vs Poland: The Sovereign State Is Winning 1-0* in *http://verfassungsblog.de/the-commission-vs-poland-the-sovereign-state-is-winning-1-0/*, consultato il 10 marzo 2016.

Koncewicz T. T., *"Court-packing" in Warsaw: The Plot Thickens*, in *http://verfassungsblog.de/court-packing-in-warsaw-the-plot-thickens/*, consultato il 10 marzo 2016.

Koncewicz T. T., *Bruised, but not dead (yet): The Polish Constitutional Court has spoken*, in *http://verfassungsblog.de/bruised-but-not-dead-yet-the-polish-constitutional-court-has-spoken/*, consultato il 10 marzo 2016.

Koncewicz T. T., *Polish Constitutional crisis goes to Europe – or does it?*, in *http://verfassungsblog.de/polish-constitutional-crisis-goes-to-europe-or-does-it/*, consultato il 10 marzo 2016.

Müller J. W., *Protecting Democracy and the Rule of Law inside the EU, or: Why Europe Needs a Copenhagen Commission*, in *www.verfassungsblog.de*, consultato il 10 marzo 2016.

Radwan A., *Chess-boxing around the Rule of Law: Polish Constitutionalism at Trial*, in *http://verfassungsblog.de/chess-boxing-around-the-rule-of-law-polish-constitutionalism-at-trial/*, consultato il 10 marzo 2016.

Sarmiento D., *The Polish Dilemma*, in *despiteourdifferencesblog.wordpress.com/2016/01/21/the-polish-dilemma/*, consultato il 10 marzo 2016.

Sawicki J., *L'avvio di un cruciale anno elettorale tra successi economici, tensioni internazionali e crescente insofferenza popolare*, in *http://www.nomos-leattualitaneldiritto.it/wp-content/uploads/2015/06/Polonia1-2015.pdf*, consultato il 10 marzo 2016.

Scheppele K. L., *EU can still block Hungary's veto on Polish sanctions*, in *http://www.politico.eu/article/eu-can-still-block-hungarys-orban-veto-on-polish-pis-sanctions/*, consultato il 10 marzo 2016.

Selejan– Guțan B., *The Illusion of the Romanian Constitution?*, in *www.iconnectblog.com*, consultato il 10 marzo 2016.

Śledzińska-Simon A., *Midnight Judges: Poland's Constitutional Tribunal Caught Between Political Fronts*, in *http://verfassungsblog.de/midnight-judges-polands-constitutional-tribunal-caught-between-political-fronts/*, consultato il 10 marzo 2016.

Śledzińska-Simon A., *Poland's Constitutional Tribunal under Siege*, in *http://verfassungsblog.de/polands-constitutional-tribunal-under-siege/*, consultato il 10 marzo 2016.

Sorda E., *La calda estate della Romania: impeachment, referendum, riforme e pronunce della Corte costituzionale mostrano una grave crisi istituzionale e democratica*, in *www.diritticomparati.it*, consultato il 10 marzo 2016.

Toth G. A., *Constitution for a Disunited Nation*, Budapest, CEU Press, 2012.

Vecchio F., *Teorie costituzionali alla prova. La nuova Costituzione ungherese come metafora della crisi del costituzionalismo europeo*, Padova, CEDAM, 2013.

Vincze A., *The New Hungarian Constitution: Redrafting, Rebranding or Revolution?*, in *International Constitutional Law*, 2012, 1, 88 – 109.

Von Bogdandy A. - Kottmann M. - Antpöhler C. - Dickschen J. – Hentrel S. – Smrkolj M., *Reverse Solange – Protect the Essence of Fundamental Rights Against EU Member States*, in *Common Market Law Review*, 2012, 49, 489 – 520.

von Bogdandy A. –Antpoehler C. – Ioannidis M., *A New Page in Protecting European Constitutional Values: How to best use the new EU Rule of Law Framework vis-a-vis Poland*, in *http://verfassungsblog.de/a-new-page-in-protecting-european-constitutional-values-how-to-best-use-the-new-eu-rule-of-law-framework-vis-a-vis-poland/*, consultato il 10 marzo 2016.

REMODELACIÓN DE LA ADMINISTRACIÓN MUNICIPAL EN EUROPA

Luis Miguel García Lozano

Profesor Contratado de Derecho Administrativo.
Universidad Católica de Murcia.

1. Introducción

Los momentos de crisis suelen ser ocasiones que aprovecha el poder político para realizar cambios que solucionen los problemas que han contribuido a desencadenarla. En la actualidad, una vista al panorama europeo nos hace ver que muchos de los Estados de la Unión se han visto obligados a realizar actuaciones legislativas en orden a obtener una clara simplificación de las estructuras administrativas[1]. Estas medidas intentan dar una respuesta a las necesidades de ahorro impuestas desde la Unión Europea (UE), con el fin de solucionar de modo firme y real la crisis económica que comenzaba a asolar Europa. De tal modo, se buscaba acometer adaptaciones de la Administración y una clara reforma simplificadora para evitar duplicidades sin sentido.

Sin embargo, durante muchos años se ha acusado a la Administración de los países europeos de inmovilismo, instrumentalización, bloqueo, burocratización, multiplicación e incapacidad resolutiva[2]. Esta circunstancia ha sido una constante en casi

---

1 Schefold, 2013: 7.

2 Grasse, 2001: 8.

toda la Europa continental ya que, pese a ser países diversos y sistemas distintos, tienen problemas comunes a resolver[3], dado que la limitación de los recursos presupuestarios es algo común a todos los Estados del mundo[4]. Los recursos suponen algo restringido y una cantidad determinada y acotada. A ello se añade que el complejo gobierno-administrativo suele absorber un porcentaje muy importante de los presupuestos estatales[5], con lo que la racionalización de la Administración para otorgarle un eficaz funcionamiento se impone.

En este estado de cosas, se ha acordado en los principales países de nuestro entorno cultural y político, una serie de medidas de adaptación del conjunto gobierno-administración. Estos cambios no han sido un programa aislado de uno o dos países, sino que se inscriben en una tendencia internacional promovidos por la Unión Europea. Dicho programa busca la re-dimensionalización de la Administración Pública, y la reducción de los organismos y entes inservibles que supongan una duplicidad institucional. En algunos países, este programa ha ido acompañado de una numerosa normativa, como ha sido el caso italiano, donde se han aprobado normas diversas a fin de proceder a hacer patente este cambio[6]. Italia fue el último de los países, pero anteriormente ya habían adoptado medidas modificadoras estados como Alemania, Portugal, Grecia o España, por citar algunos.

La reforma de la Administración ha sido una constante en la evolución histórica de los Estados, marcando en ocasiones el devenir de la propia nación. Tras la abolición del *Ancien Regime*, se produjo la casi imposición en toda Europa del sistema francés, basado en la configuración administrativa de los dos niveles tradicionales que eran el Estado y la institución de un municipio para cada comunidad territorial[7]. A estos dos niveles se intercaló el "departamento" como circunscripción de cara a la Administración del Estado y como elemento unificador de la colectividad local. En opinión del profesor Vandelli, se buscaba la representación de la Administración estatal en niveles inferiores, constituyendo así una circunscripción esencial para el ejercicio de la acción administrativa[8]. La evolución orgánica ha sido continua a lo

---

3 Ewing, 1999: 11-12.

4 El profesor Edwig realiza la comparativa de países tan distintos como los europeos, Japón o Estados Unidos. Ver: Ewing, 1999:13.

5 Según el ministro Bassanini el 50% del presupuesto del Estado en la década de los 90 venía atribuido a las instituciones regionales y locales. Ver: Bassanini, 1998: 8.

6 Decreto Legislativo número del 14 de marzo de 2013, *di riordino della disciplina riguardante gli obblighi di pubblicità, trasparenza e diffusione di infrazione da parte delle Pubbliche Amministrazioni*, el Decreto Leggislativo número 69 de 21 de junio del 2013, *su disposizioni urgenti per il rilancio dell'economia*, modificado por la Ley número 98 del 9 de agosto de 2013, o el Decreto Legislativo número 101 de 31 de agosto del 2013, *di disposizioni in materia di razionalizzazione nelle pubbliche amministrazioni*. La última norma aprobada ha sido ciertamente importante para nuestro tema, fue la Ley de 7 de abril de 2014, *su disposizioni in materia di cittá metropolitane, province, unioni e fusioni di comuni*.

7 Vandelli, 1991: 138.

8 Según el Catedrático de Bolonia el Departamento fue creado en Francia por medio del Decreto de 22 de diciembre de 1789 con un doble fin, siendo estos la representación estatal y la

largo de los dos últimos siglos. Estos cambios se han acelerado en las últimas décadas. Concretamente en España en una época más recientemente han sido notables los cambios sucedidos con la Constitución del 1978, y los posteriores programas reformistas[9] que buscaban la descentralización del poder y el traspaso de competencias a los entes regionales.

Del mismo modo, y en un momento similar se sucedió en Alemania un reparto de competencias entre el "*Bund*" y el *"Länd"* basado en el artículo 30 de la Constitución alemana[10]. Recordemos que los *Länder* tienen atribuida competencia legislativa, por lo que pueden legislar de cualquier materia salvo aquellas exclusivas de la Federación[11].

También el caso inglés de mano del primer ministro Anthony Blair fue llamativo, al buscar una reorganización íntegra del Estado a fin de racionalizar y modernizar la Administración que había crecido sin medida[12]. Con esta reforma, entre otras cosas, se intentaba "reducir las funciones administrativas, reducción de las dimensiones administrativas, rediseño de los procesos de decisión, introducción del cálculo económico y de la comparación de costes, y atribución a privados de competencias públicas."[13]

No fueron únicos los casos de España, Alemania o Reino Unido. Este movimiento europeo de reparto, pero en un momento posterior, se sucedió en Italia con la reforma constitucional del Título V en el año 2001, realizada por el ministro Franco Bassanini[14] donde se buscaba la modificación del sistema territorial a fin de producir una "amplia devolución de poderes, funciones, competencias administrativas y normativas, y relativas a los recursos humanos, financieros y patrimoniales a las administraciones locales, regionales y a los entes funcionales territoriales, aplicando una serie de principios… la ley define las materias reservadas solo al Estado, previendo para el resto que la devolución comprenda todas las funciones y competencias relativas al cuidado de los intereses y a la promoción del desarrollo de las comunidades regionales y locales."[15]

---

organización administrativa del Estado. Para ello habrían delimitado "los colegios para la designación de los representantes de la Asamblea Nacional, pero, al mismo tiempo, habrían constituido las circunscripciones fundamentales para la organización administrativa, confiándola a una organización basada en una asamblea electiva (consejo del departamento) y sobre un directorio, órgano ejecutivo permanente, elegido en el seno de la propia asamblea." (Traducción del autor). Ver: Vandelli, 1991: 144.

9 Font i Llovet, 1998.

10 Denninger, 1999: 9.

11 Denninger, 1999: 9.

12 Cassese, 2000: 8.

13 Cassese, 2000: 8.

14 Según el ministro Bassanini, "la complejidad de la sociedad contemporánea no puede ser gobernada toda desde el centro. La crisis del "*big goverment*" de las organizaciones centralizadas e burocráticas tiene esta raíz. La sobrecarga de las demandas al centro deviene intolerable, cuando las demandas crecen, se diversifican y requieren respuestas siempre más rápidas." (traducción del autor). Bassanini, 1998: 4.

15 Esto supuso un "vasto proceso de desregulación, des-legalización y simplificación de procedimientos administrativos, tendentes a reducir la carga burocrática y mejorar y acelerar la

Sin perjuicio de ello, ya en el momento embrionario de la reforma Bassanini, el profesor Cassese reclamaba que se obrara una reforma que racionalizara la Administración italiana como ahora se ha hecho a causa de la crisis económica[16].

No debemos olvidar que la sostenibilidad económica de los Estados miembros, se ha convertido en algo básico para promover el progreso económico y el equilibrio social sostenible, como defiende Giancarlo Vilella. De hecho, apunta que el Tratado de Maastrich ha atribuido importancia constitucional a los principios económicos[17]. A su modo de ver, las tres características constitucionales de la Europa económica son la armonía, el equilibrio y la sostenibilidad para solventar los problemas de compatibilidad y libre mercado[18].

Habida cuenta todo ello y la crisis acuciante que asolaba la Eurozona, se ha impuesto una tendencia política que busca la simplificación de la Administración Pública, para evitar la duplicidad y las ineficacias económicas que se derivan de un organigrama excesivamente grande.

2. Simplificación administrativa. Recomendaciones de la Unión

La contención en el gasto y el equilibrio presupuestario son dos características (y casi exigencias) que llevan presidiendo desde hace años la Unión Europea. Sin embargo, el poco desarrollo del sistema de supervisión presupuestaria de los estados miembros que tenía la Unión hasta el año 2011, ha hecho que los controles no fueran todo lo eficaces que se esperaba de cara a "alertar… del deterioro de las economías nacionales[19]". Los controles que llevaba a cabo la UE simplemente se dedicaban a controlar el déficit presupuestario de los Estados. A fin de evitar la indisciplina fiscal que es según el profesor Wyplosz ha sido una de las causas de la crisis[20], unido al ex-

actividad de la Administración y simplificar el sistema de la responsabilidad… [así como afianzar el] sistema de controles, reforzando los controles internos de gestión, los sistemas de valoración de los resultados, la adopción de parámetros y metodología que privilegien la eficacia de la Pública Administración." (Traducción del autor). Ver: Bassanini, 1998: 10-11.

16 Cassese, 1998: 7. El profesor Cassese decía al inicio de su introducción que: "El primer ministro inglés tiene al menos cinco veces el poder del Palacio Chigi (sede del primer Ministro italiano), mientras el Consejo de Ministros italiano tiene veinte veces los funcionarios que *Downing Street*, n. 10 donde tiene sede el primer ministro inglés. Si se compara el solemne palacio de los Papas, *"il Quirinale"*, donde tiene sede el presidente de la República Italiana, con el más modesto Eliseo francés, se nota que el presidente de la República Francesa tiene al menos cinco veces más poder que su homólogo italiano, pero la presidencia de la República Italiana cuesta seis veces más que el Eliseo." (Traducción del Autor).

17 Vilella, 1998: 22.

18 Vilella, 1994.

19 Cabrera, 2013: 68.

20 Wyplosz, 2012: 6. El profesor defiende que junto a la indisciplina fiscal, fueron causas de la crisis los escasos mecanismos coercitivos y la ausencia de control de otros desequilibrios macroeconómicos.

cesivo gasto de los Estados de la Unión se ha visto abocada a crear un mecanismo de socorro de los Estados[21]. En consecuencia, desde la Unión se impuso un programa de ahorro y medidas limitativas presupuestarias a fin de adecuar el gasto al ingreso real previsto por los estados.

Muchas fueron las medidas aconsejadas, particularizándolas al caso de cada país. Sin embargo, hubo una medida bastante extendida como era la re-dimensionalización de la Administración Pública a fin de evitar duplicidades y sobrecostes innecesarios que cargasen de gastos inasumibles los presupuestos estatales[22]. En los informes elaborados con las recomendaciones realizadas a los Estados, la UE solía incluir la privatización de determinados servicios o, partes del complejo de la Administración, la re-centralización o la eliminación de demarcaciones o simplificación administrativa por medio de la evolución.

Pero no debemos de perder de vista que entre los principales principios de la Unión se encuentra recogido en el artículo 4.2 del Tratado de la Unión Europea el principio de respeto a la identidad nacional de los Estados Miembros y a sus funciones esenciales[23]. Este principio prevé precisamente el respeto por parte de la Unión a la auto-organización que cada estado quisiera darse, sin posibilidad de que la misma pueda incidir en el diseño de los entramados políticos o administrativos. Hasta tal punto se consagra este principio, que previó el artículo 50 del Tratado la posible salida de un estado miembro en el caso en el que la Unión contraviniese dicho principio.

Pese a ello, hay que hacer notar que todas estas indicaciones que desde tiempo lleva haciendo la Unión sobre la necesidad de descargar el sector público de competencias, y de simplificarlo puede entrar claramente en conflicto con lo que este principio protege. Tanto es así, que se puede estar produciendo un intervencionismo importante en algunos de los estados, por parte de la Unión Europea transgrediendo la autonomía estatal, y este principio de gran importancia que prohíbe precisamente intervenir en las estructuras políticas y constitucionales[24].

3. La Reforma Administrativa en la Unión Europea. Análisis de los casos más importantes

3.1. El caso de la federación alemana

Tras la unificación alemana en el año 1989, las reformas en la Administración de la Federación han sido constantes[25], basadas en la Ley Fundamental de Bonn de 1949[26].

---

21 Berardi, 2013: 69.

22 Cabrera, 2013: 78.

23 Mangas, 2016: 55.

24 Linde, 2016: 110.

25 Grasse, 2001: 80. Según el profesor Grasse, Alemania occidental "no será unible al resto de la Federación lo que ha llevado a la aceptación de una situación de desigualdad y variedad."

26 Denninger, 1999: 8.

De hecho, se dispone que el Ordenamiento constitucional de "cada singular *Land* debe de ser conforme a los principios del Estado de derecho republicano, democrático y social en base a la Ley Fundamental" en su artículo 28.1.[27] El estado actual del organigrama político-administrativo alemán y, sobre todo en los grandes estados, se dividía en cinco niveles: Federación, *Land, Regierungsbezirk, Kreis* para finalizar en el municipio (Stadt). En los *Länder* más pequeños podemos encontrar la falta del nivel relativo al *Regierungsbezirk,* llegando incluso a albergar los niveles de Federación y de *Stadt*, como sucede en el caso de las ciudades-estado[28]. Como decimos, si algo resulta bastante característico en la organización administrativa alemana es la variedad.

La creación del mercado único europeo en 1992 ha llevado a la instauración de una competencia económica primero entre las propias regiones alemanas[29] y después con el resto de países. Del mismo modo, una mayor exigencia de igualdad entre las regiones[30] ha hecho que desde el año 1997 se viniera exigiendo una profunda reforma del sistema administrativo alemán. Sin embargo, la multiplicación orgánica ya relatada, junto al crecimiento demográfico y, las nuevas relaciones con el sector privado ha deparado en los últimos años el cambio de la importancia de determinadas Administraciones federales en opinión del profesor Schefold[31], y la crisis actual que ha evidenciado las ineficacias económicas del sistema, ha desembocado en que esta reforma buscara una simplificación del organigrama público.

La acentuación de las privatizaciones en diversos sectores como el postal, ferroviario o de las telecomunicaciones han sustraído competencias que antes estaban en manos de los entes locales. Del mismo modo, la transformación de determinados órganos públicos en agencias como el Instituto Federal del Trabajo[32], es otro ejemplo del descenso de la importancia de la Administración en determinados sectores sociales.

En un principio la reforma de la República Federal iba a comenzar a nivel de los *Länder*, a través de la fusión de los más pequeños, pero la creación de otros nuevos en la Alemania occidental frustró esta posibilidad.

Algo similar ocurrió con la reforma municipal, que pese a la reducción de los más de 24.000 municipios en 1960[33] a poco más de 8.500 municipios, se vio truncada. La anexión de la Alemania oriental y, la creación de nuevos entes llevó a que en el año 2011 a que se llegase a los 11.292 ayuntamientos[34].

---

[27] Denninger, 1999: 8.

[28] Schefold, 2013: 16.

[29] Grasse, 2001: 79.

[30] Grasse, 2001: 78.

[31] Schefold, 2013: 16.

[32] Anteriormente era un órgano perteneciente a la federación aunque descentralizado a niveles de los estados federados (Länder).

[33] También se redujeron otras Administraciones y se pasó de 425 Kreise y 139 Kreisfreie Städte hasta llegar a los, 235 Kreise y 92 Kreisfreie Städte.

[34] También se llegó a los 107 Kreisfreie Städte, 295 Landkreise y 3 ciudades Estados las cuales eran Berlín, Bremen y Hamburgo. Ver: Grasse, 2001: 103.

Otra propuesta de reforma municipal fue la colaboración administrativa entre ayuntamientos. Sin embargo, esta posibilidad ha sido ampliamente discutida, hasta llegar a la Corte Constitucional de Schleswig-Holstein, la cual finalmente decidió que la delegación de competencias municipales a entes creados a través de fusiones de municipios "no legitimadas directamente por ciudadanos, violaría...el principio democrático."[35]

Finalmente, se ha adoptado una reforma basada en el desarrollo de niveles secundarios de autonomía como el *Kreis,* entendiéndolo como nivel intermedio entre el *Regierungsbezirk* y el municipio, dotándolo de una mayor condición de centro de autogobierno y de la Administración consiguiendo así acentuar la descentralización del *Land,* y disminuyendo la fortaleza de otras Administraciones del nivel superior como es el citado *Regierungsbezirk*[36]. A este respecto, se le han delegado importantes competencias como la policía, la coordinación de las autonomías y de los ayuntamientos[37], que ha tenido consecuencias muy satisfactorias.

3.2. La redistribución competencial española

Tras la STC español 103/2013, de 25 de abril, por la que se declaraba inconstitucional parte de la última reforma de la Administración local[38], y las medidas aconsejadas por la Unión Europea, España decidió acometer una nueva reforma para lo que acogió una línea similar a la alemana. En consecuencia las Cortes Generales aprobaron la Ley 27/2013, de 27 de diciembre de racionalización y sostenibilidad de la Administración Local.

Con esta Ley, la nueva norma no ha realizado modificaciones sensibles en los órganos como si se dio en la anterior reforma de 2003. Sin embargo, las Cortes Españolas sí realizan una amplia modificación de toda la Administración en niveles inferiores al autonómico, buscando un claro ahorro presupuestario, para lo cual opta por obrar un ajuste y redistribución de competencias que han pasado a las Autonomías o a las provincias. Del mismo modo, desarrolla la regulación de la delegación de competencias a la que la regulación de la Ley de bases del régimen local de 1985 dedicaba sólo los apartados 1 y 3 del artículo 7.

En cuanto a los municipios, la actual normativa ha cambiado la redacción del artículo 25 de la Ley de bases donde se ha eliminado competencias que pueden ejecutar los municipios, algunas a la Provincia y otras directamente a la Comunidad Autónoma. En este último caso, dejan de ser competencia de los municipios la cooperación con la Administración para sólo ejercer la vigilancia frente al absentismo escolar, o el control de medio ambiente rural conservando el medio ambiente urbano. A su vez,

---

35 Schefold, 2013: 19.

36 Schefold, 2013: 21.

37 Schefold, 2013: 22.

38 La STC de 25 de abril de 2013 declaró inconstitucional parte de la Ley 57/2003, de 16 de diciembre de medidas de modernización del gobierno local.

las competencias sobre servicios sociales[39], control sobre la alimentación y bebida, o mercados han sido también absorbidas por la Comunidad Autónoma.

De otro modo, la Provincia ha engrosado las competencias que ya tenía atribuidas con la coordinación de determinados servicios de Municipios que no superen los 20.000 habitantes en materias que antes eran propios de los Ayuntamientos, como son el tratamiento de residuos, agua potable, la limpieza viaria, acceso a poblaciones, pavimentación de cazadas o la iluminación viaria. En este caso, la Provincia hará una propuesta al Ministerio de Hacienda de modo que se desarrollará el servicio, bien a través de la propia Diputación, bien por medio de una mancomunidad o consorcio (art. 26.2.2). La Corporación municipal deberá pagar a la Provincia el coste del servicio prestado; pero, si un singular Municipio puede desarrollar el servicio con un ahorro mayor, la ejecución de la competencia se le atribuye a este último (art. 26.2.3). Este sistema competencial de "sube y baja" según nuestro punto de vista, no lo creemos muy serio y va en contra de la autonomía local defendida por la CE.

A su vez, se ha desarrollado el sistema de delegación competencial regulado en el artículo 27 de la Ley de bases del régimen local, según el cual, ahora la delegación que se realice a los municipios deberá de ser aprobada por ley de las Cortes o del Parlamento autonómico en cuestión y sólo podrá delegarse ciertas competencias, descritas en el artículo 27.3 de la Ley de bases tras la reforma. Curiosamente, las competencias ahora delegables, se corresponden con las materias que antes tenían atribuidas los propios Municipios y se han re-centralizado ahora al nivel regional. Algunas de estas competencias son: control de la contaminación ambiental, protección del medio ambiente rural, servicios sociales, creación y gestión de escuelas y guarderías[40] y gestión de estructuras culturales y deportivas propiedad de la Comunidad Autónoma.

Sin embargo, el artículo 27.6 declara la nulidad de la delegación pese a realizarse por ley, si no ha ido acompañada de la correspondiente transferencia económica desde el presupuesto de la Administración que obre la delegación, debiendo ser hecha por un periodo nunca inferior a cinco años (art. 27.1.2 Ley de bases). Del mismo modo, se deroga el artículo 28 de la Ley de bases, por lo que se prohíbe que un Ayuntamiento ejecute competencias que no tiene expresamente atribuidas o delegadas, acabando así, con la atribución tácita competencial.

Así las cosas, la Ley 27/2013 ha modificado la regulación para la creación de nuevos municipios en su artículo 13. Esta reforma fue introducida en el debate parlamentario, ya que no constaba en el proyecto aprobado por el Consejo de Ministros. Según la nueva regulación, se requiere para crear un municipio que tenga una población superior a cinco mil habitantes en el territorio, que tenga sostenibi-

---

[39] La Disposición Transitoria 2ª atribuye a las Comunidades Autónomas las competencias de servicios sociales que antes tenían atribuidas los Municipios.

[40] Por la Disposición Adicional 15ª la creación y gestión de escuelas y guarderías pasa a ser competencia autonómica.

lidad económica, requiriendo los informes del Consejo de Estado o de la Región, de la Administración con potestad económica sobre el territorio, del Municipio del que depende el territorio que quiere segregarse, y de la Administración General del Estado.

Sí debemos de añadir, según nuestra opinión, que esta nueva normativa va contra la competencia exclusiva atribuida a las Autonomías que consagra en sus manos el desarrollo del régimen local en su territorio, previsto en los artículos 148.1.2º y 149.3 CE, concordantes, y en sus correspondientes Estatutos de Autonomía.

En el mismo nivel de autonomía local, se reforma la posibilidad de fusión de municipios otorgando una nueva regulación que fue introducida en el debate parlamentario, desarrollando el régimen que estaba contemplado en el artículo 13.3 y que ahora viene modificado y desarrollado con la inclusión de los apartados 4, 5 y 6. Cuando la fusión de municipios se realice, los antiguos ahora unidos pueden mantener su existencia como entes infra-municipales pero sin personalidad jurídica (art. 13.4.2. c). Del mismo modo, esta nueva regulación puede atentar contra las competencias de desarrollo legislativo que tienen atribuidas las autonomías a través de sus Estatutos.

La última gran reforma territorial que ha hecho la Ley 27/2013 fue la derogación de los entes infra-municipales. En la legislación existente a nivel autonómico han recibido nombres muy diversos como pedanía, parroquia, aldea, etc. Sin embargo, a fin de tener un ahorro presupuestario de los municipios, el Legislador nacional ha decidido la supresión de este tipo de ente local per medio de la derogación expresa del artículo 45 que lo regulaba en la Ley de bases del régimen local. Esta previsión no venía en el proyecto aprobado por el Consejo de Ministros, sino que fue introducida en el debate parlamentario. Sí preveía la derogación de la personalidad jurídica de estos entes. El Legislador ha decidido trasladar la previsión de estos entes sin personalidad jurídica infra-municipales al artículo 24 bis. Pese a ello, la Disposición Transitoria 4ª reconoce todos aquellos entes locales infra-municipales existentes en el momento de la aprobación de la reforma y, que tenían personalidad jurídica propia.

Esta reforma tan incisiva además tenía previsiones presupuestarias y relativas al personal público, pero por no ser de interés en este punto no versamos sobre ello. Si bien, la reforma es bastante limitativa de la autonomía local y contra el desarrollo normativo de las autonomías y libre configuración de la Administración local. Por otro lado, se ha fortalecido la institución provincial, hasta ahora abocada a su desaparición, siguiendo un camino similar al alemán, al fortalecer una institución intermedia, pero diversa, disminuyendo la carga competencial de la institución situada a nivel mas inferior, y por tanto, más cercana al ciudadano.

No obstante todas las prevenciones tomadas por el Legislador, esto no ha favorecido en ningún momento la fusión de municipios, sino más bien todo lo contrario, pues se han continuado creando otros nuevos, llevando a practicar una auténtica insumisión a esta Ley.

3.3. La reciente reforma italiana

La reforma de la organización administrativa italiana comenzó con el gobierno Monti, que aprobó el Decreto-Ley de 6 de julio de 2012, número 95 "di riordino delle province" y reconvertido en la Ley de 7 de agosto de 2012, número 135. Esta normativa buscaba la reducción del gasto en estos entes (art. 4 y 5) y la racionalización del patrimonio público (art.3). Del mismo modo, con esta regulación se pasaba de 86 a 51 provincias, con lo que además se suprimían los órganos de gobierno de las mismas[41].

Estas medidas resultaron insuficientes, lo que llevó al Parlamento a aprobar la Ley de 7 de abril de 2014, número 56, sobre "disposizioni sulle città metropolitante, sulle province, sulle unioni e fusioni di comuni." Con ella se deroga la provincia, quedando a la espera de la reforma constitucional[42]. En espera de esto, se opera la abolición de la Junta de la Provincia, y el presidente será un alcalde elegido entre sus iguales de los municipios de la demarcación. Del mismo modo, los miembros del consejo provincial ya no serán elegidos por los ciudadanos, sino que se copia el sistema español, pasando a ser los alcaldes y los consejeros del Ayuntamiento[43] los que lo harán.

La nueva norma refuerza y posibilita las "unioni dei comuni"[44] y la utilidad de las ciudades metropolitanas y de los entes territoriales de área basta[45].El poder municipal italiano siempre ha sido importante, y esto ha llevado a evitar por todos los medios una fusión de dos o más municipios. Las reformas emprendidas por los distintos gobiernos italianos iban dirigidas a ello, y aunque con la provincia se consiguió, no se tuvo el mismo resultado con los municipios; más bien al contrario, ya que se han creado las nuevas ciudades metropolitanas, y en consecuencia se ha dado más poder a la nueva metrópoli con los nuevos estatutos que se han ido aprobando en desarrollo de la Ley de 7 de abril de 2014, número 56.

3.4. Grecia

El caso griego no se aparta mucho de los anteriores. Las grandes crisis sufridas por el país han llevado al mismo a plantear la posibilidad de una reducción de administraciones en su nivel municipal. Así las cosas, se plantearon dos programas de reforma en los años 1997 y posteriormente en 2010[46], tras las recomendaciones europeas. Antes de llevarse a cabo el primero de los programas, Grecia tenía alrededor de

---

41 AA. VV.; *Tagliate le Provincie: da 68 a 51*.Giornale La Stampa. 31-10-2012. Consultable en: http://www.lastampa.it/2012/10/31/italia/politica/patroni-griffi-le-province-da-a-riduzione-scelta-irreversibile-I1ZttWVKvOgAZxaEolFLiK/pagina.html. Última visita: 24/7/2015.

42 Vandelli, 2014: 47.

43 El "sindaco" se corresponden con el alcalde en el organigrama español y los "consiglieri comunali" son los concejales.

44 Vandelli, 2014: 48.

45 Vandelli, 2014: 42.

46 López Ramón, 2010: 90.

5.825 municipios con poca o muy poca autonomía, ya que sufrían de un importante centralismo por parte del Gobierno del Estado, pese a que los alcaldes fueran elegidos directamente por los ciudadanos como en el resto de Europa[47].

En la primera de las fechas mencionadas, el gobierno del Estado redactó y aprobó el plan Kapodistrias a fin de realizar concentraciones de municipios, lo que contribuiría a hacer de estos Administraciones más fuertes y más aptas para la modernidad a la que se enfrentaba el Estado[48]. Ello supuso en palabras del profesor López Ramón, de pasar de los 5.825 municipios originales a 1.033, lo que supuso una reducción importante.

Del mismo modo y diez años después, la importantísima crisis en la que cayó Grecia y de la que todavía no se ha recuperado, llevó a la Unión Europea una vez más a recomendar la fusión de municipios y la reducción del número de Administraciones, como ya se ha expuesto anteriormente. En este sentido, en 2007 se presentó por el gobierno griego el proyecto Kallikratis por el que se preveía la reducción del número de municipios utilizando como razones fundamentales la modernización de la Administración, la reducción de los costes presupuestarios, la adaptación a la nueva Europa de los entes futuros que surgiesen potenciando así la descentralización[49]. Sin embargo, nadie puede obviar que la razón principal era el ahorro presupuestario que se pretendía por la Unión. Así pues, el resultado final fue la concentración en 2010 de los municipios hasta llegar a unos 325 concentrados en 74 unidades periféricas que sustituyen las antiguas prefecturas y que a su vez, se encuentran contenidas en 7 Periferias[50].

3.5. Francia y la propuesta de reducción del gobierno Holland

Dentro de nuestro análisis, último caso de los estados mediterráneos sobre el que versamos es el francés. Este Estado siempre ha sido digno de análisis, pues el poder real que tienen los municipios es muy grande como a continuación se verá.

En los años 60 Francia contaba con más de 39.000 municipios, lo que la convertía en el Estado europeo con mayor número de términos municipales. Eso llevó a un intento de racionalización de la administración local. Inmediatamente después de la II Guerra Mundial se intentó llevar a cabo un programa de fusiones de municipios. Sin embargo tan ambicioso plan no arrojó el resultado esperado y tan sólo 756 muni-

---

47 López Ramón, 2010: 90.

48 López Ramón, 2010: 91.

49 López Ramón, 2010: 91.

50 Las 7 Administraciones Periféricas supone una nueva reducción obrada por el plan Kallikratis de este tipo de administraciones desde las 13 originarias del plan Kapodistrias. Estas administraciones descentralizadas son las Administraciones de Ática (donde se halla Atenas), Macedonia-Tracia, Épiro-Macedonia Occidental (donde se halla la principal infraestructura portuaria y económica del país), Tesalia-Grecia Central, Peloponeso-Grecia Occidental-Jónico, Egeo y la relativa a la Isla de Creta y su archipiélago inmediato.

cipios aceptaron fusionarse en 350[51], con lo que el descenso del número no era para nada importante.

Habida cuenta del fracaso de este programa, se promovió en la década de los 70 una nueva reforma del mapa municipal, a fin de suprimir el mayor número posible. En concreto se quería reducir drásticamente. Sin embargo, la realidad fue que tan sólo se pasó de 38.600 a 36.600 por lo que el número habla por sí sólo del éxito de la propuesta.

Esto da ejemplo del fracaso que supuso ambos intentos de reforma.

La actual crisis económica ha afectado recientemente a Francia, lo que ha llevado al Gobierno actual de Manuel Valls a adoptar una serie de medidas siguiendo las recomendaciones del informe de 2012 de la Unión[52]. Dentro del programa se contempló dar una nueva estructura regional al país, basada en la reducción del número de regiones desde las 22 existentes a 14[53]. Del mismo modo, esta reforma se propone la conexión e interrelación de ciudades y núcleos colindantes a fin de compartir servicios[54], lo que supondría un ahorro considerable en competencias locales.

Así mismo, se ha incluido la supresión de los Consejos Generales Departamentales, creados por Napoleón. En la actualidad hay 101 departamentos con sus correspondientes consejos, y la pretensión del Gobierno es suprimirlos en su totalidad desde su aprobación hasta el año 2021[55]. Del mismo modo, se pretende elevar el número de habitantes exigidos para la unión de municipios hasta los 20.000[56]. Finalmente, con fecha de 2 de junio se presentó el nuevo mapa regional, aprobando en la Asamblea Nacional francesa la primera parte de su tramitación, que todavía continúa en el Parlamento francés[57].

---

[51] López Ramón, 2010: 77.

[52] Cabrera, 2013: 78.

[53] AA. VV.; "*Manuel Valls propone reducir a la mitad el número de regiones francesas.*" Diario el Confidencial. Consultable en: http://www.elconfidencial.com/mundo/2014-04-08/manuel-valls-propone-reducir-a-la-mitad-el-numero-de-regiones-francesas_113688/. Última consulta: 24/07/2015.

[54] AA. VV.; "*Manuel Valls propone reducir a la mitad el número de regiones francesas.*" Diario el Confidencial. Consultable en: http://www.elconfidencial.com/mundo/2014-04-08/manuel-valls-propone-reducir-a-la-mitad-el-numero-de-regiones-francesas_113688/. Última consulta: 24/07/2015.

[55] Quiñonero, J. P.; "*Holland decide reducir de 22 a 14 el número de regiones en Francia*". Diario ABC. Consultable en: http://www.abc.es/internacional/20140602/abci-hollande-regiones-francia-201406022240.html. Última visita: 24/07/2015.

[56] Quiñonero, J. P.; "*Holland decide reducir de 22 a 14 el número de regiones en Francia*". Diario ABC. Consultable en: http://www.abc.es/internacional/20140602/abci-hollande-regiones-francia-201406022240.html. Última visita: 24/07/2015.

[57] AA. VV.; "*Los diputados de Francia aprueban la reducción del número de regiones de 22 a 13*" Diario 20 Minutos. Consultable en: http://www.20minutos.es/noticia/2200949/0/diputados-francia/aprueban-reduccion-regiones/de-22-a-13/. Última visita: 24/07/2015.

3.6. Algunos ejemplos del norte de Europa: los casos de Bélgica, Suecia, Dinamarca y Finlandia

3.6.1. El Reino de Bélgica

Tal vez, Bélgica se haya convertido en uno de los Estados principales y centrales del escenario político, no sólo europeo sino también mundial, por ser la sede de principal de muchas de las instituciones de la Unión. Sin embargo, también ha protagonizado un gran cantidad de cambios territoriales en los últimos años que no dejan de ser interesantes a la doctrina.

El nivel municipal no ha quedado para nada alejado de estos cambios. De hecho, durante la primera mitad del siglo XX, tras la II Guerra Mundial, los diversos gobiernos del Estado observaban la existencia de numerosos municipios, algunos casi insostenibles. Ello llevó a que en el año 1961 el ejecutivo formado por el partido demócrata-cristiano[58] diseñó un plan de reducción de administraciones municipales, en las que incluyó una serie de premisas y requisitos variados de todo tipo, desde financieros y económicos, hasta geográficos y lingüísticos, como bien recoge el profesor López Ramón.

No obstante, este ambicioso plan, no tuvo un gran éxito entre las municipalidades al haberse dejado la hipotética fusión en manos de estas, lo que hizo que variase muy poco el mapa local belga[59]. Ello llevó a que en el decenio siguiente, las fusiones de los términos y administraciones locales pasasen a ser obligatorias diseñando para ello el Plan Costard en 1972[60]. Dicho instrumento buscaba como causa justificativa la mejora viaria y de conexión entre las diversas localidades, lo que aconsejaba una recentralización. Como describe el profesor López Ramón, esta reforma se llevó a cabo con rapidez en 1977 a fin de evitar la oposición casi asegurada de las administraciones afectadas, lo que supuso la reducción desde los 2.359 municipios existentes en la década anterior a unos 596[61].

3.6.2. El Reino de Suecia

Tal vez, a Suecia hay que atribuirle el ser el primero de los países que comenzaron a realizar movimientos para obrar una simplificación en el mapa municipal. En este sentido, el Reino nórdico ya tras la II Guerra Mundial elaboró un programa importante de reformas en la Administración Pública. La intención era la de eliminar los municipios que contasen con una cantidad pequeña e inferior a los 5.000 habitantes. Tal y como señala el profesor López Ramón, sólo municipios con una población inferior a los 500 habitantes podían contarse casi medio millar[62].

---

58 López Ramón, 2010: 89.
59 López Ramón, 2010: 89.
60 López Ramón, 2010: 89.
61 López Ramón, 2010: 89.
62 López Ramón, 2010: 87.

En este sentido, se operó una primera fase de fusiones que culminó en el año 1952. Así se llegó a 949 municipios, entre los que encontrábamos 816 municipios de tipo rural y 133 de tipo urbano[63].

Una segunda fase se llevó a cabo en los años 70 que supuso una nueva reducción esta vez a 278 municipios. En poco más de 20 años se había pasado de un mapa compuesto por 2.414 términos municipales hasta los 278 actuales[64]. Esta reducción tan drástica se hizo poco a poco, fusionándose en el periodo 1965-1969 un número menos importante que derivó en una planta de 848 términos para finalizar en los 278 del año 1977.

3.6.3. El Reino de Dinamarca

El caso danés fue muy similar y casi paralelo al que previamente hemos analizado. Este estado del norte europeo realizó la más importante oleada de fusiones en la década de 1960 habiendo pasado de los 1.389 municipios originariamente constituidos, a poco más de 271[65].

Sin embargo, y pese a lo ambicioso del programa ejecutado en los años 60, no quedó ahí. Una segunda reforma tuvo lugar entre los años 2002-2007. Tras la aceptación por el Parlamento en el año 2004[66] del programa de fusión, se produjo una nueva reducción de municipios, quedando casi reducido a las ciudades danesas, con lo que el nuevo número de términos municipales era tan sólo de 98, esto es menos de un centenar.

4. Conclusiones

La situación económica europea ha conllevado a un programa de simplificación administrativa y redistribución competencial auspiciado por la propia Unión. Pese a ello, la realidad política y gubernativa de cada Estado favorece la existencia de una organización diversa en cada nación. Esta circunstancia conlleva la imposibilidad de implementar unas mismas medidas para todos los casos, habida cuenta la diversidad organizativa de unos países a otros.

La simplificación administrativa tiene desde luego, efectos positivos, tales como eliminar la disparidad, o facilitar al ciudadano encontrar la estancia adecuada, ayudándole a desenvolverse entre los organismos públicos, e identificar el órgano competente.

Sin embargo, el anquilosamiento administrativo que ha sufrido Europa desde hace siglos ha sido una de las razones que se han dado por la doctrina para hacer ver

[63] López Ramón, 2010: 87.
[64] López Ramón, 2010: 87.
[65] López Ramón, 2010: 90.
[66] López Ramón, 2010: 90.

la necesidad de actualización del sistema organizativo de cada Estado. De otro modo, la recentralización de competencias que promueve la Unión, y que está siendo aceptada de buen grado por los Estados miembros, no tiene en cuenta la diseminación población de unos y otros países, lo que contribuirá a dificultar la relación entre los administrados y los Poderes Públicos.

Así mismo, la Unión obvia las peculiaridades organizativas e históricas de cada Estado que han contribuido a la conformación del actual sistema con el que se organizan. La imposición generalizada de una serie de consideraciones y medidas a todos los estados puede ser incluso contraproducente, dado que no se respetan las particularidades propias de cada Nación. Esta circunstancia consagra dichas medidas programáticas como erróneas dado que si bien, pueden conllevar al ahorro económico, conducen al distanciamiento entre ciudadanos y poderes públicos y dificulta los fines propios de la Administración avocada al servicio público.

En este sentido, no todas las medidas y tendencias impuestas sirven o pueden implantarse en todos los países europeos, y convendría tener en cuenta las diferencias organizativas a la hora de hacer recomendaciones organizativas por la parte de la Unión. Del mismo modo, cada Estado debiera tener la libertad de aceptar las medidas que desde la Unión se programasen. De tal modo que no puede imponerse una misma medida para países con sistemas muy divergentes.

5. Bibliografía

BASSANINI, Franco (1998); *Tendenze delle Riforme Amministrative.* Bologna: SPISA e Istituto Italiano di Scienze Amministrative.

BERARDI, Giovanna (2013); "Politiche comunitarie nell'ambito della spesa pubblica." En: *Stato e Regioni nella politica per il contenimento della spesa per la crescita.* Bologna: Bononia University Press.

CABRERA HERNÁNDEZ, Francisco Jesús (2013); "Nuevos instrumentos para la Gobernanza económica en la Unión Europea: el procedimiento de prevención y corrección de los desequilibrios macroeconómicos-PDM". En: *Revista de Derecho Comunitario Europeo.* Nº 44. Pp.63-100.

CASSESE, Sabino (1998); *Lo Stato italiano e la sua riforma.* Bologna: CLUEB.

CASSESE, Sabino (2000);"Per la nuova gestione Pubblica". En: Gardini, Gianluca (Coord); *Modernizzare l'Amministrazione Pubblica. Il Libro Bianco del Regno Unito.* Bologna: CLUEB, Pp. 3-11.

CHITI, Mario P. (2003); *Mutazioni del Diritto Pubblico nello Spazio Giuridico Europeo.* Bologna: Editrice CLUEB.

DENNINGER, Erhard (1999); *1998: Tendenze del Federalismo in Germania.* Bologna: CLUEB.

EWING, K. D. (1999); *The funding of political parties: Europe and beyond.* Bologna: CLUEB.

FONT I LLOVET, Tomás (1998); *El Estado de las Autonomías en España: Reciente Evolución.* Bologna: Università di Bologna.

GRASSE, Alexander (2001); *Il sistema federale tedesco tra continuità e nuove dinamiche.* Bologna: Editrice CLUEB.

LINDE PANIAGUA, Enrique (2012); *Principios de Derecho de la Unión Europea.* Madrid: Editorial Constitución y Leyes (COLEX).

LÓPEZ RAMÓN, Fernando (2010); "Políticas ante la fragmentación del mapa municipal" En *Revista de Estudios de la Administración Local y Autonómica.* Nº313-314, Mayo-Diciembre. Pp. 67-104.

MANGAS, Araceli (2016); *Instituciones y Derecho de la Unión Europea.* Madrid: Editorial Tecnos.

PIAZZA, Angelo (1999); *Stato e Prospettive delle Riforme Amministrative.* Bologna: Editrice CLUEB.

SCHEFOLD, Dian (2013); "Rechtsvergleichende Beiträge in Zeiten der Finanzkrise." En: *Deutsch-Italienische Studien.* Nº 3. Bremen, P. 5-22.

VANDELLI, Luciano (1991); "Origine e fondamenti del sistema amministrativo rivoluzionario-napoleonico". En: Roversi-Monaco, Fabio, y Vandelli, Luciano (Coord.); *Diritti civili e istituzioni pubbliche a due secoli dal 1789.* Bologna: Editrice CLUEB. Pp.129-178.

VANDELLI, Luciano (2014); *Città metropolitane, province, unioni e fusioni di comuni. La legge Delrio, 7 aprile 2014, n.56 commentata comma per comma.* Santarcangelo di Romagna: Maggioli Editore.

VILELLA, Giancarlo (1994); *Un'idea di Europa per il prossimo millennio.* Urbino: Ed. Quattro-venti.

VILELLA, Giancarlo (1998); *L'Administration supranationale dans son contexte Économique, le cas Européen.* Bologna: SPISA e Istituto Italiano di Scienze Amministrative.

WYPLOSZ, Charles (2012); *Macroeconomic Imbalances in the Euro Area.* Bruselas: Parlamento Europeo.

Made in United States
North Haven, CT
05 November 2026

21773568R10183